이렇게 기막힌 적중률

인증만 하면, **고퀄리티 강의가 무료!**

100% 무료 강의

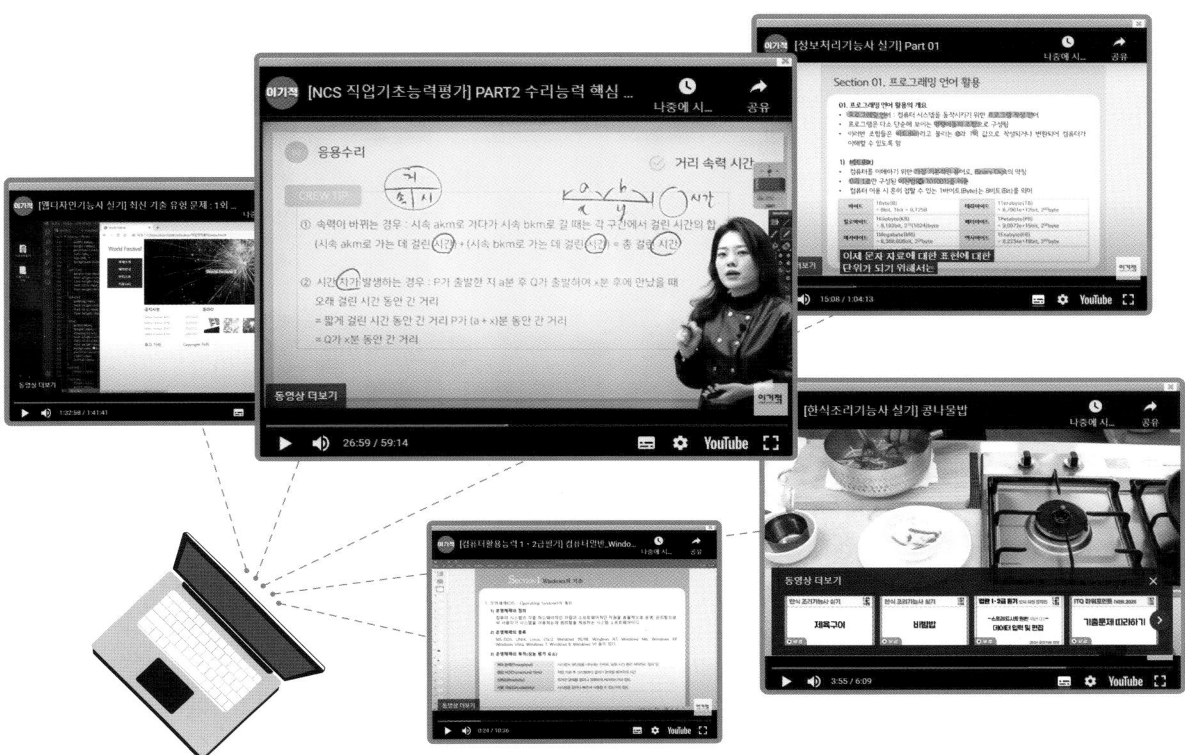

STEP **1**

이기적
홈페이지
접속하기

›

STEP **2**

무료동영상
게시판에서
과목 선택하기

›

STEP **3**

ISBN 코드
입력 & 단어
인증하기

›

STEP **4**

이기적이 준비한
명품 강의로
본격 학습하기

영진닷컴 이기적

1년 365일 이기적이 쏜다!

365일 진행되는 이벤트에 참여하고 다양한 혜택을 누리세요.

EVENT ❶

기출문제 복원

- 이기적 독자 수험생 대상
- 응시일로부터 7일 이내 시험만 가능
- 스터디 카페의 링크 클릭하여 제보

이벤트 자세히 보기 ▶

EVENT ❷

합격 후기 작성

- 이기적 스터디 카페의 가이드 준수
- 네이버 카페 또는 개인 SNS에 등록 후 이기적 스터디 카페에 인증

이벤트 자세히 보기 ▶

EVENT ❸

온라인 서점 리뷰

- 온라인 서점 구매자 대상
- 한줄평 또는 텍스트 & 포토리뷰 작성 후 이기적 스터디 카페에 인증

이벤트 자세히 보기 ▶

EVENT ❹

정오표 제보

- 이름, 연락처 필수 기재
- 도서명, 페이지, 수정사항 작성
- book2@youngjin.com으로 제보

이벤트 자세히 보기 ▶

N Pay
네이버페이 포인트 쿠폰 20,000원

영진닷컴 쇼핑몰 30,000원

- N페이 포인트 5,000~20,000원 지급
- 영진닷컴 쇼핑몰 30,000원 적립
- 30,000원 미만의 영진닷컴 도서 증정

※이벤트별 혜택은 변경될 수 있으므로 자세한 내용은 해당 QR을 참고하세요.

기억나는 문제 제보하고 N페이 포인트 받자!

기출 복원 EVENT

성명	이기적

수험번호	2	0	2	4	1	1	1	3

Q. 응시한 시험 문제를 기억나는 대로 적어주세요!

①365일 진행되는 이벤트 ②참여자 100% 당첨 ③우수 참여자는 N페이 포인트까지

영진닷컴 쇼핑몰

30,000원

N Pay

네이버페이
포인트 쿠폰

20,000원

적중률 100% 도서를 만들어주신 여러분을 위한 감사의 선물을 준비했어요.

신청자격 이기적 수험서로 공부하고 시험에 응시한 모든 독자님

참여방법 이기적 스터디 카페의 이벤트 페이지를 통해 문제를 제보해 주세요.

※ 응시일로부터 7일 이내의 시험 복원만 인정됩니다.

유의사항 중복, 누락, 허위 문제를 제보한 경우 이벤트 대상에서 제외됩니다.

참여혜택 영진닷컴 쇼핑몰 30,000원 적립

정성껏 제보해 주신 분께 N페이 포인트 5,000~20,000원 차등 지급

이벤트 페이지 확인하기 ▶

이렇게
기막힌
적중률

정보처리산업기사
실기 기본서

1권 · 이론서

"이" 한 권으로 합격의 "기적"을 경험하세요!

YoungJin.com Y.
영진닷컴

차례

출제빈도에 따라 분류하였습니다.

- 상 : 반드시 보고 가야 하는 이론
- 중 : 보편적으로 다루어지는 이론
- 하 : 알고 가면 좋은 이론

▶ 표시된 부분은 동영상 강의가 제공됩니다.
이기적 홈페이지(license.youngjin.com)에 접속하여 시청하세요.

▶ 제공하는 동영상과 PDF 자료는 1판 1쇄 기준 2년간 유효합니다.
단, 출제기준안에 따라 동영상 내용은 변경될 수 있습니다.

1권

PART 01 응용 SW 기초 기술 활용

PART 02 화면 구현

PART 03

프로그래밍 언어 활용

SQL 활용

애플리케이션 테스트 수행

시험은 이렇게 출제된다!

정보처리산업기사 실기 시험은 정보처리기사 실기 시험 유형을 참고하여 시험에 대비하면 좋습니다. 실기 시험은 별도의 과목 구분 없이 20문항이 출제되며 문항별 배점은 5점 및 부분 점수를 인정하는 문제들로 구성됩니다. 출제 범위 역시 정보처리기사와 매우 유사하기 때문에 겹치는 범위와 프로그래밍 관련 파트를 핵심적으로 학습하면 고득점을 얻을 수 있습니다.

PART 01 응용 SW 기초 기술 활용

챕터	요약
운영체제 기초 활용	• 운영체제 챕터에서는 운영체제의 종류별 특징과 명령어, 프로세스와 기억장치 관련 기술에 대해 서술합니다. • 비슷한 뜻과 용어가 많기 때문에 확실하게 암기하지 않으면 실수할 수 있으니 주의해야 합니다. • 핵심 키워드 : 윈도우즈, 유닉스, 리눅스, 페이징, 프로세스 등
데이터베이스 기초 활용	• 데이터베이스의 종류와 데이터베이스를 설계하기 위한 모델링 요소 및 시각화 요소에 대해 서술합니다. • 책과 동영상, 질문 게시판 등을 통해 이해도를 높일 수 있도록 학습하는 것이 좋습니다. • 핵심 키워드 : DBMS, E–R 다이어그램, 정규화, 무결성 등
네트워크 기초 활용	• 네크워크를 구성하는 각각의 계층과 다양한 프로토콜, 신기술 용어 등이 가득 서술된 챕터입니다. • 내용은 어렵지만 과목 중 1~2위를 다투는 출제 비중을 가지고 있으며 자주 출제되니 꼼꼼하게 학습하세요. • 핵심 키워드 : OSI 7 계층, 프로토콜, 서브넷 마스크, 신기술 용어 등
기본 개발 환경 구축	• 클라이언트의 요구사항을 파악하고 정리, 표현하는 기술에 대해 서술하는 챕터입니다. • 요구사항을 시각적으로 표현하기 위해 사용하는 다양한 요소들이 출제됩니다. • 핵심 키워드 : 유스케이스, 자료 흐름도, 자료 사전, UML 등

PART 02 화면 구현

챕터	요약
UI 설계	• 유저 인터페이스 설계에 대한 기반 지식을 서술합니다. • 핵심 키워드 중심으로 간단히 공부하고 넘어가도 큰 무리가 없는 챕터입니다. • 핵심 키워드 : UI 원칙, UX, 프로토타입, 감성공학 등
UI 테스트	• UI를 사용하는 사용자의 만족도를 높이기 위한 테스트 기법을 서술합니다. • 다양한 평가 및 분석 기법을 중심으로 학습하세요. • 핵심 키워드 : 평가 기법들, 사용성 테스트, 평가 분석 매트릭스 등

PART 03 프로그래밍 언어 활용

챕터	요약
프로그래밍 개발 환경 구축	• 나머지 챕터를 위한 기초 영역이기 때문에 정확하게 알고 넘어가야 하는 챕터입니다. • 언어 기초가 이미 학습되어 있는 분들도 놓치고 있는 부분은 없는지 체크한다는 느낌으로 한 번은 정독하고 넘어갈 수 있도록 하세요. • 핵심 키워드 : 프로그래밍 기본 개념, 변수, 식별자, 소프트웨어 아키텍처, 디자인 패턴 등
절차지향 언어	• C언어에 대한 프로그래밍 문법에 대해 서술합니다. • 프로그래밍 언어는 단순하게 키워드의 역할이나 의미를 묻는 문제보다는 프로그램의 결과 또는 빈칸을 채우는 형식의 문제로 출제될 수 있으므로 암기와 이해가 병행되어야 합니다. • 핵심 키워드 : 입출력, 선택, 반복, 자료구조, 포인터 등
객체지향 언어	• Java를 활용한 객체지향 문법과 개발 절차에 대해 서술합니다. • 코드를 통한 객체지향 기술에 대한 문제가 출제될 수 있으므로 암기보다는 코드를 분석하는 능력을 향상시킬 수 있도록 학습하는 것이 좋습니다. • 핵심 키워드 : 객체, 클래스, 캡슐화, 상속 등
스크립트 언어	• Python을 활용한 개발 절차에 대해 서술합니다. • 문법이 단순하고 난이도가 낮은 편이기 때문에 자료 구조 및 까다로운 연산자 등이 문제로 출제될 확률이 높습니다. • 핵심 키워드 : 리스트, 딕셔너리, 슬라이싱 등

PART 04 SQL 활용

챕터	요약
기본 SQL 작성	• 데이터베이스를 운용하기 위한 언어의 기초 문법에 대해 서술합니다. • 데이터 구조를 생성하고 데이터 및 권한 등을 관리하는 문법에 필요한 다양한 키워드에 집중하여 학습하세요. • 핵심 키워드 : DDL, DML, DCL, 트랜잭션, CRUD 등
고급 SQL 작성	• SQL 문법을 기초로 하는 다양한 기술들과 병행 제어와 관련된 문제점을 해결하는 방안에 대해 서술합니다. • 출제될 확률은 낮지만 학습량이 적은 편이므로 학습시간 대비 점수를 얻기 좋은 챕터입니다. • 핵심 키워드 : 인덱스, 뷰, 로킹 등

PART 05 애플리케이션 테스트 수행

챕터	요약
애플리케이션 테스트 수행	• 개발 단계 전반에 걸친 테스트 기법과 애플리케이션의 성능 평가 기준에 대해 서술합니다. • 출제될 확률이 높으므로 확실하게 학습할 필요가 있습니다. • 핵심 키워드 : 화이트박스 테스트, 블랙박스 테스트, 테스트 커버리지, V 모델, 코드 최적화, 유지보수 비용 측정 등
애플리케이션 품질 평가	• 결함에 대한 개념과 결함을 발견하기 위한 테스트, 테스트를 자동화하는 도구 및 분석 도구에 대해 서술합니다. • 테스트 관련 키워드와 결함 처리 상태를 중심으로 학습하는 것을 추천합니다. • 핵심 키워드 : 결함, 테스트 하네스, 시나리오, 케이스 등

PART 06 애플리케이션 배포

챕터	요약
통합 구현	• 다양한 시스템을 통합하여 구현하는 메커니즘과 인터페이스의 종류 및 예외 처리에 대한 도구에 대해 서술합니다. • 관련 도구와 구현 방식에 집중하여 학습하세요. • 핵심 키워드 : IDE, 형상 관리 도구, 인터페이스 구현 검증 도구 등
제품 소프트웨어 패키징	• 개발된 소프트웨어를 패키징하기 위한 빌드 도구와 매뉴얼 작성, 소프트웨어 버전을 관리하는 도구에 대해 서술합니다. • 비교적 비중이 적은 챕터로, 각 도구의 특징에 집중하세요. • 핵심 키워드 : 빌드 자동화 도구, 매뉴얼 작성 원칙, 버전 관리 도구 등

실기 유형 분석

필기는 문제의 형태가 4지선다로 동일하지만, 실기는 다양한 형태의 주관식으로 출제됩니다. 이 중, 키워드를 기반으로 정답을 입력하는 단답(또는 항목 구분)형 문제가 전체 문제의 절반을 약간 넘는 55% 정도를 차지합니다. 이외에도 특정 용어에 대한 설명을 간략히 적어내는 약술형 문제도 있는데, 1~2문제 정도만 출제되기 때문에 크게 신경쓰지 않아도 됩니다. 나머지는 프로그래밍과 SQL 문법에 관련된 문제들입니다. 특정 내용을 암기하는 것이 아닌, 코드를 폭넓게 이해하고 분석할 수 있어야 합니다. 아무리 암기를 열심히 하더라도 결국 합격의 열쇠는 코드에 있다는 것을 명심하고 공부하세요.

문제 유형별 예시

<table>
<tr><th>유형</th><th>예시</th></tr>
<tr><td>키워드 기반</td><td>디자인 패턴 중, (①) 패턴은 반복적으로 사용하는 객체들의 상호 작용을 패턴화한 것으로, 큰 작업을 여러 개의 객체로 분리하는 방법 및 기능의 구체적인 알고리즘을 정의하는 패턴이다. 패턴의 종류로는 Interpreter, Observer, Command 등이 있다.</td></tr>
<tr><td>항목 구분</td><td>• (①) : 입출력 간의 연관성은 없지만, 모듈의 기능들이 하나의 문제를 해결하기 위해 순차적으로 수행되는 경우의 응집도
• (②) : 모듈의 기능들이 동일한 입출력 데이터를 사용하여 서로 다른 기능을 수행하는 경우의 응집도</td></tr>
<tr><td>약술</td><td>트랜잭션의 특징 중 원자성(atomicity)에 대하여 약술하시오.</td></tr>
<tr><td>보기 선택</td><td>아래 설명에 해당하는 용어를 〈보기〉에서 찾아 쓰시오.
〈보기〉
<code>Equivalence Partitioning Testing, Boundary Value Analysis, Cause-Effect Graphing Testing, Comparison Testing, Error Guessing</code></td></tr>
<tr><td>SQL</td><td>다음 SQL 문장의 실행결과를 쓰시오.
<pre>SELECT COUNT(*) FROM EMP_TBL
    WHERE EMPNO > 100 AND SAL >= 3000
        OR EMPNO = 200;</pre></td></tr>
<tr><td>코드 분석</td><td>다음은 Python 언어로 작성된 프로그램이다. 이를 실행한 결과를 쓰시오.
<pre>class arr:
    a = ["Seoul", "Kyeonggi", "Inchon",
         "Deajoen", "Daegu", "Pusan"]

str01 = ''
for iin arr.a:
    str01 += i[0]
print(str01)</pre></td></tr>
</table>

실기 응시 자격 조건

- 필기 시험 합격자
- 시행처 홈페이지에서 자격 확인 가능

실기 원서 접수하기

- 시행처 홈페이지 : q-net.or.kr
- 실기 시험 시험 일자 및 장소는 접수 시 수험자 본인 선택

실기 시험

- 필답형(2시간 30분)
- 100점을 만점으로 하여 60점 이상

실기 합격자 발표

- 인터넷 신청 후 우편 배송
- 자격증 발급 문의는 각 지부/지사

01 시행처

한국산업인력공단(www.q-net.or.kr)

02 시험 과목

모든 학과 응시 가능

03 합격 기준

필기	정보 시스템 기반 기술, 프로그래밍 언어 활용, 데이터베이스 활용
실기	정보처리 실무

04 검정 방법

필기	객관식 4지 택일형, 과목당 20문항(과목당 30분)
실기	필답형(2시간 30분)

05 합격 기준

필기	100점을 만점으로 하여 과목당 40점 이상, 전과목 평균 60점 이상
실기	100점 만점에 70점 이상(1급은 두 과목 모두 70점 이상)

06 자격증 발급

신규 발급 안내	인터넷 신청 후 우편배송
인터넷 발급 방법	• 인터넷 발급 신청하여 우편수령 • 인터넷 자격증 발급신청 접수기간 : 월요일~일요일(24시간) 연중 무휴 • 인터넷을 이용한 자격증 발급신청이 가능한 경우 – 배송신청가능자 : 공단이 본인 확인용 사진을 보유한 경우 (2005년 9월이후 자격취득자 및 공인인증 가능자) • 인터넷 우편배송 신청 전 공단에 직접 방문하여야 하는 경우 – 공단에서 확인된 본인사진이 없는 경우 – 신분 미확인자인 경우(사진상이자 포함) – 법령개정으로 자격종목의 선택이 필요한 경우 • 인터넷 자격증 발급 시 비용 – 수수료 : 3,100원 / 배송비 : 3,010원
발급 문의	32개 지부 / 지사

07 정보처리산업기사 실기 출제기준

• 적용 기간 : 2025.1.1. ~ 2027.12.31.
• 직무 분야 : 정보통신
• 중직무 분야 : 정보기술

1. 응용 SW 기초 기술 활용	1. 운영체제 기초 활용하기
	2. 데이터베이스 기초 활용하기
	3. 네트워크 기초 활용하기
	4. 기본 개발 환경 구축하기
2. UI 테스트	1. 사용성 테스트 계획하기
	2. 사용성 테스트 수행하기
	3. 테스트 결과 보고하기
3. 화면 구현	1. UI 설계 확인하기
	2. UI 구현하기
4. 프로그래밍 언어 활용	1. 기본 문법 활용하기
	2. 언어 특성 활용하기
	3. 라이브러리 활용하기
5. SQL 활용	1. 기본 SQL 작성하기
	2. 고급 SQL 작성하기
6. 애플리케이션 테스트 수행	1. 애플리케이션 테스트 수행하기
	2. 애플리케이션 결함 조치하기
7. 애플리케이션 배포	1. 애플리케이션 배포 환경 구성하기
	2. 애플리케이션 소스 검증하기
	3. 애플리케이션 빌드하기
	4. 애플리케이션 배포하기

Q&A

Q 정보처리산업기사는 어떤 식으로 공부하면 좋을까요?

A 실기의 경우에는 비공개되는 시험이기 때문에 정확한 출제 방식을 파악하기는 불가능합니다. 단, 시험에 대비할 때는 전체 내용을 꼼꼼하게 학습하기보다는 출제될만한 영역을 중심으로 학습하는 것이 효과적입니다. 출제될 것으로 예상되는 부분을 본문의 〈기적의 Tip〉과 〈더 알기 Tip〉을 통해 제공하니 학습에 참고하시기 바랍니다.

Q 책에 오타(또는 잘못된 정보)가 있는 것 같아요!

A 책을 집필할 때 내부 3차, 외부 2차에 걸쳐 최선을 다해 오타 검수를 합니다. 그럼에도 오타가 발견되는 경우가 종종 있는데, 전문 용어들이 많다보니 사람이 직접 검수를 해야 하는 부분들이 많아서 발생하는 휴먼 에러입니다. 번거로우시겠지만 학습 전에 홈페이지나 스터디 카페 등을 통해 정오표 확인을 부탁드리며, 정오표에 없는 내용은 제보해 주시면 정오표에 반영하고 추가 제작 시 반영하겠습니다. 독자님들의 소중한 의견 감사합니다.

Q 공부하면서 궁금한 점이 있을 땐 어디로 문의하면 되나요?

A 네이버 이기적 스터디 카페의 정보처리산업기사 질문 게시판을 이용하시면, 가장 빠르게 저자가 직접 답변을 드립니다. 유튜브 댓글이나 홈페이지 문의 게시판은 확인이 어려울 수 있으니 스터디 카페를 적극 활용해 주세요.

Q 비전공자인데 책의 내용만으로는 프로그래밍이 너무 어렵습니다.

A 저희도 많은 고민을 한 부분입니다. 비전공자분들이 책만 보고 프로그래밍 언어를 활용할 수 있을 정도의 수준으로 집필을 하게 되면 책의 분량이 지금의 2배 정도가 되기 때문에 서로가 부담이 될 수 밖에 없습니다. 어느 한 부분 이해가 안 될 경우에는 질문 게시판을 활용해 주세요. 이 밖에도 스터디 카페에 개선 의견을 남겨주시면 최대한 도움을 드릴 수 있는 방법을 찾도록 하겠습니다.

Q 책에서 못 본 내용이 시험에 나왔습니다. 어떻게 공부해야 하나요!?

A 기존의 시험들을 경험해 보신 분들은 공식 출제 범위와 실제 출제 영역이 100% 완벽하게 일치하지 않는다는 것을 아실 것입니다. 책이 출간된 이후의 출제 경향을 분석하여 추가 학습이 필요한 내용은 스터디 카페를 통해 지속적인 지원을 할 예정이니 스터디 카페를 자주 방문하여 학습에 도움을 받으시기 바랍니다.

Q 정보처리산업기사의 시험 응시료는 얼마인가요?

A 필기는 19,400원 / 실기는 20,800원입니다. 시험 응시료 등은 변경될 수 있으니 시험 접수 시 반드시 확인해 주세요.

Q 정보처리산업기사의 시험 일정은 어떻게 되나요?

A 여러 변수에 따라 달라질 수 있기 때문에 원하는 시기에 직접 홈페이지나 스터디 카페를 방문하셔서 확인하시는 것을 추천드립니다. 일반적으로 1년에 3번 시험을 보는데, 1회는 3~4월, 2회는 5~7월, 3회는 8~10월 즈음에 진행이 됩니다.

Q **정보처리산업기사의 합격 기준 점수는 어떻게 되나요?**

A 필기는 100점을 만점으로 하여 과목당 40점 이상, 전과목 평균 60점 이상이며 실기는 100점을 만점으로 하여 60점 이상이 합격입니다.

Q **정보처리산업기사의 시험 시간과 방식은 어떻게 되나요?**

A 필기는 객관식 4지선다형으로 2시간 30분간 진행되며 OMR 기입 방식으로 진행됩니다. 실기는 주관식 필답형으로 2시간 30분간 진행되며 시험지에 직접 기입하여 제출합니다.

Q **정보처리산업기사의 필기 합격 유효기간은 어떻게 되나요?**

A 필기 면제 기간은 약 2년이며 필기 면제 종료일 기준은 실기 시험 접수일이 아닌, 실기 시험 응시일을 기준으로 합니다. 따라서 필기 면제 종료일 이전에 시험에 응시할 수 있도록 학습 스케줄을 세우시기 바랍니다.

Q **정보처리산업기사 접수 자격은 어떻게 되나요?**

A 공식 홈페이지에 나와 있는 정보처리산업기사 접수 자격은 다음과 같습니다. 본인의 자격 여부가 불확실한 분들은 한국산업인력공단에 직접 문의하여 알아보시는 것을 추천드립니다.

구분	내용
산업기사	다음 각 호의 어느 하나에 해당하는 사람 1. 기능사 등급 이상의 자격을 취득한 후 응시하려는 종목이 속하는 동일 및 유사 직무 분야에 1년 이상 실무에 종사한 사람 2. 응시하려는 종목이 속하는 동일 및 유사 직무 분야의 다른 종목의 산업기사 등급 이상의 자격을 취득한 사람 3. 관련학과의 2년제 또는 3년제 전문대학졸업자 등 또는 그 졸업예정자 4. 관련학과의 대학졸업자 등 또는 그 졸업예정자 5. 동일 및 유사 직무 분야의 산업기사 수준 기술훈련과정 이수자 또는 그 이수예정자 6. 응시하려는 종목이 속하는 동일 및 유사 직무 분야에서 2년 이상 실무에 종사한 사람 7. 고용노동부령으로 정하는 기능경기대회 입상자 8. 외국에서 동일한 종목에 해당하는 자격을 취득한 사람
비고	1. "졸업자등"이란 「초 · 중등교육법」 및 「고등교육법」에 따른 학교를 졸업한 사람 및 이와 같은 수준 이상의 학력이 있다고 인정되는 사람을 말한다. 다만, 대학(산업대학 등 수업연한이 4년 이상인 학교를 포함한다. 이하 "대학등"이라 한다) 및 대학원을 수료한 사람으로서 관련 학위를 취득하지 못한 사람은 "대학졸업자등"으로 보고, 대학등의 전 과정의 2분의 1 이상을 마친 사람은 "2년제 전문대학졸업자등"으로 본다. 2. "졸업예정자"란 국가기술자격 검정의 필기시험일(필기시험이 없거나 면제되는 경우에는 실기시험의 수험원서 접수마감일을 말한다. 이하 같다) 현재 「초 · 중등교육법」 및 「고등교육법」에 따라 정해진 학년 중 최종 학년에 재학 중인 사람을 말한다. 다만, 「학점인정 등에 관한 법률」 제7조에 따라 106학점 이상을 인정받은 사람(「학점인정 등에 관한 법률」에 따라 인정받은 학점 중 「고등교육법」 제2조제1호부터 제6호까지의 규정에 따른 대학 재학 중 취득한 학점을 전환하여 인정받은 학점 외의 학점이 18학점 이상 포함되어야 한다)은 대학졸업예정자로 보고, 81학점 이상을 인정받은 사람은 3년제 대학졸업예정자로 보며, 41학점 이상을 인정받은 사람은 2년제 대학졸업예정자로 본다. 3. 「고등교육법」 제50조의2에 따른 전공심화과정의 학사학위를 취득한 사람은 대학졸업자로 보고, 그 졸업예정자는 대학졸업예정자로 본다. 4. "이수자"란 기사 수준 기술훈련과정 또는 산업기사 수준 기술훈련과정을 마친 사람을 말한다. 5. "이수예정자"란 국가기술자격 검정의 필기시험일 또는 최초 시험일 현재 기사 수준 기술훈련과정 또는 산업기사 수준 기술훈련과정에서 각 과정의 2분의 1을 초과하여 교육훈련을 받고 있는 사람을 말한다.

PART

01

응용 SW 기초 기술 활용

1과목 소개

SW 개발을 위한 3가지 기반 시스템(운영체제, 데이터베이스, 네트워크)에 대한 기초 이론과 개발 환경을 구축하기 위한 이론을 다룹니다. 산업기사 파트 중 높은 수준의 출제 비중을 차지하므로 꼼꼼한 학습이 필요합니다.

CHAPTER 01

운영체제 기초 활용

학습 방향

운영체제의 종류별 특징과 시스템 운용에 필요한 핵심 요소, 파일의 관리 등에 대해 다룹니다. 각 작업(프로세스)의 상태를 관리하는 기법들과 기억장치를 효율적으로 관리할 수 있는 전략 및 스케줄링 기법의 차이를 구분할 수 있어야 합니다.

SECTION 01

운영체제

출제빈도 상 (중) 하
반복학습 1 2 3

빈출 태그 운영체제 종류별 특징, 시스템 버스, 레지스터, 유닉스 파일 권한 설정

01 운영체제(OS : Operation System)

1) 운영체제 개념

- 사용자가 컴퓨터 하드웨어를 효율적으로 운용할 수 있도록 인터페이스를 제공하는 시스템 소프트웨어이다.
- 프로세스, 메모리, 주변 장치, 파일 등 다양한 시스템 리소스를 관리한다.
  - 프로세스 : 프로세스의 생존 주기 전반에 대한 관리
  - 기억 장치 : 특정 프로세스에 사용되는 메모리의 할당 및 회수
  - 주변 장치 : 입출력 장치 등에 대한 관리
  - 파일 : 파일의 생성 및 삭제, 변경 등에 대한 관리
- 시스템 운용에 필요한 다양한 기능을 제공한다.
  - 제어 프로그램 : 데이터 관리, 모니터링, 작업 제어 등
  - 처리 프로그램 : 언어 변역, 서비스, 문제 해결 등

2) 운영체제 시간 개념

기적의 TIP

다양한 시간을 서로 구분할 수 있어야 합니다.

- 운영체제는 시스템의 이해 및 성능 판단을 위한 다양한 시간 개념이 존재한다.
  - 응답(반응) 시간(Response Time) : 작업이 입력되고 처음 실행되기까지 걸린 시간
  - 대기 시간(Waiting Time) : 작업 시작 후 완료되기 전까지의 시간 중, 작업이 진행되지 않은 시간
  - 실행 시간(Running Time) : 작업 시작 후 완료되기 전까지의 시간 중, 작업이 진행된 시간
  - 반환 시간(Turnaround Time) : 실행 시간 + 대기 시간 = 작업 완료 시간
  - 시간 간격(Time Slice, Quantum) : 프로세스가 작업을 위해 운영체제로부터 할당받는 기준 시간

02 운영체제 종류

1) 윈도우즈(Windows)

- 그래픽 사용자 인터페이스(GUI) 기반으로 이미지화되어 있는 메뉴나 기능을 마우스로 선택할 수 있어 초보자도 쉽게 사용할 수 있다.
- 선점형 멀티태스킹을 통해 특정 응용 프로그램의 CPU 독점을 방지하고, 문제가 발생한 프로그램을 강제 종료할 수 있다.
- 한 대의 컴퓨터를 한 사람이 독점해서 사용하는 싱글 유저 시스템이다.
- 하드웨어 설치 시, 하드웨어 사용에 필요한 환경을 자동으로 구성(Plug & Play)해 준다.
- 이미지, 차트 등의 객체를 다른 문서에 연결하거나 삽입하여 편집(OLE : Object Linking and Embedding)할 수 있다.

2) 유닉스(UNIX)

① 유닉스 특징

- C언어 기반으로 제작되어 이식성이 우수하고 라이선스 비용이 저렴하다.
- 다수의 작업을 병행 처리할 수 있고, 다수의 사용자가 동시에 사용할 수 있다.
- 계층적 파일 시스템과 다양한 네트워크 기능이 존재한다.

② 유닉스 구성 요소

- 유닉스는 커널과 쉘, 유틸리티로 구성된다.
  - 커널(Kernel) : 핵심 시스템 관리(하드웨어 보호, 서비스, 프로세스, 메모리, 파일 관리 등)
  - 쉘(Shell) : 사용자 명령 해석을 통해 시스템 기능 수행
  - 유틸리티(Utility) : 문서 편집, 언어 번역 등의 기능 제공

③ 유닉스 파일 시스템

- 유닉스 파일 시스템은 계층 구조로 구성되어 있으며 디렉터리나 주변 장치를 파일과 동일하게 취급한다.
- 파일 소유자, 그룹 및 그 외 다른 사람들로부터 사용자를 구분하여 파일을 보호한다.
- 파일 형식에는 일반 파일(Regular File), 디렉터리 파일(Directory File), 특수 파일(Special File)이 있다.
- 유닉스 파일 시스템은 부트 블록(Boot Block), 슈퍼 블록(Super Block), I-node(Index node) 블록, 데이터 블록(Data Block)으로 구성된다.
  - 부트 블록 : 부팅 시 필요한 코드를 저장하고 있는 블록
  - 슈퍼 블록 : 전체 파일 시스템에 대한 정보를 저장하고 있는 블록
  - I-node 블록 : 파일 및 디렉터리의 모든 정보를 저장하고 있는 블록
  - 데이터 블록 : 디렉터리별로 디렉터리 엔트리와 실제 파일에 대한 데이터가 저장된 블록

> **기적의 TIP**
> 유닉스의 특징과 구분될 수 있도록 학습하세요.

> **기적의 TIP**
> 유닉스의 구성을 파악해 두세요.

> **기적의 TIP**
> 유닉스는 프린터 등의 주변 장치를 특수 파일의 형태로 관리합니다. 윈도우즈에서의 C 드라이브와 같은 개념이라고 생각하면 됩니다.

> **기적의 TIP**
> 권한을 설명하거나, 설명을 보고 권한을 입력할 수 있어야 합니다.

> **기적의 TIP**
> 2진수 변환이 어려운 분들은 카페 질문답변 게시판이나 구글링 등을 통해 학습하시기 바랍니다.

④ 유닉스 권한 설정

- 파일과 디렉토리의 권한을 변경하는 명령어(chmod)를 사용하여 읽기, 쓰기, 실행 권한을 변경한다.
- 소유자, 소유그룹, 사용자 순으로 권한을 지정하고 권한은 읽기(r), 쓰기(w), 실행(x) 순으로 설정한다.
  - 〈파일 타입〉〈소유자 권한〉〈소유그룹 권한〉〈일반사용자 권한〉
  - 파일 타입 : 일반 파일(-)과 디렉토리(d)로 구분
  - 권한을 제거하는 경우 : (-)으로 표현
- 각각의 권한에 2진수(1 : 가능, 0 : 불가능)를 대응시켜 권한을 변경한 뒤에 다시 결합하여 10진수로 변환하여 표현한다.

권한 예시	소유자			소유그룹			사용자			십진수 변환
	읽기	쓰기	실행	읽기	쓰기	실행	읽기	쓰기	실행	
rwx rwx rwx	1	1	1	1	1	1	1	1	1	777
rw- r-- rwx	1	1	0	1	0	0	1	1	1	647

⑤ 쉘 스크립트

- 유닉스(리눅스) 계열의 쉘에서 사용되는 명령어들의 조합으로 구성된 언어이다.
- 스크립트를 작성하여 sh 파일로 저장한 뒤 필요할 때 또는 주기적으로 실행한다.
- 사용 가능한 환경 설정 변수는 아래와 같다.

변수	설명
$PATH	실행 파일을 찾을 경로
$HOME	현재 로그인한 사용자의 홈 디렉토리 경로
$LANG	쉘에서 사용하는 언어
$SHELL	로그인 시 사용하는 쉘 실행 파일 경로
$HISTSIZE	히스토리 파일에 저장되는 명령어의 수
$HISTFILE	히스토리 파일의 경로
$TMOUT	세션 유지 시간

- 사용 가능한 환경 설정 명령어는 아래와 같다.

변수	설명
env	전역 변수 설정 및 출력
set	사용자 환경 변수 설정
export	환경 변수를 설정
echo	환경 변수를 출력
setenv	사용자 환경 변수 출력
printenv	현재 설정되어 있는 환경 변수 출력
unset	환경 변수를 해제

• 기본 입출력은 read와 echo를 사용하며, 변수에 $를 붙이면 저장된 값을 출력할 수 있다.

```
read a                  #키보드로 입력 받은 데이터를 변수 a에 저장
echo "입력값은: "$a      #변수a에 저장된 데이터 출력
```

입력	20
결과	입력값은: 20

• 다양한 조건식와 if문, case문을 통해 선택 제어문을 구현할 수 있다.

– 조건식

연산자	의미(왼쪽값 기준)	표현 예시
–eq	같음	$a –eq $b
–ne	같지 않음	$a –ne $b
–gt	보다 큼	$a –gt $b
–ge	크거나 같음	$a –ge $b
–lt	보다 작음	$a –lt $b
–le	작거나 같음	$a –le $b
–a	and	$a –ge 70 –a $b –ge 70
–o	or	$a –eq "서울" –o $a –eq "경기"

기적의 TIP

조건식 연산자는 같음, 다름, 큼, 작음을 의미하는 영문 앞 글자를 따온 것입니다.

– if문 : 표현 방식이 다른 언어들과 다르므로 주의

```
read a                        #사용자 입력
if [ $a -ge 80 ]; then        #입력받은 값이 80 이상이면 수행
  echo "A"
elif [ $a -ge 70 ]; then      #입력받은 값이 70 이상이면 수행
  echo "B"
else                          #위 조건식을 모두 불만족하는 경우 수행
  echo "불합격"
fi                            #마무리는 if를 뒤집어서 씀
```

기적의 TIP

쉘 스크립트의 전체 해석보다 문법 구조 파악을 우선으로 학습하세요.

– case문 : 표현 방식이 다른 언어들과 다르므로 주의

```
read month
case $month in                        #입력된 값(month)이
  "4" | "6" | "9" | "11")             #4, 6, 9, 11 중 하나인 경우에 수행
    echo $month"월은 30일까지!";;
  "2")                                #2인 경우에 수행
    echo $month"월은 28일까지!";;
  *)                                  #조건들이 모두 불만족하는 경우에 수행
    echo $month"월은 31일까지!";;
esac                                  #마무리는 case를 뒤집어서 씀
```

• 반복 제어문은 3가지 유형이 존재하며, 다양한 형식으로 구현할 수 있다.
  – for문 : 2가지 형식으로 구현 가능

```
for i in $(seq 1 10)          #1부터 10까지 반복하며 출력
do                            #반복 시작
  echo $i
done                          #반복 종료

for((i=1; i<=10; i++))        #1부터 10까지 반복하며 출력
do                            #반복 시작
  echo $i
done                          #반복 종료
```

기적의 TIP

모든 반복 제어문의 종료 키워드는 같습니다.

  – while문 : 조건식을 만족하는 동안 반복

```
number=0
while [ $number -le 10 ]      #number가 10 이하인 동안 반복
do
  echo "Number: ${number}"
  ((number++))                #number 1 증가
done
```

  – until문 : 조건식을 만족하는 순간 반복 종료

```
number=0
until [ $number -gt 10 ]      #number가 10보다 크면 종료
do
  echo "Number: ${number}"
  ((number++))
done
```

3) 리눅스(LINUX)

① 리눅스의 특징

• 유닉스 기반의 오픈 소스(Open Source) 시스템 소프트웨어이다.
  – 오픈 소스 : 소스 코드가 공개되어 공개 수준에 따라 무료 사용 및 개작 가능
• 다양한 배포 버전과 다양한 응용 프로그램을 제공한다.
  – 안드로이드(Android) : 리눅스 기반 오픈 소스 모바일 플랫폼

② 리눅스와 유닉스의 커널 차이

• 유닉스는 마이크로 커널, 리눅스는 모놀리틱 커널을 사용한다.
  – 마이크로(Micro) 커널 : 최소한의 기능 제공, 확장 가능
  – 모놀리식(Monolithic) 커널 : 확장 불가능, 간단한 구현, 빠른 속도

기적의 TIP

커널의 차이를 확실히 기억해 두세요.

③ 리눅스 권한 설정

• 리눅스에서는 권한을 제거하는 명령어(umask)를 통해 권한을 설정한다.
• 파일과 디렉토리의 기본 권한은 각각 666과 777이며, 각각 소유자, 소유그룹, 사용자 권한을 의미한다.
• 읽기(4), 쓰기(2), 실행(1) 중 제한하고 싶은 권한에 해당하는 값을 뺄셈하여 권한을 설정한다.
  – umask 022 : 소유그룹과 사용자의 쓰기 권한 제거(644/755)
  – umask 027 : 소유그룹은 쓰기 권한 제거, 사용자는 모든 권한 제거(640/750)

기적의 TIP

유닉스의 권한 설정과 헷갈리지 않도록 학습하세요.

4) 운영체제별 기본 명령어

Windows	UNIX / LINUX	기능
DIR	ls	파일 목록 표시
COPY	cp	파일 복사
TYPE	cat	파일 내용 표시
REN	mv	파일 이름 변경
MOVE		파일 이동
MD	mkdir	디렉토리 생성
CD	chdir	디렉토리 위치 변경
CLS	clear	화면 내용 지움
ATTRIB	chmod	파일 속성 변경
FIND	find	파일 찾기
CHKDSK		디스크 상태 점검
FORMAT		디스크 초기화
	chown	소유자(권한) 변경
	exec	새로운 프로세스 수행
	fork	새로운 프로세스 생성
	fsck	파일 시스템 검사, 보수
	getpid	자신의 프로세스 정보를 얻음
	uname	시스템의 정보 출력
	mount	파일 시스템을 마운팅
	sleep n	n초간 대기
	who	접속한 사용자 출력
	&	백그라운드 작업 지시
	|	결과값을 다음 명령으로 연결
	grep	문자열 패턴 검색

SECTION 02

프로세스

출제빈도 (상) 중 하
반복학습 1 2 3

빈출 태그 프로세스 상태, 스케줄링, 교착 상태

01 프로세스(Process)

1) 프로세스 개념

① 프로세스 정의

- 메모리에 적재되어 실행되고 있는 프로그램이다.
- 각 프로세스에 CPU가 할당되어 수행되며, 프로세스 정보는 PCB에 기록된다.
- CPU 및 할당 상태에 따라 다양한 프로세스 상태를 가진다.

② PCB(Process Control Block)

- 프로세스에 대한 정보를 기록한 테이블이다.
  - 고유 번호, 현재 상태, 포인터, 레지스터와 자원 정보, 스케줄링 정보, 입출력 상태 정보, 계정 정보 등
- 프로세스가 생성될 때마다 고유의 PCB가 생성된다.
- Time Slice에 의해 문맥 교환(Context Switching)을 수행한다.
  - 문맥 교환 : 실행되는 프로세스의 상태 정보 저장 후, 다른 프로세스 정보를 PCB에 적재하는 과정
- Time Slice가 작은 경우 : 문맥 교환수, 인터럽트 횟수, 오버헤드 증가
- Time Slice가 큰 경우 : 문맥 교환수, 인터럽트 횟수, 오버헤드 감소

> 기적의 TIP
> Time Slice와 문맥 교환의 관계에 대해 이해할 수 있어야 합니다.

2) 프로세스 상태

① 프로세스 주요 상태

- 프로세스 상태는 생성, 준비, 실행, 대기, 종료로 나뉜다.
  - 준비(Ready) : CPU의 할당을 기다리는 상태
  - 실행(Run) : CPU를 할당받아 작업이 진행되고 있는 상태
  - 대기(Wait) : 입출력 처리를 위해 잠시 작업이 멈춘 상태

> 기적의 TIP
> 프로세스 상태 관련 용어를 숙지해야 합니다.

② 프로세스 전이 과정

• 프로세스의 주요 상태는 Dispatch, Time Run Out, Block, Wake Up의 과정을 통해 변경된다.

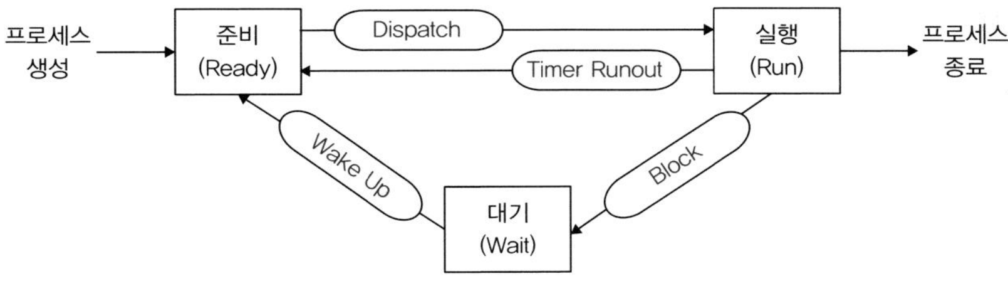

– Dispatch : 준비 상태의 프로세스를 실행 상태로 변경
– Timer Runout : 할당된 시간 안에 작업을 끝내지 못해 준비 상태로 변경
– Block : 실행 상태 프로세스가 입출력 처리를 위해 대기 상태로 변경
– Wake Up : 대기 상태 프로세스를 준비 상태로 변경

3) 인터럽트 처리

① 인터럽트(Interrupt) 정의

• 수행 중인 프로세스가 특정 요인에 의해 일시 중지되었다가 다시 복귀하는 것이다.
• 프로세스의 재실행을 위해 중단 시점의 정보를 사전에 저장한다.
• 인터럽트는 외부 인터럽트, 내부 인터럽트, 소프트웨어 인터럽트로 분류된다.
  – 외부 인터럽트 : 입출력 장치, 타이밍 장치, 전원 이상, 기계 착오 등의 외부적인 요인에 의해 발생하는 인터럽트
  – 내부 인터럽트(Trap) : 잘못된 명령이나 데이터를 사용할 때 발생하는 인터럽트
  – 소프트웨어 인터럽트 : 요청에 의해 발생하는 인터럽트로, SVC(Super Visor Call)가 대표적

인터럽트의 개념만 간단하게 파악하고 넘어가세요.

② 인터럽트 처리 절차

• 프로세스 실행 중 인터럽트가 발생하면 실행 중인 연산을 마무리한 뒤 프로세스를 일시 중단한다.
  – PCB, PC를 이용하여 프로세스 정보 저장
• 문맥 교환을 통해 CPU 할당을 전환하고 인터럽트 처리 루틴을 수행한다.
  – 인터럽트 원인 분석을 통해 필요한 서비스 루틴 수행
  – 우선순위에 따라 인터럽트 처리 루틴 수행
• PCB, PC 등에 저장된 프로세스 정보를 통해 프로세스 상태가 복구되고 재수행된다.

③ 프로세스 통신(IPC : Inter Process Communication)

- 직접적인 통신 방법이 없는 프로세스들이 통신을 하기 위해 사용하는 특별한 기법들이다.
- 실행 프로세스 간 통신을 가능하게 하는 메커니즘, 규칙이다.
- 대표적인 IPC 기법에는 공유 메모리 기법, 메시지 전달 기법이 있다.
  - 공유 메모리(Shared Memory) : 공유 메모리 영역을 통해 데이터 교환, 빠르지만 불안정적
  - 메시지 전달(Message Passing) : OS에 의해 데이터 교환, 느리지만 안정적

4) 스레드

① 스레드 정의

- 프로세스 내에서 실행되는 흐름의 단위로, 경량(Light Weight) 프로세스라고도 한다.
- 일반적으로 하나의 프로세스는 하나의 단일 스레드를 가지지만, 둘 이상의 스레드를 동시에 실행하는 다중 스레드 방식도 있다.
- 동일 프로세스 환경에서 스레드는 서로 독립적으로 다중 수행이 가능하다.

② 스레드 특징

- 다중 스레드의 독립 수행으로 병행성을 증진시킬 수 있다.
- 응용 프로그램의 응답 시간 단축과 처리율을 향상시킨다.
- 프로세스 간 통신이 향상되고 메모리의 낭비가 줄어든다.

③ 스레드 종류

- 스레드는 사용자 레벨과 커널 레벨로 나뉜다.
  - 사용자 레벨(수준) : 사용자 라이브러리를 통해 구현, 빠르지만 구현이 어려움
  - 커널 레벨(수준) : OS가 지원하는 스레드를 통해 구현, 느리지만 구현이 쉬움

> **기적의 TIP**
> 2가지 방식을 비교하는 경우, 특징 역시 상호 보완적이라는 것을 기억한다면 이해하기 쉽습니다.

④ 멀티 레벨 스레드

- 사용자 레벨과 커널 레벨 스레드를 혼합한 방식이다.
- 빠르게 수행되어야 하는 스레드는 사용자 레벨로 작동하고, 안정성이 필요한 스레드는 커널 레벨 스레드로 작동한다.

02 프로세스 스케줄링

1) 스케줄링 개념

① 프로세스 스케줄링 정의

• CPU 할당을 위해 프로세스들 사이의 우선 순위를 부여하고 관리하는 것이다.
• 할당 대상에 따라 장기, 중기, 단기 스케줄링이 있다.
  – 장기 스케줄링 : 어떤 프로세스를 커널에 등록할 것인지를 결정
  – 중기 스케줄링 : 어떤 프로세스를 메모리에 할당할 것인지를 결정
  – 단기 스케줄링 : 어떤 프로세스에 CPU를 할당할 것인지를 결정
• 실행 중인 프로세스의 강제 중단 여부에 따라 비선점형, 선점형 스케줄링이 있다.
  – 비선점형(중단 불가) 스케줄링 : 일괄 처리 중심(FIFO, SJF, HRN)
  – 선점형(중단 가능) 스케줄링 : 실시간 처리 중심(RR, SRT, MFQ)

기적의 TIP

할당 대상을 구분할 수 있도록 학습하세요.

② 프로세스 스케줄링 원칙

• 중요 자원의 선점 및 안정성이 높은 프로세스가 우선순위를 가진다.
• 신속한 응답 시간, 효율적 자원 활용의 균형이 유지되어야 한다.
• 처리능력을 높이고 대기 시간, 응답 시간 등을 줄일 수 있도록 스케줄링한다.

2) 비선점형 스케줄링

① FIFO(First In First Out)

• 프로세스가 도착(입력)한 순서대로 처리한다.
• 알고리즘이 가장 간단하지만, 평균 반환 시간이 길다.
  – 평균 반환 시간 = 평균 실행 시간 + 평균 대기 시간
  – 평균 실행 시간 = 총 실행 시간 / 프로세스 개수
  – 평균 대기 시간 = 총 대기 시간 / 프로세스 개수
  – 대기 시간 = 앞선 프로세스들의 실행시간 합계 – 도착 시간

기적의 TIP

실제로 시간을 계산할 수 있어야 합니다.

프로세스	실행 시간	도착 시간	대기 시간
A	24	0	0
B	6	1	24−1=23
C	3	2	30−2=28

평균 실행 시간	11	평균 대기 시간	17	평균 반환 시간	28

기적의 TIP

실제로 시간을 계산할 수 있어야 합니다.

② SJF(Short Job First)

• 실행 시간이 가장 짧은 프로세스 순으로 처리한다.
• 실행 시간이 긴 작업일 경우 무한 대기(기아) 상태가 발생할 수 있다.
• 짧은 시간의 작업들이 많은 경우에 FIFO보다 평균 대기 시간이 적다.

프로세스	실행 시간	도착 시간	대기 시간
A	24	0	0
B	6	1	27−1=26
C	3	2	24−2=22

평균 실행 시간	11	평균 대기 시간	16	평균 반환 시간	27

더 알기 TIP

작업 A가 끝나기 전에 도착한 모든 프로세스를 대상으로 가장 짧은 실행 시간을 가진 프로세스(C)를 먼저 수행합니다.

기적의 TIP

HRN은 스케줄링 설명과 더불어 대기 시간이나 평균 반환 시간이 아닌 우선순위를 구하는 문제가 출제됩니다.

③ HRN(Highest Response−ratio Next)

• FIFO와 SJF의 단점을 보완하여 개발된 방법이다.
• 대기 시간이 긴 프로세스의 우선순위를 높여서 긴 작업과 짧은 작업 간의 지나친 불평등을 해소할 수 있다.
• HRN 우선순위 공식의 계산 결과가 큰 작업에 높은 우선순위를 부여(Aging)한다.
  − 우선순위 공식 = (대기 시간+실행 시간/실행 시간)

프로세스	실행 시간	대기 시간	우선순위
A	20	10	1.5
B	4	20	6
C	6	10	2.6

더 알기 TIP

대기 시간이 길어질수록 분자가 커지므로, 우선순위 수치가 높은 프로세스를 우선 수행하게 됩니다.

3) 선점형 스케줄링

① RR(Round Robin)

• 동일한 Time Slice를 사용하는 시분할 처리 시스템에 효과적으로 적용된다.
• Time Slice 단위로 프로세스를 처리하는 방식이며, 계산 방식은 FIFO와 동일하다.
• Time Slice가 실행 시간보다 크면 FIFO와 동일한 결과를 보인다.

• 5초의 Time Slice를 가진 프로세스를 RR 스케줄링하는 것을 생각해보자.

작업	A	B	C	D
남은 시간	10	18	5	3
도착 시간	0	2	5	6

• Time Slice 간격으로 전체 프로세스를 차례로 순회한 결과는 아래와 같다.
  – 프로세스 C는 10초 뒤에 수행되지만 5초 늦게 도착했으므로 실제 대기 시간은 5초
  – 프로세스 D는 15초 뒤에 수행되지만 6초 늦게 도착했으므로 실제 대기 시간은 9초

작업	A	B	C	D
남은 시간	5	13	0	0

• 같은 방식으로 남은 프로세스들을 수행한다.
• 프로세스 C와 D는 종료되었으므로 A와 B를 순회한다.
  – 프로세스 B는 총 18초의 대기시간을 가지지만 2초 늦게 도착했으므로 실제 대기 시간은 16초

작업	A	B	C	D
남은 시간	0	8	0	0

  – 평균 실행 시간 = (10 + 18 + 5 + 3) / 4 = 9
  – 평균 대기 시간 = (13 + 16 + 5 + 9) / 4 = 10.75
  – 평균 반환 시간 = 9 + 10.75 = 19.75

더 알기 TIP

책의 구조상 텍스트로 설명했지만, 시간에 따른 수직선을 이용하여 각 프로세스의 상태를 그리는 것이 가장 이해가 쉽습니다.

기적의 TIP

선점형 스케줄링의 시간 계산은 비선점형 스케줄링보다 꽤 어려운 편이므로 여러 번 연습하여 확실하게 이해할 수 있어야 합니다.

② SRT(Shortest Remaining Time)
• 작업이 끝나지 않은 프로세스의 남아 있는 실행 시간이 가장 작은 프로세스를 먼저 실행하는 방식이다.
• SJF 기법을 선점 형태로 변경한 기법으로, 점유 시간이 길어도 중요한 프로세스를 먼저 할당할 수 있다.

③ MFQ(Multilevel Feedback Queue)
• 짧은 작업이나 입출력 위주의 프로세스에 우선순위를 부여하기 위해 개발된 방식이다.
• 우선순위가 있는 각 큐(대기 리스트)가 있으며 큐마다 Time Slice가 존재한다.
• 낮은 큐일수록 Time Slice는 커지며, CPU 사용을 마친 프로세스는 낮은 큐로 이동된다.
• 맨 마지막 단계의 큐는 RR 스케줄링 방식을 사용한다.

기적의 TIP

MFQ는 시간에 대한 문제가 나오기 어려우므로 특징을 암기하세요.

03 프로세스 관련 기술

1) 상호배제(Mutex : Mutual eXclusion)

① 임계구역

- 다수의 프로세스가 서로 공유하는 자원의 영역이다.
- 자원을 공유하는 프로세스는 동시 사용이 불가능(배타적)하며 독점도 불가능하다.
- 위의 특징을 활용하여 프로세스 간 통신에 임계구역을 사용할 수도 있다.

② 상호배제 정의

- 하나의 프로세스만 임계구역에 접근할 수 있도록 다른 프로세스의 접근을 차단하는 것이다.
- 상호배제를 위해서는 아래 4가지의 요구조건이 충족되어야 한다.
  - 단일 프로세스만 임계구역에 존재
  - 임계구역 진입이 무한정 연기되지 않음
  - 임계구역 내 프로세스가 다른 프로세스의 진입 차단 가능
  - 프로세스 속도나 개수에 영향을 받지 않음

> 기적의 TIP
>
> 화장실을 생각해 보세요. 가족 모두가 함께 사용하지만, 동시에 사용하지는 않습니다.

③ 상호배제 알고리즘

- 상호배제 알고리즘은 잠금, 인터럽트 봉쇄, 엄격한 교대가 있다.
  - 잠금 : 다른 프로세스가 접근할 수 없도록 잠금
  - 인터럽트 봉쇄 : 임계구역 사용 중 인터럽트 발생을 막아서 새로운 프로세스 접근 차단
  - 엄격한 교대 : 다수의 프로세스가 하나의 임계구역을 교대로 접근
- 현재 사용 중인 프로세스의 실행시간이 길다면 다른 프로세스는 임계구역을 사용하기 위해 계속해서 대기하게 되는데 이를 바쁜 대기 현상(Busy Wait)이라고 한다.
- 바쁜 대기 현상이 증가하면 운영체제는 부담을 갖게 되어 컴퓨터 시스템의 전체 성능이 떨어지게 되는데, 이 현상을 제거하기 위해 세마포어 알고리즘을 사용한다.

④ 세마포어(Semaphore)

> 기적의 TIP
>
> 세마포어의 정의와 구성에 대해서만 간단히 파악하고 넘어가세요.

- 임계구역을 지키기 위한 기존 상호배제 알고리즘이 바쁜 대기 현상을 야기하는 것을 방지하고자 개발된 알고리즘이다.
- 프로세스가 이러한 바쁜 대기 현상을 방지하기 위해 잠시 재우고(Sleep, Wait, P연산) 나중에 깨워주는(Wakeup, Signal, V연산) 방식을 사용한다.
- 세마포어 알고리즘에서 사용되는 공유 자원의 수를 나타내는 변수를 세마포어 변수(S)라고 한다.

```
P(S){                              //프로세스 집입 시 실행
  while S<=0 do
    skip;
}
S :=S-1;
V(S){                              //프로세스 종료 시 실행
  S :=S+1;
}
```

2) 교착 상태

① 교착 상태 정의

- 다수의 프로세스가 같은 자원의 할당을 요구하며 무한정 기다리고 있는 상태이다.
- 교착 상태가 발생하기 위한 필요 충분 조건은 아래와 같다.
  - 상호 배제(Mutual exclusion) : 한 리소스는 한 번에 한 프로세스만이 사용 가능
  - 점유와 대기(Hold and wait) : 프로세스가 하나 이상의 리소스를 점유하고 있으면서 다른 프로세스가 가지고 있는 리소스를 기다리는 상태
  - 비선점(No preemption) : 프로세스가 리소스를 자발적으로 반환할 때까지 기다리는 상태
  - 환형 대기(Circular wait) : 각 프로세스가 순차적으로 다음 프로세스가 요구하는 자원을 가진 상태
- 교착 상태를 해결하기 위한 방안으로는 예방, 회피, 발견, 회복 등이 있다.

> **기적의 TIP**
> 교착 상태의 필요 충분 조건이 아닌 문장을 선택할 수 있어야 합니다.

② 예방(Prevention)

- 교착 상태의 필요 충분 조건 중 하나 이상을 부정하여 교착 상태를 예방하는 것이다.
  - 상호배제 부정 : 공유 자원 동시 접근이 허용으로 신뢰성 보장 어려움
  - 비선점 부정 : 사용 중인 공유 자원을 중단하거나 빼앗을 수 있는 가장 현실적인 예방 방식
  - 점유와 대기 부정 : 자원을 일부 점유한 프로세스가 추가 자원의 요구를 실패하는 경우 기존 자원 반납 후 다시 요청하는 방식
  - 환형 대기 부정 : 자신이 가진 자원의 앞, 뒤 순서 프로세스의 자원 요청을 금지시킴

> **기적의 TIP**
> 교착 상태 해결 방안별 특징을 숙지해야 합니다.

③ 회피(Avoidance)

- 안정적 상태를 유지할 수 있는 프로세스의 요청만 받아들이는 방식으로 교착 상태 발생 가능성을 회피하는 것이다.
- 대표적인 회피 알고리즘으로 은행원 알고리즘(Banker's Algorithm)이 있다.

더 알기 TIP

신용이 불량한 고객의 대출을 회피한다는 느낌으로 이해하시면 됩니다.

④ 발견(Detection)

- 컴퓨터의 중단 원인이 교착 상태인지 다른 이유인지 파악하는 방법이다.
- 공유 자원과 프로세스의 관계를 인접 행렬로 표현하여 파악한다.

⑤ 회복(Recovery)

- 교착 상태가 발생한 프로세스 중 중단할 프로세스를 정하여 자원을 빼앗는 방식이다.
- 희생양을 정하는 기준은 다음과 같다.
  - 우선순위가 낮은 프로세스
  - 진행률이 적은 프로세스
  - 자원을 적게 사용하고 있는 프로세스
  - 기아(무한 대기) 상태 등으로 수행이 불가능한 프로세스

기적의 TIP

희생양을 정하는 기준을 암기하려고 하기보다는 이해하려고 하면 외우기 쉽습니다.

SECTION

03 기억 장치 관리

출제빈도 (상) 중 하
반복학습 1 2 3

빈출 태그 배치 전략, 단편화 관리, 페이지 교체 전략, 디스크 스케줄링

01 기억 장치 할당 기법

1) 주기억 장치 관리 전략

① 주기억 장치 관리 전략의 필요성
- CPU가 접근해야 할 데이터를 보조기억 장치에서 주기억 장치로 적재하여 운영한다.
- 보조기억 장치는 속도가 느리지만 용량이 크고 저렴하다.
- 주기억 장치는 속도가 빠르지만 용량이 작고 비싸다.
- 한정된 주기억 장치의 공간을 효율적으로 사용하기 위한 전략이 필요하다.

② 반입(Fetch) 전략
- 보조기억 장치의 데이터를 언제 주기억 장치로 적재할 것인지를 결정하는 것이다.
- 요구(Demand) 반입 전략과 예상(Anticipatory) 반입 전략이 있다.
  - 요구 반입 : 실행 중인 프로그램이 특정 데이터 참조를 요구할 때 적재하는 방법
  - 예상 반입 : 실행 중인 프로그램에 의해 참조될 데이터를 예상하여 적재하는 방법

③ 배치(Placement) 전략
- 새로 반입되는 데이터를 주기억 장치의 어떤 공간에 위치시킬 것인지를 결정하는 전략이다.
- 최초 적합(First Fit), 최적 적합(Best Fit), 최악 적합(Worst Fit)이 있다.
  - 최초 적합 : 데이터 배치가 가능한 공간 중 첫 번째 공간에 배치
  - 최적 적합 : 데이터 배치가 가능한 공간 중 여유 공간(단편화)을 가장 적게 남기는 공간에 배치
  - 최악 적합 : 데이터 배치가 가능한 공간 중 여유 공간(단편화)을 가장 크게 남기는 공간에 배치

기적의 TIP

우리가 잘 알고 있는 보조기억 장치에는 HDD나 SSD 등이 있으며, 주기억 장치에는 RAM이 있습니다.

기적의 TIP

각각의 배치 방식에 따라 실제 배치되는 영역과 단편화 정보를 계산할 수 있어야 합니다.

• 10K의 데이터를 배치하는 경우를 생각해보자.

메모리 공간	사용 상태	배치 전략
12K	빈 공간	First Fit(2K 단편화 발생)
10K	사용 중	
10K	빈 공간	Best Fit
15K	빈 공간	Worst Fit(5K 단편화 발생)

기적의 TIP

페이지 교체 전략이 아닌 것을 구분할 수 있어야 합니다.

④ 교체(Replacement) 전략
- 주기억 장치의 모든 영역이 이미 사용 중인 상태에서 새로운 데이터를 배치하기 위해 기존 데이터 중 어느 것을 교체할 것인지를 결정하는 전략이다.
- FIFO, OPT, LRU, LFU, NUR, SCR 등이 있다.

⑤ 주기억 장치 할당 기법
- 프로그램 및 데이터를 주기억 장치에 어떻게 할당할 것인지에 대한 기법이다.
- 데이터를 연속으로 할당하는 기법과 분산하여 할당하는 기법이 있다.
  - 연속 할당 기법 : 단일 분할 할당, 다중 분할 할당
  - 분산 할당 기법 : 페이징, 세그먼테이션

기적의 TIP

각 할당 기법의 핵심 키워드만 기억하여 구분할 수 있도록 학습하세요.

2) 단일 분할 할당 기법

① 단일 분할 할당 특징
- 주기억 장치의 사용자 영역을 한 명의 사용자만 사용하도록 하는 기법이다.
- 초기의 운영체제에서 많이 사용하던 단순한 기법으로 영역을 구분하는 레지스터가 사용된다.
- 프로그램의 크기가 작은 경우에는 영역이 낭비되고, 큰 경우에는 실행이 불가능하다.

② 오버레이 기법
- 주기억 장치보다 큰 프로그램을 실행하기 위한 기법이다.
- 프로그램을 분할하여 실행에 필요한 조각을 주기억 장치에 적재하여 프로그램을 실행한다.
- 주기억 장치의 공간이 부족해지면 불필요한 조각을 중첩하여 적재한다.

③ 스와핑 기법
- 프로그램 전체를 적재하여 사용하다가 다른 프로그램으로 교체하는 기법이다.
- 사용자 프로그램이 완료될 때까지 과정이 반복된다.
  - Swap In : 보조기억 장치에 있는 프로그램이 주기억 장치로 이동되는 것
  - Swap Out : 주기억 장치에 있는 프로그램이 보조기억 장치로 이동되는 것

더 알기 TIP

주기억 장치 시점으로 이해하면 In(주기억으로 들어오는), Out(주기억에서 나가는)이 헷갈리지 않습니다.

3) 다중 분할 할당 기법

① 단편화(Fragmentation) 정의

- 주기억 장치에서 공간의 할당 및 반납에 따라 공간들이 조각나 사용하지 못하게 되는 공간이다.
  - 내부 단편화 : 데이터 및 프로그램을 할당하고 남은 공간
  - 외부 단편화 : 데이터 및 프로그램의 크기가 커서 할당되지 못하는 공간

② 단편화 해결 방안

- 단편화를 해결하기 위해 조각나 있는 공간을 합쳐야 한다.
  - 통합(Coalescing) : 서로 인접해 있는 공간을 하나로 합치는 과정
  - 압축(Compaction) : 서로 떨어져 있는 공간까지 하나로 합치는 과정

③ 고정 분할 할당 기법(MFT, Static Allocation)

- 주기억 장치의 사용자 영역을 여러 개의 고정된 크기로 분할하여 데이터를 할당하는 기법이다.
- 실행할 프로그램의 크기를 미리 알고 있어야 하고 프로그램 전체가 주기억 장치에 위치해야 한다.
- 단편화 발생으로 인해 주기억 장치의 공간 낭비가 크다.

④ 가변 분할 할당 기법(MVT, Dynamic Allocation)

- 단편화를 줄이기 위해서, 프로그램을 주기억 장치에 적재하면서 필요한 만큼만 영역을 분할하는 기법이다.
- 주기억 장치를 효율적으로 사용할 수 있으며, 다중 프로그래밍의 정도를 높일 수 있다.

더 알기 TIP

컴퓨터는 기본적으로 고속 연산이 가능한 기계장치로 발전되었으므로, 빠르고 고정적인 방식보다는 약간 느리지만 유연한 방식에 좀 더 높은 가치를 둡니다.

02 가상기억 장치

1) 가상기억 장치

① 가상기억 장치 특징

- 보조기억 장치의 일부를 주기억 장치처럼 사용하여 용량이 큰 프로그램을 실행할 수 있도록 하는 기법이다.
- 프로그램을 다수의 블록으로 나누어 가상기억 장치에 저장해두고 필요한 블록만 주기억 장치에 할당하는 방식이다.
- 스와핑 기법에서 발전된 것으로, 연속 할당 방식에서 발생하는 단편화 문제를 해결할 수 있다.
- 페이징 기법과 세그먼테이션 기법으로 나뉜다.

② 페이징 기법

- 프로그램과 주기억 장치의 영역을 동일한 크기의 페이지와 페이지 프레임으로 나눈 후, 페이지(프로그램)를 페이지 프레임(주기억 장치)에 적재하는 기법이다.
- 외부 단편화는 발생하지 않지만, 내부 단편화는 발생할 수 있다.
- 페이지들의 위치 정보를 저장하는 페이지 맵 테이블을 사용하므로 비용 증가와 처리 속도 감소 등에 영향이 있다.

③ 세그먼테이션 기법

- 프로그램을 다양한 크기의 논리적인 세그먼트로 나눈 후, 주기억 장치에 적재하는 기법이다.
- 내부 단편화는 발생하지 않지만, 외부 단편화는 발생할 수 있다.
- 세그먼트 위치 정보를 저장하는 세그먼트 맵 테이블과 서로의 영역을 침범하지 않게 하는 장치가 필요하다.
- 세그먼트의 시작 주소와 상대 주소를 이용하여 실제 물리 주소를 계산할 수 있으며 상대 주소가 세그먼트 길이보다 큰 경우 에러(트랩)가 발생한다.

세그먼트	시작 주소	세그먼트 길이(크기)
0	100	300
1	700	500
2	1300	400
3	2300	500

기적의 TIP

논리적 주소값(시작, 상대)을 통해 실제 물리 주소를 계산할 수 있어야 합니다.

더 알기 TIP

논리 주소쌍이(1, 150)인 경우, 1번 세그먼트의 시작 주소가 700이므로 실제 물리 주소는 700+150=850입니다.

2) 페이지 교체 알고리즘

① 페이지 교체 정의

- 페이지 프레임이 비어있을 때, 차례대로 페이지를 적재한다.
  - 페이지 부재 : 적재하려는 페이지가 페이지 프레임에 존재하지 않는 상태
- 페이지 부재가 발생하고 페이지 프레임에 빈 공간이 없을 때, 주기억 장치에 적재하는 프레임을 교체하는 방식에 대한 알고리즘이다.

② OPT(OPTimal replacement)

- 가장 오랫동안 사용하지 않을 페이지를 교체하는 기법이다.
- 페이지 부재 횟수가 가장 적게 발생하는 가장 효율적인 알고리즘이다.
  - 페이지 적중률(Hit Ratio) = 1 – (페이지 부재 횟수 / 참조 횟수)

기적의 TIP

특정 페이지 교체 알고리즘으로 페이지 교체를 진행할 때 발생하는 페이지 부재 횟수 파악이 가능해야 합니다.

③ FIFO(First In First Out)

- 가장 먼저 적재된(오래된) 페이지를 교체하는 기법이다.
- 이해하기 쉽고, 프로그래밍 및 설계가 간단하다.
- 참조 페이지가 [1, 3, 3, 1, 5, 4, 2, 4]이고 페이지 프레임이 3인 경우의 페이지 교체 흐름은 아래와 같다.

참조 페이지	1	3	3	1	5	4	2	4

페이지 프레임	1	1	1	1	1	4	4	4
		3	3	3	3	3	2	2
					5	5	5	5
페이지 부재	발생	발생			발생	발생	발생	

④ LRU(Least Recently Used)

- 최근에 가장 오랫동안 사용하지 않은 페이지를 교체하는 기법이다.
- 각 페이지마다 스택(Stack)을 두어 현 시점에서 가장 오랫동안 사용하지 않은 페이지를 교체한다.
- 참조 페이지가 [A, R, R, A, C, B, K, B]이고 페이지 프레임이 3인 경우의 페이지 교체 흐름은 아래와 같다.

참조 페이지	A	R	R	A	C	B	K	B

페이지 프레임	A(0)	A(1)	A(2)	A(0)	A(1)	A(2)	K(0)	K(1)
		R(0)	R(0)	R(1)	R(2)	B(0)	B(1)	B(0)
					C(0)	C(1)	C(2)	C(3)
페이지 부재	발생	발생			발생	발생	발생	

* 괄호 안의 숫자는 참조되지 않은 횟수임

⑤ LFU(Least Frequently Used)

- 사용 빈도가 가장 적은 페이지를 교체하는 기법이다.
- 자주 사용되는 페이지는 사용 횟수가 많아 교체되지 않고 사용된다.

⑥ NUR(Not Used Recently)

- LRU와 비슷한 알고리즘으로, 최근에 사용하지 않은 페이지를 교체하는 기법이다.
- 최근에 사용되지 않은 페이지는 향후에도 사용되지 않을 가능성이 높다는 것을 전제로, LRU에서 나타나는 시간적인 오버헤드를 줄일 수 있다.
- 최근 사용 여부를 확인하기 위해서 각 페이지마다 참조 비트와 변형 비트가 사용된다.

– 참조 비트 : 호출되지 않을 때 0, 호출되었을 때 1
– 변형 비트 : 변형되지 않을 때 0, 변형되었을 때 1

참조 비트	변형 비트	교체 순서
0	0	1
0	1	2
1	0	3
1	1	4

⑦ SCR(Second Chance Replacement)
• FIFO 기법의 단점을 보완하는 기법으로 오랫동안 주기억 장치에 있던 페이지 중 자주 사용되는 페이지의 교체를 방지하기 위한 기법이다.

3) 페이지 관리 방식

> 기적의 TIP
> 페이지 크기별 특징을 구분할 수 있어야 합니다.

① 페이지 크기의 영향
• 페이지 크기가 작을 경우, 페이지 단편화가 감소되고 이동시간이 줄어든다.
  – 효율적인 Working Set 유지와 Locality 일치성 상승
  – 페이지 맵 테이블 크기 상승으로 인한 매핑 속도, 입출력 속도 저하
• 페이지 크기가 클 경우, 페이지 단편화가 증가되고 이동시간이 늘어난다.
  – 비효율적인 Working Set과 Locality 일치성 저하
  – 페이지 맵 테이블 크기 감소로 인한 매핑 속도, 입출력 속도 상승

② Locality(구역성)
• 프로세스가 특정 페이지를 집중적으로 참조하게 되는 특성이다.
• 가상 기억 장치 관리의 이론적 근거로서, 시간 구역성과 공간 구역성이 있다.
  – 시간 구역성(Temporal Locality) : 특정 페이지를 일정 시간 동안 집중적으로 접근하는 특성
  – 공간 구역성(Spatial Locality) : 특정 위치의 페이지를 집중적으로 접근하는 특성

> 기적의 TIP
> 워킹 셋에 관련된 설명을 숙지하고 있어야 합니다.

③ 워킹 셋(Working Set)
• 프로세스가 특정 단위 시간 동안 자주 참조하는 페이지들의 집합이다.
• 워킹 셋을 주기억 장치에 상주시킴으로써 페이지 교체 및 부재가 줄어들어 메모리 관리 안정성이 보장된다.
• 워킹 셋은 시간이 지남에 따라 변화된다.

④ 페이지 부재 빈도(PFF : Page Fault Frequency) 방식
• 페이지 부재율에 따라 주기억 장치에 있는 페이지 프레임의 수를 늘리거나 줄여서 페이지 부재율을 적정 수준으로 유지하는 방식이다.
• 부재율이 상한선을 넘어가면 좀 더 많은 페이지 프레임을 할당하고, 하한선을 넘어가면 페이지 프레임을 회수하는 방식이다.

⑤ 프리페이징(Prepaging)

• 사용이 예상되는 모든 페이지를 한 번에 프레임에 적재하여 초기의 과도한 페이지 부재를 방지하기 위한 기법이다.

⑥ 스래싱(Thrashing)

• 프로세스의 처리 시간보다 페이지 교체에 소요되는 시간이 더 많아지는 현상이다.
• 프로세스 수행 과정 중 자주 페이지 부재가 발생함으로써 나타나는 현상으로 전체 시스템의 성능이 저하된다.
• 다중 프로그래밍의 정도가 더욱 커지면 스래싱이 나타나면서 CPU의 이용률은 급격히 감소하게 된다.
• 스래싱 현상을 방지하는 방법은 아래와 같다.
  - 다중 프로그래밍의 정도를 적정 수준으로 유지
  - 페이지 부재 빈도를 조절하여 사용
  - 워킹 셋을 유지
  - 부족한 자원을 증설하고, 일부 프로세스를 중단
  - CPU 성능에 대한 자료의 지속적 관리 및 분석으로 임계치를 예상하여 운영

기적의 TIP

스래싱이 발생하는 조건을 명확히 이해해야 합니다.

03 파일 편성(파일 설계)

1) 순차(Sequential) 편성

① 순차 편성 정의

• 입력되는 데이터의 논리적 순서에 따라 물리적으로 연속된 위치에 기록하는 편성 방식이다.
• 다음에 처리할 데이터가 바로 다음 위치에 있어 일괄 처리에 효율적이다.

② 순차 편성의 특징

• 기록 밀도가 좋고 어떤 저장 매체에도 편성이 가능하다.
  - 기록 밀도 : 데이터가 낭비되는 공간 없이 저장된 정도
• 파일의 이후 처리(추가, 변경, 삭제 등)가 불편하여 백업 등의 특별한 경우에 사용된다.
• 탐색 속도는 빠른 편이지만 순차 탐색만 사용할 수 있어 탐색의 효율은 떨어진다.

기적의 TIP

각 편성의 특징 정도만 가볍게 학습하세요.

2) 임의(Random) 편성

① 랜덤 편성 정의

- 해싱 등의 방법으로 키를 변환하여 일정한 순서 없이 임의로 데이터를 기록하는 편성 방식으로 직접 편성이라고도 한다.
- 데이터 처리에도 해싱을 적용하여 보관된 데이터의 위치에 따른 처리 속도가 일정하다.

② 랜덤 편성의 특징

- 키 변환(해싱)을 통해 처리하고자 하는 데이터에 직접 접근이 가능하다.
- 키 변환에 의한 지연 시간, 공간의 낭비, 충돌 문제에 대한 해결 방안이 필요하다.

3) 색인(Indexed) 순차 편성

① 색인 순차 편성 정의

- 데이터를 논리적 순서에 따라 물리적으로 연속된 위치에 기록하고, 저장 데이터에 대한 색인을 구성하여 색인을 통한 랜덤 처리와 일반 순차 처리를 병행할 수 있게 하는 편성 방식이다.
- 정적 인덱스와 동적 인덱스로 구성할 수 있다.
  - 정적 인덱스 : 인덱스의 내용은 변하지만 구조는 변하지 않는 방식, 기본 데이터 구역의 빈 공간이 없어 별도의 구역(오버플로우) 필요
  - 동적 인덱스 : 추가될 데이터를 감안하여 인덱스를 구성하는 방식, 미리 예비 구역을 편성해야 함
- 색인 구역, 기본 데이터 구역, 오버플로우 구역으로 구성된다.

② 색인 구역

- 기본 데이터 구역에 대한 색인(목차)을 구성하는 구역으로, 총 3단계로 구분된다.
  - 트랙 색인 : 가장 작은 단위 색인
  - 실린더 색인 : (트랙 색인이 많을 경우) 트랙 색인에 대한 색인
  - 마스터 색인 : (실린더 색인이 많을 경우) 실린더 색인에 대한 색인

③ 기본 데이터 구역

- 실제 데이터가 편성되는 구역으로, 색인에 따라 물리적으로 연속된 위치에 기록된다.

④ 오버플로우 구역

- 정적 인덱스 편성에서 새로 추가될 데이터가 기록되지 못할 때(넘칠 때) 별도로 기록하기 위한 구역으로, 실린더 오버플로우와 독립적 오버플로우 방식이 있다.
  - 실린더 오버플로우 : 실린더 색인별로 오버플로우 구역 설정
  - 독립적 오버플로우 : (독립된, 하나의) 별도의 오버플로우 구역 설정

⑤ 색인 순차 편성의 특징
- 순차 처리와 랜덤 처리를 통합하여 데이터 처리에 대한 융통성이 좋다.
- 색인 저장과 오버플로우 처리 등을 위한 별도의 공간이 필요하다.
- 데이터 처리가 용이하지만 처리 횟수가 많아지면 효율이 떨어지므로 재편성이 이루어져야 한다.

04 디스크 스케줄링

1) 디스크 드라이브

① 디스크 드라이브 정의
- 데이터 반영구적 저장을 위한 하드웨어로 원판 형태의 디스크가 수직적으로 여러 개 모인 형태이다.
- 디스크는 트랙과 섹터, 실린더 등으로 구성되며, 액세스 암과 헤드를 통해 데이터를 입출력한다.
  - 트랙(Track) : 디스크에 동심원 형태로 구성된 데이터 저장 경로, 디스크는 다수의 트랙으로 구성됨
  - 섹터(Sector) : 트랙을 구성하는 최소 단위이자 데이터가 저장되는 단위
  - 실린더(Cylinder) : 모든 디스크의 특정 위치의 트랙에 대한 논리적인 집합
  - 액세스 암(Access Arm) : 데이터 액세스를 위해 특정 트랙(실린더)에 디스크 헤드를 위치시키는 장치
  - 디스크 헤드(Head) : 데이터를 액세스하는 장치
- 디스크는 보조기억 장치의 한 종류로서 기억 장치 중 가장 속도가 느린 편에 속하기 때문에, 처리 속도가 빠른 CPU의 효율적인 데이터 처리를 위해 다양한 스케줄링 방법이 존재한다.

> **기적의 TIP**
> 디스크 구성 요소는 최근 출제 빈도가 매우 낮은 편입니다.

② 디스크 접근 시간
- 데이터 액세스를 위해 디스크가 사용하는 시간이다.
- 디스크 접근 시간은 크게 Seek Time, Rotation Time, Transfer Time이 있다.
  - Seek Time : 액세스 암이 헤드의 위치를 특정 트랙(실린더)으로 이동하는 데 걸리는 시간
  - Rotation(Latency) Time : 디스크가 회전하여 헤드 밑에 특정 트랙을 위치시키는 데 걸리는 시간
  - Transfer Time : 디스크의 데이터가 주기억 장치로 전송되는 데 걸리는 시간

> **기적의 TIP**
> 접근 시간은 별도의 문제보다는 다른 문제의 설명에 포함되는 경우가 대부분입니다.

③ FCB(File Control Block)

- 운영체제가 특정 파일에 접근할 때 파악되어야 할 파일의 관리 정보를 저장해 둔 블록이다.
  - 보조기억 장치 유형, 파일ID, 주소, 파일 크기, 생성일 등
- 파일 디스크립터(File Descriptor)라고도 하며 보조기억 장치에 저장되어 있다가 파일이 실행될 때 주기억 장치로 옮겨진다.

기적의 TIP

디스크의 기본 개념 중 가장 많이 출제되는 부분입니다.

④ RAID(Redundant Array of Independent Disks)

- 다수의 하드 디스크 드라이브(HDD)를 하나의 드라이브처럼 사용하는 방식이다.
- 디스크의 접근 성능을 높이거나 안정성을 높이는 등의 다양한 방식이 존재한다.
  - RAID-0 : 다수의 HDD에 데이터 분산 입출력, 속도 향상, 안정성 매우 떨어짐
  - RAID-1 : 다수의 HDD에 데이터 복사 입출력(미러링), 안정성 향상
  - RAID-5 : 최소 3개의 HDD 중 하나를 복구용으로 사용, 안정성과 효율이 뛰어남
  - RAID-0+1 : RAID-0으로 구성된 HDD을 다시 RAID-1로 구성
  - RAID-1+0 : RAID-1로 구성된 HDD를 다시 RAID-0으로 구성(안정적)

기적의 TIP

각 스케줄링 방식을 명확하게 구분할 수 있어야 합니다.

2) 디스크 스케줄링

① FCFS(First Come First Served)

- 입출력 데이터 요청(큐)이 들어온 순서대로 처리하는 방식이다.
- 단순하고 공평하게 처리하지만, 요청이 있을 때마다 디스크 헤드의 이동 방향이 바뀌어 진행되므로 비효율적이다.

헤드 위치 : 100
입출력 요청 : 90, 180, 50, 70, 20, 40

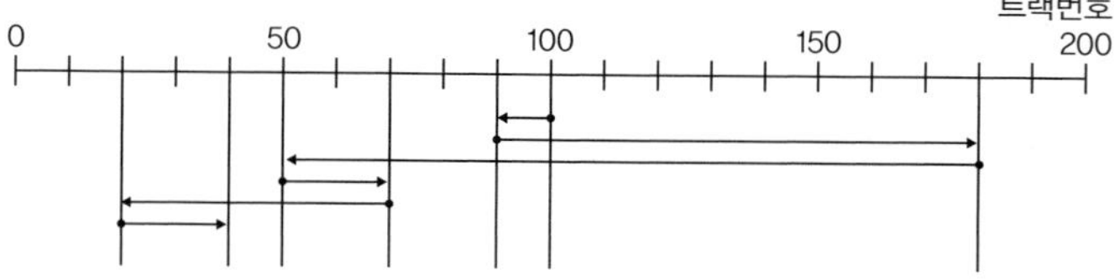

더 알기 TIP

실제 트랙은 0~199로 표현되고 일 단위까지 표현해야 하지만, 이해를 돕기 위해 단순하게 표현되었다는 점을 알려드립니다.

② SSTF(Shortest Seek Time First)

- 현재 디스크 헤드에서 가장 가까운 트랙의 요청을 먼저 처리하는 방식이다.
- Seek time을 최소화할 수 있고 처리량이 극대화된다.
- 응답 시간의 편차가 크고, 안쪽 및 바깥쪽 트랙의 요청에 대한 기아 현상 발생 가능성이 높아진다.

헤드 위치 : 100

입출력 요청 : 90, 50, 120, 200, 20, 40

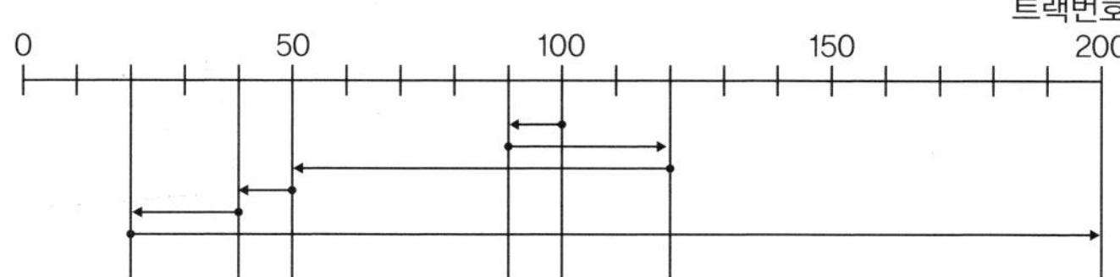

③ SCAN

- 현재 디스크 헤드가 진행되는 방향에 있는 요청을 전부 처리한 뒤, 반대 방향에 있는 요청을 처리하는 방식이다.
- 요청이 없어도 진행 방향의 마지막 트랙까지 진행된 후 반대 방향으로 진행된다.
- 엘레베이터 기법이라고도 하며, SSTF의 단점(기아 현상, 응답 시간 편차)을 보완한다.
- 양단(끝)의 트랙 요청에 대한 응답 시간이 늦어질 수 있다.

헤드 위치 : 100
입출력 요청 : 90, 110, 120, 50, 70, 170, 30

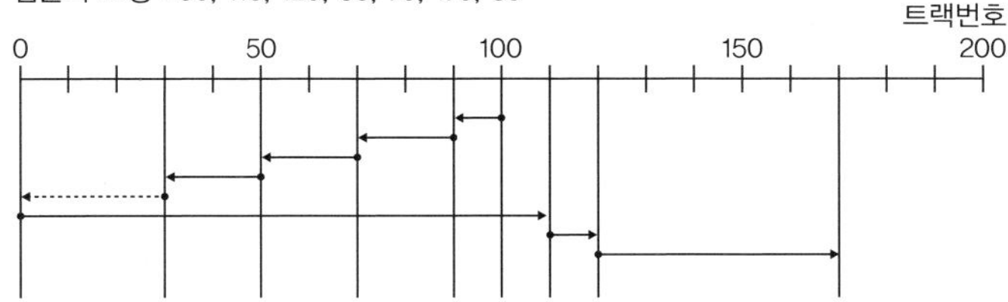

④ C(Circuler)-SCAN

- 항상 바깥쪽 트랙에서 안쪽 트랙으로 진행하며 요청을 처리하는 방식이다.
- 스캔 도중 추가되는 요청이 있더라도 이전 요청을 모두 처리한 뒤 처리된다.
- SCAN방식에 비해 조금 더 균등한 시간배분이 가능해져 응답 시간의 편차가 매우 적다.
- 처리할 요청이 없어서 항상 양단으로 이동하기 때문에 비효율적이다.

헤드 위치 : 100
입출력 요청 : 90, 110, 120, 50, 70, 170, 30

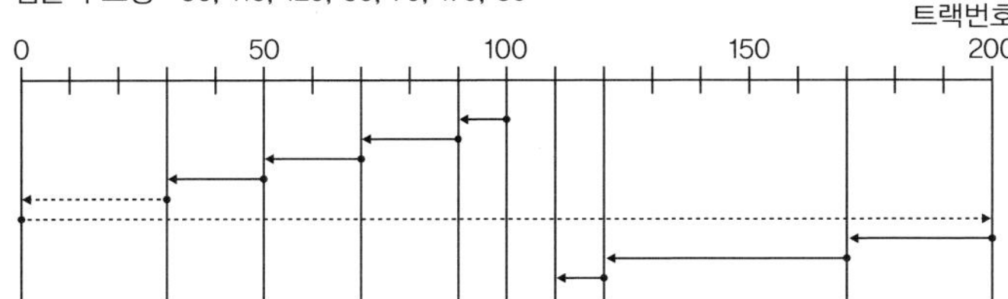

⑤ LOOK, C-LOOK

- SCAN과 C-SCAN을 보완한 방식으로, 진행 방향의 요청이 없는 경우 양단까지 진행하지 않고 방향을 전환하여 처리한다.
- 불필요한 헤드 이동시간을 제거할 수 있지만, 현재 진행 방향에 대한 트랙의 요청이 없는지 여부를 판단해야 한다.

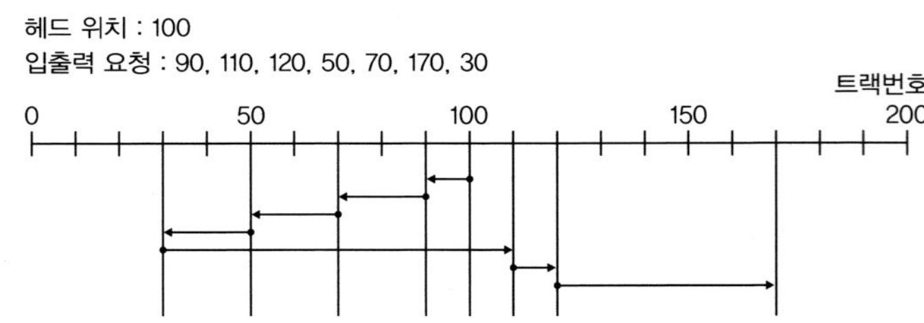

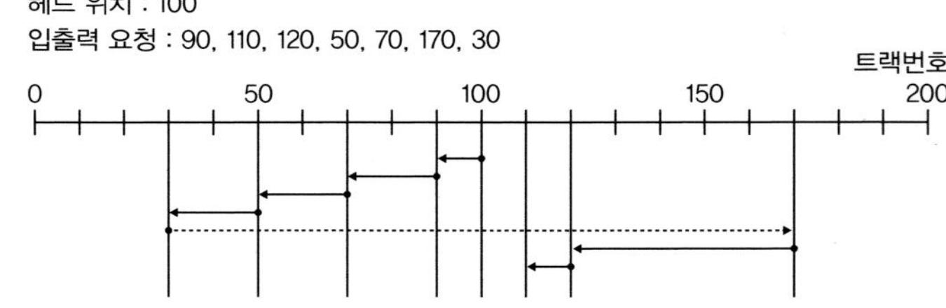

데이터베이스 기초 활용

학습 방향

데이터베이스의 종류와 기본적인 특징, 관련 용어, 데이터를 구분할 수 있는 요소(키)에 대해 다룹니다. 현실을 디지털로 표현하기 위한 데이터 모델링과 데이터 모델의 품질을 높이기 위한 정규화 이론에 집중하여 학습하세요.

SECTION 01

데이터베이스

출제빈도 상 (중) 하
반복학습 1 2 3

빈출 태그 데이터베이스 종류와 특징, 데이터베이스 관련 용어, 키(Key)

01 데이터베이스(Database) 시스템

> 기적의 TIP
>
> 이 페이지의 내용들은 데이터베이스를 한 번 학습하고 나서 보면 훨씬 더 이해가 쉽습니다.

1) 데이터베이스 개념

① 데이터베이스 정의

- 업무 수행에 필요한, 서로 관련 있는 데이터들의 체계적인 집합이다.
- 여러 사용자 및 응용 프로그램이 데이터를 공유하여 사용할 수 있도록 데이터를 통합하여 저장하고 운영하는 데이터 관리 시스템이다.
  - 공유 데이터(Shared Data) : 여러 응용 프로그램들이 공통으로 필요로 하는 데이터
  - 통합 데이터(Integrated Data) : 불필요한 데이터를 제거하고 중복이 최소화된 데이터
  - 저장 데이터(Stored Data) : 컴퓨터 시스템이 접근할 수 있는 저장 매체에 저장된 데이터
  - 운영 데이터(Operational Data) : 조직의 목적을 위해 지속적으로 필요한 데이터

> 기적의 TIP
>
> 데이터베이스를 확실하게 학습하고 이해한다면 자연스럽게 틀린 문장을 찾을 수 있습니다.

② 데이터베이스 특징

- 데이터베이스는 중복을 최소화하고 무결성, 보안성, 안정성, 효율성 등을 유지한다.
- 많은 기능이 있지만, 구조가 복잡하여 구축과 관리에 많은 비용이 든다.
- 데이터베이스 시스템은 일반적으로 아래와 같은 특징을 가진다.
  - 실시간 접근성(Real Time Accessibility) : 사용자 요청에 실시간으로 응답하여 처리
  - 계속적인 진화(Continuous Evolution) : 데이터의 생성이나 변경, 삭제 등을 통해 항상 최신 상태 유지
  - 동시 공유(Concurrent Sharing) : 여러 사용자가 동시에 원하는 데이터 이용 가능
  - 내용에 의한 참조(Content Reference) : 데이터 위치가 아닌 사용자가 요구하는 데이터 내용에 따라 데이터를 참조
  - 데이터의 논리적 독립성(Independence) : 응용 프로그램과 데이터베이스를 분리하여 데이터의 논리적 구조 변경에도 응용 프로그램을 변경할 필요 없음

2) 데이터베이스 관리 시스템(DBMS : DataBase Management System)

① DBMS 정의

- 사용자와 데이터베이스 사이에서 데이터를 저장하고 분석하기 위해 상호작용하는 시스템이다.
- 데이터베이스를 운용하는 시스템으로, 데이터베이스의 특징을 그대로 계승한다.

② DBMS 구성

- 일반적인 DBMS의 구조는 아래와 같다.
  - 질의어 처리기 : 사용자가 입력한 질의어를 분석하여 데이터베이스 처리기로 전송
  - DML 컴파일러 : 응용 프로그램에서 작성된 DML 명령어를 분석하여 데이터베이스 처리기로 전송
  - 데이터베이스 처리기 : 데이터베이스가 실행되는 동안 DB 연산을 저장 데이터 관리자에 전송
  - DDL 컴파일러 : DBA가 작성한 DDL이나 스키마를 분석하여 저장 데이터 관리자에 전송
  - 저장 데이터 관리자 : DB와 데이터 사전의 접근 관리, 운영체제에 파일 접근 요청

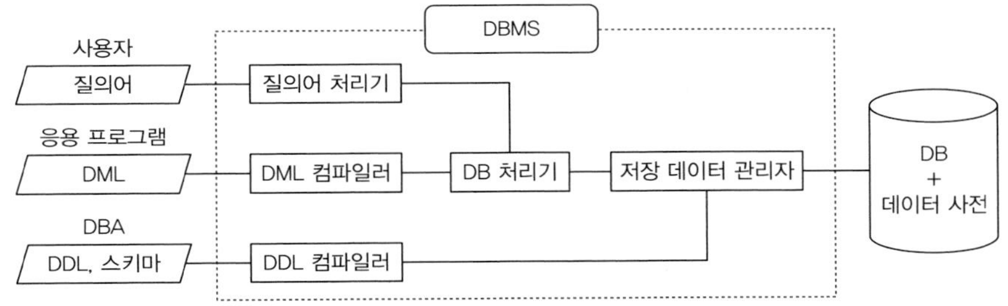

더 알기 TIP

구성 요소의 설명보다는 요소 간 관계(이미지)에 집중하여 학습하세요.

③ DBMS 필수 기능

- 데이터베이스의 필수 기능은 정의, 조작, 제어 기능이 있다.
  - 정의 기능 : 데이터의 논리적, 물리적 구조 정의
  - 조작 기능 : 데이터 조회, 생성, 삭제, 변경 조작
  - 제어 기능 : 동시성 제어(데이터 동시 사용 관리), 보안과 권한 기능

더 알기 TIP

필수 기능과 스키마에 대해서는 이후에 매우 자세히 다룹니다. 여기에서는 기본적인 개념 정도만 이해하고 넘어가세요.

02 관계형 데이터베이스

1) 데이터베이스 유형

① 파일 시스템

- 자료에 쉽게 접근할 수 있도록 논리적인 파일 단위로 관리하는 일반적인 데이터 관리 시스템이다.
- 필드(Field)와 레코드(Record)로 구성된다.
  - 필드 : 파일의 데이터 특성을 나타내는 최소 구성 단위(이름, 성별, 나이, …)
  - 레코드 : 필드들의 값을 묶는 단위로 데이터 처리의 기준([길동, 남, 36], …)

② HDBMS(Hierarchical DBMS)

- 데이터를 계층화(상하 관계)하여 관리하는 형태의 데이터베이스 시스템이다.
- 접근 속도가 빠르지만, 상하 종속적이라 데이터 구조 변화에 유연한 대응이 어렵다.
- 모든 레코드의 관계는 1:N 관계이며, N:M 관계의 표현이 어렵다.

③ NDBMS(Network DBMS)

- 데이터를 네트워크 형태로 관리하는 형태의 데이터베이스 시스템이다.
- HDBMS의 상하 종속관계 해결이 가능하지만 구성이 복잡하고 데이터 종속성은 해결하지 못한다.
- 모든 레코드의 관계는 1:1부터 N:M까지 모두 표현할 수 있다.

④ RDBMS(Relational DBMS)

- 데이터를 테이블 구조로 모델링하여 관리하는 형태의 대표적인 데이터베이스 시스템이다.
- 업무 변화에 적응력이 높아 유지보수, 생산성이 향상된다.
- 레코드가 아닌 테이블(릴레이션)을 기준으로 상호 간의 관계를 설정한다.
- 단순하면서도 뛰어난 논리적 구조를 지원하지만, 시스템의 부하가 커질 수 있다.

기적의 TIP

유형별 특징을 명확하게 구분하세요.

더 알기 TIP

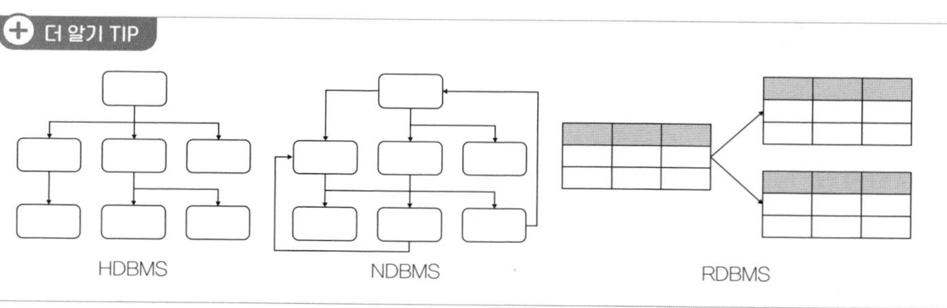

2) 관계형 데이터베이스 구성

① 릴레이션(Relation)

- 개체를 테이블 구조로 표현한 것으로 열에 속성을, 행에 튜플을 대응시켜 구성한다.
- 릴레이션 스키마와 릴레이션 인스턴스로 구분할 수 있다.
  - 릴레이션 스키마(Relation Schema) : 속성의 집합
  - 릴레이션 어커런스(Relation Occurrence) : 속성 값들의 행 단위 집합
- 릴레이션 구조와 관련된 용어에는 차수, 기수, Null 등이 있다.
  - 차수(Degree) : 전체 속성의 개수
  - 기수(Cardinality) : 전체 튜플의 개수
  - Null : 정보의 부재(없음)를 명시

> **기적의 TIP**
> 관계형 데이터베이스의 용어를 명확히 이해해야 하며, 이를 구분하지 못하면 그만큼 학습시간이 길어집니다.

② 속성(Attribute)

- 릴레이션을 구성하는 고유의 특성으로 의미 있는 데이터의 가장 작은 논리적 단위이다.
- 속성 자체만으로는 의미가 없지만, 관련 있는 속성을 모아서 의미 있는 릴레이션을 구성할 수 있다.
- 한 개체의 속성은 파일 시스템에서 필드를 의미하며 테이블의 열(Column)에 해당한다.

> **기적의 TIP**
> 예를 들어, 성별은 속성이고 "남자"는 속성값입니다. 종종 이 둘을 같은 개념으로 설명하기도 하는데, 문제를 푸는 데 큰 지장은 없습니다.

③ 도메인(Domain)

- 하나의 속성값이 가질 수 있는 모든 원자(분해할 수 없는) 값의 집합이다.
- 도메인 정의가 어려운 경우에는 속성의 특성을 고려한 데이터 타입을 정의한다.
  - 등급 속성 : vip, gold, silver, bronze로 도메인 정의
  - 성별 속성 : 남, 녀로 도메인 정의
  - 이름 속성 : 20개의 문자로 데이터 타입 정의

④ 튜플(Tuple)

- 하나의 개체(레코드)를 표현하는 완전하고 고유한 정보 단위이다.
- 각 튜플은 고유해야 하며 순서가 없다.
- 테이블의 행(Row)에 해당하며, 릴레이션 인스턴스(Relation Instance)라고도 한다.

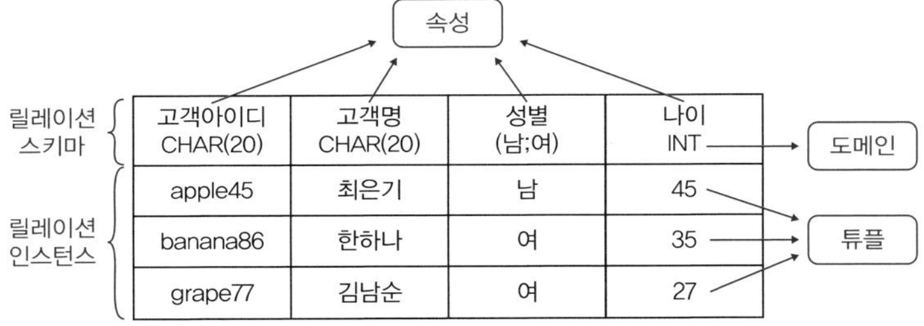

3) 키(Key)

① 키의 정의

- 데이터를 식별, 분류, 정렬, 탐색할 때의 기준이 되는 속성을 의미한다.
- 데이터베이스에 저장되어 있는 튜플들을 유일하게 구별할 수 있는 식별자의 역할을 한다.
- 다양한 특징을 가지는 키들이 존재한다.

기적의 TIP

키(Key)를 이해하지 못하면, 데이터베이스를 이해하지 못하는 것과 같습니다.

② 후보키(Candidate Key)

- 릴레이션에 존재하는 모든 튜플들에 대해 유일성과 최소성을 모두 만족시키는 속성이다.
  - 유일성 : 튜플을 유일하게 구분할 수 있는 성질
  - 최소성 : 가장 적은 수의 속성(하나의 속성)으로 구성되는 성질
- 튜플의 식별을 위해 후보키 중 하나를 기본키로 지정한다.

더 알기 TIP

학생정보를 데이터베이스화 한다면, 후보키로 가능한 속성은 학번, 연락처, 지문 등이 있습니다. 이 속성들은 속성값이 중복되지 않습니다.

③ 기본키(Primary Key)

- 후보키들 중 튜플의 식별을 위해 지정된 속성으로 유일성, 최소성에 더해 Null을 가질 수 없다.
- 기본키가 아닌 후보키들(대체키, Alternate Key)은 튜플의 식별에 사용되지 않으므로 Null을 가질 수 있다.

④ 슈퍼키(Super Key)

- 튜플의 식별을 위해서는 유일성을 만족하는 속성이 있어야 한다.
- 유일성을 만족하는 속성이 없을 때, 둘 이상의 속성을 합쳐서 튜플을 식별할 수 있게 만들어진 속성이다.
- 슈퍼키와 후보키와의 차이점은 최소성의 만족 여부이다.

⑤ 외래키(Foreign Key)

- 관계된 다른 릴레이션의 기본키를 참조하는 속성이다.
- 외래키는 기본키를 참조하지만, 외래키 자체는 키의 속성(유일성)을 만족하지 않을 수도 있다.

SECTION 02

데이터 모델링

출제빈도 (상) 중 하
반복학습 1 2 3

빈출 태그 개체와 속성, 논리 개체 상세화

01 데이터 모델

1) 데이터 모델링

① 데이터 모델링 정의

- 현실 세계의 개념적인 기업의 정보 구조를 디지털 세계의 논리적인 데이터 모델로 명확하고 체계적으로 변환하여 문서화하는 기법을 말한다.
- 현실의 정보 구조(비즈니스 요구사항)를 기반으로 실체(Entity)와 관계(Relation)를 통해 정보 구조를 표현한다.
- 데이터 모델의 표시 요소는 논리적 구조, 연산, 제약 조건이 있다.
  - 논리적 구조 : 논리적으로 표현된 개체들 간의 관계
  - 연산 : 데이터 처리(삽입, 삭제, 변경) 방법
  - 제약 조건 : 저장되는 데이터의 논리적인 제약 조건
- 데이터 모델의 구성 요소는 개체, 속성, 관계이다.

> 기적의 TIP
> 데이터 모델의 표시 요소와 구성 요소는 다른 개념입니다.

② 데이터 모델링 특징

- 연관 조직의 정보 요구에 대한 정확한 이해를 할 수 있다.
- 사용자, 설계자, 개발자 간에 효율적인 의사소통 수단을 제공한다.
- 데이터 체계 구축을 통한 고품질의 소프트웨어와 유지보수 비용의 감소 효과를 기대할 수 있다.
- 신규 또는 개선 시스템의 개발 기초를 제공한다.
- 데이터 중심 분석을 통한 업무 흐름 파악이 용이하고 데이터 무결성을 보장할 수 있다.

> 기적의 TIP
> 특징을 암기하는 것보다, 모델을 왜 하는지를 이해하는 느낌으로 학습하시는 것을 추천드립니다.

③ 일반적인 시스템 개발 절차

- 시스템 개발은 데이터 관점과 프로세스 관점으로 진행된다.
- 비즈니스 요구사항을 기반으로 전략 수립, 분석, 설계, 개발 단계로 진행된다.
  - 전략 수립 : 개발 범위 파악을 위해 개념 모델링 수행
  - 분석 : 업무 중심의 분석을 통해 논리 데이터 모델링 수행
  - 설계 : 실제 개발 환경을 고려하여 물리 데이터 모델링 수행
  - 개발 : 데이터 모델을 기반으로 DB를 구축하고 애플리케이션 개발

비즈니스 요구사항

단계			
전략 수립 단계	개념 모델링		개념 스키마 산출
분석 단계	분석 모델링	논리 데이터 모델링	논리 스키마 산출
설계 단계	설계 모델링	물리 데이터 모델링	물리 스키마 산출
개발 단계	애플리케이션 개발	데이터베이스 구축	
운영 시스템	애플리케이션	데이터베이스	

2) 스키마(Schema)

① 스키마 정의

- 데이터베이스의 자료 구조와 표현 방법, 관계 등을 정의한 제약조건이다.
- 데이터베이스 관리 시스템(DBMS)과 데이터베이스 구축 환경을 고려하여 정의되며 데이터 사전에 저장된다.
- 스키마는 관점에 따라 외부, 개념, 내부의 구조를 가진다.

기적의 TIP

각 스키마의 특징을 구분할 수 있어야 합니다.

② 외부 스키마

- 특정 사용자의 입장에서 필요한 데이터베이스의 구조를 정의한 스키마이다.
- 실제 세계에서 존재하는 데이터를 어떤 형식이나 구조로 표현할 것인가를 정의한다.
- 같은 데이터베이스에서도 서로 다른 관점을 정의(다양한 외부 스키마)하고 사용자가 선택하여 이용할 수 있도록 한다.

③ 개념 스키마

- 모든 사용자(조직)의 입장에서 필요한 데이터베이스의 구조를 정의한 스키마이다.
- 효율적인 관리를 위한 접근 권한, 보안 정책, 무결성 규칙 등도 포함된 DB 전체를 정의한다.
- 데이터베이스 관리자(DBA)에 의해 구성되며, DB당 하나만 존재한다.

④ 내부 스키마

- 물리적인 저장장치 입장에서 데이터베이스가 저장되는 방법이나 구조를 정의한 스키마이다.
- 기억 장치에 데이터를 물리적으로 구현하기 위한 방법(내부 형식, 물리적 순서 등)을 정의한다.
- 내부 스키마의 내용에 따라 데이터를 구현하여 운영체제의 파일 시스템에 의해 저장(기록)한다.

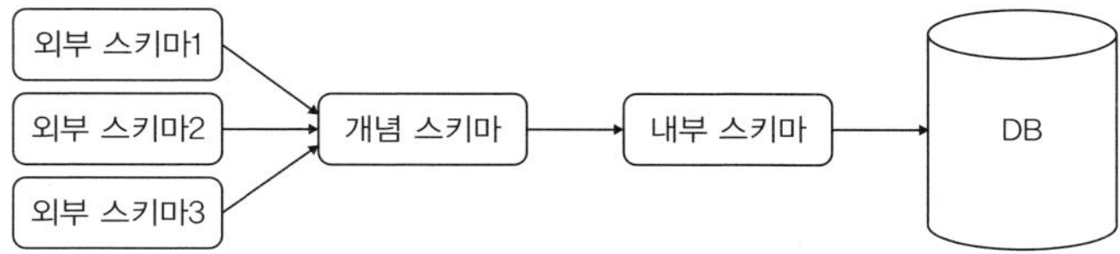

02 데이터 모델링 종류

1) 개념 데이터 모델링

① 개념 데이터 모델링 정의

- 비즈니스 요구사항을 표현한 상위 수준의 모델로, 데이터 모델의 골격을 설계한다.
- 주요 개체 타입, 기본 속성, 관계, 주요 업무 기능 등을 포함한다.
- 주요 업무 영역에 포함되는 주요 엔티티타입 간의 관계를 파악하여 주요 업무 규칙을 정의한다.

② 개념 데이터 모델링 특징

- 특정 DBMS로부터 독립적인 표현이 가능한 E-R 모델 등을 이용하여 구현한다.
- 개념 모델링의 주요 작업(Task)은 순서보다는 필수 요소로 이해하는 것이 좋다.
  - 요구분석, 주요 개체 선별, 개체 정의, 식별자 정의, 개체 통합, 개체 간 관계 도출

2) 논리 데이터 모델링

① 논리 데이터 모델링 정의

- 개념 데이터 모델을 기초로 하여 업무 영역의 업무 데이터 및 규칙을 구체적으로 표현한 모델이다.
  - 개념적 구조를 컴퓨터가 처리할 수 있는 논리적 구조로 변환
- 모든 업무 영역에 대한 업무용 개체(Who), 속성, 관계, 프로세스(How) 등을 포함한다.
- 일반적으로 논리 데이터 모델과 데이터 모델은 같은 의미를 가지며, 가장 핵심이 되는 단계이다.

② 논리 데이터 모델링 특징

- 요구사항을 충분히 수집하지 않으면 다음 단계의 요구사항 변경에 따른 많은 비용이 발생한다.
- 특정 시스템의 성능 및 제약사항으로부터 독립적이다.
- E-R 모델을 활용하여 이해당사자들과 의사소통한다.
- 모든 업무 데이터를 정규화하여 표현한다.

데이터 모델링의 단계와 특징을 구분할 수 있어야 합니다.

3) 물리 데이터 모델링

① 물리 데이터 모델링 정의

• 논리 데이터 모델을 실제 적용될 데이터베이스의 특성에 맞게 변환한 모델이다.
• 논리 데이터 모델의 명칭이나 데이터 타입뿐만 아니라 물리적인 저장 공간의 분산 및 저장 방법 등도 고려하여 설계한다.
• 데이터베이스 시스템이 효율적으로 업무 프로세스를 수행할 수 있도록 다양한 기법을 수행한다.
  – 데이터 모델 변환 : 컬럼 순서 및 타입, 명칭, 관계, 반정규화, …
  – 저장 방식 변환 : 저장 테이블 유형, 클러스터링, 파티셔닝, 스토리지 설계, 데이터 분산, …
  – 업무 기능 변환 : 무결성, 트랜잭션, 인덱스, 투명성, 접근 통제, …

03 논리 데이터 모델 구성

1) 논리 개체

① 논리 개체 정의

• 현실 세계의 식별 가능한 대상을 디지털화하기 위해 추상화(개체 타입)하여 표현(개체)한 단위이다.
• 하나의 개체 타입에 의해 여러 개체 생성이 가능하며 각 개체는 서로 독립적이다.
• 각 개체들은 파일 시스템의 각 레코드들과 대응(같은 의미)된다.

② 개체 타입(개체 스키마)

• 현실 세계의 개념이나 대상을 데이터베이스로 표현하고자 하는 논리적인 표현 단위이다.
• 개체명과 개체 속성을 정의하여 명세한 것으로, 모든 개체는 개체 타입을 통해 생성된다.
  – 개체 : 개체 타입의 규칙을 통해 생성된 대상으로, 파일 시스템의 레코드와 대응
  – 개체 인스턴스 : 특정 개체 타입에 의해 생성된 개체만을 호칭할 때 사용
• 개체 타입은 다수의 속성으로 표현된다.
  – 제품의 속성 : 색상, 크기, 가격, 모델명 등
  – 고객의 속성 : 성명, 주소, 신용 등급, 연락처 등
• 개체 타입은 관계형 데이터베이스(RDB)에서 릴레이션 스키마에 해당하며 테이블 형태로 표현된다.

> **기적의 TIP**
> 암기보다는 문제 풀이 또는 해석을 위한 기본 개념을 파악하는 것에 집중하세요.

③ 개체 타입 정의 시 고려사항

• 개체 타입은 업무 프로세스에 반드시 필요한 정보로 구성되며 다른 개체 타입과 관계를 형성(관계 스키마)한다.

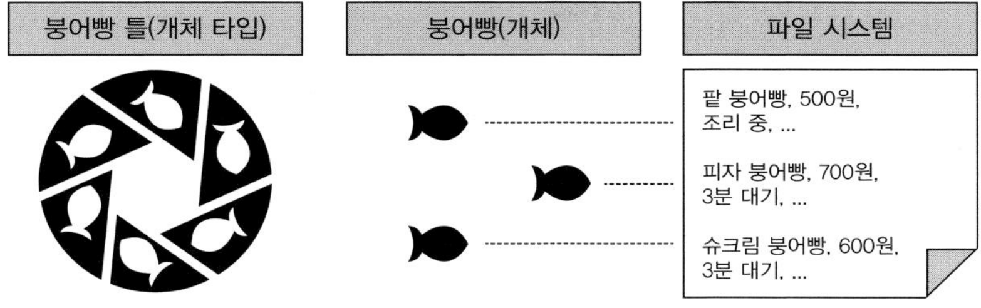

• 가급적 약어 사용을 지양하고, 실제 업무에서 사용하는 용어를 사용한다.
• 정의되는 이름들은 고유해야 하며 단수 명사를 사용한다.

2) 개체 속성

① 개체 속성 정의

• 개체의 정보를 나타내는 고유의 특성으로 개체의 성격을 구체적으로 나타낸다.
• 개체를 구성하는 가장 작은 단위이며 속성 간에는 순서가 없다.
• 속성의 특성에 따라 기본 속성, 설계 속성, 파생 속성으로 나뉜다.
  – 기본 속성 : 업무 분석을 통해 정의된 속성
  – 설계 속성 : 업무 식별을 위해 새로 만들거나 기존 데이터를 변형하여 정의된 속성
  – 파생 속성 : 다른 속성의 영향을 받아 정의된 속성
• 속성의 개체 구성 방식에 따라 기본키 속성, 외래키 속성, 일반 속성으로 나뉜다.
  – 기본키 속성 : 개체를 식별할 수 있는 속성
  – 외래키 속성 : 다른 개체와 관계를 가지는 속성
  – 일반 속성 : 기본키, 외래키에 포함되지 않는 속성
• 다른 속성에 의해 생성되지 않는 원시 속성은 제거할 경우 재현이 불가능하므로 제거하지 않는다.

② 개체 속성 정의 시 고려사항

• 모든 개체가 정의되어 있지 않은 상황에서는 각 속성 후보들을 적절한 기준으로 분류한 뒤, 분류 기준과 가장 부합하는 그룹을 개체 타입으로 지정한다.
• 약어 사용을 지양하고 개체 타입과 다른 실제 업무에 사용되는 이름으로 정의한다.

3) 관계 스키마(Relation Schema)

① 관계 스키마 정의

- 현실 개체를 디지털 세계에 표현하기 위해 도출된 속성들의 논리적인 구조이다.
- 도출된 속성 간 관계와 제약사항(종속성)에 따라 다수의 릴레이션으로 분할한다.
- 스키마 변환은 아래의 원칙을 준수해야 한다.
  - 분리 : 서로 독립적인 관계성을 가진 속성을 별도의 릴레이션으로 분리
  - 데이터 중복의 감소 : 데이터 중복 최소화를 유지하며 분리
  - 정보 무손실 원칙 : 릴레이션 분리 후 정보의 손실이 없도록 분리
- 분리된 릴레이션 스키마들은 식별자를 기준으로 관계가 형성된다.

> 기적의 TIP
>
> 상식적으로 접근하면 어렵지 않게 암기할 수 있습니다.

② 식별자(Identifier)

- 하나의 개체 타입에서 각각의 개체를 유일하게 구분할 수 있는 결정자로 데이터베이스에서의 키와 같은 의미를 가진다.
- 대표로 지정된 식별자는 고유하고 변하지 않아야 하며, 반드시 값이 존재해야 한다.
- 대표성 여부에 따라 주/보조 식별자로 구분할 수 있다.
  - 주 식별자 : 대표 식별자로 기본키와 같은 의미
  - 보조 식별자 : 주 식별자로 지정되지 않은 고유 인덱스(Null 가능)
- 자체 생성 여부에 따라 내부/외부 식별자로 구분할 수 있다.
  - 내부 식별자 : 개체 타입 자신으로부터 생성
  - 외부 식별자 : 다른 개체 타입의 주 식별자와 연결(외래키)
- 개체 식별에 필요한 속성의 개수에 따라 단일/복합 식별자로 구분할 수 있다.
  - 단일 식별자 : 필요한 속성이 하나
  - 복합 식별자 : 필요한 속성이 둘 이상(슈퍼키)
- 식별자 대체 여부에 따라 원조/대리 식별자로 구분할 수 있다.
  - 원조 식별자 : 가공되지 않은 식별자
  - 대리(인조) 식별자 : 복합 식별자를 묶어 하나의 식별자로 활용

SECTION **03**

E-R 다이어그램

출제빈도 (상) 중 하
반복학습 1 2 3

빈출 태그 다이어그램 표기법, 확장 E-R, E-R 다이어그램 해석

01 논리 개체의 관계 정의

1) 관계(Relationship)

① 관계의 정의

- 둘 이상의 개체 간에 존재나 행위에 있어 의미 있는 연결 상태이다.
  - 존재에 의한 관계 : 정보의 흐름이 정적(상속)인 상태(예 학교와 학생 개체)
  - 행위에 의한 관계 : 정보의 흐름이 동적(업무흐름)인 상태(예 고객과 주문 개체)
- 개체 간의 관계는 1과 0, N(다수)을 활용하여 표현되며, 적절한 관계는 개체 간 참조무결성을 보장한다.
  - 1:1 : 한 개체와 대응되는 다른 개체가 반드시 하나씩 존재
  - 1:0 or 1:1 : 한 개체와 대응되는 개체가 없거나 하나만 존재
  - 1:1 or 1:N : 한 개체와 대응되는 개체가 하나거나 다수 존재
  - 1:0 or 1:1 or 1:N : 한 개체와 대응되는 개체가 없거나 하나거나 다수 존재
  - 1:N : 한 개체와 대응되는 개체가 다수 존재

> 기적의 TIP
> 모든 대응이 1로 시작되는 이유를 고민해 보세요.

② 관계 표현의 의미

- 시스템에서 개체가 어떻게 관리되느냐에 따라서 관계의 표현이 달라질 수 있다.
- 관계를 개체의 명칭 파악이 아닌, 업무 연관 관계를 파악하여 결정한다.
- 학생의 시험 성적관리는 '학생' 개체와 '성적' 개체를 1:N으로 연결해야 학생별로 다수의 성적관리가 가능하다.
- 학생의 기본 정보를 사용 빈도나 보안 등을 위해 복수의 개체로 분할하여 1:1로 연결할 수 있다.

③ 다대다 관계의 해소

- 관계의 표현에서 알 수 있듯이, N:M 관계는 어떤 방법으로도 구현이 불가능하다.
  - 데이터 종속성에 대한 결정이 불가능하여 모델의 논리적 불안정 유지
  - 불안정 상태로 인해 정규화 및 문서화 작업 불가능
- N:M 관계는 새로운 관계 개체와 업무 규칙을 통해 1:N 관계로 변경해야 한다.

더 알기 TIP

N:M 관계를 해소하는 방법은 상황에 따라 다양하므로 실제 관계를 해소하기 위한 구체적인 방법이 문제로 출제될 확률은 매우 적습니다. 구현이 불가능하다는 점과 어떻게 해결해야 하는지에 대한 추상적인 방법 정도만 학습하셔도 좋습니다.

2) 관계의 종류

① 속성(개체 내, Intra-Entity) 관계

- 개체를 기술하기 위해 해당 객체가 가지는 속성들 사이의 관계를 나타낸 것이다.

② 개체(개체 간, Inter-Entity) 관계

- 개체와 개체 사이의 관계를 나타낸 것이다.

기적의 TIP

예시 이미지는 개체-관계 다이어그램(E-R 다이어그램)을 활용하였으며, 이해를 돕기 위해 변형된 부분이 있으니 여기에서는 관계에 대한 이해를 목적으로 학습해 주세요.

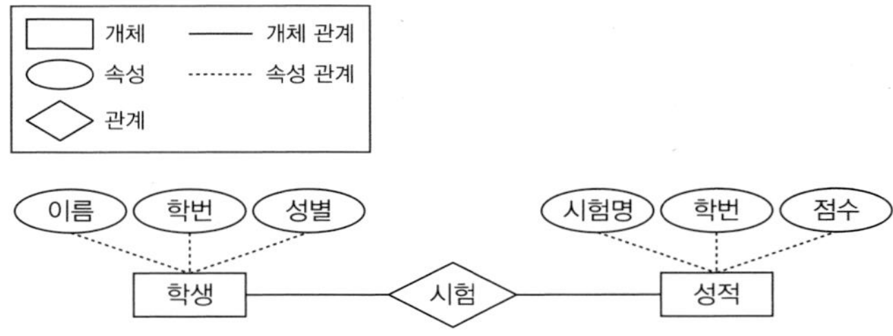

③ 종속(Dependent) 관계

- 개체와 개체 사이의 주종 관계를 나타낸 것으로 식별 관계와 비식별 관계가 있다.
  - 식별 관계 : 개체의 외래키가 기본키에 포함되는 관계
  - 비식별 관계 : 개체의 외래키가 기본키에 포함되지 않는 관계

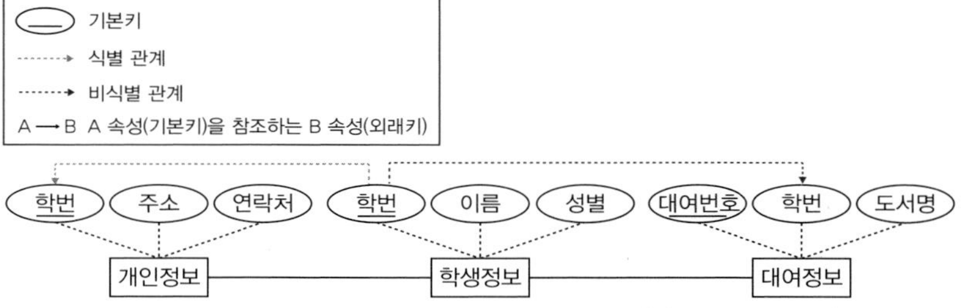

④ 중복(Redundant) 관계

- 특정 두 개체들 사이에 두 번 이상의 종속 관계가 발생하는 관계이다.
- 최적화 작업이 어려워지므로 꼭 필요한 경우가 아니라면 실제 업무에서는 사용하지 않는 것이 좋다.

⑤ 재귀(Recursive) 관계

• 특정 개체가 자기 자신을 다시 참조하는 관계이다.
• 데이터베이스 성능에 영향을 줄 수 있으므로 많은 주의를 필요로 한다.

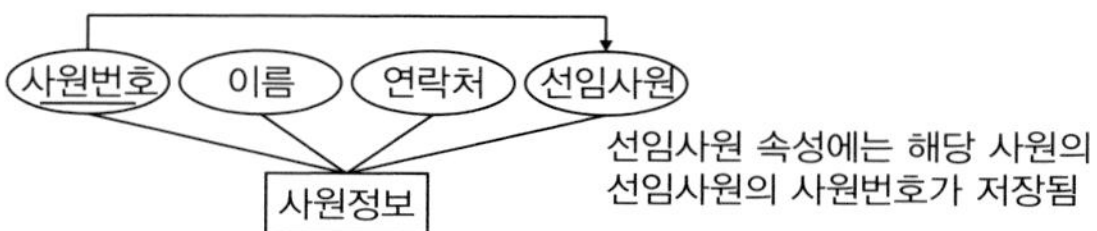

⑥ 상호 배타적(Mutually Exclusive, Arc) 관계

• 특정 속성의 조건이나 구분자를 통해 개체 특성을 분할하는 일반화 관계를 나타낸 것으로 배타적 OR 관계라고도 한다.
• 하위 구성 개체들 중 하나의 개체와 통합되는 관계 특성을 가진다.

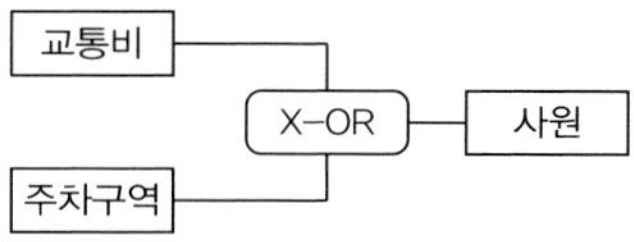

사원은 교통비, 주차구역 중 하나만 제공받는다.

02 논리 E–R 다이어그램 작성

1) E–R 다이어그램(ERD, Entity–Relationship Diagram)

> 기적의 TIP
> 다른 다이어그램들과 ERD (E–R 다이어그램)에 대한 설명을 구분할 수 있어야 합니다.

① ERD의 정의

• 1976년 피터 첸(Peter Chen)의 논문을 통해서 최초로 제안되었다.
• 데이터의 개념을 일관되게 인식할 수 있도록 개체와 개체 간 관계를 미리 약속된 도형을 사용하여 알기 쉽게 표현한 도표이다.
• 이해관계자들이 서로 다르게 인식하고 있는 뷰(View)들을 하나로 통합할 수 있는 단일화된 설계안을 만들 수 있어 개념, 논리 데이터 모델링에서 많이 사용된다.
• ERD의 기본 구성 요소는 개체, 관계, 속성이 있다.

② ERD의 특징

• 논리 데이터 모델을 표현한 것으로 목표 시스템 환경을 고려하지 않는다.
• 완성도 있는 ERD는 업무 수행 방식의 변경에 영향을 받지 않지만, 업무 영역이 변경되는 경우에는 설계 변경이 발생할 수 있다.
• ERD의 개체들은 물리 데이터 모델링 과정에서 분할 또는 통합될 수 있다.

③ ERD 작성 시 고려사항

• 가용 공간을 활용하여 복잡해 보이지 않도록 배열한다.
• 관계는 수직, 수평선을 이용하여 교차되지 않도록 관계된 엔티티를 가까이 배열한다.
• 업무 흐름에 관련된 엔티티는 일반적인 진행 순서를 고려하여 배열한다.

④ E-R 다이어그램 표기법

• E-R 다이어그램의 표기법은 굉장히 다양하지만, 이 책에서는 문제에서 자주 쓰이는 피터-첸 표기법과 이론 해설에 유용한 정보 공학 표기법에 대해 설명한다.

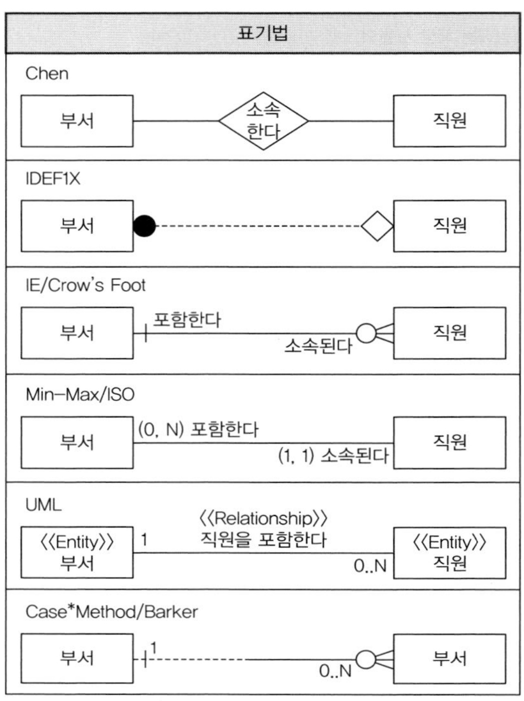

더 알기 TIP

다른 표기법이 출제 범위에 포함되지 않는 것은 아닙니다. 하지만 아직까지 출제가 되지 않은 점과 더불어, 비슷한 여러 표기법을 모두 공부하여 오히려 정답 선택에 방해가 되는 것보다는 그 시간에 다른 섹션의 학습 시간을 늘리는 것이 학습에 이득이 된다는 판단하에 다른 표기법에 대한 내용은 삭제하였음을 알려드립니다.

2) E-R 다이어그램 표기법

① Peter-Chen 표기법

- 학습과 시험에 가장 많이 사용되는 표기법으로 각 요소를 단순한 도형으로 표현한다.

기호	의미	설명
	개체 타입	독립적으로 존재하는 개체
	약한 개체 타입	상위 개체 타입을 가지는 개체
	속성	일반 속성
	기본키 속성	개체 타입의 인스턴스를 식별하는 속성
	다중값(복합) 속성	여러 값을 가지는 속성
	관계 타입	객체 간 관계와 대응수(1:1, 1:N 등) 기술
	요소의 연결	개체와 개체 간, 속성 간 관계 구조 정의

기적의 TIP

E-R 다이어그램의 구성 요소(기호)를 묻는 문제는 대부분 Peter-Chen 표기법을 이용합니다.

② IE(Information Engineering)/Crow's Foot 표기법

- 정보 공학 표기법은 1981년에 클리프 핀켈쉬타임과 제임스 마틴이 공동 개발하였다.
- 개체 타입에 포함되는 모든 속성을 하나의 그룹으로 표현하는 관계형 데이터베이스에 최적화되어 있는 표기법이다.

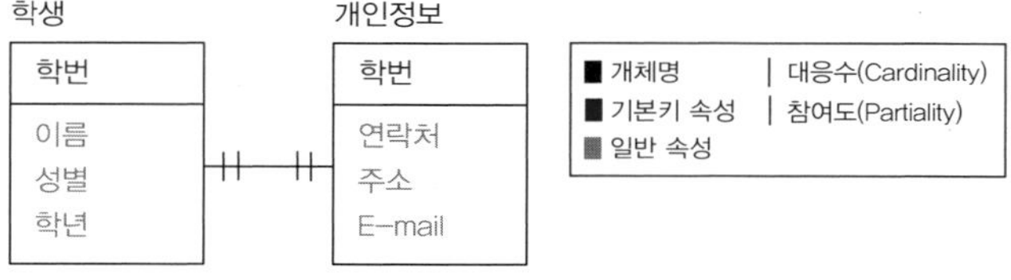

- 두 개체 간의 대응수는 1:1, 1:N, N:M을 표현한다.
- 두 개체 간의 참여도는 필수(Mandatory)와 선택(Optional) 두 가지를 표현한다.

예시	B 개체		관계
	참여도	대응수	
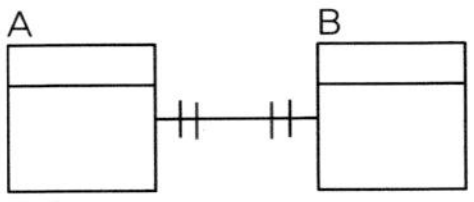 A ─┼┼──┼┼─ B	필수	1	1:1 (모두 필수인 경우 참여도가 생략되는 경우도 있음)
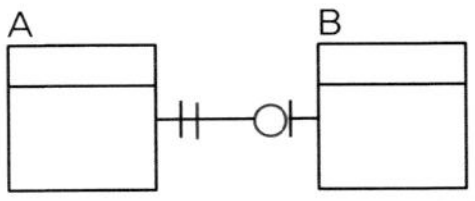 A ─┼┼──O┼─ B	선택	1	1:0 or 1:1
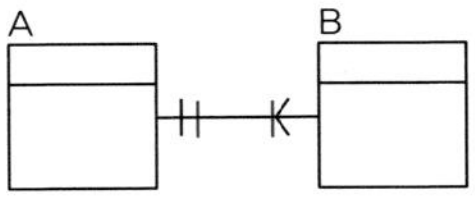 A ─┼┼──┼<─ B	필수	N	1:N
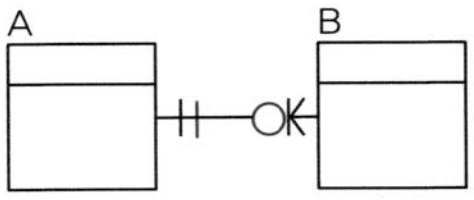 A ─┼┼──O┼<─ B	선택	1 or N	1:0 or 1:1 or 1:N
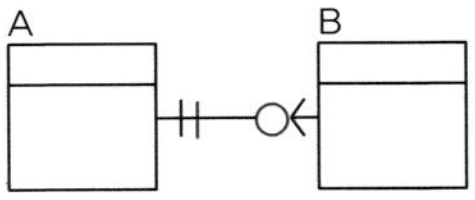 A ─┼┼──O<─ B	선택	N	1:0 or 1:N
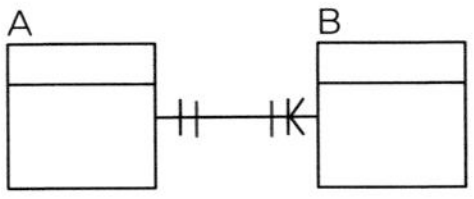 A ─┼┼──┼┼<─ B	필수	1 or N	1:1 or 1:N

'A 개체의 참여도: 필수'와 '대응수:1'은 학습 편의를 위해 고정값으로 진행

03 E-R 다이어그램 설계 사례

1) 시나리오를 통한 다이어그램 요소 추출

① 홈쇼핑 전화 주문 시나리오

- 고객으로부터 전화를 받는다.
- 고객이 원하는 물품을 물품 목록에서 찾는다.
- 고객이 원하는 물품의 재고가 있으면 주문 수량을 접수받는다.
- 고객의 주소, 연락처를 주문내역과 함께 기록한다.
- 고객 정보를 확인하여 총 주문금액 및 주문횟수를 누적하여 기록한다.

② 시나리오 기반 요소 도출

- 고객 개체는 고객명, 주소, 연락처, 총 주문금액, 총 주문횟수의 속성을 가진다.
- 물품 개체는 물품명, 재고수량 속성을 가진다.
- 주문내역 개체는 주문 번호, 주문 수량, 고객 연락처, 배송지 속성을 가진다.

• 각 개체 간의 관계는 아래와 같이 정의할 수 있다.
  - 고객은 주문내역이 없거나 하나 또는 다수가 존재
  - 물품은 주문 내역이 없거나 하나 또는 다수가 존재
  - 주문내역에는 한 명의 고객이 존재
  - 주문내역에는 하나의 물품이 존재

더 알기 TIP

요소 추출은 업무 방식에 따라 다양한 형태로 나오기 때문에 여러분이 생각하는 도출 요소와 다를 수 있습니다. 이해를 돕기 위해 축약된 예시이며 모든 규칙을 완벽히 따른 결과가 아님을 알려드립니다.

③ 추출된 요소 기반 ERD 작성

• 피터 첸 표기법으로 작성된 ERD는 아래와 같다.

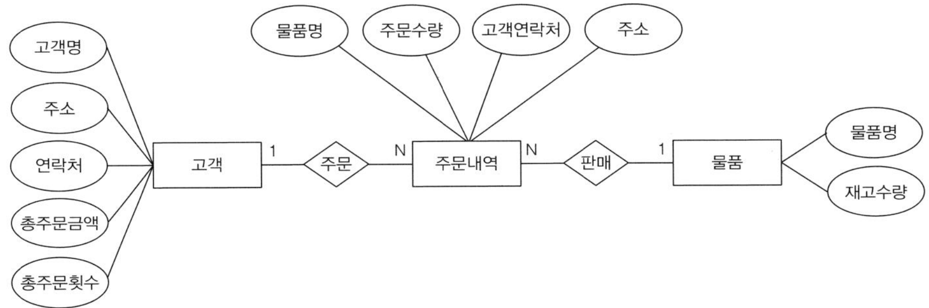

• 관계형 데이터베이스 설계는 IE 표기법이 최적화되어 있으므로 IE 표기법으로 변환한다.

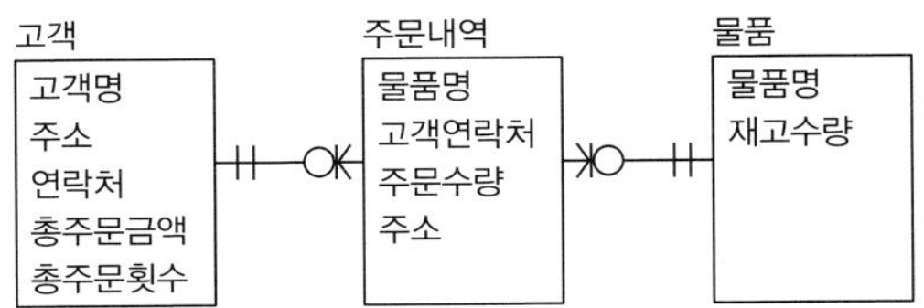

2) 릴레이션 스키마 작성

① 도출된 요소 외에 추가 제약사항 정의

• 고객 개체의 연락처와 주소는 변경될 수 있으며, 같은 이름이 존재할 수 있다.
  - 고객 개체의 고유 식별이 가능하도록 설계 속성(고객번호) 추가
  - 연락처와 주소는 주문내역에서 삭제하여 고객번호를 통해 확인(무결성 보증)

더 알기 TIP

주문내역에서 삭제된다고 해서 실제 주문내역에 해당 정보가 안 나타나는 것은 아닙니다. 고객 개체와 주문내역 개체에 모두 주소가 존재하게 되면 어느 한쪽의 데이터가 변경되었을 때, 다른 한쪽 데이터와의 일관성을 잃어버리기 때문에 무결성이 훼손됩니다. 때문에 주문내역에서는 고객번호만 정의하고 필요한 경우 고객 개체의 주소값을 사용하겠다는 뜻입니다. 실제 눈에 보인다, 안 보인다의 개념이 아닌 데이터의 출처를 명확히 한다는 개념으로 이해하시기 바랍니다.

- 물품 개체에는 같은 이름의 물품명이 존재할 수 있다.
  - 물품 개체의 고유식별이 가능하도록 설계 속성(물품번호) 추가
  - 물품명은 주문내역에서 삭제하여 물품번호를 통해 확인(무결성 보증)
- 주문내역 개체에서 한 고객이 같은 주문을 여러 번 할 수 있다.
  - 주문내역 개체의 고유식별이 가능하도록 설계 속성(주문번호) 추가

② 추가 제약사항을 고려하여 ERD 수정

- 추가된 속성은 기본키에 해당하므로 가장 위쪽에 배치하고 선을 그어 다른 일반 속성과 구분한다.
- 외래키 속성의 경우 속성명의 오른쪽에 (FK)를 붙여서 모두가 인지할 수 있도록 한다.
  - 기본키와 외래키의 이름이 반드시 같지 않아도 됨

③ 목표 DBMS에 맞춰 ERD 변경

- SQL표준에서는 테이블명과 속성명에 한글이나 공백을 허용하지 않는다.
- 시스템에서 표현 가능한 범위로 도메인을 지정한다.

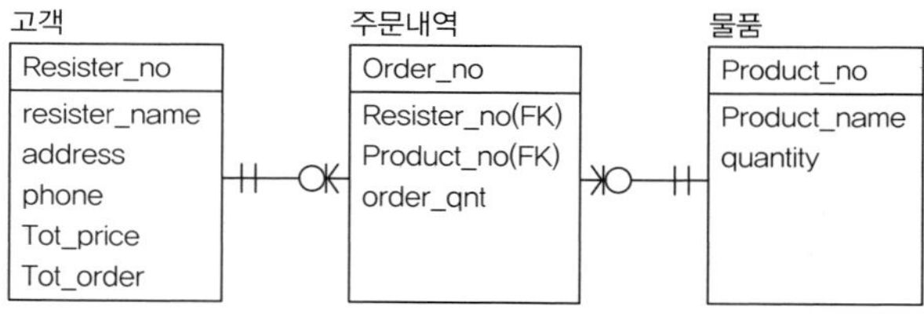

3) 확장 E-R 다이어그램

① 확장 E-R 모델의 정의

- 기존 E-R 모델의 개념에 재사용, 상속, 확장성 등의 개념을 적용하여 현실세계를 보다 정확하게 표현하기 위한 모델이다.
- 확장 E-R 모델의 주요 개념은 슈퍼/서브 타입, 특수화/일반화, 상속, 집단화, 분류화 등이 있다.
- 객체지향 개념에서 클래스 간의 관계를 설명할 때에도 사용될 수 있다.

② 서브 타입(Sub Type)

- 하나의 상위 개체 타입이 다수의 하위 개체 타입과 관계될 때, 상하위 개체 타입을 각각 슈퍼 타입/서브 타입이라고 한다.

> **기적의 TIP**
> 확장 E-R 모델의 잘못된 정의를 찾을 수 있어야 합니다.

• 서브 타입을 슈퍼 타입으로 하는 또 다른 서브 타입이 존재할 수 있다.
• "서브 타입 is a 상위 타입" 관계로 해석된다.
• 서브 타입은 배타적 서브 타입과 포괄적 서브 타입으로 나뉜다.
  – 배타적(Exclusive) 서브 타입 : 서브 타입 중 하나와 통합
  – 포괄적(Inclusive) 서브 타입 : 서브 타입 중 하나 또는 다수와 통합

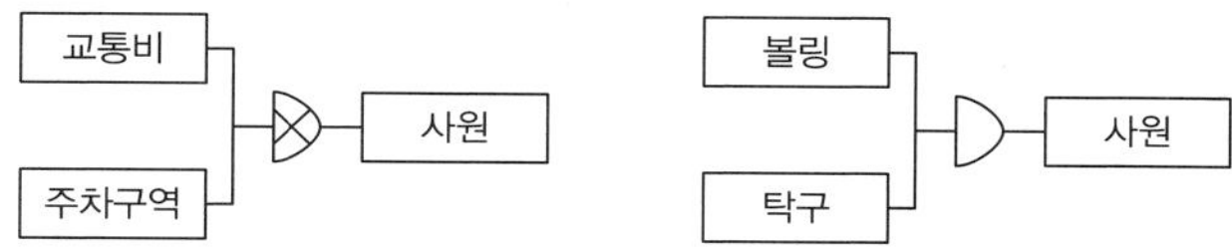

사원은 교통비, 주차구역 중 하나만 제공받는다. 사원은 볼링과 탁구 동아리에 (중복) 가입할 수 있다.

③ 일반화(Generalization)/구체화(Specialization)

• 일반화는 다수의 하위 개체 타입을 상위 개체의 유형 간 부분 집합으로 표현하는 상향식 설계 방식이다.
• 구체화는 개체 타입을 다수의 하위 개체 타입으로 분리하는 하향식 설계 방식이다.
• 하위 개념으로 내려갈수록 구체화되고, 상위 개념으로 올라갈수록 일반화된다.
• 하위 개체 타입은 상위 개체 타입의 속성과 메소드를 상속받는다.
• "하위 개체 is a 상위 개체" 관계로 해석된다.

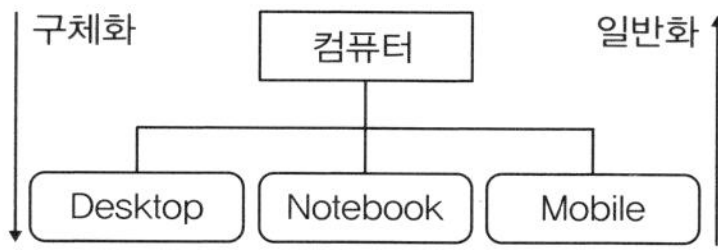

④ 집단화(Aggregation)/분해화(Decomposition)

• 집단화는 특정 유형과 관련 있는 개체 타입들을 통해 새로운 개체 타입을 생성하는 방식이다.
• 여러 부품(하위 개체)이 모여(구조화) 새로운 제품(상위 개체)을 만드는 형태로 상속 관계를 가질 수 없다.
• 분해화는 개체의 결합으로 이루어진 개체를 다시 하나하나 나누는 방식이다.
• "부품 개체 is part of 결합 개체" 관계로 해석된다.

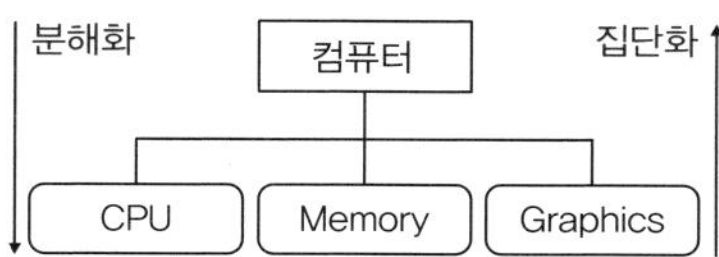

⑤ 분류화(Classification)/인스턴스화(Instantiation)

• 분류화는 특정 유형을 공통적으로 가지는 하위 개체들을 묶어 하나의 상위 개체로 정의하는 방식이다.
• 조직의 업무 유형에 따라 하위 개체들을 여러 가지 유형으로 분류할 수 있다.
  – 사원 관리에서의 사람 : 부서 유형으로 분류화
  – 축구 경기에서의 사람 : 팀별로 분류화
• 인스턴스화는 한 개체의 특성을 기본으로 하는 여러 형태의 개체를 생성하는 방식이다.
• "하위 개체 is member of 상위 개체" 관계로 해석된다.

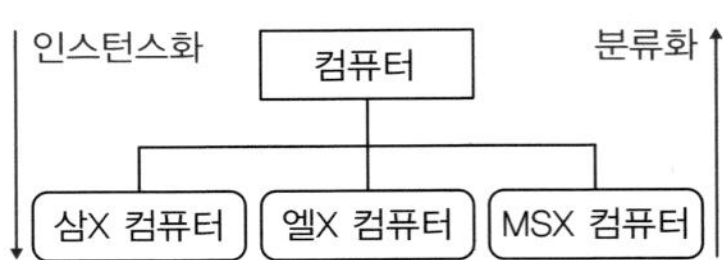

더 알기 TIP

같은 컴퓨터를 가지고도 굉장히 다양한 형태의 관계 구조가 만들어지죠? 결국 모델링이라는 것은, 현실 세계를 어떠한 기준과 방법으로 추상화(Abstraction)할 것인지에 대한 일련의 과정인 것입니다.

SECTION

04 데이터베이스 정규화

출제빈도 (상) 중 하

반복학습 1 2 3

빈출 태그 데이터 종속성, 정규화, 데이터 모델 품질

01 함수적 종속

1) 데이터 종속성(Data Dependency)

① 데이터 종속성 정의

- 데이터와 다른 데이터(또는 애플리케이션)가 의존 관계에 있는 특성으로 관계형 모델을 설계할 때 고려해야 하는 가장 중요한 요소이다.
- 데이터 종속성으로 인해 서로의 변경, 삽입, 삭제 등에 제약이 따르거나 데이터 무결성이 훼손된다.
- 데이터 종속성은 함수 종속, 다가(다치) 종속, 조인 종속이 있다.

② 함수 종속(Functional Dependency)

- 한 속성이 다른 속성을 유일하게 식별할 수 있는 상태의 종속성이다.
- A 속성이 B 속성을 유일하게 식별할 수 있다면 'B 속성은 A 속성에 함수적으로 종속'되었다고 하며 식으로 표현하면 아래와 같다.
  - A 속성이 B 속성을 유일하게 식별 : A→B 또는 B=F(A)
  - A 속성이 C, D 속성을 유일하게 식별 : A→C, A→D 또는 A→{C, D}
- A→B일 때, A 속성을 결정자(Determinant), B 속성을 종속자(Dependent)라고 한다.
  - 결정자 : 종속성 규명의 기준이 되는 속성
  - 종속자 : 결정자에 의해 값이 정해지는 속성

기적의 TIP

문제와 책에서는 화살표를 사용하여 종속성을 표현합니다.

더 알기 TIP

학생정보를 검색하는 경우를 생각해 보죠. 이름으로 검색했을 때, 중복되지 않게 검색될 확률이 보장될까요? 학번은 어떤가요? 이름은 같은 이름을 가진 학생이 있을 수 있기 때문에 학번을 완벽히 특정하진 못하지만, 학번은 유일하기 때문에 이름(뿐 아니라 모든 정보)을 완벽히 특정할 수 있습니다. 이 경우에 학번(결정자)이 이름(종속자)을 유일하게 식별한다고 할 수 있습니다.

더 알기 TIP

모든 종속을 100% 이해하기는 어렵지만, 함수 종속은 반드시 이해할 수 있어야 합니다.

③ 다가(다치) 종속(MultiValued Dependency)

- 하나의 결정자가 다른 여러 관련 없는 속성의 값을 결정하는 종속성이다.
- 둘 이상의 종속자가 하나의 속성에 종속되었지만, 종속자는 서로 독립적(관련이 없음)일 때 발생하며 식으로 표현하면 아래와 같다.
  - G 속성이 H, J 속성을 식별하지만 H, J는 관련이 없을 때 : G↠H|J

더 알기 TIP

다치 종속은 관련 없는 두 개의 릴레이션을 억지로 하나의 식별자로 묶어서 나타낼 때 발생합니다.

④ 조인 종속(Join Dependency)

- 릴레이션을 셋 이상의 릴레이션으로 분해한 뒤 다시 조인하여 복원될 수 있는 종속성이다.
- 릴레이션이 분해된 뒤에 공통키를 기준으로 다시 조인되어 원래 릴레이션을 복원할 수 있어야 함을 의미한다.

2) 폐포(Closure)

① 폐포의 정의

- 특정 속성에 종속되었다고 추론 가능한 모든 속성의 집합으로, 식으로 표현하면 아래와 같다.
  - 회원번호 속성의 폐포 : 회원번호$^+$
- 특정 속성에 폐포에는 자기 자신이 포함된다.
  - 회원번호$^+$ = 회원번호, 이름, 연락처, …
- 암스트롱 공리에 따른 종속성 추론 기본 규칙은 아래와 같다.
  - 반사(Reflexivity) : Y가 X의 부분집합(X⊇Y)이면, X → Y 성립
  - 증가(Augmentation) : X → Y이면, XZ → YZ 성립
  - 이행(Transitivity) : X → Y이고 Y → Z이면, X → Z 성립
- 위의 기본 규칙에 의해 아래와 같은 부수적 법칙의 유도가 가능하다.
  - 결합(Union) : X → Y이고 X → Z이면, X → YZ 성립
  - 분해(Decomposition) : X → YZ이면, X → Y이고 X → Z 성립
  - 의사이행(Pseudo Transitivity) : X → Y이고 YZ → W이면, XZ → W 성립

더 알기 TIP

폐포의 이해가 필요한 문제는 정보처리산업기사 레벨에서 출제되지 않습니다. 폐포의 정의와 추론 규칙의 종류 정도만 파악하고 넘어가세요.

02 정규화 수행

1) 정규화(Normalization)

① 정규화 정의

- 데이터 무결성을 유지하기 위해 중복성을 최소화하고 정보의 일관성을 보장하기 위한 개념이다.
- 논리 데이터 모델링을 상세화하는 가장 중요한 단계이다.
- 기본 정규형에는 1NF, 2NF, 3NF, BCNF가 있고, 고급 정규형에는 4NF, 5NF가 있다.
  - 비정규형 : 정규화가 전혀 진행되지 않은 상태
  - 1NF(제1정규형) : 도메인이 원자값만 가지도록 분해
  - 2NF(제2정규형) : 부분 함수 종속 제거
  - 3NF(제3정규형) : 이행적 함수 종속 제거
  - BCNF(보이스 코드 정규형) : 결정자가 후보키가 아닌 종속 제거
  - 4NF(제4정규형) : 다치 종속 제거
  - 5NF(제5정규형) : 후보키를 통하지 않는 조인 종속 제거

> 기적의 TIP
> 정규형과 정규화는 같은 용어입니다. 각 정규형에서 제거되는 종속(성)을 구분할 수 있어야 합니다.

② 정규화 특징

- 데이터 모델의 정확성, 일치성, 단순성, 비중복성, 안정성 등을 보장한다.
- 잘못된 릴레이션을 어떻게 분해해야 하는지에 대한 판단 기준을 제공한다.
- 데이터 모델의 단순화를 통해 편의성과 안정성, 무결성을 유지할 수 있다.
- 유연한 데이터 구축이 가능하지만 물리적인 접근경로가 복잡해진다.

③ 정규화의 목적

- 정규화의 궁극적인 목적은 데이터의 삽입, 갱신, 삭제 등에서 발생할 수 있는 이상 현상을 제거하는 것이다.
  - 이상 현상(Anomaly) : 잘못된 릴레이션 설계로 예기치 못한 현상이 발생하는 것
- 이상 현상은 삽입 이상, 갱신 이상, 삭제 이상으로 나뉜다.
  - 삽입 이상 : 튜플 삽입 시, 관련 없는 정보도 함께 삽입해야 하는 현상
  - 갱신 이상 : 튜플 갱신 시, 데이터의 불일치가 발생하는 현상
  - 삭제 이상 : 튜플 삭제 시, 관련된 정보도 함께 삭제해야 하는 현상

> 기적의 TIP
> 이상 현상의 정의와 종류를 구분할 수 있어야 합니다.

2) 정규화의 형태(정규형, NF : Normal Form)

① 제1정규형(1NF)

- 원자 값이 아닌 값을 가지는 속성이 제거된 릴레이션 스키마이다.
  - 원자(atomic) 값 : 더 이상 논리적으로 분해될 수 없는 값
- 릴레이션의 모든 속성의 도메인이 원자 값을 가진다면 1NF에 해당한다.

> 기적의 TIP
> 1NF는 간단한 테이블로도 표현이 가능하여 실제로 작업이 진행된 올바른 결과를 찾을 수 있어야 합니다.

• 제1정규형은 원자 값을 보장하기 위한 정규화로, 릴레이션이 1NF를 만족하여도 불필요한 데이터 중복으로 인해 이상 현상의 해결이 보장되지는 않는다.

비정규형

직원코드	직원명	담당업무
E01	김버들	고객상담, 마케팅
E02	최주하	마케팅, 판매

1NF

직원코드	직원명	담당업무
E01	김버들	고객상담
E01	김버들	마케팅
E02	최주하	마케팅
E02	최주하	판매

② 제2정규형(2NF)

• 부분 함수적 종속성을 가진 속성이 제거된 릴레이션 스키마이다.

• 릴레이션이 1NF이고, 모든 속성이 완전 함수 종속을 가진다면 2NF에 해당한다.

 – 완전 함수 종속(Full Functional Dependency) : 종속자가 모든 결정자에 종속되는 경우

 – 부분 함수 종속(Partial Functional Dependency) : 종속자가 일부 결정자에 종속되는 경우

완전 함수 종속

학번	이름	성별	거주지
1111	전영신	남	서울
2222	유남순	여	서울
3333	윤세정	여	경기
4444	전영신	남	인천

학번→이름
학번→성별
학번→거주지

부분 함수 종속

학번	과목	이름	성적
1111	컴퓨터	정바람	70
2222	컴퓨터	권영석	80
1111	수학	정바람	75
2222	수학	권영석	75

학번→이름
(부분 함수 종속)

{학번,과목}→성적
(완전 함수 종속)

• 완전 함수 종속 관계를 만들기 위해 릴레이션을 기본키 중심으로 분해한다.

학번	과목	성적
1111	컴퓨터	70
1111	수학	75
2222	컴퓨터	80
2222	수학	75

{학번,과목}→성적

학번	이름
1111	정바람
2222	권영석

학번→이름

③ 제3정규형(3NF)

- 이행적 함수 종속성(Transitive Dependency)을 가진 속성이 제거된 릴레이션 스키마이다.
  - 종속자 C의 결정자가 B 외에도 A가 추가로 존재하는 종속 관계 : A → B, B → C, A → C

2NF

도서코드	도서명	저자
B01	파이썬	오연준
B02	파이썬	오연준
B03	컴활	김남규
B04	정보처리	성하나

도서코드→도서명
도서명→저자
도서코드→저자

- 릴레이션이 2NF이고, 결정자가 아닌 모든 속성이 릴레이션의 기본키에 이행적으로 종속되지 않는다면 3NF에 해당한다.
- 결정자이자 종속자에 해당하는 속성을 기준으로 릴레이션을 분할한다.

도서코드	도서명
B01	파이썬
B02	파이썬
B03	컴활
B04	정보처리

도서코드→도서명

도서명	저자
파이썬	오연준
컴활	김남규
정보처리	성하나

도서명→저자

④ Boyce-Codd 정규형(BCNF)

- 결정자가 후보키가 아닌 함수 종속이 제거된 릴레이션 스키마이다.

3NF

학번	이름	과목	교수
1111	전영신	파이썬	김교수
2222	유남순	자바	박교수
3333	윤세정	정보처리	한교수
4444	전영신	자바	박교수

학번→이름
{학번,과목}→교수
(과목은 후보키가 아님)

- 릴레이션이 3NF이고, 모든 결정자가 후보키이면 BCNF에 해당한다.
- 3NF를 강화한 정규형으로 실제적인 정규화의 목표가 되는 단계이다.

BCNF

학번	이름	교수
1111	전영신	김교수
2222	유남순	박교수
3333	윤세정	한교수
4444	전영신	박교수

학번→이름
학번→교수

교수	과목
김교수	파이썬
박교수	자바
한교수	정보처리

교수→과목

기적의 TIP

이행적 함수 종속성에 관련된 개념과 관계식을 숙지하세요.

기적의 TIP

BCNF에 대한 설명 중 올바른 것을 선택할 수 있어야 합니다.

기적의 TIP

실제 정규화를 진행하는 문제는 BCNF 정도까지만 이해되면 충분합니다. 대부분의 문제는 각 정규형의 특징을 묻는 문제가 나옵니다. 4NF, 5NF는 실제로 거의 접하기 어려운 형태이므로 특징만 기억해두세요.

⑤ 제4정규형(4NF)

- 다치종속성을 가진 속성을 제거하는 단계이다.
- 정규화된 테이블은 다대다 관계를 가질 수 없으므로 거의 고려되지 않는 단계이다.

과목	강사	프로그램
컴활	송햇살	엑셀
컴활	송햇살	엑세스
컴활	백세호	엑셀
컴활	백세호	엑세스
컴활	백미래	엑셀
컴활	백미래	엑세스

과목→→강사|프로그램

과목	강사
컴활	송햇살
컴활	백세호
컴활	백미래

과목	프로그램
컴활	엑셀
컴활	엑세스

⑥ 제5정규형(5NF)

- 후보키를 통하지 않은 조인 종속을 제거한 릴레이션 스키마이다.
- 릴레이션에 존재하는 모든 조인 종속성이 릴레이션의 후보키를 통해서만 성립된다면 5NF이다.

03 논리 데이터 모델 품질 검증

1) 좋은 데이터 모델의 개념

① 좋은 데이터 모델

- 시스템의 비즈니스 요구사항이 빠짐없이 구현되고 시스템 운영에 최적화되어 설계된 데이터 모델이다.
- 하지만 좋은 데이터 모델에 대한 객관적인 기준이 없어 데이터 모델 품질에 대한 평가가 어렵다.

2) 데이터 모델의 평가 요소

기적의 TIP

각 항목의 의미만 파악할 수 있을 정도로만 학습하세요.

① 완전성(Completeness)

- 업무에 필요한 모든 데이터가 완전히(빠짐없이) 정의되어 있어야 한다.
- 이 기준을 충족하지 못하면 품질 평가의 의미가 없으므로 가장 먼저 확인해야 하는 검증 요소이다.

② 중복 배제(Non-Redundancy)

- 동일한 데이터는 단 한 번의 기록으로 반복하여 사용함으로써 관리 비용을 최소화해야 한다.
- 데이터베이스 운영의 필요에 따라 데이터를 일부러 중복시키는 경우도 있다.

③ 업무 규칙(Business Rules)

• 데이터 모델에 표현된 업무 규칙을 공유하여 이해관계자들이 동일한 판단하에 데이터를 조작할 수 있어야 한다.

• 일반적으로 애플리케이션 개발 단계에서 구현하지만, 가능하다면 데이터 모델링 단계에서 우선 진행할 수 있다.

④ 데이터 재사용(Data Reusability)

• 데이터 통합 설계를 통해 데이터 재사용성을 향상시킬 수 있다.

• 애플리케이션에 대해 독립적으로 설계하여 데이터 재사용성을 향상시킬 수 있다.

⑤ 안정성 및 확장성(Stability and Flexibility)

• 데이터 모델은 구조적 안정성과 확장성, 유연성을 고려하여 설계해야 한다.

⑥ 간결성(Elegance)과 통합성(Integration)

• 정규화 등을 통해 효율적인 데이터 구조를 모델링하였더라도, 관리 측면에서 너무 복잡하다면 합리적인 방법으로 데이터를 통합하여 활용해야 한다.

• 데이터를 통합할 때는 이후 업무 변화에 데이터 모델이 받는 영향을 최소화할 수 있도록 고려한다.

⑦ 의사소통(Communication)

• 업무 규칙은 개체, 서브 타입, 속성, 관계 등의 형태로 최대한 자세히 표현하여 이를 기반으로 이해관계자 모두가 소통할 수 있도록 해야 한다.

3) 논리 데이터 모델 품질 기준

> **기적의 TIP**
> 데이터 모델의 평가 요소와 마찬가지로 각 항목의 의미만 파악할 수 있으면 됩니다.

① 정확성

• 데이터 모델이 표기법에 따라 정확하게 표현되었고, 업무 영역 또는 요구사항이 정확하게 반영되었는지 판단한다.

- 사용된 표기법에 따라 데이터 모델이 정확하게 표현되었는가
- 대상 업무 영역의 업무 개념과 내용이 정확하게 표현되었는가
- 요구사항의 내용이 정확하게 반영되었는가
- 업무 규칙이 정확하게 표현되었는가

② 완전성

• 데이터 모델의 구성 요소를 정의하는 데 있어서 누락을 최소화하고, 요구사항 및 업무 영역 반영에 있어 누락은 없는지 판단한다.

- 모델 표현의 충실성(완성도)
- 필요한 항목(엔터티/속성 설명 등)들의 작성 상태
- 논리 데이터 모델링 단계에서 결정해야 할 항목들의 작성 상태(식별자, 정규화, 중복배제, 이력관리 등)
- 요구사항 반영 및 업무 영역 반영의 완전성(목적하는 업무 영역을 기술(설계)하는 데 있어서 논리 데이터 모델 구성 요소(엔터티, 속성, 관계 등)들이 누락 없이 정의된 정도)

③ 준거성

• 제반 준수 요건들이 누락 없이 정확하게 준수되었는지 판단한다.
  – 데이터 표준, 표준화 규칙 등을 준수하였는가
  – 법적 요건을 준수하였는가

④ 최신성

• 데이터 모델이 현행 시스템의 최신 상태를 반영하고 있고, 이슈사항들이 지체 없이 반영되고 있는지 판단한다.
  – 업무상의 변경이나 결정사항 등이 시의적절하게 반영되고 있는가
  – 최근의 이슈사항이 반영되었는가
  – 현행 데이터 모델은 현행 시스템과 일치하는가

⑤ 일관성(통합성)

• 여러 영역에서 공통 사용되는 데이터 요소가 전사 수준에서 한 번만 정의되고 이를 여러 다른 영역에서 일관되게 활용하는지 판단한다.
  – 여러 주제 영역에서 공통적으로 사용되는 엔터티는 일관성 있게 사용되는가
  – 모델 표현상의 일관성을 유지하고 있는가

⑥ 활용성

• 작성된 모델과 그 설명 내용이 이해관계자에게 의미를 충분하게 전달할 수 있으면서, 업무 변화 시에 설계 변경이 최소화되도록 유연하게 설계되었는지 판단한다.
  – 작성된 설명 내용이나 모델 표기 등이 사용자나 모델을 보는 사람에게 충분히 이해가 될 수 있고, 모델의 작성 의도를 명확하게 이해할 수 있는가(의사소통의 충분성)
  – 오류가 적고 업무 변화에 유연하게 대응하여 데이터 구조의 변경이 최소화될 수 있는 설계인가(데이터 설계의 유연성)

SECTION 05

물리 데이터베이스 설계

출제빈도 (상) 중 하
반복학습 1 2 3

빈출 태그 CRUD, 데이터 무결성, 파티셔닝, 스토리지, 접근 통제

01 데이터베이스 물리 속성 설계

1) 저장 레코드 형식 설계

① 저장 테이블 유형

- 데이터의 운영 방식에 따라 다양한 형태의 테이블을 선택할 수 있다.
  - 일반 유형 테이블(Heap-Organized Table) : 표준 테이블
  - 클러스터 인덱스 테이블 : 데이터와 인덱스를 결합, 테이블당 하나, 검색 속도 상승
  - 비 클러스터형 인덱스 테이블 : 데이터와 인덱스를 분리, 여러 개 생성 가능, 수정 속도 상승
  - 외부 테이블 : 외부 파일과 일반 테이블을 연결, ETL(데이터 전환) 등에 활용
  - 임시 테이블 : 절차적 처리(트랜잭션 등)를 위해 임시로 사용
- 데이터의 양이나 사용 빈도에 따라 테이블을 분할하여 운영할 수 있다.
  - 수평 분할 : 데이터(튜플)의 개수가 적어지면서 성능 향상
  - 수직 분할 : 컬럼(속성)의 개수가 적어지면서 성능 향상
- 테이블의 데이터는 테이블 스페이스에 업무별로 구분하여 저장된다.

② 컬럼 변환

- 데이터 길이가 일정하고 Null이 적은 컬럼을 앞쪽으로 배치한다.
- 데이터 타입이 고정(불변)되어 있으면 최소 길이로 지정한다.
- 데이터 타입이 유동적(가변)이라면 최대 예상 길이로 지정한다.
- 소수점 데이터는 형식에 따라 반올림 될 수 있으므로 정밀도를 확인한다.

③ 데이터베이스 용량 설계

- 데이터 용량 예측을 통해 저장 공간을 효과적으로 사용할 수 있도록 한다.
- 일반적인 데이터베이스 용량 분석 절차는 아래와 같다.
  - 데이터와 관련한 기초 자료를 수집하여 용량 분석
  - DBMS에 이용될 객체별 용량 산정
  - 테이블과 인덱스의 테이블 스페이스 용량 산정
  - 데이터베이스 설치 및 관리를 위한 시스템 용량을 합해 디스크 용량 산정

기적의 TIP

각 유형의 특징만 간결하게 표현하였습니다. 확실하게 암기할 수 있도록 공부하세요.

2) 트랜잭션 설계

① CRUD Matrix

- CRUD는 테이블에 대한 Create, Read, Update, Delete 연산의 앞 글자를 표현한 것이다.
- 각 트랜잭션들이 테이블에 대해 어떤 연산을 수행하는지 표 형태로 분석하는 것이다.

더 알기 TIP

CRUD 매트릭스는 트랜잭션 처리 빈도를 파악하기 위한 도구입니다.

- 예시

테이블 / 프로세스	학생	학과	교수
학생등록	CRUD	R	
수강등록	R	R	R

② 트랜잭션 분석 활용

- 테이블에 저장되는 데이터 양을 유추하여 데이터베이스 용량을 산정한다.
- 프로세스가 과도하게 발생하는 테이블에 대해서 여러 디스크에 분산 배치한다.
- 특정 채널에 집중되는 트랜잭션을 분산시켜 TIME-OUT을 방지한다.

3) 인덱스 설계

기적의 TIP

인덱스의 목적 정도만 파악하고 넘어가세요.

① 인덱스 설계 목적

- 데이터베이스에서 조회 작업은 가장 중요하고 많이 사용되는 연산이다.
- 인덱스 활용을 통해 데이터 접근 경로를 단축함으로써 데이터 조회 속도를 향상시킬 수 있다.

② 인덱스 형태 분류

- 인덱스는 구성하는 구조나 특성을 기반으로 트리 기반, 비트맵, 함수 기반, 도메인 인덱스 등으로 분류할 수 있다.
  - 트리 기반 인덱스 : 인덱스 블록들이 계층 구조를 이루는 형태(일반적으로 B+ 트리 인덱스를 활용)
  - 비트맵 인덱스 : bit로 구성되어 있어 다중 조건을 효율적으로 연산
  - 함수 기반 인덱스 : 형식에 제한이 없는 함수식 연산, 부하 발생 가능성 상승
  - 도메인 인덱스 : 개발자가 직접 인덱스 개발하는 확장형

4) 데이터 무결성 설계

① 데이터 무결성 정의

- 데이터의 정확성과 일관성을 유지하여 결손과 부정합이 없음을 보증하는 특성이다.
- 데이터 변경 시 여러 가지 제한(무결성 검증 코드, 조건 유지, 조건 설정)을 두어 무결성을 보증한다.
- 데이터베이스 무결성에는 도메인 무결성, 개체 무결성, 참조 무결성, 사용자 정의 무결성 등이 있다.

② 도메인 무결성

- 열의 값이 정의된 도메인의 범위 안에서 표현되는 무결성이다.
- 데이터 형식, 타입, 길이, Null 허용 여부 등의 제약으로 무결성을 보장한다.

③ 개체 무결성

- 특정 열에 중복 값 또는 Null에 대한 제한을 두어 개체 식별자의 역할을 할 수 있게 하는 특성이다.
- 각 개체의 식별은 개체 무결성이 적용된 열에 의해 판단한다.

④ 참조 무결성

- 참조 관계가 존재하는 두 개체 간 데이터의 일관성을 보증하는 특성이다.
- 참조하는 열은 참조되는 열(식별자)에 존재하지 않는 값을 참조할 수 없다.

⑤ 무결성 강화

- 무결성은 데이터 품질에 직접적인 영향을 주기 때문에 무결성 유지 방안을 확보해야 한다.
  - 애플리케이션 : 데이터 사용 시 적용할 사용자 정의 무결성 검증 코드 구현
  - 데이터베이스 트리거 : 데이터베이스 운영 중 이벤트 발생 시 무결성 검증 트리거 구현
  - 제약 조건 : 원칙적으로 잘못된 데이터 입력을 막아 무결성 보장

더 알기 TIP

데이터베이스의 수많은 이론들은 바로 이 "데이터 무결성"을 지켜내기 위한 것입니다.

기적의 TIP

무결성의 개념과 종류별 특징을 반드시 파악하고 이해하세요.

5) 데이터베이스 반정규화

① 반정규화 정의

- 완벽한 수준의 정규화를 진행하면 일관성과 안정성은 증가하지만 성능이 저하될 수 있다.
- 정규화된 논리 데이터 모델을 시스템 운영의 단순화를 위해 중복, 통합, 분할 등을 수행하는 데이터 모델링 기법이다.
- 일반적으로 반정규화가 필요한 경우는 아래와 같다.
  - 정규화에 충실하여 독립성과 활용성은 향상되었지만, 수행 속도가 느려진 경우
  - 다량의 범위나 특정 범위 데이터만 자주 처리해야 하는 경우
  - 집계 정보가 자주 요구되는 경우

기적의 TIP

반정규화를 수행하는 이유를 알아두세요.

② 중복 테이블 추가

- 특정 범위의 데이터가 자주 처리되거나 많은 양의 데이터를 자주 처리하는 경우에 수행한다.
  - 집계 테이블 추가
  - 진행(이력 관리) 테이블 추가
  - 특정 부분만 포함하는 테이블 추가

③ 테이블 조합

- 대부분의 데이터 처리가 둘 이상의 테이블에서 진행되는 경우에 수행한다.
- 데이터 편집 규칙이 복잡해지고 row 수가 증가하여 처리량이 늘어날 수 있다.

④ 테이블 분할

- 사용자에 따라 일부 컬럼의 사용 빈도가 높은 경우에 수행한다.
- 수직 분할과 수평 분할이 있으며 데이터 검색 상황에 따라 의도된 성능이 발휘되지 않을 수 있다.

⑤ 테이블 제거

- 테이블의 재정의 및 기타 반정규화 수행으로 인해 더 이상 액세스되지 않는 테이블이 발생한 경우에 수행한다.
- 유지보수 단계에서 많이 발생하며, 관리 소홀이 주된 원인이 된다.

⑥ 컬럼 중복화

- 자주 사용되는 컬럼이 서로 다른 테이블에 분산되어 있어 액세스 범위가 넓어지는 경우에 수행한다.
- 기본키의 형태가 적절하지 않거나 너무 많은 컬럼으로 구성된 경우에 수행한다.
- 다른 해결 방법은 없는지 우선 검토한다.
- 데이터 저장 공간의 낭비 및 무결성을 해치지 않게 주의해야 한다.

02 데이터 스토리지 설계

1) 클러스터링(Clustering)

① 클러스터링 정의

- 이미 분류되어 있는 동일한 성격의 데이터를 동일한 공간(데이터 블록)에 저장하는 기법이다.
- 데이터 분포도가 넓은 테이블에 클러스터드 인덱스를 생성하여 공간 절약과 성능을 향상시킨다.
  - 처리 범위가 넓은 경우 : 단일 테이블 클러스터링 적용
  - 조인이 많이 발생하는 경우 : 다중 테이블 클러스터링 적용

② 클러스터링 고려사항

- 데이터 변경이나 전체 테이블 탐색이 자주 발생되면 오히려 성능이 떨어진다.
- 파티셔닝된 테이블은 클러스터링이 불가능하다.

기적의 TIP

클러스터링과 파티셔닝을 구분할 수 있어야 합니다.

2) 파티셔닝(Partitioning)

① 파티셔닝 정의

- 대용량 테이블을 논리적인 작은 테이블로 나누어 성능 저하 방지와 관리를 용이하게 하는 것이다.
- 파티셔닝의 유형은 아래 4가지로 나눌 수 있다.
  - 범위(Range) 분할 : 지정한 컬럼 값을 기준으로 분할
  - 해시(Hash) 분할 : 해시 함수에 따라 데이터를 분할
  - 조합(Composite, 복합) 분할 : 범위 분할 후 해시 분할로 다시 분할
  - 목록(List) 분할 : 분할할 항목을 관리자가 직접 지정

기적의 TIP

파티셔닝의 유형을 구분할 수 있어야 합니다.

② 파티셔닝 장점

- 데이터 접근 범위를 줄여 성능이 향상된다.
- 전체 데이터의 훼손 가능성이 감소되어 데이터의 가용성이 증가된다.
- 각 분할 영역을 독립적으로 백업, 복구할 수 있다.
- Disk Striping 기능으로 입출력 성능을 향상시킬 수 있다.
  - Disk Striping : 데이터를 물리적으로 나눠서 기록

3) 스토리지(Storage)

① 스토리지 정의

- 단일 디스크로 처리할 수 없는 대용량의 데이터를 저장하기 위해 서버와 저장 장치를 연결하는 기술이다.
- 스토리지의 유형에는 DAS, NAS, SAN이 있다.

기적의 TIP

각 스토리지의 특징을 구분할 수 있어야 합니다.

② DAS(Direct Attached Storage)

- 서버와 저장장치를 직접 연결하는 방식으로 다른 서버와 파일 공유가 불가능한 구조이다.
- 속도가 빠르고 설치 및 운영이 용이하며 초기 구축 비용과 유지보수 비용이 저렴하다.
- 확장성이 상대적으로 부족하므로 공유가 필요 없는 환경에 적합하다.

③ NAS(Network Attached Storage)

- 서버와 저장장치를 네트워크를 통해 연결하는 방식이다.
- 별도의 파일 관리 기능(NAS Storage)을 통해 저장장치를 관리한다.
- 확장성이 우수하고 파일 공유가 가능하지만 다중 접속 시 성능 저하의 가능성이 있다.

④ SAN(Storage Area Network)

- DAS의 빠른 처리와 NAS의 파일 공유의 장점을 혼합한 방식이다.
- 서버와 저장장치를 연결하는 전용 네트워크를 별도로 구성한다.
- 저장장치 및 파일 공유가 가능하고 확장성, 유연성, 가용성이 뛰어나다.
- 장비(FC : Fibre Channel) 업그레이드가 필수이며 비용이 많이 든다.

4) 분산 데이터베이스

① 분산 데이터베이스 정의

- 물리적으로 분산되어 있는 데이터베이스를 단일 데이터베이스로 인식할 수 있도록 논리적으로 통합하여 운용되는 데이터베이스 시스템이다.
- 데이터의 분할, 복제, 갱신 주기, 유지 방식 등에 따라 여러 가지 설계 전략이 존재한다.
  - 하나의 컴퓨터만 DB를 관리, 나머지는 접근만 가능하도록 하는 방식
  - 지역 DB에 데이터를 복제하여 실시간(또는 주기적)으로 데이터를 갱신하는 방식
  - 분산 환경에서 각 지역 DB를 독립적으로 유지하는 방식
  - 분산 환경에서 전 지역 DB를 하나의 논리적 DB로 유지하는 방식

② 분산 데이터베이스 특징

- 시스템 규모를 점진적으로 확장할 수 있고 대용량 데이터 처리가 가능하다.
- 특정 DB에 문제가 발생해도 다른 DB를 사용할 수 있어서 신뢰도, 가용성이 보장된다.
- 원격 데이터에 대한 의존도를 감소시키지만 데이터베이스 설계 및 관리가 복잡해지고 비용이 증가한다.
- 분산 데이터베이스의 설계가 잘못될 경우에는 복잡성과 비용 증가, 무결성 훼손 등의 문제가 발생한다.
- 상대적으로 데이터 무결성 훼손과 오류 발생 가능성이 상승한다.

③ 분산 데이터베이스 설계 기법

- 하나의 테이블을 분할하는 경우에는 아래의 규칙을 준수해야 한다.
  - 완전성 : 전체 데이터를 대상으로 손실 없이 분할
  - 재구성 : 분할된 테이블은 원래 테이블로 재구성되어야 함
  - 상호 중첩 배제 : 각 레코드와 컬럼이 중복되지 않아야 함(키 제외)
- 동일한 분할 테이블의 복수 서버에 생성하여 성능을 향상시킬 수 있다.
  - 비 중복 할당 : 분할 테이블이 단일 노드에만 존재하도록 할당(비용 증가, 성능 저하)
  - 중복 할당 : 비 중복 할당의 문제점 해결을 위해 노드에 분할 테이블(전체 또는 부분)을 중복 할당

④ 분산 데이터베이스 투명성(Transparency)

- 분산 데이터베이스는 사용자에게 하나의 데이터베이스처럼 인식될 수 있어야 한다.
- 이를 위해 사용자들이 데이터의 물리적 배치와 특정 지역의 데이터에 대한 액세스 방법을 별도로 알 필요가 없어야 한다는 특성을 뜻한다.
  - 분할(Fragmentation) 투명성 : 테이블의 분할 구조를 파악할 필요 없음
  - 위치(Location) 투명성 : 데이터의 물리적 위치를 파악할 필요 없음
  - 중복(Replication) 투명성 : 데이터의 중복 여부 및 저장 위치에 대해 파악할 필요 없음
  - 장애(Failure) 투명성 : 장애 발생 시에도 데이터의 무결성, 원자성 보장
  - 병행(Concurrency) 투명성 : 다수 트랜잭션 수행에도 결과의 일관성 보장

기적의 TIP

각 투명성의 의미를 파악하세요.

더 알기 TIP

투명성은 쉽게 말하자면 "몰라도 된다"입니다. 예를 들어, 위치 투명성이란 '고객이 물리적 위치를 몰라도 되게끔' 설치, 설정해야 한다는 뜻입니다.

03 데이터베이스 보안설계

1) 접근 통제 정책

① 접근 통제 정의

- 사용자의 신원을 식별하여 접근을 요청하는 대상에 대한 접근 및 사용 수준을 인가하는 절차를 의미한다.
- 접근 통제의 3요소는 접근 통제 정책, 접근 통제 모델, 접근 통제 보안 매커니즘이다.
  - 접근 통제 정책 : 자원에 접근할 수 있는 조건 정의
  - 접근 통제 모델 : 시스템 보안 요구사항
  - 접근 통제 매커니즘 : 접근 요청을 규칙에 대응하여 검사

② 임의 접근 통제(DAC : Discretionary Access Control)

- 접근 요청자의 신분에 기반을 두는 접근 통제 방식이다.
- 사용자는 자원과 관련된 ACL(Access Control List)을 통해서 자원에 대한 권한을 부여받는다.
- 한 개체가 다른 개체에 대한 접근 권한을 부여할 수 있다.
- 신분을 통해 권한 부여가 가능하기 때문에 신분 도용의 위험이 있다.

③ 강제 접근 통제(MAC : Mandatory Access Control)

- 접근을 제어하는 보안 전문가에 의해 생성되는 규칙에 기반을 두는 접근 통제 방식이다.
- 보안 레이블과 보안 허가증을 비교하여 접근 제어를 하는 것을 말한다.
  - 보안 레이블 : 특정 시스템 자원이 얼마나 중요한 자원인지를 나타내는 정보
  - 보안 허가증 : 어떤 시스템 객체가 특정 자원에 접근할 수 있는지를 나타내는 정보
- 매우 엄격한 접근 통제 모델이라 보안성이 좋고, 중앙 집중식 관리 형태라 모든 객체에 대한 관리가 용이하다.
- 모든 접근에 대해 레이블을 정의하고 보안 정책을 확인해야 하므로 성능 저하가 발생한다.

④ 역할 기반 접근 통제(RBAC : Role Based Access Control)

- MAC와 DAC의 단점을 보완한 방식으로 사용자의 역할에 기반을 두고 접근을 통제하는 모델이다.
- 사용자 대신에 역할에 접근 권한을 할당하고 이후에 사용자는 정적이나 동적으로 특정 역할을 할당받게 된다.
- 역할과 권한의 관계는 사용자와 권한과의 관계에 비해 변경이 거의 이루어지지 않는다.
- 편한 관리 방법을 제공하며 관리 업무의 효율성을 가져온다.

더 알기 TIP

정책	DAC	MAC	RBAC
권한 부여	데이터 소유자	시스템	중앙 관리자
접근 결정	신분(Identity)	보안 등급(Level)	역할(Role)
정책 변경	변경 용이	고정적	변경 용이
장점	구현 용이, 유연함	안정적, 중앙 집중적	관리 용이

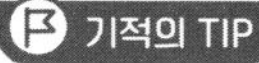

시험에 매우 자주 나오는 개념입니다.

2) 접근 통제 매커니즘

① ACL(Access Control List)

- 스위치나 라우터 등의 네트워크 장비에서 특정 자원(객체)에 대한 접근 권한을 설정한다.
- 특정 조건과 허용 여부를 구분하여 목록 형태로 나열하여 표현한다.
- 접근 통제 행렬(Access control matrix)은 ACL 매커니즘이 발전되어 모델화된 대표적 형태이다.
  - 접근 통제 행렬 : 접근 주체를 행, 접근 대상을 열로하여 권한을 표현
  - 예시

기적의 TIP

접근 통제 매커니즘의 구성 요소를 구분할 수 있어야 합니다.

주체 \ 객체	대여관리	회원관리	급여관리
관리자	Read, Delete	All	All
사원	Read, Write	Read, Write	

② CL(Capability List)

- 접근 주체를 기준으로 접근 가능한 대상 및 기능에 대한 목록이다.

③ SL(Security Label)

- 접근 대상에 부여된 보안 속성에 대한 집합이다.

3) 접근 통제 모델

① 기밀성 강조 모델

• 보안 요소 중 기밀성을 강조하는 모델로 BLP(Bell–LaPadula)가 있다.
  – BLP : 최초의 수학적 통제 모델로 높은 등급의 정보가 낮은 레벨로 유출되는 것을 통제하는 모델

② 무결성 강조 모델

• 보안 요소 중 무결성을 강조하는 모델로 Biba Integrity, Clark–Wilson, Chinese Wall이 있다.
  – Biba Integrity : BLP의 단점을 보완한 최초의 무결성 모델
  – Clark–Wilson : 위조 방지보다 변조 방지가 더 중요한 금융, 회계 등 자산 데이터 정보를 다루기 위한 상업용 모델
  – Chinese Wall : 투자금융 회사 등에서 이익 충돌 회피를 위한 모델, 직무분리를 접근 통제에 반영

CHAPTER 03

네트워크 기초 활용

학습 방향

네크워크 구축을 위한 기초 이론과 장비, 통신망에 적용 가능한 다양한 회선 방식과 계층별 특징, 네트워크 경로 설정 알고리즘에 대해 다룹니다. 다양한 용어들이 복잡한 구조로 구성되어 있으므로 꼼꼼한 학습이 필요합니다.

SECTION

01 네트워크 구축 관리

출제빈도 상 중 (하)
반복학습 1 2 3

빈출 태그 신호 변환 방식, 데이터 통신/전송 방식, 오류 제어, 네트워크 장비

01 인터넷 구성

1) 통신 시스템

① 데이터 통신 정의

- 정보처리 시스템(컴퓨터)과 통신 회선을 이용하여 데이터를 처리하고 전송하는 것이다.
- 대부분 컴퓨터를 활용하여 데이터를 처리하고 전송하기 때문에 컴퓨터 통신이라고도 한다.
- 데이터 통신이 가능한 컴퓨터들과 통신 회선이 결합된 구조를 데이터 통신 시스템이라고 한다.
  - 데이터 통신 시스템의 요소 : 프로토콜, 송수신자, 전송매체, 메시지

② 데이터 통신 시스템 구성

- 데이터 통신 시스템은 데이터 처리계(컴퓨터)와 데이터 전송계(통신 관련)로 나뉜다.
- 데이터 통신 시스템은 데이터 처리(단말)장치(DTE : Data Terminal Equipment), 신호 변환장치(DCE : Data Communication Equipment), 통신 제어장치(CCU : Communication Control Unit)로 구성된다.
  - DTE : 데이터 입출력 및 오류 등을 제어하는 장치
  - DCE : 아날로그/디지털 신호를 서로 변환하는 장치(MODEM, DSU, CODEC 등)
  - CCU : 처리계와 전송계의 속도 차이를 조절하고, 통신 기능을 보강해 주는 장치

더 알기 TIP

CCU는 CCP(Communication Control Processor)나 FEP(Front End Processor)라고도 합니다.

회선 ●—● 인터페이스 ●·····●

	통신 제어장치 (CCU, CCP, FEP)	신호 변환장치 (DCE)	신호 변환장치 (DCE)	통신 제어장치 (CCU, CCP, FEP)	

2) 신호 변환 방식

① MODEM(MOdulator and DEModulator)의 신호 변환

• 모뎀의 신호 변환(디지털 변조) 방식은 진폭 편이, 주파수 편이, 위상 편이, 진폭 위상이 있다.

– 진폭 편이 변조(ASK : Amplitude Shift Keying) : 반송파의 진폭을 변화시키는 방식

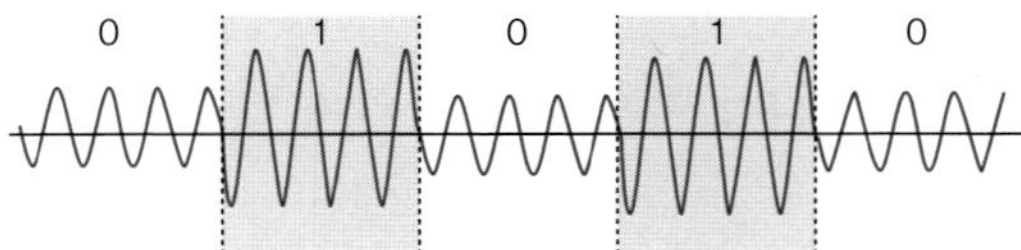

기적의 TIP

이미지나 설명을 보고 변환 방식을 파악할 수 있어야 합니다. 영문 풀네임을 직접 쓰는 경우는 드물기 때문에 한글과 영문 약어를 확실하게 외워 두세요.

더 알기 TIP

반송파(Carrier Signal)는 변조되어 전송되는 아날로그 신호를 뜻합니다.

– 주파수 편이 변조(FSK : Frequency Shift Keying) : 반송파의 주파수(주기)를 변화시키는 방식

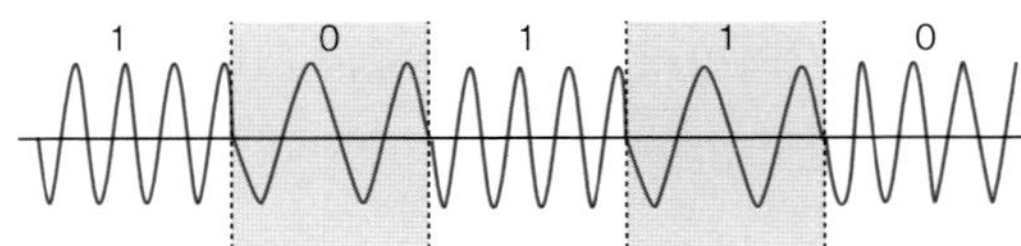

– 위상 편이 변조(PSK : Phase Shift Keying) : 반송파의 위상을 변화시키는 방식

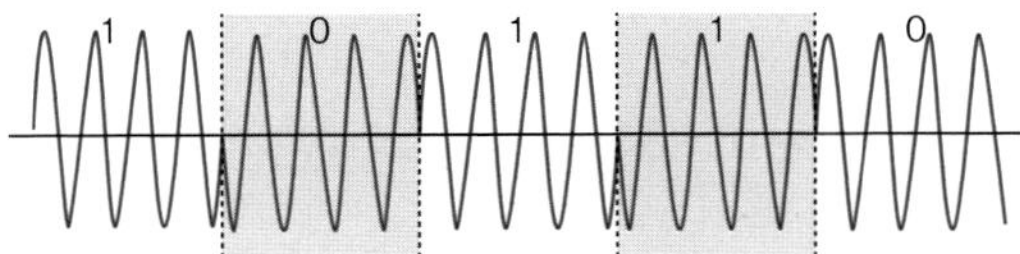

– 진폭 위상 변조(QAM : Quadrature Amplitude Modulation) : 반송파의 진폭, 위상을 함께 변화시키는 방식

② DSU(Digital Service Unit)의 신호 변환

• 신호의 변조, 복조 방식이 단순하여 고속 전송에 효과적이다.

– 전압을 주지 않거나(0), 양극(+), 음극(–)으로 표현

• DSU의 신호 변환 방식은 RZ, NRZ, 맨체스터, 바이폴라 등이 있다.

– 단극 RZ(Return to Zero) : 데이터가 1이면 전압을 한쪽(+ 또는 –)에 주고, 0이면 주지 않는 방식

– 양극 NRZ(Non Return to Zero) : 데이터가 1이면 양극, 0이면 음극에 전압을 주는 방식

- 맨체스터(Manchester) : 하나의 펄스폭을 2개로 나누고, 1과 0을 반대로 구성하는 방식
- 바이폴라(Bipolar) : 데이터가 1이면 전압을 양쪽에 번갈아 주고, 0이면 주지 않는 방식

③ CODEC(enCOder/DECoder)의 신호 변환

• 펄스 코드 변조 방식(PCM : Pulse Code Modulation)을 적용하는 신호 변환 장치이다.

• PCM은 입력 신호를 표본화, 양자화, 부호화, 복호화, 여파화의 단계로 변환한다.

- 표본화(Sampling) : 입력 신호를 일정 간격으로 추출하는 단계
- 양자화(Quantization) : 표본화된 값을 정수화(반올림)하여 PAM(Pulse Amplitude Modulation) 신호로 변환하는 단계
- 부호화(Encoding) : 양자화된 값을 디지털 신호(0,1)로 변환하는 단계
- 복호화(Decoding) : 수신된 디지털 신호를 다시 PAM 신호로 복원하는 단계
- 여파화(Filtering) : 복호화된 신호를 저역필터기(Low Pass Filter)에 통과시켜 원래의 입력 신호와 비슷하게 재구성하는 단계

기적의 TIP

각 단계의 설명과 순서를 기억해 두세요.

3) 데이터 전송 시스템

기적의 TIP

데이터 통신 방식과 전송 방식을 각각 구분하세요.

① 데이터 통신 방식

• 데이터 통신 방식은 데이터 전송 방향에 따라 단방향, 반이중, 전이중 통신으로 나뉜다.

- 단방향(Simplex) : 데이터 전송 및 수신의 역할이 정해져 있는 형태(TV, 라디오)
- 반이중(Half-duplex) : 데이터 전송 및 수신의 역할을 서로 바꿀 수 있는 형태(무전기)
- 전이중(Full-duplex) : 데이터 전송 및 수신을 동시에 가능한 형태(전화)

② 데이터 전송 방식

• 데이터 전송 방식은 동기화(Synchronization) 여부에 따라 결정된다.

- 동기화 : 송신측과 수신측의 송수신 작업 수행시간을 정확히 맞추는 것

• 동기식 방식은 전송 효율과 속도가 높으며, 프레임 단위로 전송된다.

- 전송 비트에 동기화를 위한 제어 정보(문자)를 붙여서 프레임 구성

• 비동기식 방식은 소량의 데이터를 저속으로 전송하며 문자 단위의 비트 블록을 전송한다.

• 동기식은 복잡하지만 고성능이고, 비동기식은 단순하고 저렴하지만 효율이 낮다.

③ 동기식 전송 제어 문자

• 동기화 유지를 위한 전송 제어 문자들은 아래와 같다.

제어 문자	의미
SYN(SYNchronous Idle)	문자 동기
SOH(Start Of Heading)	헤딩의 시작
STX(Start of TeXt)	본문의 시작 및 헤딩 종료
ETX(End of TeXt)	본문의 종료
ETB(End of Transmission Block)	블록 종료
EOT(End Of Transmission)	전송 종료와 데이터링크 해제
ENQ(ENQuiry)	상대편에 데이터링크 설정과 응답 요구
DLE(Data Link Escape)	전송 제어 문자 구분자
ACK(ACKnowledge)	긍정 응답
NAK(Negative AcKnowledge)	부정 응답

기적의 TIP

이후 다른 곳에서 자주 등장하는 제어 문자에 집중하여 암기하세요.

4) 네트워크 장비

① 허브(Hub)

• 데이터 송수신을 위해 다수의 컴퓨터를 연결하는 장치로, 다수의 허브를 통해 구조적인 네트워크를 구축할 수 있다.

• 허브는 스위칭 여부에 따라 더미 허브와 스위칭 허브가 있다.

  – 더미(Dummy) 허브 : 네크워크 전체 대역폭(속도)을 컴퓨터들이 나눠 쓰는 방식(속도 저하)

  – 스위칭(Switching) 허브 : 통신이 필요한 컴퓨터에 대역폭을 집중시키는 방식(속도 유지)

기적의 TIP

장비별 특징을 구분할 수 있어야 합니다.

② 리피터(Repeater)

• 데이터 전송 중 감쇠되는 신호를 증폭시켜 목적지까지 안정적으로 도달하게끔 하는 장치다.

③ 브리지(Bridge)

• 서로 다른 근거리 네트워크 영역(LAN : Local Area Network)을 연결하는 장치다.

• 같은 프로토콜을 사용하는 LAN과 LAN을 연결, 확장할 수 있고 데이터 움직임을 제어함으로써 트래픽을 조절하는 기능을 가진다.

④ 스위치(Switch)

• 허브의 기능을 확장한 것으로, 전송 중 패킷(전송 단위)의 충돌이 일어나지 않도록 목적지로 지정한 포트로만 1:1로 데이터를 전송하는 장치다.

• 소프트웨어 기반으로 처리되는 브리지와 달리 하드웨어 기반으로 빠른 속도로 전송이 가능하다.

- 스위치는 계층에 따라 L2, L3, L4 등으로 나뉜다.
  - L2(Layer-2) : 패킷의 MAC 주소를 읽어 스위칭, 간단한 구조, 데이터링크 계층에 위치
  - L3(Layer-3) : L2에 라우팅 기능 추가, 특정 프로토콜 기반, 네트워크 계층에 위치
  - L4(Layer-4) : 프로토콜 기반, 부하 분산(Load Balancing) 기능 제공, 복잡한 설정

⑤ 라우터(Router)

- 서로 다른 프로토콜을 사용하는 네트워크를 연결하여 전송 목적지까지 최적의 경로를 설정해주는 장치다.
- 일반적으로 스위치와 브리지는 데이터링크 계층에서 운용되고, 라우터는 네트워크 계층에서 운용된다.

⑥ 게이트웨이(Gateway)

- 서로 다른 통신망에 접속하기 위한 관문의 역할을 하는 장치다.
- 자신의 네트워크에서 다른 네트워크로 이동하기 위해 반드시 거쳐야 하는 거점이다.

더 알기 TIP

컴퓨터 관련 장치는 명확한 목적이 있기 때문에 용도 역시 서로 명확하게 다르다는 점을 참고하면 학습에 도움이 됩니다.

02 오류 제어

1) 데이터 흐름(오류) 제어

① 데이터 전송 프레임

- 송수신 비트열에 대해 부가적인 정보를 더하여 형식화한 데이터 블록이다.
- 데이터 전송 프레임은 동기식 전송에 사용된다.
- 문자 지향의 BSC와 비트 지향의 HDLC가 있다.

기적의 TIP

전송 프레임별 특징을 구분하여 암기하세요.

② BSC 프레임

- 반이중 전송만 지원하며 P2P나 멀티포인트 방식에서 주로 사용된다.
- 흐름 제어를 위해 Stop-and-Wait ARQ를 사용한다.
- 오류 검출이 어렵고 전송 효율이 나쁘다.
- 주로 동기식 전송에 사용되지만 비동기식 방식이 사용되기도 한다.

③ HDLC 프레임

- 다양한 데이터링크 형태에 적용된다.
- 모든 데이터 통신 방식을 지원하는 동기식 전송 방식이다.
- 흐름 제어를 위해 Go-Back-N, Selective Repeat ARQ를 사용한다.
- 전송 효율과 신뢰성이 높다.

• HDLC 프레임은 FLAG, ADDRESS, CONTROL, INFORMATION, FCS 등으로 구성된다.
  - FLAG(8bit) : 프레임의 시작과 끝(구분자)
  - ADDRESS(8bit) : 수신측의 주소값, 확장 시 16비트
  - CONTROL(8bit) : 제어 필드 형식이 다른 세 종류의 프레임 정의, 확장 시 16비트
  - INFORMATION(가변) : 실제 정보 메시지 포함
  - FCS(16bit) : Frame Check Sequence(CRC), 확장 시 32비트
• CONTROL 파트에 포함되는 프레임은 I프레임, S프레임, U프레임이 있다.
  - Information : 사용자 데이터 전송
  - Supervisory : 흐름 제어 기능 제공
  - Unnumbered : 보조 연결 제어 기능 제공

2) 오류 제어 방식

① 오류 발생 원인

• 데이터 전송 중 발생할 수 있는 오류와 오류의 원인들은 아래와 같다.
  - 감쇠(Attenuation) : 전송 거리에 따라 심호가 점차 약해지는 현상
  - 지연 왜곡(Delay Distortion) : 하나의 전송 매체로 여러 신호를 전달하는 경우 주파수에 따라 전달 속도가 달라지는 현상
  - 상호 변조 잡음(Intermodulation Noise) : 서로 다른 주파수들이 하나의 전송 매체를 공유할 때 주파수 간 합이나 차로 인해 새로운 주파수가 생성되는 현상
  - 충격 잡음(Impulse Noise) : 번개와 같은 외부적인 충격으로 발생하는 불규칙하고 높은 진폭에 의해 발생되는 잡음

② 오류 제어 방식

• 오류 제어 방식은 역채널의 이용 여부에 따라 순방향 오류 제어 방식(FEC)과 역방향 오류 제어 방식(BEC)이 있다.
  - 역채널 : 수신측이 송신측으로 제어 문자(ACK, NAK)를 전송하기 위한 채널
  - FEC(Forward Error Correction) : 역채널 미이용(해밍코드, 상승코드 등)
  - BEC(Backward Error Correction) : 역채널을 이용하여 승인 및 재전송 요청(패리티, ARQ 등)

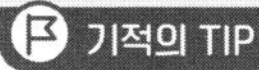

다양한 오류 제어 방식을 구분할 수 있어야 합니다.

3) 순방향(전진) 오류 제어

① 해밍(Hamming) 코드

• 데이터의 오류 검출(2bit) 및 직접 수정(1bit)도 가능한 오류 수정 코드이다.

② 상승 코드

• 여러 비트의 오류가 있더라도 경계값(한계값) 디코딩을 사용하여 여러 비트의 오류를 수정하는 코드이다.

> **기적의 TIP**
> 실제로 오류 검사를 수행하거나 판단하는 형식의 문제는 출제되지 않습니다.

4) 역방향(후진) 오류 제어

① 패리티(Parity) 검사

• 전체 비트열 내 1의 개수가 짝수(혹은 홀수) 개가 되도록 패리티 비트를 추가하는 것이다.
  - 1010010의 경우 짝수 패리티 설정 : 10100101
  - 1010010의 경우 홀수 패리티 설정 : 10100100

• 약속된 패리티 종류에 해당하지 않는 비트 배열이 도착하면 오류가 발생했다고 판단한다.

• 2개의 오류가 동시에 발생하는 경우에는 검출이 불가능하고, 오류 비트 위치의 검출이 불가능하다.

② 블록합 검사

• 패리티 검사의 단점을 보완하는 방식으로, 각 문자당 패리티 체크 비트와 전송 프레임의 모든 문자들에 대한 패리티 문자를 함께 전송하는 방식이다.

③ CRC(Cyclic Redundancy Check, 순환 중복 검사)

• 오류가 한꺼번에 많이 발생(Bust Error)하는 블록합 검사의 단점을 보완한 방식이다.

• 다항식 코드를 사용하여 오류를 검출하는 방식이다.

5) ARQ(Automatic Repeat reQuest)

> **기적의 TIP**
> ARQ의 종류가 아닌 것을 선택할 수 있어야 합니다.

① ARQ 정의

• 오류(Error)가 발생할 경우 자동으로 송신측에 데이터의 재전송을 요청하는 것이다.

② Stop and Wait ARQ

• 송신측이 전송한 프레임에 대하여 수신측으로부터 응답신호(ACK, NAK)를 받을 때까지 기다리는 방식이다.

• ACK(긍정 응답)가 오지 않은 경우 프레임이 손실되거나 중복 등이 일어난 것으로 판단한다.

• 1개의 파이프 라인(응답신호를 받기 전에 보낼 수 있는 프레임 개수)만 사용한다.

③ Go Back N ARQ

- 한 번에 여러 프레임을 보낸 후에 응답신호를 기다리고, 신호를 받으면 후속 데이터를 전송하는 방식이다.
- 송신측이 NAK(부정 응답)를 받게 되면, 해당 프레임뿐 아니라 당시에 보냈던 모든 프레임을 재전송한다.

④ Selective Repeat ARQ

- Go Back N ARQ의 단점을 보완한 방식으로 오류가 난 부분만 재전송하는 방식이다.
- 빠른 재전송이 가능하지만 수신측의 처리 과정이 복잡해진다.

⑤ Adaptive ARQ

- 전송 효율을 극대화하기 위해 데이터 프레임의 길이를 동적으로 변경하여 전송하는 방식이다.
- 수신된 데이터 프레임의 오류 발생률을 판단하여 송신측에 통보하면, 송신측은 발생률에 따라 길거나 짧은 프레임을 전송한다.
  - 오류 발생률이 낮은 경우 : 긴 길이의 프레임 전송
  - 오류 발생률이 높은 경우 : 짧은 길이의 프레임 전송

SECTION 02

통신망 기술

출제빈도 상 (중) 하
반복학습 1 2 3

빈출 태그 다중화기, 집중화기, 회선 교환, 라우팅 알고리즘

01 회선 공유 기술

1) 다중화기(MUX : MUltipleXer)

① 다중화기 특징

- 하나의 고속 전송 회선에 다수의 데이터 신호를 중복하여 만들어 전송하는 방식이다.
- 전송 회선의 이용 효율이 상승하고, 집중화기에 비해 단순하고 저렴하다.
- 전송 채널과 수신 채널의 개수가 같고, 단말기들의 속도의 합과 전송 회선의 속도가 일치해야 한다.
- 전송 회선의 채널을 정적이고 규칙적으로 배분하고 공유한다.
- 분할의 주체에 따라 주파수 분할, 시간 분할, 코드 분할, 파장 분할 등이 있다.

> 기적의 TIP
> 다중화기를 키워드별로 구분할 수 있어야 합니다.

② 주파수 분할 다중화(FDM, Frequency Division Multiplexing)

- 전송 회선의 대역폭을 다수의 작은 채널로 분할하여 동시에 이용하는 방식이다.
- TV, 라디오 등에서 사용하는 방식으로 상호 변조 잡음(상호 간섭)이 발생할 수 있다.
- 단순한 기술로 비용이 저렴하고 상호 간섭을 막기 위해 보호대역이 필요하다.

③ 시간 분할 다중화(TDM, Time Division Multiplexing)

- 전송 회선의 대역폭을 타임 슬롯으로 나누어 채널에 할당하는 방식이다.
  - 타임 슬롯(Time Slot) : 전송되는 데이터의 시간적 위치 또는 주기적 시간 간격
- 복잡한 기술로 비용이 많이 들고 타임 슬롯이 낭비되는 경우가 많다.
- 동기화 여부에 따라 STDM과 ATDM으로 나뉜다.
  - S(Synchronous)TDM : 채널을 정적으로 분배, 단순하지만 타임 슬롯 낭비 심함
  - A(Asynchronous)TDM : 채널을 동적으로 분배, 다양한 기능 지원 필요(비용 상승)

④ 코드 분할 다중화(CDM, Code Division Multiplexing)
- 주파수 분할 다중화 방식과 시분할 다중화 방식의 장점을 혼합한 방식이다.
- TDM으로 전송 신호를 할당하고, 할당된 타임 슬롯에는 FDM으로 할당하는 방식이다.
- 기존 방식들에 비해 품질과 보안성이 뛰어나다.

⑤ 파장 분할 다중화(WDM, Wavelength Division Multiplexing)
- FDM보다 발전된 방식으로 광섬유 등을 매체로 광신호를 전송할 때 사용된다.
- 전송하고자 하는 여러 신호에 대해 서로 다른 파장을 할당하여 다중화한다.
- 빛의 파장은 서로 간섭을 일으키지 않아 전송 투명성과 확장성이 향상된다.

2) 집중화기(Concentrator)

① 집중화기 특징
- 하나의 전송 회선을 하나의 단말기가 독점하여 사용하고 나머지 단말들은 버퍼에서 자신의 차례가 올 때까지 기다리는 방식이다.
- 전송 채널과 수신 채널의 개수가 다르고, 단말기들의 속도의 합이 전송 회선의 속도보다 큰 경우에 사용한다.
- 비동기 전송 방식을 사용하며 구현 기술이 복잡하여 비용이 많이 든다.
- 같은 전송 회선을 동적으로 공유하는 공유 회선 점유 방식(MAC : Medium Access Control)의 원리에 따라 다양한 방식으로 구성된다.
  - 예약 방식, 경쟁 방식, 순서적 할당 방식, 선택 방식 등

더 알기 TIP

MAC는 매체 접근 제어라고도 합니다.

② 예약 방식(Reservation)
- 데이터 스트림(길고 연속적인 정보)에 대해 적당한 방식으로 전송 회선의 타임 슬롯을 미리 예약하는 방식이다.

③ 경쟁 방식(Contention)
- 트래픽이 적은 소량의 데이터 전송에 적합한 방식으로 대량의 데이터에 대해서는 성능이 떨어진다.
- 모든 단말기가 순서와 규칙 없이 경쟁을 통해 전송 회선을 점유하는 방식이다.
- ALOHA, slot-ALOHA, CSMA, CSMA/CD, CSMA/CA 등이 있다.
  - ALOHA : 최초의 무선 패킷 통신망, 긍정 응답이 없으면 전송을 포기하는 방식
  - slot-ALOHA : ALOHA 기법에 타임 슬롯을 할당하여 동기화

기적의 TIP

CSMA의 종류를 구분할 수 있어야 합니다.

④ CSMA(Carrier Sense Multiple Access)

- 긍정 응답을 기다리지 않고 사용 중인 채널에 일정한 규칙을 통하여 접근하는 방식이다.
  - CSMA/CD(Collision Detection) : CSMA 방식에 충돌 검출 기능과 재송신 기능 추가(유선 LAN, Ethernet)
  - CSMA/CA(Collision Avoidance) : 예비 신호 전송을 통해 패킷 충돌을 피하는 방식(무선 LAN)
- CSMA/CD는 IEEE 802.3 프로토콜을 사용하고, CSMA/CA는 IEEE 802.11 프로토콜을 사용한다.

기적의 TIP

IEEE 802의 세부 표준을 구분할 수 있어야 합니다.

⑤ IEEE 802 표준 규약

- 미국 전기 전자 학회(IEEE) 산하에서 근거리 통신망(LAN : Local Area Network)과 도시권 통신망(MAN: Metropolitan Area Network) 표준을 담당하는 IEEE 802 위원회에서 제정된 일련의 표준 규약이다.
  - IEEE 802.3 : CSMA/CD
  - IEEE 802.4 : Token BUS
  - IEEE 802.5 : Token RING
  - IEEE 802.8 : Fiber optic LANs
  - IEEE 802.9 : 음성/데이터 통합 LAN
  - IEEE 802.11 : 무선 LAN(CSMA/CA)
- IEEE 802.11 추가 규정은 아래와 같다.
  - IEEE 802.11a : OFDM 기술 사용
  - IEEE 802.11b : HR-DSSS 기술 사용
  - IEEE 802.11c : 유선 LAN 및 무선 ALN과의 브리지 기능을 강화하기 위한 MAC 기능 수정
  - IEEE 802.11d : 지리적 규제 영역을 넘은 로밍 규격
  - IEEE 802.11e : Qos 보안 강화를 위해 MAC 기원 기능 채택
  - IEEE 802.11f : AP 상호 간에 로밍
  - IEEE 802.11g : OFDM, DSSS 기술 사용

⑥ 순서적 할당 방식(RR : Round Robin)

- 순서적 할당 방식에는 Rolling, Token, FDDI(Fiber Distributed Data Interface) 방식이 있다.
  - Rolling(중앙형) : 중앙 컴퓨터의 시간 통제로 정해진 시간만큼만 돌아가며 할당됨
  - Token(분산형) : 허가권(Token)을 갖는 단말기에만 회선 할당
  - 토큰 링 : 링 구조 회선에서 토큰 운영
  - 토큰 버스 : 버스 구조 회선에서 토큰 운영

- 토큰 패싱 : 버스 구조 회선에서 토큰 링 형태로 운영
- 슬롯 링 : 다수의 데이터 프레임 운영
- FDDI : 토큰 링 기반, 백업용 토큰 링 추가, 넓은 지역을 광섬유로 연결하는 네트워크

⑦ 선택 방식(Selection)

• 데이터 전송을 위해 다수의 수신측 단말기 중 하나를 선택하여 전송하는 방식이다.
  - Select–Hold : 수신 준비 여부를 확인한 후 데이터를 전송(BSC 방식)
  - Fast–Select : 수신 준비 여부를 확인하지 않고 데이터를 전송(SDLC 방식)

02 회선 교환(스위칭)

1) 네트워크 토폴로지(Topology)

기적의 TIP

예시 이미지 또는 설명을 보고 적절한 토폴로지를 선택할 수 있어야 합니다.

① Bus Topology(버스형)

• 하나의 메인 통신 회선에 다수의 단말기가 연결되어 있는 형태이다.
  - 장점 : 간단한 구조, 단말기 추가/제거 용이, 단말기의 고장이 통신망에 영향 없음(신뢰성 상승)
  - 단점 : 메인 통신 회선의 길이 제한, 기밀 보장 어려움

② Star Topology(성형)

• 중앙에 메인 시스템을 중심으로 다수의 단말기가 연결되어 있는 형태이다.
  - 장점 : 단말기 추가/제거 용이, 교환 노드(중계기)의 수가 토폴로지 중 가장 적음
  - 단점 : 메인 시스템이 고장나면 전체 통신망 마비

③ Ring Topology(환형)

• 이웃하는 단말기를 P2P 방식으로 연결하는 형태이다.
  - 장점 : 양방향 데이터 전송, 특정 방향의 단말기가 고장나도 다른 방향으로 전송 가능
  - 단점 : 단말기 추가/제거, 기밀 보호 어려움, 전송 지연 발생 가능성 높음

④ Tree Topology(계층형)

• 인접한 단말기 간에는 하나의 통신 회선으로 연결(Star Topology)하고, 연결된 Star 토폴로지 간에는 Bus 토폴로지로 연결되는 형태이다.
  - 장점 : 분산 처리 시스템에 적용, 관리 및 확장이 용이함
  - 단점 : 특정 회선에 과도한 트래픽, 메인 시스템이 고장나면 해당 토폴로지 마비

기적의 TIP

• 버스형

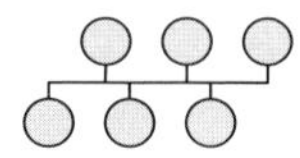

• 성형

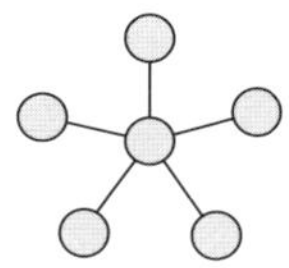

• 환형

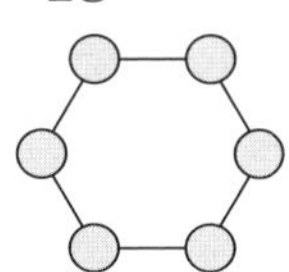

• 계층형

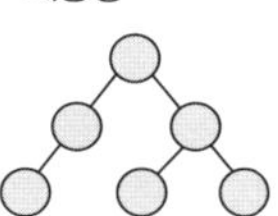

• 망형

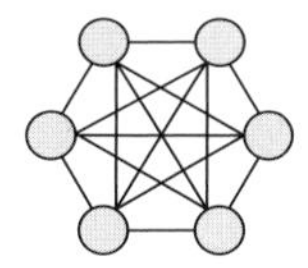

⑤ Mesh Topology(망형)

- 공중 데이터 통신망에서 사용하는 방식으로 모든 단말기를 서로 연결한 형태이다.
  - 장점 : 회선 장애 시 다른 경로로 전송 가능(연결성 높음), 다수의 단말기로 다량의 통신 가능
  - 단점 : 통신 회선의 총 길이가 가장 길고 구축 비용과 시간이 많이 소요됨

2) 회선의 종류

① 전용 회선

- 통신 회선이 P2P나 멀티 포인트 방식으로 고정되어 있는 방식이다.
- 속도가 빠르고 오류가 적고 유지 보수가 용이하다.
- 데이터 전송량이나 사용 시간이 많을 때 효율적이다.

② 교환 회선

- 필요에 따라 교환장치에 의해 송신측과 수신측이 연결되는 방식이다.
- 전용 회선에 비해 전송 속도가 느린 편이지만 통신 장치와 회선 비용을 줄일 수 있다.
- 데이터 전송량이나 사용 시간이 적을 때 효율적이다.
- 교환 방식에는 회선 교환 방식과 축적 교환 방식이 있다.

③ 회선 교환 방식

- 교환장치가 송신측과 수신측의 통신 회선을 물리적으로 연결시키는 방식이다.
- 데이터 전송 전에 통신 회선을 물리적으로 연결하여 고정 대역폭으로 전달된다.
- 접속에는 긴 시간이 소요되지만, 전송 지연이 거의 없어 실시간 전송이 가능하다.

④ 축적 교환 방식

- 전송할 데이터를 송신측의 교환장치에 저장해두었다가 해당 수신측의 전송 순서에 맞춰 전송하는 방식이다.
- 송신측과 수신측에 직접적인 접속 경로를 생성하지 않으므로 실시간 정보 교환에 부적합하다.
- 저장 매체를 경유하기 때문에 정보의 형식에 제약이 있다.
- 메시지 교환 방식과 패킷 교환 방식이 있다.
  - 메시지(전문) 교환 방식 : 각 메시지마다 경로 설정 가능, 전송 지연 시간이 매우 깊
  - 패킷 교환 방식 : 메시지를 패킷으로 분할하여 전송, 빠른 응답 시간, 수신측에서 재조립(가상 회선 패킷 교환 방식, 데이터그램 패킷 교환 방식)

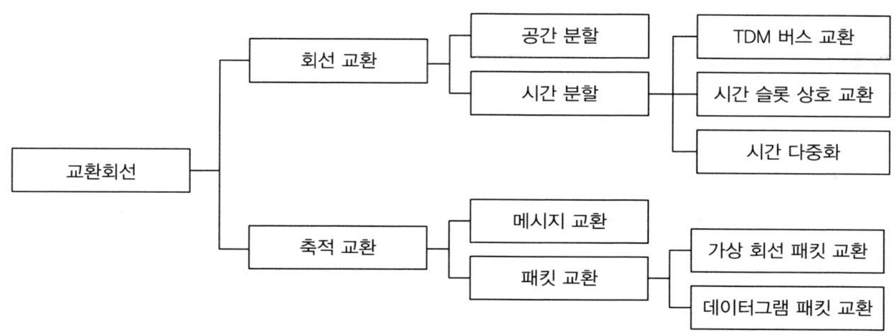

기적의 TIP

이미지를 암기해두면 문제를 푸는 데에 많은 도움이 됩니다.

3) 패킷 교환 방식

① 가상 회선(Virtual Circuit) 패킷 교환 방식

- 제어 패킷을 통해 가상의(논리적) 전송 경로를 확보한 뒤 데이터 패킷을 전송하는 방식이다.
- 전송 초기 단계에 논리적 연결 설정을 위한 작업이 필요하며 전송 경로에 종속적이다.
- 패킷의 전송 순서는 바뀌지 않고 그대로 전송되며, 체증(Traffic)이 비교적 많이 발생한다.

② 데이터그램(Datagram) 패킷 교환 방식

- 논리적 경로의 확보 없이 자유롭게 데이터 패킷을 전송하는 방식으로 제어 패킷이 필요 없다.
- 별도의 초기 설정이 필요 없고 전송 경로에 독립적이다.
- 패킷의 전송 순서는 바뀔 수 있고, 체증(Traffic)이 비교적 적게 발생한다.

③ ITU-T(CCITT) X.25 프로토콜

- X.25는 1976년 ITU-T에 의해 패킷 교환망 표준으로 제정된 것으로, 패킷 교환망의 DCE와 DTE 간의 인터페이스 제공에 관한 프로토콜이다.
  - ITU-T : 전화나 정보통신을 포함하는 모든 통신을 컴퓨터 네트워크에 통합하기 위한 표준안을 제시하는 상설기관
- 우수한 호환성, 신뢰성, 품질, 효율성을 가진다.
- 축적 교환 방식을 사용하므로, 전송을 위한 처리 지연이 발생할 수 있다.
- 가상 회선을 두 종류(가상 호, 영구적 가상 회선) 제공하며 모든 패킷은 최소 3옥텟의 헤더를 갖는다.
- 물리 계층, 링크(프레임) 계층, 패킷 계층으로 나뉜다.
  - 물리 계층 : 물리적 접속 인터페이스(X.21 사용)
  - 링크 계층 : 데이터링크의 순서 제어, 오류 제어 등 수행(LAP-B 사용)
  - 패킷 계층 : 가상 회선 지원, 데이터링크 다중화(Sliding Window 사용)

더 알기 TIP

X.25는 과거에 자주 출제되는 영역이었지만, 최근 개정된 시험에서는 OSI와 TCP에 밀려 출제되지 않고 있어 간략하게 기술하였습니다.

4) 패킷 교환 방식의 트래픽 제어 기법

① 흐름 제어(Flow Control)

- 통신망 내 트래픽 제어의 원활한 흐름을 위해 노드 간 전송하는 패킷의 양이나 속도를 제어하는 것이다.
- 정지-대기 ARQ와 슬라이딩 윈도우 방식이 있다.
  - 정지-대기 ARQ : 수신측으로부터 긍정 응답을 받은 후에 데이터 프레임 전송
  - Sliding Window : 수신받을 수 있는 데이터의 크기(Window)를 전달하여 해당 크기만큼만 전달받는 방식

② 혼잡 제어(congestion control)

- 패킷의 대기 지연 시간이 너무 길어져 트래픽이 폭주하지 않도록 네트워크 측면에서 흐름을 제어하는 방식이다.

③ 교착 상태 회피(deadlock avoidance)

- 패킷을 저장하는 공간이 포화 상태에 있을 때, 다음 패킷들이 기억 장치에 진입하기 위해 무한정 기다리는 교착 상태를 회피하는 방식이다.
- 교착 상태에 있는 단말기 중 하나를 선택하여 해당 패킷 버퍼를 폐기한다.

03 라우팅 알고리즘

1) 라우팅(Routing)

① 라우팅 정의

- 데이터 패킷을 전송하는 데 있어 가장 빠르고 안정적인 경로를 설정하여 전송하는 기술이다.
- 경로 설정 전략은 고정 경로, 범람 경로, 적응 경로 전략이 있다.
  - 고정 경로 설정 : 데이터 패킷의 경로가 이미 정해져 있는 방식
  - 범람(Flooding) 경로 설정 : 송수신 간에 존재하는 모든 경로로 패킷을 전송(복사)하는 방식
  - 적응(Adaptive) 경로 설정 : 통신망의 상태에 따라 전송 경로가 바뀌는(동적) 방식

② 라우팅 프로토콜의 분류

- 라우팅 프로토콜은 정적 라우팅과 동적 라우팅으로 나뉜다.
  - 정적 라우팅 : 관리자가 경로를 직접 설정, 빠르고 안정적, 변화 대응 어려움
  - 동적 라우팅 : 통신망의 상태에 따라 동적인 경로 설정, 라우터끼리 정보 공유

• 동적 라우팅은 라우팅 정보를 공유하는 범위에 따라 내부 라우팅과 외부 라우팅으로 나뉜다.
  – 내부 라우팅 프로토콜(IGP : Interior Gateway Protocol) : 같은 그룹 내 정보 공유
  – 외부 라우팅 프로토콜(EGP : Exterior Gateway Protocol) : 다른 그룹과 정보 공유

더 알기 TIP

라우팅 프로토콜에서의 그룹은 자치 시스템(AS : Autonomous System)으로써 동일한 관리하에 존재하는 영역 및 서브 네트워크 등을 의미합니다.

• 내부 라우팅 프로토콜은 라우팅 테이블에 기록되는 정보에 따라 Distance Vector와 Link State Vector로 나뉜다.

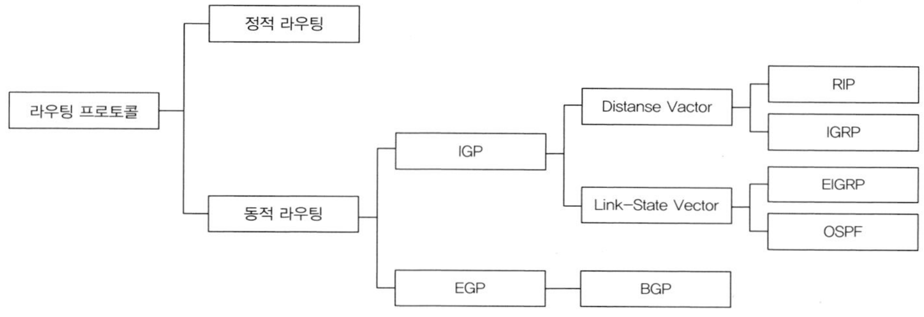

기적의 TIP

이미지를 참고하여 라우팅 프로토콜을 구분할 수 있도록 학습하세요.

③ Distance Vector
• 목적지까지 데이터를 전송하기 위한 거리와 방향만을 라우팅 테이블에 기록하는 방식이다.
• 라우팅 정보를 획득하면 인접 라우터들에게 목적지와 매트릭(정보)을 알린다.
• 변화가 없어도 주기적으로 라우팅 정보가 교환되므로 트래픽이 증가하고, 인접 라우터에 의해 라우팅 테이블이 구성되므로 전체 네트워크의 파악이 어렵다.
• 최단 경로 탐색에는 Bellman-Ford 알고리즘을 사용한다.

④ Link State Vector
• 목적지까지 데이터를 전송하기 위한 모든 경로 정보를 라우팅 테이블에 기록하는 방식이다.
• 최단 경로 우선 알고리즘(SPF : Shortest Path First, Dijkstra)을 사용한다.
• 네트워크 변화를 빠르게 감지하여 경로를 재설정할 수 있다.

2) 라우팅 프로토콜의 종류별 특징

> 기적의 TIP
>
> 홉 카운트와 관련된 설명에 좀 더 집중하세요.

① RIP(Routing Information Protocol)

- 최대 15홉 이하 규모의 네트워크를 주요 대상으로 하는 라우팅 프로토콜이다.
- 최적의 경로를 산출하기 위한 정보로써 홉(거리 값)만을 고려하므로, 실제로는 최적의 경로가 아닌 경우가 많다.
- 특정 시간 간격으로 업데이트가 발생하므로 컨버전스 타임(Convergence Time)이 길다.
  - Convergence Time : 라우터 간에 변경된 정보를 서로 주고받는 데 걸리는 시간

> 기적의 TIP
>
> OSPF 관련 보기 중 틀린 것을 선택할 수 있어야 합니다.

② OSPF(Open Shortest Path First)

- VLSM 및 CIDR을 지원하는 대규모 기업 네트워크에서 가장 널리 사용되는 프로토콜이다.
- RIP와 달리 라우팅 테이블의 변화가 발생하는 즉시 업데이트가 발생하므로 컨버전스 타임이 짧다.
- 홉 카운트와 더불어 다양한 요소를 고려하여 경로를 선택하기 때문에 최적의 경로일 확률이 높다.

③ IGRP(Internet Gateway Routing Protocol)

- 네트워크 변화에 대해 신속하게 반응할 수 있는 독립적 네크워크 내에서만 사용하는 프로토콜이다.
- 라우팅 테이블 갱신을 위해 필요한 정보만 전송할 수 있어 회선 부하가 감소된다.
- 홉 카운트를 기준으로 정보를 전송하며 데이터 전송 시 다양한 타입의 서비스를 지원한다.

④ EIGRP(Enhanced IGRP)

- 순차적으로 빠르게 패킷을 전달하는 신뢰성 있는 프로토콜이다.
- VLSM을 지원하여 IP주소의 낭비를 막을 수 있다.
- 보조 IP주소를 이용할 수 있고, 최대 홉 카운트가 224개이다.

⑤ BGP(Border Gateway Protocol)

- 독립 운용되는 대규모 네트워크 그룹(AS) 간 네트워크 정보를 교환하기 위해 주로 사용되는 정책 기반 프로토콜이다.
- Distance Vector 방식의 발전된 형태로, 최적의 경로를 찾는 라우팅 정보라기보다는 도달 가능성을 알리는 프로토콜에 가깝다.
- CIDR을 지원하며 대규모 정보 처리 및 보안에 이점이 있고 다양한 라우팅 변수(Routing Metric)를 활용할 수 있다.

SECTION 03

통신 프로토콜

출제빈도 상 (중) 하
반복학습 1 2 3

빈출 태그 OSI-7 계층, TCP/IP, IP주소 체계, 서브넷팅

01 OSI-7 계층

1) 통신 프로토콜

① 통신 프로토콜 정의

- 서로 다른 시스템에 존재하는 노드 간의 원활한 통신을 위한 규칙과 약속의 개념이다.
- 외교적인 회의에서 의정한 사항을 기록한 국제 공문서인 '의정서'에서 유래하였다.
- 통신 프로토콜의 기본 구성 요소는 구문, 의미, 시간으로 구성된다.
  - 구문(Syntax) : 데이터 구성 형식, 신호 레벨 등에 대한 형식 규정 등
  - 의미(Semantics) : 데이터 제어 방식, 에러 처리 규정 등
  - 시간(Timing) : 속도 제어, 순서 관리 기법 등

② 통신 프로토콜의 구조

- 통신 프로토콜과 관련된 계층별 구조는 아래와 같다.

	OSI 7 Layer		TCP/IP Protocol	X.25
상위 계층	L7	Application Layer	Application (telnet, FTP, DHCP, TFTP, HTTP, SMTP, DNS, ANMP)	
	L6	Presentation Layer		
	L5	Session Layer		
하위 계층	L4	Transport Layer	Transport(TCP, UDP)	
	L3	Network Layer	Internet(ICMP, ARP, RARP, IP)	Packet Layer
	L2	Datalink Layer	Network Interface	Frame(Link) Layer
	L1	Physical Layer		Physical Layer

③ 프로토콜의 기능

- 프로토콜은 주소 설정, 순서 제어, 캡슐화, 분할 및 재조립, 연결 제어, 오류 제어, 동기화, 멀티플렉싱 등의 기능을 가진다.
  - 주소 설정(Addressing) : 각 전송 계층에 맞는 주소 지정
  - 순서 제어(Sequence Control) : 데이터 단위가 전송될 때 순서를 명시하는 기능
  - 분할 및 재조립(Fragmentation & Reassembly) : 전송할 데이터를 분할하여 전송 효율을 높이고 수신된 데이터를 재조립하는 기능

- 캡슐화(Encapsulation) : 각 계층을 안전하게 통과하기 위해 데이터 정보를 하나로 묶음
- 흐름 제어(Flow Control) : 송신측에서 오는 데이터의 양과 속도 조절
- 오류 제어(Error Control) : 데이터 순서 오류, 시간 지연 등이 발생하는 경우 재전송을 요구하는 기능
- 동기화(Synchronization) : 데이터를 송수신하는 시점을 일치시키는 기능
- 다중화(Multiplexing) : 하나의 전송 회선에서 다수의 시스템이 동시에 통신할 수 있는 기능

④ OSI(Open System Interconnection) 7 계층

• 네트워크에서 통신이 일어나는 과정을 7단계의 계층으로 나눈 국제표준이다.
• 통신이 일어나는 과정을 단계별로 이해하기 쉽고, 계층별 유지보수가 용이하다.
• OSI 7 계층은 상위 계층과 하위 계층으로 나뉜다.
  - 상위 계층 : 응용, 표현, 세션 계층
  - 하위 계층 : 전송, 네트워크, 데이터링크, 물리 계층

> 기적의 TIP
> 각 계층에 해당하는 특성을 구분할 수 있어야 합니다.

2) OSI-7 계층의 계층별 특징

① 물리 계층(Physical Layer)

• 물리적(전기, 기계) 신호를 주고받는 계층으로, 데이터의 종류나 오류를 제어하지 않는다.
  - 전송 회선, 허브, 리피터 등

② 데이터링크 계층(Data Link Layer)

• 물리 계층을 통해 노드 간 송수신되는 정보의 오류와 흐름을 관리하여 정보 전달의 안전성을 높이는 계층이다.
• MAC 주소를 통해 통신하며 프레임 단위로 데이터를 전송한다.
  - 브리지, 스위치 등

③ 네트워크 계층(Network Layer)

• 주소를 정하고 경로를 선택하여 패킷(네트워크 계층의 기본 전송 단위)을 전달해주는 계층이다.
• 논리적 주소(IP) 부여를 통해 데이터를 목적지까지 가장 안전하고 빠르게 전달하는 라우팅 기능이 핵심이다.
  - 라우터, L3 스위치 등

④ 전송 계층(Transport Layer)

- 네트워크 상의 단말기 간 신뢰성 있는 데이터 송수신을 제공할 수 있도록 지원하는 계층이다.
- 오류 검출과 복구, 흐름 제어, 중복 및 누락 검사, 다중화 등을 수행하며 세그먼트 단위로 데이터를 전송한다.
- 종단 간 통신을 다루는 최하위 계층으로 송수신 프로세스를 서로 연결해준다.
  - TCP, UDP 등

더 알기 TIP

데이터링크 계층과 전송 계층은 모두 안정성, 신뢰성이 특징입니다. 이 둘을 구분하는 포인트는 노드와 단말기입니다.

⑤ 세션 계층(Session Layer)

- 데이터 통신을 위한 양 끝단의 응용 프로세스가 통신을 관리하기 위한 방법을 제공하는 계층이다.
  - 대화 제어(Dialogue Control) : 통신장치들 간의 상호작용을 유지, 동기화 등의 연결 서비스 제공
- 데이터 전송 중에 연결이 끊어지는 경우, 동기점(Synchronization Point)을 통해 오류를 복구한다.
  - 동기점 : 어디까지 성공적으로 전송이 진행되었는지를 나타내는 위치값

⑥ 표현 계층(Presentation Layer)

- 응용 프로세스 간 데이터 표현상의 차이에 상관없이 통신이 가능하도록 독립성을 제공하는 계층이다.
- 데이터의 코드 변환, 데이터 압축, 암호화 등의 수행을 통해 응용 계층의 부담을 덜어준다.

⑦ 응용 계층(Application Layer)

- 네트워크 가상 터미널(network virtual terminal)이 존재하여 서로 상이한 프로토콜에 의해 발생하는 호환성 문제를 해결하는 계층이다.
- 데이터 통신의 최종 목적지로 HTTP, FTP, SMTP, POP3, IMAP, Telnet 등과 같은 프로토콜을 적용하는 응용 프로그램을 통해 사용자에게 서비스가 제공된다.

02 TCP/IP

1) Internet Protocol Suite

① TCP/IP 정의

- 전송 제어 프로토콜(TCP)과 인터넷 프로토콜(IP)의 약자를 표현한 것으로 인터넷 프로토콜 스위트(모음, 세트)라고도 한다.
- 데이터를 응용 프로그램에 맞추어 송수신하기 위한 프로토콜 및 필수 요건으로 4계층(응용, 전송, 인터넷, 네트워크 인터페이스)으로 구성되어 OSI 7계층 모델을 대체할 수 있다.
- TCP, IP뿐만 아니라 인터넷 관련 프로토콜을 총칭하는 용어이다.

2) 응용 계층

① 전자 우편(E-mail)

- 온라인으로 편지를 주고받을 수 있는 서비스이다.
- 송수신자가 인터넷에 연결되어 있지 않아도 이용할 수 있으며 첨부, 전달, 답장 등의 부가 기능이 있다.
- SMTP(Simple Mail Transfer Protocol), POP3(Post Office Protocol 3), MIME(Multipurpose Internet Mail Extensions), IMAP(Internet Messaging Access Protocol) 등의 프로토콜을 사용한다.
  - SMTP : 수신측 이메일 서버로 전송
  - POP3 : 수신측 이메일 서버에서 컴퓨터로 다운로드
  - MIME : 멀티미디어 메일을 주고받기 위한 프로토콜
  - IMAP : 이메일 서버에서 메일의 헤더를 분석하여 수신하기 전에 처리(분류, 삭제 등)
  - S/MIME : 전자 우편의 낮은 보안성을 보완하기 위해 메시지 기밀성, 무결성, 사용자 인증, 부인방지 등의 기능을 제공하는 보안 프로토콜

② 원격 제어

- 인터넷 상의 다른 컴퓨터를 자신의 컴퓨터처럼 사용할 수 있도록 하는 서비스이다.
- 암호화 여부에 따라 telnet(Tele Network)와 SSH(Secure Shell)이 있다.
  - telnet : 23번 포트 사용, 데이터를 평문으로 전달(보안성 하락)
  - SSH : 22번 포트 사용, 데이터를 암호화하여 전달(보안성 상승)

기적의 TIP

원격 제어 서비스별 차이점을 구분할 수 있어야 합니다.

③ 웹 서비스(WWW : World Wide Web)

• 웹 상에서 일반 데이터 및 멀티미디어 데이터를 송수신하는 광역 정보 서비스이다.
• SSL(Secure Socket Layer) 계층의 포함 여부에 따라 HTTP(HyperText Transfer Protocol)와 HTTPS(HTTP Secure)로 나뉜다.

더 알기 TIP

SSL은 최근 TLS(TransportLayer Security Protocol)로 변경되었으나 시험에서는 SSL로 명칭하는 경우가 더 많습니다.

- HTTP : 웹 서버와 사용자의 인터넷 브라우저 사이에 문서를 전송하기 위해 사용되는 프로토콜, 80번 포트 사용
- HTTPS : HTTP에 SSL 계층을 포함하여 보안 기능이 강화된 프로토콜, 443번 포트 사용
- S-HTTP : 제공되는 페이지만 암호화(HTTPS는 전체 통신 내용 암호화)

④ 파일 전송(FTP : File Transfer Protocol)

• 인터넷 환경에서 파일을 업로드/다운로드 할 수 있도록 하는 프로토콜이다.
• 익명으로 이용 가능하며 파일 타입에 따라 전송 모드를 다르게 설정한다.
  - Anonymous FTP : 익명으로 이용 가능한 FTP
  - T(Trivial)FTP : FTP보다 더 단순한 방식의 간단한 파일 전송 프로토콜
  - Text(ASCII) Mode : 문서 파일 전송
  - Binary Mode : 이미지 파일 전송
  - R(Real-time)TP : 네트워크 상에서 멀티미디어를 전달하기 위한 통신 프로토콜

더 알기 TIP

응용 계층의 서비스는 굉장히 다양해서 모든 내용을 담기에는 한계가 있으므로 주로 사용되는 서비스만 기술하였다는 점을 알려드립니다.

3) 전송 계층

① TCP(Transmission Control Protocol)

• 불안정한 인터넷 프로토콜(IP) 위에서 애플리케이션이 안정적으로 데이터를 송신하는 방법을 제공한다.
  - 주소 지정, 다중화, 연결 유지, 패키징, 전송, 품질 관련 서비스, 흐름 제어 등
• 신뢰성 높은 데이터 전송을 위해 다양한 기능을 제공하므로 복잡한 프레임 구조를 가진다.

기적의 TIP

TCP에 대한 설명이 아닌 것을 선택할 수 있어야 합니다.

기적의 TIP

TCP 헤더의 기본 크기와 최대 크기를 숙지하세요.

Source Port								Destination Port	
Sequence Number									20byte
Acknowledgement Number									
H.LEN	Reserved	URG	ACK	PSH	RST	SYN	FIN	Window Size	
Checksum								Urgent Point	
Option									0~40byte
Padding									

- Source/Destination Port(16/16bit) : 출발지/목적지 포트 번호
- Sequence Number(32bit) : TCP 세그먼트를 식별, 재배열하기 위한 고유번호(Byte 단위로 증가)
- Acknowledge Number(32bit) : 수신된 Sequence Number에 대한 다음 수신 패킷의 번호
- Header Length(4bit) : TCP 헤더 길이 지정(4Byte 단위)
- Reserved(6bit) : 사용되고 있지 않은(예약된) 필드
- Flag Field(6bit) : URG(긴급), ACK(응답), PSH(바로 전송), RST(리셋), SYN(동기화), FIN(종료)
- Window size(16bit) : TCP 최대 수신 버퍼 크기(0~65535)
- Checksum(16bit) : TCP 헤더와 데이터 무결성 보장을 위한 에러 검출
- Urgent Point(16bit) : URG 플래그 비트가 사용된 경우 긴급 데이터 처리용 필드

• 두 단말기 간 논리적 연결을 설정하여 데이터를 패킷 단위로 교환한다.

• 연결형 프로토콜로 통신 수립 단계(3-way 핸드셰이킹) 때문에 지연시간이 발생한다.
  - 1단계 : 수신측에 SYN을 1로 설정하여 전송
  - 2단계 : 수신측은 1(SYN)을 받은 경우 SYN과 ACK를 1로 송신측에 전달
  - 3단계 : 송신측은 1(SYN, ACK)을 받은 경우 ACK를 1로 설정하여 수신측에 전달하여 통신 수립 성공

기적의 TIP

UDP에 대한 올바른 설명을 선택할 수 있어야 합니다.

② UDP(User Datagram Protocol)

• 신뢰성을 보장하지 않는 비연결성(비접속형) 통신을 제공하는 프로토콜이다.

• 흐름 제어 및 순서 제어가 없어 전송 속도는 빠르지만 신뢰성 보장이 어렵다.

• 스트리밍 서비스처럼 하나의 정보를 다수의 인원이 수신해야 하는 경우에 적합한 프로토콜이다.

• 신뢰성 제공을 위한 기능이 없어 상대적으로 간단한 프레임 구조를 가진다.

Source Port	Destination Port	8byte
UDP length	UDP Checksum	

- Source/Destination Port(16/16bit) : 출발지/목적지 포트 번호
- UDP length : UDP 헤더와 데이터를 합친 길이
- UDP checksum : UDP 헤더와 데이터를 모두 포함하여 체크

• UDP 상에서 동작되는 프로토콜은 TFTP, SNMP, RIP, NTP, RTP 등이 있다.
  – TFTP(Trivial File Transfer Protocol) : 간단한 파일 전송
  – SNMP(Simple Network Management Protocol) : 네트워크 관리 및 감시를 위해, 관리 정보 및 정보 운반
  – RIP(Routing Information Protocol) : 소규모 또는 교육용 등의 간단한 네트워크에 사용되는 라우팅 프로토콜
  – NTP(Network Time Protocol) : 컴퓨터 시간을 최상위 동기 클럭원에 동기화하는 프로토콜
  – RTP(Realtime Transport Protocol) : 실시간 전송 지원 표준화를 위한 프로토콜

4) 인터넷 계층

① IP(Internet Protocol)

• 패킷 교환 네트워크에서 송수신 단말기 간 정보를 주고받는 데 사용하는 정보 위주의 프로토콜이다.
• 데이터는 패킷 또는 데이터그램 단위로 나누어 전송되며 별도의 경로 설정이 필요 없다.
• 비신뢰성과 비연결성이 특징으로, 패킷 전송 여부와 정확한 순서를 보장하려면 IP의 상위 프로토콜인 TCP를 사용해야 한다.
• IP의 주소 체계는 IPv4와 IPv6로 나뉘며 각각 별도의 헤더 구조를 가진다.
• 물리적 주소(MAC)와 논리적 주소(IP)를 서로 변환해주는 프로토콜을 사용한다.
  – ARP(Address Resolution Protocol) : IP주소를 네트워크 접속 장치(MAC)주소로 변환
  – R(Reverse)ARP : 네트워크 접속 장치(MAC)주소를 IP주소로 변환

ARP와 RARP의 차이를 구분할 수 있어야 합니다.

• IP 패킷을 처리할 때 발생할 수 있는 오류에 대한 정보를 제공할 수 있는 ICMP(Internet Control Message Protocol)를 사용한다.
  – ICMP : 네트워크에 연결된 단말기의 운영체제에서 오류 메시지를 수신하는 데 사용
• IPv4의 헤더 구조는 아래 이미지와 같다.

Version	H.LEN	Type of Service	Total Length		
Fragment ID			F.Flags	Fragment Offset	20byte
Time To Live		Protocol ID	Header Checksum		
Source Address					
Destination Address					
IP Option					0~40byte
Padding					

- Version(4bit) : IP 버전
- Header LENgth(4bit) : 헤더의 길이를 4바이트(32비트) 단위로 표현
- TOS(8bit) : 서비스 요구사항(처리량, 전송 지연, 신뢰성, 우선순위 등)
- Total Length(16bit) : IP 패킷의 길이를 바이트 단위로 표현
- Fragment ID(16bit) : 패킷이 분할된 경우 재조립을 위한 식별 요소
- Fragment Flags(3bit) : 분할 여부, 이후 분할 패킷이 남아있는지 여부
- Fragment Offset(13bit) : 분할 전 데이터의 바이트 범위
- Time To Live(8bit) : IP 패킷의 수명
- Protocol ID(8bit) : 포함된 상위 계층 프로토콜
- Header Checksum(16bit) : 헤더에 대한 오류 검출
- Source/Destination Address(32/32bit) : 송수신측 IP주소

• IPv6의 헤더 구조(기본, 확장 헤더를 포함하지 않는 경우)는 아래 이미지와 같다.

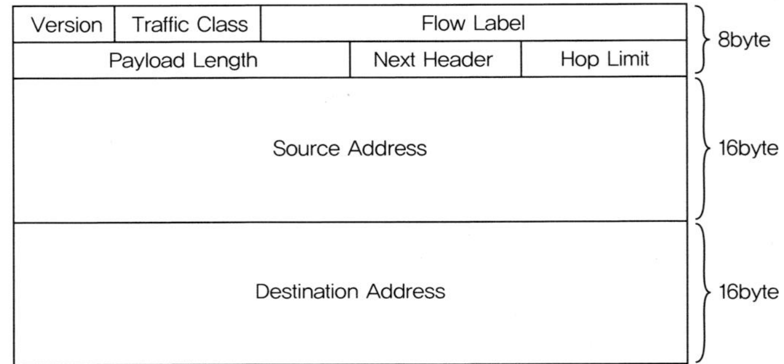

- Version(4bit) : IP 버전
- Traffic Class(8bit) : 서비스 요구사항(처리량, 전송 지연, 신뢰성, 우선순위 등)
- Flow Label(20bit) : IP를 연결 지향적 프로토콜처럼 사용
- Payload Length(16bit) : 페이로드(확장 헤더+상위 계층 데이터)의 바이트 단위 길이, 최대 2^{16}
- Next Header(8bit) : 확장 헤더 종류
- Hop Limit(8bit) : IP 패킷의 수명
- Source/Destination Address(128/128bit) : 송수신측 IP주소

② DNS(Domain Name Service)

• 문자열로 구성된 도메인 네임을 숫자로 된 IP주소로 변환해 주는 서비스이다.
  – Domain Name : 숫자로 구성된 IP주소를 문자열의 구성으로 변환한 것
• 도메인 네임은 고유해야 하며 공백 없이 문자 및 숫자를 이용해 구성된다.
• 각 지역의 NIC(Network Information Center)를 통해 도메인 네임을 관리한다.
  – InterNIC : 국제 도메인 관리 센터
  – APNIC : 태평양 도메인 관리 센터
  – KRNIC : 한국 도메인 관리 센터

③ IPSec(IP Security)

• 보안에 취약한 구조를 가진 IP를 개선하기 위해 국제 인터넷 기술 위원회(IETF)에서 설계한 표준이다.
• IPv4에서는 보안이 필요한 경우에만 선택적으로 사용하였지만 IPv6부터는 기본 스펙에 포함된다.
• IP계층에서의 보안성 제공을 위해 AH, ESP, IKE 프로토콜로 구성된다.
  – AH(Authentication Header) : 발신지 인증, 데이터 무결성만을 보장
  – ESP(Encapsulating Security Payload) : 발신지 인증, 데이터 무결성, 기밀성 모두를 보장
  – IKE(Internet Key Exchange) : 보안 관련 설정들을 생성, 키 교환
• IPSec의 동작 모드는 전송 모드와 터널 모드로 나뉜다.
  – 전송 모드(Transport Mode) : IP 헤더를 제외한 IP 패킷의 페이로드(Payload)만을 보호
  – 터널 모드(Tunneling Mode) : IP 패킷 전체를 보호

기적의 TIP

IPSec에 대한 올바른 설명을 선택할 수 있어야 합니다.

03 IP주소 체계

1) IPv4

① IP주소

• 전 세계의 인터넷이 가능한 기기에 부여되는 유일한 식별 주소이다.
• IPv4의 경우 약 43억 개의 주소 지정이 가능한데 최근 주소의 양이 부족할 가능성이 높아짐에 따라 IPv6가 공표되었다.
• IPv4의 패킷 크기는 64KB로 제한되어 있다.
• 현재는 IPv4와 IPv6를 혼용하고 있으며 각 주소 체계의 변환을 담당하는 서비스(NAT : Network Address Translator)를 사용한다.

② IPv4의 주소 형식

- 8비트씩 4부분으로 구성되는 32비트 주소 체계이다.
- 각 자리는 0부터 255까지의 10진수로 표현하며 점(.)으로 구분한다.
- 네트워크 영역과 호스트 영역을 구분하는 5개의 클래스(A~E)가 있다.
- 유니캐스트, 멀티캐스트, 브로드캐스트의 전송 방식을 가진다.
  - 유니캐스트 : 1:1 방식으로 특정 수신자에게만 데이터를 전송하는 방식
  - 멀티캐스트 : N:M 방식으로 특정 그룹 수신자들에게 데이터를 동시 전송하는 방식
  - 브로드캐스트 : 같은 영역(도메인)에 있는 모든 단말기들에게 한 번에 전송하는 방식

기적의 TIP

각 클래스의 주소 범위를 기억해 두세요.

③ A 클래스

- 첫 8비트가 네트워크 ID이고 나머지 24비트가 호스트 ID이다.
- 네트워크 비트는 0으로 시작하므로 0부터 127까지 128개의 네트워크가 할당된다.
  - 00000000(0) ~ 01111111(127)
- 최대 호스트 수는 2^{24} = 16,777,214이다.
  - 서브넷 마스크 : 255.0.0.0

④ B 클래스

- 첫 16비트가 네트워크 ID이고 나머지 16비트가 호스트 ID이다.
- 네트워크 비트는 10으로 시작하므로 128.0부터 191.255까지 16,384개의 네트워크가 할당된다.
  - 010000000.00000000(128.0) ~ 10111111.11111111(191.255)
- 최대 호스트 수는 2^{16} = 65,534이다.
  - 서브넷 마스크 : 255.255.0.0

⑤ C 클래스

- 첫 24비트가 네트워크 ID이고 나머지 8비트가 호스트 ID이다.
- 네트워크 비트는 110으로 시작하므로 192.0.0부터 223.255.255까지 2,097,152개의 네트워크가 할당된다.
  - 11000000.00000000.00000000(192.0.0) ~ 11011111.11111111.11111111(223.255.255)
- 최대 호스트 수는 2^{8} = 256이다.
  - 서브넷 마스크 : 255.255.255.0

⑥ D 클래스

- 멀티 캐스트용 클래스로 실제 사용되는 경우가 거의 없다.
  - 224.0.0.0 ~ 239.255.255.255

⑦ E 클래스

- 미래에 사용하기 위해 남겨둔 것으로 실제 사용되는 경우가 거의 없다.
  - 240.0.0.0 ~ 255.255.255.255

2) IPv4의 주소 부족 문제 해결 방안

① CIDR(Classless Inter-Domain Routing)

- 한정된 IP주소를 불필요하게 사용하는 것을 방지하거나 라우터의 처리 부담을 경감시킬 목적으로 개발된 IP주소 할당 방식이다.
- 기존의 IPv4의 클래스 체계를 무시하고 네트워크 주소와 호스트 주소를 임의로 구분하여 사용하는 것이다.
  - 192.168.0.1/22 : 좌측부터 22비트가 네트워크 ID, 나머지 10비트가 호스트 ID
  - 22의 의미 : 11111111.11111111.11111100.00000000 = 255.255.252.0

> **기적의 TIP**
> 실제 서브넷 마스크를 CIDR 형식으로 표기할 수 있어야 합니다.

② DHCP(Dynamic Host Configuration Protocol)

- 부족한 IP주소를 해결하기 위해 몇 개의 IP를 여러 사용자가 공유할 수 있도록 인터넷에 접속할 때마다 자동으로 IP주소를 동적으로 할당해 주는 기술이다.

③ NAT(Network Address Translator)

- 사설 IP주소를 공인 IP주소로 바꿔주는 주소 변환기이다.
- 인터넷의 공인 IP주소를 절약할 수 있고 공격자로부터 사설망을 보호할 수 있다.

④ IPv6

- 32비트 체계의 IPv4를 넘어서는 128비트 체계의 주소체계이다.

3) 서브넷팅(Subnetting)

① 서브넷팅 정의

- 배정받은 하나의 네트워크 주소를 다시 여러 개의 작은 하위 네트워크로 나누어 사용하는 방식이다.
- IP주소 중 네트워크 주소와 호스트 주소를 식별하여 몇 비트를 네트워크 주소에 사용할지 정의한다.
- 서브넷 간의 호스트 수가 균일한지 가변적인지에 따라 FLSM과 VLSM으로 나뉜다.

② FLSM(Fixed Length Subnet Mask)

- 동일한 크기로 서브넷을 나누는 방식으로 각 그룹의 호스트 수가 유사한 경우에 유용한 방식이다.
- CIDR 형식으로 제공되는 네트워크 아이디와 나눠야 할 서브넷의 개수를 파악하여 나눈다.

> **기적의 TIP**
> 실제 서브넷팅을 구현할 수 있어야 합니다.

- 192.168.1.0/24를 6개의 서브넷으로 나눠야 하는 경우 8개의 서브넷으로 분할
- 2의 제곱수인 2(1bit), 4(2bit), 8(3bit), 16(4bit), 32(5bit) 등의 단위로만 분할 가능

• 32비트 중 네트워크 비트를 제외한 호스트 비트에서 서브넷을 위한 비트를 부여한다.
  - 총 비트(32) − 네트워크 비트(24) = 호스트 비트
  - 8개의 서브넷 분할을 위해 호스트 비트의 왼쪽 3비트를 할당

Network Bit			Subnet Bit	Host Bit
11000000	10101000	00000001	000	00000~11111
			001	00000~11111
			010	00000~11111
			011	00000~11111
			100	00000~11111
			101	00000~11111
			110	00000~11111
			111	00000~11111

• 남은 호스트 비트의 범위와 서브넷 비트를 조합하여 각 서브넷의 IP주소 범위를 계산한다.
  - 0번 서브넷 : 192.168.1.0 ~ 192.168.1.31
  - 1번 서브넷 : 192.168.1.32 ~ 192.168.1.63
  - 2번 서브넷 : 192.168.1.64 ~ 192.168.1.95
  - 3번 서브넷 : 192.168.1.96 ~ 192.168.1.127
  - 4번 서브넷 : 192.168.1.128 ~ 192.168.1.159
  - 5번 서브넷 : 192.168.1.160 ~ 192.168.1.191
  - 6번 서브넷(미사용) : 192.168.1.192 ~ 192.168.1.223
  - 7번 서브넷(미사용) : 192.168.1.224 ~ 192.168.1.255

• 할당된 주소 중 컴퓨터에 부여할 수 있는 IP의 개수를 파악한다.
  - 호스트 비트가 5비트인 경우 2^5 = 32개의 주소가 있지만, 네트워크 주소와 브로드캐스트 주소를 제외한 30개의 IP주소만 사용 가능
  - 네트워크 주소 : 각 네트워크의 첫 번째 IP주소
  - 브로드캐스트 주소 : 각 네트워크의 마지막 IP주소
  - ip-subnet-zero : ip-subnet-zero를 적용해야 0번째 서브넷 사용 가능

③ VLSM(Variable Length Subnet Mask)

- 동일하지 않은 크기로 서브넷을 나누는 방식이다.
- 여러 그룹의 호스트 수가 크게 차이나는 경우에 유용한 방식이다.
- CIDR 형식으로 제공되는 네트워크 아이디와 나눠야 할 그룹별 호스트의 개수를 파악한다.
  - 192.168.1.0/24를 60개의 컴퓨터를 사용하는 A부서, 30개의 컴퓨터를 사용하는 B부서, 16개의 컴퓨터를 사용하는 C부서별로 서브넷을 나눠야 하는 경우
  - 네트워크 주소와 브로드캐스트 주소를 고려하여 필요한 호스트의 개수 파악
  - A부서는 64−2=62개의 IP주소 사용이 가능한 6비트의 호스트 비트가 필요
  - B부서는 32−2=30개의 IP주소 사용이 가능한 5비트의 호스트 비트가 필요
  - C부서는 32−2=30개의 IP주소 사용이 가능한 5비트의 호스트 비트가 필요
- 사용될 호스트 비트를 제외한 잔여 호스트 비트는 서브넷 마스크로 사용한다.
  - A서브넷 : 192.168.1.0/24+2
  - A부서의 네트워크 주소 : 192.168.1.0
  - A부서의 브로드캐스트 주소 : 192.168.1.63
  - A부서가 사용 가능한 IP주소 : 192.168.1.1 ~ 192.168.1.62
  - B서브넷 : 192.168.1.64/24+3
  - B부서의 네트워크 주소 : 192.168.1.64
  - B부서의 브로드캐스트 주소 : 192.168.1.95
  - B부서가 사용 가능한 IP주소 : 192.168.1.65 ~ 192.168.1.94
  - C서브넷 : 192.168.1.95/24+3
  - C부서의 네트워크 주소 : 192.168.1.96
  - C부서의 브로드캐스트 주소 : 192.168.1.127
  - C부서가 사용 가능한 IP주소 : 192.168.1.97 ~ 192.168.1.126

4) IPv6

> 기적의 TIP
>
> IPv6에 대한 잘못된 설명을 선택할 수 있어야 합니다.

① IPv6 정의

- IPv4의 단점을 보완하기 위해 네트워크 기능 확장성을 지원하고, 보안 및 서비스 품질 기능 등이 개선되었다.
- 주소 자동 설정(Auto Configuration) 기능을 통해 손쉽게 이용자의 단말을 네트워크에 접속시킬 수 있다.
- 점보그램 옵션 설정으로 패킷 크기 제한을 없앨 수 있어서 대역폭이 넓은 네트워크를 효율적으로 사용 가능하다.
  - 점보그램(Jumbogram) : 기본 네트워크 기술의 표준 최대 전송 단위를 초과하는 인터넷 계층의 패킷 단위

> 기적의 TIP
>
> IPv6의 주소 체계가 아닌 것을 선택할 수 있어야 합니다.

② IPv6의 주소 형식

- 16비트씩 8부분으로 구성되는 128비트 주소 체계이다.
- 각 자리는 0부터 FFFF(65535)까지의 16진수로 표현하며 콜론(:)으로 구분한다.
- 연속되는 앞자리의 0은 생략할 수 있다.
- 유니캐스트, 멀티캐스트, 애니캐스트의 전송 방식을 가진다.
  - 유니캐스트 : 1:1 방식으로 특정 수신자에게만 데이터를 전송하는 방식
  - 멀티캐스트 : N:M 방식으로 특정 그룹 수신자들에게 데이터를 동시 전송하는 방식
  - 애니캐스트 : 수신 가능한 가장 가까운 수신자에게 데이터를 전송하는 방식

기본 개발 환경 구축

학습 방향

소프트웨어 개발에 필요한 환경을 분석하여 개발 시스템을 구축하고, 개발에 필요한 요구사항을 도출하고 검색하는 다양한 기법과 도구에 대해 다룹니다. 유스케이스 다이어그램 및 UML 등 시각적으로 나타내는 요소들에 집중하여 학습하세요.

SECTION 01

소프트웨어 개발 환경 분석

출제빈도 상 중 (하)
반복학습 1 2 3

빈출 태그 시스템 업무 파악, 개발 기술 환경 식별 고려사항, 미들웨어, 오픈 소스

01 현행 시스템 파악

1) 현행 시스템 파악 개요

- 목표 시스템의 개발 범위 및 방향성을 정하기 위해 현재 운행되는 시스템의 구성을 파악하는 활동이다.
- 제공 기능과 주고 받는 정보뿐 아니라 소프트웨어, 하드웨어, 네트워크 구성 등도 파악한다.
- 현행 시스템 파악 절차는 크게 3단계로 나뉜다.
  - 현행 시스템의 구성, 기능, 인터페이스 현황 파악
  - 현행 시스템의 아키텍처 및 소프트웨어 구성 현황 파악
  - 현행 시스템의 하드웨어 및 네트워크 구성 현황 파악

> 기적의 TIP
> 현행 시스템에서 분석하지 않아도 될 요소를 구분할 수 있어야 합니다.

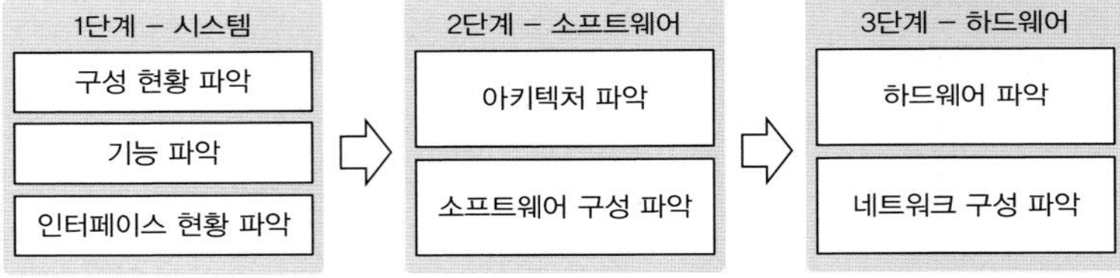

2) 현행 시스템 구성 및 기능 파악

① 시스템 구성 현황 파악

- 현행 시스템을 기간 업무와 지원 업무로 구분한다.
  - 기간 업무 : 주요 업무
  - 지원 업무 : 주요 업무를 지원하는 업무
- 각 단위 업무 정보 시스템의 명칭과 주요 기능을 명시하여 조직 내 모든 정보 시스템의 현황을 파악한다.
- 예시

구분	시스템	내용	비고
기간 업무	도서 대여 시스템	특정 회원에게 도서 대여 및 회수	
지원 업무	도서 관리 시스템	대여를 위한 도서 등록 및 관리	
	회원 관리 시스템	대여를 위한 회원 등록 및 관리	

② 시스템 기능 현황 파악

• 단위 업무 시스템이 현재 제공하고 있는 기능을 파악하는 것이다.
• 단위 업무 시스템에서 제공하는 기능들을 주요 기능과 세부 기능으로 구분하여 계층형으로 표현한다.
• 예시

시스템	단위 기능	하부 기능	세부 기능
도서 대여	도서 검색	도서 정보 조회	…
		대여 금액 조회	…
	회원 검색	회원가입 여부 확인	…
		연체 정보 확인	…

③ 시스템 인터페이스 파악

• 단위 업무 시스템들이 서로 주고 받는 데이터의 종류나 형식, 프로토콜, 연계 유형, 주기 등을 파악한다.
  – 데이터 형식 : 고정 포맷, 가변 포맷, JSON, XML 등
  – 통신규약(프로토콜) : TCP/IP, X.25 등
  – 연계 유형 : EAI, FEP 등
• 예시

송신 시스템	수신 시스템	연동 데이터	연동 형식	통신 규약	연계 유형	주기
회원 관리	도서 대여	회원 정보	JSON	TCP/IP	EAI	요청
도서 대여	도서 관리	도서 정보	XML	TCP/IP	EAI	수시

더 알기 TIP

실제 작업은 예시들보다 훨씬 더 복잡하지만, 단순히 이해를 돕기 위한 용도이므로 평소에 흔히 볼 수 있는 도서대여점을 기준으로 최대한 간단하게 표현하였습니다. 처음 보는 용어들이 좀 보이실 텐데, 이후에 자세하게 다루기 때문에 일단 지금은 서로를 파악하고 구분할 수 있는 정도로만 학습하세요.

3) 현행 시스템 아키텍처 및 소프트웨어 파악

① 시스템 아키텍처 구성도 파악

• 기간 업무 수행을 위한 기술 요소들을 계층별로 구성한 도표이다.
• 업무 시스템별로 아키텍처가 다른 경우에는 가장 핵심이 되는 기간 업무 처리 시스템을 기준으로 한다.

더 알기 TIP

시스템 아키텍처 구성도는 정해진 규격이 없고, 아무리 간단하게 표현해도 사전 지식 없이는 학습에 아무런 도움이 되지 않기 때문에 생략합니다. 아키텍처를 구성하는 요소들은 이후에 자세히 다룹니다.

② 소프트웨어 구성도 파악

- 단위 업무 시스템의 업무 처리를 위해 설치되어 있는 소프트웨어들의 사양과 라이선스 방식, 개수 등을 파악한다.
- 시스템 구축 시 소프트웨어 비용이 적지 않기 때문에, 소프트웨어 라이선스 파악이 중요하다.

구분	시스템명	SW 제품명	용도	라이선스 적용 방식	라이선스 개수
기간 업무	도서 대여	MySQL	DB	상용	1
		Apache	WAS	오픈 소스	무제한

4) 현행 시스템 하드웨어 및 네트워크 파악

① 하드웨어 구성도 파악

- 단위 업무 시스템들의 물리적 위치와 주요 사양, 수량, 이중화 적용 여부 등을 파악한다.
- 이중화는 서비스 기간, 장애 대응 정책에 따라 결정되며, 현행 시스템에 이중화가 적용된 경우에는 목표 시스템에도 대부분 구축이 필요하다.
- 이중화를 적용할 경우 인프라 구축 기술 난이도 및 비용 증가의 가능성이 높다.

구분	시스템명	서버 용도	제품명	주요 사양	수량	이중화
기간 업무	도서 관리	DB	Dell CD03	CPU: 6Core RAM: 16GB	1	Y

② 네트워크 구성도 파악

- 단위 업무 시스템들의 네크워크 구성을 파악하여 그림으로 표현한다.
- 서버의 위치 및 네트워크 연결방식 파악을 통해 조직 내 서버들의 물리적인 위치 관계를 파악할 수 있다.
- 조직 내 보안 취약성 분석 및 대응, 네트워크 장애 발생 추적 및 대응을 하기 위한 근거로 활용 가능하다.

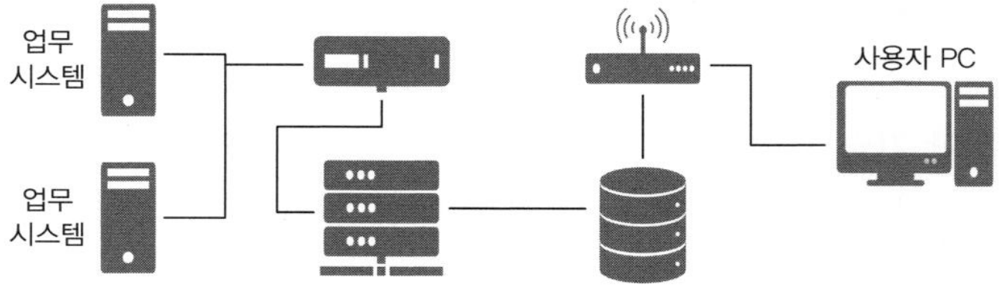

더 알기 TIP

이미지들은 이해를 돕기 위한 것일 뿐, 실제 문제를 맞추기 위해서는 각 파악 단계에서 파악해야 하는 핵심 키워드를 기억하세요.

02 개발 기술 환경 식별

1) 운영체제

① 운영체제 정의

- 사용자가 손쉽고 효율적으로 컴퓨터 시스템을 사용하도록 돕는 소프트웨어이다.
- 하드웨어와 소프트웨어 리소스를 관리하고 컴퓨터 프로그램을 위한 공통 서비스를 제공한다.

② 운영체제 종류 및 특징

- 주요 운영체제로는 Microsoft Windows, UNIX, Linux, iOS, Android 등이 있다.
  - Microsoft Windows : 다양한 라이선스 정책, 중소 규모 서버, 개인용 PC
  - UNIX : 다양한 라이선스 정책, 대용량 처리, 안정성이 요구되는 서버
  - Linux : 무료, 확장성, 다양한 버전 제공, 중대 규모 서버
  - iOS : 유료, 하드웨어에 포함, 스마트폰, 태블릿PC
  - Android : 무료, 리눅스 기반, 스마트폰, 태블릿PC

⊕ 더 알기 TIP

운영체제에 대한 자세한 사항은 뒤에서 자세히 다룹니다. 개발 기술 환경 식별에서는 기술 환경을 식별하기 위한 필수 요소들 정도만 다룹니다.

③ 운영체제 식별 시 고려사항

- 운영체제 관련 요구사항 식별에는 신뢰도, 성능, 기술 지원, 주변 기기, 구축 비용 등을 고려해야 한다.
  - 신뢰도 : 메모리 누수, 보안 취약점, 버그 등으로 인한 성능 저하 및 장애 발생 가능성
  - 성능 : 대규모 작업 처리, 동시 사용자 요청 처리, 지원 가능 메모리 크기
  - 기술 지원 : 공급 업체의 안정적인 기술 지원, 사용자 커뮤니티, 오픈 소스 여부
  - 주변 기기 : 설치 가능 하드웨어, 주변 기기 지원 여부
  - 구축 비용 : 하드웨어, 라이선스, 유지관리 비용

⊕ 더 알기 TIP

요구사항 식별에 필요한 항목에 집중하세요. 항목에 대한 설명은 이해를 돕기 위한 부분이며 설명을 보고 항목과 연결이 가능한 수준이면 충분합니다.

2) DBMS(DataBase Management System)

① DBMS 정의

- 사용자, 애플리케이션, 데이터베이스와 상호 작용하여 데이터를 저장, 관리, 상호작용하는 시스템이다.

② DBMS 종류 및 특징

- 주요 DBMS로는 Oracle, MS-SQL, My-SQL, MongoDB 등이 있다.
  - Oracle : 유료, 대규모, 대량 데이터의 안정적인 처리
  - MS-SQL : 유료, 중소 규모 데이터의 안정적인 처리
  - My-SQL : 무료, 오픈 소스 관계형 DBMS
  - MongoDB : 무료, 오픈 소스 NoSQL DBMS

③ DBMS 식별 시 고려사항

- 정보 시스템 구축 시 DBMS 관련 요구사항 식별에는 가용성, 성능, 기술 지원, 상호 호환성, 구축 비용 등을 고려해야 한다.
  - 가용성 : 백업 및 복구의 편의성, 이중화 및 복제 지원
  - 성능 : 대용량 데이터 처리 능력, 질의 최적화
  - 상호 호환성 : 설치 및 운용 가능한 운영체제가 다양함

더 알기 TIP

기술 지원, 구축 비용은 앞에서 설명한 용어이기 때문에 생략하였습니다. 항목에 좀 더 집중하세요.

3) 미들웨어(Middleware)

기적의 TIP

문제의 설명을 보고 미들웨어를 선택할 수 있어야 합니다. 여러 형태의 문장으로 설명될 수 있으므로 개념 이해를 바탕으로 숙지하세요.

① 미들웨어 정의

- 운영체제와 소프트웨어 애플리케이션 사이(Middle)에 위치하여 운영체제가 제공하는 서비스를 확장하여 제공하는 소프트웨어이다.
- 데이터 교환의 일관성 유지를 위해 표준화된 인터페이스를 제공한다.

더 알기 TIP

미들웨어는 별도의 섹션에서 자세히 다루기 때문에 여기서는 미들웨어를 선정(식별)하는 데 고려해야 하는 사항들에 대해서만 다룹니다.

② 미들웨어 식별 시 고려사항

- 미들웨어 관련 요구사항 식별에는 가용성, 성능, 기술 지원, 구축 비용 등을 고려해야 한다.
  - 성능 : 대규모 처리, 다양한 설정 옵션, 가비지 컬렉션

4) 오픈 소스(Open Source) 소프트웨어

① 오픈 소스 정의

• 소스 코드를 무료로 공개하여 제한 없이 누구나 사용 및 개작이 가능한 소프트웨어이다.

② 오픈 소스 식별 시 고려사항

• 무료로 공개하는 범위에 따라 다양한 라이선스가 존재한다.

• 사용 가능한 라이선스의 개수와 기술의 지속 가능성을 파악해야 한다.

더 알기 TIP

오픈 소스는 수익성이 제로에 가깝기 때문에 제작사의 기술 지원이 어려운 경우가 많습니다. 특정 오픈 소스 소프트웨어를 채용하여 시스템을 운영 중인데, 해당 제작사가 문을 닫거나 기술 지원을 끊어버리면 문제가 발생할 확률이 커질 수 밖에 없겠죠.

SECTION 02

정보 시스템 신기술 용어

출제빈도 상 중 (하)

반복학습 1 2 3

빈출 태그 주요 용어에 대한 개념 확인

01 신기술 용어

기적의 TIP

각각의 키워드에 해당하는 신기술 용어를 작성할 수 있어야 합니다.

1) 소프트웨어 관련 기술

더 알기 TIP

신기술 관련 용어는 기록되어 있는 것보다 훨씬 더 많고 다양하지만, 출제 범위가 없는 것과 다름이 없기 때문에 우선 시험에 출제되었거나 관련된 용어들만 수록하였습니다.

① 키오스크(Kiosk)

- 백화점, 영화관, 쇼핑센터 등에 설치되며 일반적으로 터치 스크린을 이용하여 운영되는 무인 종합 정보 시스템이다.

② Digital Twin

- 물리적인 자산을 컴퓨터에 동일하게 표현한 가상 모델로 물리적인 자산 대신 해야 할 일을 소프트웨어로 가상화함으로써 실제 자산의 특성에 대한 정확한 정보를 얻을 수 있는 기술이다.
- 자산의 최적화, 돌발사고 최소화, 생산성 증가 등 모든 과정의 효율성을 향상시킬 수 있다.

③ Mashup

- 웹에서 제공하는 정보 및 서비스를 이용하여 새로운 소프트웨어나 서비스, 데이터베이스 등을 만드는 기술이다.

④ 인공지능(AI : Artificial Intelligence)

- 인간의 두뇌와 같이 컴퓨터 스스로 추론, 학습, 판단 등 인간지능적인 작업을 수행하는 시스템이다.
- 인공지능 응용 분야에는 신경망, 퍼지, 패턴 인식, 전문가 시스템, 자연어 인식, 이미지 처리, 컴퓨터 시각, 로봇 공학 등이 있다.

⑤ 딥 러닝(Deep Learning)

- 인간의 두뇌를 모델로 만들어진 인공 신경망을 기반으로 하는 기계 학습 기술이다.
- 컴퓨터가 마치 사람처럼 스스로 학습할 수 있어 특정 업무를 수행할 때 정형화된 데이터를 입력받지 않고 스스로 데이터를 수집, 분석하여 처리한다.

⑥ 증강 현실(Augmented Reality)

• 사용자의 현실 세계에 3차원 가상 물체를 겹쳐 보여주는 기술이다.

⑦ 블록체인(Blockchain)

• P2P 네트워크를 이용하여 온라인 금융 거래 정보를 온라인 네트워크 참여자의 디지털 장비에 분산 저장하는 기술을 의미한다.
• 비트코인 등 주식, 부동산 등의 다양한 금융 거래에 사용이 가능하고, 보안과 관련된 분야에도 활용될 수 있어 크게 주목받고 있다.

⑧ 분산 원장 기술(DLT : Distributed Ledger Technology)

• 중앙 관리자나 중앙 데이터 저장소가 존재하지 않고 P2P망 내의 참여자들에게 모든 거래 목록이 분산 저장되어 거래가 발생할 때마다 지속적으로 갱신되는 디지털 원장을 의미한다.
• 기존의 중앙 서버와 같이 집중화된 시스템을 유지 및 관리할 필요가 없고, 해킹의 위험도도 낮기 때문에 효율성과 보안성 면에서 크게 유리하다.

⑨ Hash

• 임의의 길이의 입력 데이터나 메시지를 고정된 길이의 값이나 키로 변환하는 기술이다.
• 데이터의 암호화가 아닌 무결성을 검증하기 위한 방법으로 사용된다.

⑩ 양자 암호키 분배(QKD : Quantum Key Distribution)

• 양자 통신을 위해 비밀키를 분배하여 관리하는 기술로, 두 시스템이 암호 알고리즘 동작을 위한 비밀키를 안전하게 공유하기 위해 양자 암호키 분배 시스템을 설치하여 운용하는 방식으로 활용된다.

⑪ 프라이버시 강화 기술(PET : Privacy Enhancing Technology)

• 개인정보 침해 위험을 관리하기 위한 핵심 기술로 암호화, 익명화 등 개인정보를 보호하고 통제하는 기술을 통칭한다.

⑫ 그레이웨어(Grayware)

• 소프트웨어를 제공하는 입장에서는 악의성이 없더라도 사용자 입장에서는 유용하거나 악의적이라고 판단될 수 있는 애드웨어, 공유웨어, 스파이웨어 등의 총칭이다.

⑬ 리치 인터넷 애플리케이션(RIA : Rich Internet Application)

• 기존의 HTML보다 역동적이고 인터랙티브한 웹 페이지를 제공하는 제작 기술들의 통칭이다.

⑭ 시맨틱 웹(Semantic Web)

• 사람을 대신하여 컴퓨터가 정보를 읽고 이해하고 가공하여 새로운 정보를 만들어 낼 수 있도록 이해하기 쉬운 의미를 가진 차세대 지능형 웹이다.

⑮ 증발품(Vaporware)

• 판매 또는 배포 계획이 있었으나 실제로 고객에게 판매되거나 배포되지 않은 포스트웨어이다.

⑯ 오픈 그리드 서비스 아키텍처(OGSA : Open Grid Service Architecture)

- 애플리케이션 공유를 위한 웹 서비스를 그리드 상에서 제공하기 위해 만든 개방형 표준이다.

⑰ 소프트웨어 에스크로(Software Escrow)

- 소프트웨어 개발자의 지식재산권을 보호하고 사용자는 저렴한 비용으로 소프트웨어를 안정적으로 사용 및 유지보수 받을 수 있도록 소스 프로그램과 기술 정보 등을 제3의 기관에 보관하는 것이다.

⑱ 복잡 이벤트 처리(CEP : Complex Event Processing)

- 실시간으로 발생하는 많은 사건들 중 의미가 있는 것만을 추출할 수 있도록 사건 발생 조건을 정의하는 데이터 처리 방법이다.
- 금융, 통신, 전력, 물류, 국방 등에서 대용량 데이터 스트림에 대한 요구에 실시간으로 대응하기 위하여 개발된 기술이다.

⑲ 허니팟(HoneyPot)

- 해커의 공격을 유도하여 그들의 활동을 추적하고 분석하는 데 사용되는 가상의 시스템이다.
- 실제 시스템과 유사하게 설계되어 해커가 실제 시스템이라고 착각하고 공격하도록 유도한다.

⑳ TCP 래퍼(TCP Wrapper)

- 호스트 기반 네트워킹 ACL 시스템으로서, 리눅스(유닉스) 같은 운영체제의 인터넷 프로토콜 서버에서 네트워크 접근을 필터링(차단)하기 위해 사용된다.
- 접근 제어 목적을 위한 필터 역할을 하는 토큰으로써 사용되며, 호스트나 부분망 IP 주소, 호스트명 쿼리 응답을 허용한다.

㉑ 텐서플로(TensorFlow)

- 구글(Google)사에서 개발한 오픈 소스 기계 학습(Machine Learning) 엔진이다.
- 텐서플로는 C++ 언어로 작성되었고, 파이썬(Python) 응용 프로그래밍 인터페이스(API)를 제공한다.
- 텐서플로는 스마트폰 한 대에서도 운영될 수 있고, 데이터 센터에 있는 수천 대 컴퓨터에서도 동작될 수 있다.

㉒ 도커(Docker)

- 컨테이너 응용 프로그램의 배포를 자동화하는 오픈 소스 엔진이다.
- 소프트웨어 컨테이너 안에 응용 프로그램들을 배치시키는 일을 자동화해 주는 오픈 소스 프로젝트 및 소프트웨어이다.

2) 하드웨어 관련 기술

① Wearable Computing

- 컴퓨터를 옷이나 장신구처럼 몸에 착용할 수 있게 하는 기술이다.

② Memristor

- 메모리와 레지스터의 합성어로 전기가 없는 상태에서도 전사 상태를 저장할 수 있다.
- 인간의 뇌 시냅스와 같은 기능과 작동을 하는 회로소자로 인공 지능 분야에 활용된다.

③ 고가용성(HA : High Availability)

- 긴 시간동안 안정적인 서비스 운영을 위해 장애 발생 시 즉시 다른 시스템으로 대체 가능한 환경을 구축하는 메커니즘을 의미한다.
  - 클러스터, 이중화 기술 등

④ 3D 프린팅

- 대상을 실제 손으로 만질 수 있는 물체로 만들어내는 것을 말한다.
- 건축가나 항공우주, 전자, 공구 제조, 자동차, 디자인, 의료 분야 등에서 사용되고 있다.
  - 4D 프린팅 : 특정 환경에 따라 스스로 형태를 변화시키거나 제조되는 프린팅 기술

⑤ N-Screen

- 복수의 다른 단말기에서 동일한 콘텐츠를 자유롭게 이용할 수 있는 서비스를 말한다.
  - Companion(Second) Screen : TV 방송 등의 내용을 공유하며 추가적인 기능을 수행할 수 있는 기기

⑥ Thin Client PC

- 하드디스크나 주변 장치 없이 기본적인 메모리만 갖추고 서버와 네트워크로 운영되는 개인용 컴퓨터이다.
- 기억 장치를 따로 두지 않기 때문에 데이터는 서버측에서 한꺼번에 관리한다.

⑦ 패블릿(Phablet)

- Phone과 Tablet의 합성어로, 태블릿 기능을 포함하는 5인치 이상의 대화면 스마트폰을 말한다.

⑧ USB Type-C

- USB 표준 중 하나로, 기존 A형에 비해 크기가 작고 위아래 구분이 없다.
- 데이터 전송 속도는 초당 10Gbps이며 전력은 최대 100w까지 전송된다.

⑨ MEMS(Micro Electro Mechanical Systems)

- 초정밀 반도체 제조 기술을 바탕으로 센서, 액추에이터 등 기계 구조를 다양한 기술로 미세 가공하여 전기기계적 동작을 할 수 있도록 한 초미세장치이다.

⑩ TrustZone 기술

- 하나의 프로세서 내에 일반 애플리케이션을 처리하는 일반 구역과 보안이 필요한 애플리케이션을 처리하는 보안 구현으로 분할하는 기술이다.

⑪ M(Millennial) DISC

- 한 번의 기록만으로 자료를 영구 보관할 수 있는 광 저장 장치이다.
- 기존의 염료층에 표시하는 방식과 달리 물리적으로 조각하는 방식으로 빛, 열, 습기 등의 요인에 영향을 받지 않는다.

⑫ Cloud HSM(Cloud-based Hardware Security Module)

- 클라우드(데이터 센터) 기반으로 암호화 키 생성, 저장, 처리 등을 하는 보안 기기이다.
- 클라우드 HSM을 이용하면 클라우드에 인증서를 저장하므로 기존 HSM 기기나 휴대폰에 인증서를 저장해 다닐 필요가 없다.
- 기술적으로 네트워크 연결 상태에서 부하 처리에 무리가 없어야 하며, 유연한 확장성을 보장해야 한다.
- 하드웨어적으로 구현되므로 소프트웨어식 암호 기술에 내재된 보안 취약점을 해결할 수 있다.

3) 데이터베이스 관련 기술

① Big Data

- 기존의 관리 방법이나 분석 체계로는 처리하기 어려운 막대한 양의 정형 또는 비정형 데이터 집합이다.
- 기업이나 정부, 포털 등이 빅데이터를 효과적으로 분석하여 새로운 가치를 창출하고 있다.

② Broad Data

- 다양한 채널에서 소비자와 상호 작용을 통해 생성된, 기업 마케팅에 있어 효율적이고 다양한 데이터이며, 이전에 사용하지 않거나 알지 못했던 새로운 데이터나, 기존 데이터에 새로운 가치가 더해진 데이터이다.

③ Digital Archiving

- 디지털 정보 자원을 장기적으로 보존하기 위한 작업으로, 아날로그 콘텐츠는 디지털로 변환한 후 압축하여 저장하고, 디지털 콘텐츠로 체계적으로 분류하고, 메타 데이터를 만들어 DB화하는 작업이다.

④ Hadoop

- 오픈 소스를 기반으로 한 분산 컴퓨팅 플랫폼이다.
- 가상화된 대형 스토리지를 형성하고 그 안에 보관된 거대한 데이터 세트를 병렬로 처리할 수 있도록 개발된 자바 소프트웨어 프레임워크이다.
  - 맵리듀스(MapReduce) : 흩어져 있는 데이터를 연관성 있는 것들끼리 묶는 작업(Map)을 수행한 뒤, 중복 데이터를 제거하고 원하는 데이터를 추출하는 작업(Reduce) 수행
  - 스쿱(Sqoop) : 하둡(Hadoop)과 관계형 데이터베이스 간에 데이터를 전송할 수 있도록 설계된 도구

⑤ Tajo

- 우리나라가 주도하는 하둡 기반의 분산 데이터웨어하우스 프로젝트이다.
- 맵리듀스를 사용하지 않고 SQL을 사용한다.

⑥ Data Diet

- 데이터를 삭제하는 것이 아니라 압축하고, 중복된 정보는 중복을 배제하고, 새로운 기준에 따라 나누어 저장하는 작업이다.
- 기업의 데이터베이스에 쌓인 방대한 정보를 효율적으로 관리하기 위해 대두된 방안으로, 같은 단어가 포함된 데이터들을 한 곳에 모아 두되 필요할 때 제대로 찾아내는 체계를 갖추는 것이 중요하다.

⑦ Data Warehouse

- 기업의 전략적 관점에서 효율적인 의사 결정을 지원하기 위해 데이터의 시계열적 축적과 통합을 목표로 하는 기술의 구조적, 통합적 환경이다.

⑧ Linked Open Data

- 사용자가 정확하게 원하는 정보를 찾을 수 있도록 웹 상의 모든 데이터와 데이터베이스를 무료로 공개하고 연계하는 것이다.
- 웹에 게시되는 데이터에 식별자(URI)를 부여하고 관련 정보를 구조적으로 제공하는 연계 데이터를 저작권 없이 무료로 제공하여 사용자가 정보를 다양하고 효율적으로 활용할 수 있도록 한다.
- 데이터를 재사용할 수 있고, 데이터 중복을 줄일 수 있는 장점이 있다.

4) 네트워크 관련 기술

① 블루투스(Bluetooth)

- 근거리 무선 접속을 지원하기 위해 사용되는 대표적인 통신 기술이다.
- 휴대폰, 노트북, 이어폰, 핸드폰 등을 기기 간에 서로 연결해 정보를 교환하는 근거리 무선 기술 표준을 말한다.

기적의 TIP

하둡에 대한 개념과 관련 기술들을 숙지해 두세요.

② 유비쿼터스(Ubiquitous)

- 시간과 장소에 상관없이 자유롭게 네트워크에 접속할 수 있는 정보 통신 환경이다.
- 컴퓨터는 물론 가전제품 등 다양한 기기로 언제 어디서나 네트워크 접속이 가능해야 한다.

③ Smart Grid

- 전기 및 정보통신기술을 활용하여 전력망을 지능화, 고도화함으로써 고품질의 전력 서비스를 제공하고 에너지 이용효율을 극대화하는 전력망이다.

④ Wibro(Wireless Broadband Internet)

- 이동하는 상태에서도 초고속 인터넷을 이용할 수 있는 무선 휴대 인터넷 서비스이다.

⑤ Mesh Network

- 기존 무선 랜의 한계 극복을 위해 등장하였으며, 대규모 디바이스의 네트워크 생성에 최적화되어 차세대 이동통신, 홈 네트워킹, 공공 안전 등의 특수 목적을 위한 새로운 방식의 네트워크 기술이다.

⑥ VoIP(Voice over Internet Protocol)

- 컴퓨터 네트워크 상에서 음성 데이터를 IP 데이터 패킷으로 변환하여 일반 데이터망에서 음성 통화를 가능하게 해주는 기술이다.

⑦ RFID(Radio Frequency IDentification)

- 모든 사물에 전자 태그를 부착하고 무선 통신을 이용하여 최대 10m 내의 사물의 정보 및 주변 상황 정보를 감지하는 센서 기술이다.
- 태그(Tag), 안테나(Antenna), 리더기(Reader), 서버(Server) 등의 요소로 구성된다.

⑧ NFC(Near Field Communication)

- RFID 기술 중 하나로 최대 통신 거리가 10cm 이내로 좁은 비접촉식 통신 기술이다.
- 통신 장비 중 최대 통신 가능 거리가 가장 좁다.

⑨ WIPI(Wireless Internet Platform for Interoperability)

- 이동통신 업체 간에 같은 플랫폼을 사용토록 함으로써 국가적 낭비를 줄이자는 목적으로 추진된 한국형 무선 인터넷 플랫폼이다.

⑩ Wi-Fi(Wireless Fidelity)

- 무선 접속 장치(AP : Access Point)가 설치된 곳 주변에서 전파나 적외선 전송 방식을 이용하여 무선 인터넷을 할 수 있는 근거리 무선 통신망이다.

⑪ WAP(Wireless Application Protocol)

- 무선 인터넷 전송 규약으로 휴대 전화와 인터넷 통신 또는 다른 컴퓨터와의 통신을 위해 실시되는 국제 기준이다.

⑫ VPN(Virtual Private Network)

- 공용 네트워크를 사설 네트워크처럼 사용할 수 있도록 제공하는 기술이다.
  - SSL VPN : OSI 4계층 이상에서 암호화, 구축이 간편
  - IPSec VPN : OSI 3계층에서 암호화, 보안성이 높음

⑬ Beacon

- 근거리에 있는 스마트폰을 자동으로 인식하여 필요한 데이터를 전송할 수 있는 무선 통신 장치이며, 최대 50m 거리에서도 무선으로 통신할 수 있다.

⑭ Foursquare

- 위치 기반 소셜 네트워크 서비스이다.
- 자신의 위치를 지도 상에 표시하고, 방문한 곳의 정보를 남길 수 있는 체크인 기능을 제공한다.

⑮ PICONET

- 여러 개의 독립된 통신 장치가 블루투스 및 UWB 기술을 사용하여 통신망을 형성하는 무선 네트워크 구축 기술이다.
- TDM 기술을 사용하며 주국(Master)을 통해 일대다로 통신이 이루어진다.

⑯ MQTT(Message Queuing Telemetry Transport)

- TCP/IP 프로토콜 위에서 동작하는 발행-구독 기반의 메시징 프로토콜이다.
- 사물통신, 사물인터넷과 같이 대역폭이 제한된 통신환경에 최적화하여 개발된 푸시 기술 기반의 경량 메시지 전송 프로토콜이다.
- 메시지 매개자(Broker)를 통해 송신자가 특정 메시지를 발행하고 수신자가 메시지를 구독하는 방식으로 IBM이 주도하여 개발되었다.

⑰ 클라우드 컴퓨팅

- 컴퓨터, 휴대폰과 같은 통신 기기를 이용해 언제 어디서나 서비스를 이용할 수 있도록 하는 기술이다.
- 처리해야 하는 작업 및 데이터를 자신의 컴퓨터가 아닌 인터넷으로 연결된 다른 컴퓨터로 처리하는 기술이다.
  - SaaS(Software as a Service) : 인프라와 운영체제, 소프트웨어까지 갖춰져 있는 서비스
  - PaaS(Platform as a Service) : 개발을 위한 하드웨어 및 소프트웨어 구축이 되어 있는 서비스
  - PaaS-TA : 미래창조과학부와 한국정보화진흥원이 개발한 클라우드 플랫폼
  - IaaS(Infrastructure as a Service) : 서버, 스토리지, 네트워크 등의 인프라를 임대하는 서비스
  - BaaS(Blockchain as a Service) : 블록체인의 기본 인프라를 추상화하여 블록체인 응용기술을 제공하는 서비스

⑱ 소프트웨어 정의 데이터 센터(SDDC : Software-Defined Data Center)

• 모든 하드웨어가 가상화되어 가상 자원의 풀(Pool)을 구성하고, 데이터 센터 전체를 운영하는 소프트웨어가 필요한 기능 및 규모에 따라 동적으로 자원을 할당, 관리하는 역할을 수행하는 데이터 센터이다.

• 컴퓨팅, 네트워킹, 스토리지, 관리 등을 인력 개입 없이 모두 소프트웨어로 정의한다.

  - SDC(Computing) : 소프트웨어 정의 컴퓨팅 환경으로 서버의 CPU, 메모리에 대해서 소프트웨어 명령어 기반으로 제어할 수 있는 컴퓨터
  - SDN(Networking) : 개방형 API를 통해 네트워크의 트래픽 전달 동작을 소프트웨어 기반 컨트롤러에서 제어/관리하는 가상화 네트워크 기술
  - SDS(Storage) : 서버와 전통적인 스토리지 장치에 장착된 이질적이고 연결되어 있지 않은 물리적 디스크 드라이브를 하나의 논리적인 스토리지로 통합한 가상화 스토리지 기술
  - 프로비저닝 : SDDC 자원에 대한 할당 관리 기술

⑲ Zing

• 기기를 키오스크에 갖다 대면 원하는 데이터를 바로 가져올 수 있는 기술이다.

• 10cm 이내 거리에서 3.5Gbps 속도로 데이터 전송이 가능한 초고속 근접무선통신(NFC : Near Field Communication)이다.

• 몇 초 안에 기가급 대용량 콘텐츠를 주고받을 수 있어 무선 저장장치, 서비스 단말기 등에 적합하다.

⑳ 애드혹 네트워크(Ad-hoc Network)

• 노드(node)들에 의해 자율적으로 구성되는 기반 구조가 없는 네트워크이다.

• 멀티 홉 라우팅 기능에 의해 무선 인터페이스가 가지는 통신 거리상의 제약을 극복할 수 있어 긴급 구조, 긴급 회의, 전쟁터에서의 군사 네트워크 등에 응용할 수 있다.

㉑ DPI(Deep Packet Inspection)

• 심층 패킷 검사는 네트워크 트래픽을 조정하기 위해 쓰이는 기술이다.

• OSI 7 Layer 전 계층의 프로토콜과 패킷 내부의 콘텐츠를 파악하여 침입 시도, 해킹 등을 탐지하고 트래픽을 조정하기 위한 패킷 분석 기술이다.

합격을 다지는 예상문제

01 아래 설명 중, 빈칸에 해당하는 용어를 쓰시오.

> 시스템 버스는 장치와 장치 사이에 정보 교환을 위해 물리적으로 연결된 회선으로, (ㄱ) 버스와 (ㄴ) 버스로 나뉜다.
> – (ㄱ) 버스 : CPU 내부 요소 사이에서 정보를 전송하는 버스
> – (ㄴ) 버스 : CPU와 주변장치 사이에서 정보를 전송하는 주소 버스, 데이터 버스, 제어 버스

▶ **답안기입란**

ㄱ :
ㄴ :

02 유닉스의 권한 설정 명령어인 chmod를 통해 777을 입력한다면 적용되는 권한에 대해 약술하시오.

▶ **답안기입란**

ANSWER

01. ㄱ : 내부 / ㄴ : 외부

02. 소유자, 소유그룹, 사용자 모두가 읽기, 쓰기, 실행 권한을 가진다.

03 프로세스 전이 과정 중, 아래에서 설명하는 용어를 〈보기〉에서 골라 쓰시오.

실행 상태의 프로세스가 입출력 처리를 위해 대기 상태로 변경

〈보기〉

Dispatch, Time Run Out, Block, Wake Up

▶ **답안기입란**

04 아래의 〈보기〉 중, 비선점형 프로세스 스케줄링에 해당하는 용어를 찾아 쓰시오.

〈보기〉

FIFO, SRT, RR, SJF, MFQ, HRN

▶ **답안기입란**

05 다수의 프로세스가 같은 자원의 할당을 요구하며 무한정 기다리고 있는 상태(DeadLock)를 의미하는 용어는 무엇인지 한글로 쓰시오.

▶ **답안기입란**

ANSWER

03. Block

04. FIFO, SJF, HRN

05. 교착 상태

06 기억 장치 관리 전략 중, 배치 전략에 대한 설명에서 아래 빈칸에 해당하는 용어를 쓰시오.

> 새로 반입되는 데이터를 주기억 장치의 어떤 공간에 위치시킬 것인지를 결정하는 전략이다.
> – (ㄱ) : 데이터 배치가 가능한 공간 중 첫 번째 공간에 배치
> – (ㄴ) : 데이터 배치가 가능한 공간 중 여유 공간(단편화)을 가장 적게 남기는 공간에 배치
> – (ㄷ) : 데이터 배치가 가능한 공간 중 여유 공간(단편화)을 가장 크게 남기는 공간에 배치

▶ **답안기입란**

ㄱ :
ㄴ :
ㄷ :

07 FIFO 페이지 교체 알고리즘을 활용하여 아래의 참조 페이지와 페이지 프레임에 대한 페이지 교체를 진행할 경우, 페이지 부재의 발생 횟수를 숫자로 쓰시오.

> – 참조 페이지 : [7, 3, 3, 7, 5, 4, 6, 4]
> – 페이지 프레임은 3이며, 모두 비어있다.

▶ **답안기입란**

08 디스크 관련 기술 중, 아래에서 설명하는 용어를 영문 약어로 쓰시오.

> 다수의 하드 디스크 드라이브를 하나의 드라이브처럼 사용하는 방식으로, 접근 성능을 높이거나 안정성을 높이는 등의 다양한 방식이 있다.

▶ **답안기입란**

ANSWER

06. ㄱ : 최초 적합 / ㄴ : 최적 적합 / ㄷ : 최악 적합

07. 5

08. RAID

09 아래의 설명에 해당하는 용어를 〈보기〉에서 찾아 쓰시오.

- 프로세스가 특정 단위 시간 동안 자주 참조하는 페이지들의 집합이다.
- (　　)(을)를 주기억 장치에 상주시킴으로써 페이지 교체 및 부재가 줄어들어 메모리 관리 안정성이 보장된다.
- (　　)(은)는 시간이 지남에 따라 변화된다.

〈보기〉

Temporal Locality, Spatial Locality, Working Set, Page Fault Frequency

▶ **답안기입란**

10 아래의 설명에 해당하는 용어를 〈보기〉에서 찾아 쓰시오.

- 서로 다른 프로토콜을 사용하는 네트워크를 연결하여 전송 목적지까지 최적의 경로를 설정해주는 장치이다.
- OSI 7계층 중 네트워크 계층에서 운용된다.

〈보기〉

Hub, Repeater, Switch, Bridge, Router, Gateway

▶ **답안기입란**

ANSWER

09. Working Set

10. Router

11 아래 함수 종속성에 대한 설명을 참고하여 올바른 식을 표현하시오.

- A 속성이 B 속성을 유일하게 식별할 수 있는 상태이다.
- B 속성은 A 속성에 함수적으로 종속되어 있다.
- A 속성을 결정자(Determinant), B 속성을 종속자(Dependent)라고 한다.

▶ **답안기입란**

12 아래 설명 중, 빈칸에 해당하는 용어를 쓰시오.

정규화는 데이터 무결성을 유지하기 위해 중복성을 최소화하고 정보의 일관성을 보장하기 위한 개념이다.
- (ㄱ) : 이행적 함수 종속 제거
- (ㄴ) : 도메인이 원자값만 가지도록 분해

▶ **답안기입란**

ㄱ :
ㄴ :

13 아래에서 설명하는 개체 관계는 무엇인지 쓰시오.

- 특정 개체가 자기 자신을 다시 참조하는 관계이다.
- 데이터베이스 성능에 영향을 줄 수 있으므로 많은 주의를 필요로 한다.

▶ **답안기입란**

ANSWER

11. A → B

12. ㄱ : 3NF(제3정규형) / ㄴ : 1NF(제1정규형)

13. 재귀(Recursive) 관계

14 데이터 모델의 표시 요소 3가지를 쓰시오.

▶ **답안기입란**

15 다수의 하위 개체 타입을 상위 개체의 유형 간 부분 집합으로 표현하는 일반화의 반대 개념으로, 개체 타입을 다수의 하위 개체 타입으로 분리하는 하향식 설계 방식은 무엇인지 쓰시오.

▶ **답안기입란**

16 잘못된 릴레이션의 설계로 데이터의 삽입, 갱신, 삭제 과정에서 예기치 못한 현상이 발생하는 현상을 무엇이라 하는지 쓰시오.

▶ **답안기입란**

17 CODEC(enCOder/DECoder)의 신호 변환 절차를 아래 〈보기〉에서 참고하여 순서대로 나열하시오.

〈보기〉

양자화, 여파화, 표본화, 부호화, 복호화

▶ **답안기입란**

ANSWER

14. 논리적 구조, 연산, 제약 조건
15. 구체화(Specialization)
16. 이상 현상(Anomaly)
17. 표본화, 양자화, 부호화, 복호화, 여파화

18 아래에서 설명하는 네트워크 토폴로지는 무엇인지 쓰시오.

> 인접한 단말기 간에는 하나의 통신 회선으로 연결(Star Topology)하고, 연결된 Star 토폴로지 간에는 Bus 토폴로지로 연결되는 형태이다.
> – 장점 : 분산 처리 시스템에 적용, 관리 및 확장이 용이함
> – 단점 : 특정 회선에 과도한 트래픽, 메인 시스템이 고장나면 해당 토폴로지 마비

▶ 답안기입란

19 패킷 교환 방식 2가지를 쓰시오.

▶ 답안기입란

20 목적지까지 데이터를 전송하기 위한 거리와 방향만을 라우팅 테이블에 기록하는 방식의 라우팅 프로토콜은 무엇인지 〈보기〉에서 찾아 쓰시오.

〈보기〉

> IGP, EIRGP, OSPF, Distance Vector, BGP, Link State Vector

▶ 답안기입란

ANSWER

18. Tree Topology(계층형)
19. 가상 회선 패킷 교환, 데이터그램 패킷 교환
20. Distance Vector

21 OSI 7계층 중, 물리 계층과 네트워크 계층 사이에 존재하는 계층은 무엇인지 쓰시오.

▶ **답안기입란**

22 OSI 7계층 중, 응용 계층과 관련된 서비스 및 프로토콜을 2가지 이상 쓰시오.

▶ **답안기입란**

23 동일하지 않은 크기로 서브넷을 나누는 방식으로, 여러 그룹의 호스트 수가 크게 차이나는 경우에 유용한 서브네팅 방식은 무엇인지 영문 약어로 쓰시오.

▶ **답안기입란**

24 유스케이스 다이어그램 중, 공통으로 사용되는 기능을 별도로 추출하여 새로운 유스케이스를 생성하고 연결한 관계는 무엇인지 쓰시오.

▶ **답안기입란**

ANSWER

21. 데이터링크 계층(Data Link Layer)

22. HTTP, FTP, SMTP, POP3, IMAP, Telnet 등

23. VLSM

24. 포함 관계(필수적)

25 아래 IPv6에 대한 설명 중, 빈칸에 해당하는 용어를 쓰시오.

- 16비트씩 8부분으로 구성되는 (ㄱ)비트 주소 체계이다.
- 각 자리는 0부터 FFFF(65535)까지의 (ㄴ)진수로 표현하며 콜론(:)으로 구분한다.
- 연속되는 앞자리의 (ㄷ)(은)는 생략할 수 있다.
- 유니캐스트, 멀티캐스트, 애니캐스트의 전송 방식을 가진다.

▶ **답안기입란**

ㄱ :
ㄴ :
ㄷ :

26 유스케이스 다이어그램 중, 객체의 상태 변화가 시간 제약을 명시적으로 표현하는 다이어그램은 무엇인지 쓰시오.

▶ **답안기입란**

ANSWER

25. ㄱ : 128 / ㄴ : 16 / ㄷ : 0
26. 타이밍(Timing) 다이어그램

PART

02

화면 구현

2과목 소개

소프트웨어 화면 구성을 위한 사용자 인터페이스를 설계하고, 적절한 테스트를 통해 설계된 인터페이스의 사용성과 유용성을 평가합니다. 완성된 사용자 인터페이스와 연결될 각 기능들은 모듈과 아키텍처, 디자인 패턴을 적용합니다. 섹션별로 다양한 용어들이 있으므로 각 용어들의 차이점을 중심으로 학습하세요.

CHAPTER 01

UI 설계

학습 방향

사용자 인터페이스를 구현하기 위한 설계 이론을 다룹니다. UI의 종류 및 구성 요소를 식별하고 UI 설계 원칙을 기반으로 높은 품질의 유용성을 유지할 수 있도록 설계해야 합니다. UI의 사용 주체가 누구인지 생각하며 학습해보세요.

SECTION 01

UI 요구사항

출제빈도 상 중 (하)
반복학습 1 2 3

빈출 태그 UI 종류와 기능, UI 구성 요소, UI 프로토타입

01 UI 요구사항 확인

1) UI(User Interface)

① UI 정의 및 특징

- 사용자와 컴퓨터 상호 간의 원활한 소통을 도와주는 연계 시스템이다.
- 다양하고 복잡해지는 업무에 따라 단순한 상호작용을 위한 UI에서 실행 오류를 줄이기 위한 UI로 발전되었다.
- 단순한 기능의 전달이 아닌 정보의 내용과 그 안에 포함된 의미를 전달하는 과정으로 발전하고 있다.

② UI 분야

- UI가 추구하는 분야는 물리적 제어, 구성과 표현, 기능적 분야가 있다.
  - 물리적 제어 분야 : 정보의 제공과 기능 전달
  - 구성과 표현 분야 : 콘텐츠의 상세적 표현과 전체적 구성
  - 기능적 분야 : 사용자가 쉽고 간편하게 사용

③ UI 종류

- UI의 종류는 상호작용의 유형에 따라 CLI, GUI, NUI 등으로 다양하게 나뉜다.
  - CLI(Command Line Interface) : 명령 문자열을 통해 시스템과 상호작용
  - GUI(Graphic User Interface) : 메뉴, 아이콘 등의 그래픽 요소를 통해 상호작용
  - NUI(Natural User Interface) : 사람의 음성, 촉각 등을 통해 상호작용

기적의 TIP

UI의 개념과 종류별 특징을 구분할 수 있어야 합니다.

더 알기 TIP

UI는 다양한 종류가 있지만, 보편적으로 사용하는 형태들만 출제됩니다.

2) UI 표준과 지침

① UI 표준과 지침 정의

- UI 표준은 모든 UI에 공통적으로 적용되어야 하는 내용을 의미한다.
- UI 지침은 UI 개발 과정에서 지켜야 할 공통의 세부 개발 방향을 의미한다.
- 다양한 업무 케이스를 반영하여 여러 상황에 대처할 수 있도록 UI 표준을 수립한다.
- 원활한 표준 적용을 위해 충분한 가이드와 활용 수단을 제공해야 한다.

더 알기 TIP

표준과 지침의 차이를 묻는 문제가 출제되지는 않습니다. 절차나 구성 요소에 집중하세요.

② UI 스타일 가이드 작성 프로세스

- UI 스타일 가이드는 UI 스타일을 작성할 때 기준이 되어야 하는 규칙이다.
- UI 스타일 가이드 작성 절차는 아래와 같다.
  - 구동 환경 정의 : 컴퓨터 환경, 운영체제, 웹 브라우저 등을 정의
  - 레이아웃 정의 : 화면의 구조를 몇 가지 영역으로 나누어 정의
  - 네비게이션 정의 : 원하는 정보를 빠르고 정확하게 검색, 이동할 수 있는 체계 정의
  - 기능 정의 : 적용될 기능 및 데이터들의 관계 모델 정의
  - 구성 요소 정의 : 화면에 표시할 UI element 정의

③ 레이아웃 구성 요소

- 레이아웃 구성 요소는 구동 환경에 따라 달라지거나 생략될 수 있다.
- 일반적인 구성 요소로는 Indicator, Header, Navigation, Contents, Button, Footer 등이 있다.

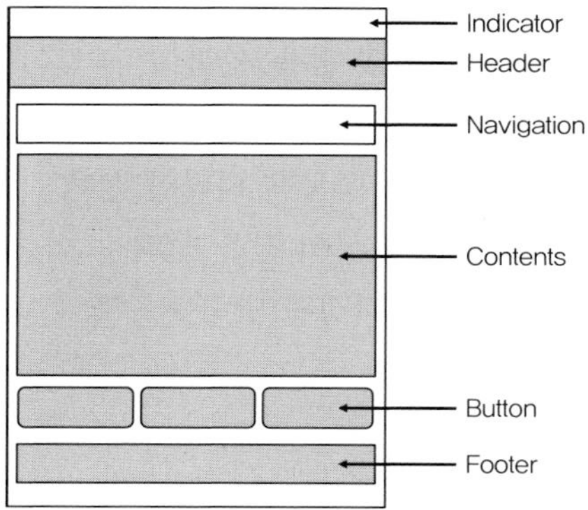

– Indicator 영역 : 각종 서비스의 상태 알림, 수신 정보를 기호를 통해 표현하는 영역
– Header 영역 : 회사의 정체성(로고, 사이트명 등)을 표현하는 영역
– Navigation 영역 : 현재 서비스의 위치 및 다른 서비스로의 이동을 지원하는 영역
– Content 영역 : 사용자에게 전달되는 정보가 나타나는 영역
– Button 영역 : 특정 정보에 직접 접근할 수 있도록 별도의 요소를 표현하는 영역
– Footer 영역 : 회사 정보, 저작권 정보 등 정보 제공자의 정보를 나타내는 영역

기적의 TIP

UI element에 대한 설명을 보고 올바른 답을 선택할 수 있어야 합니다.

④ UI element 종류

- 사용자와 서비스가 상호작용할 수 있는 요소들로, 다양한 버튼과 박스들이 존재한다.

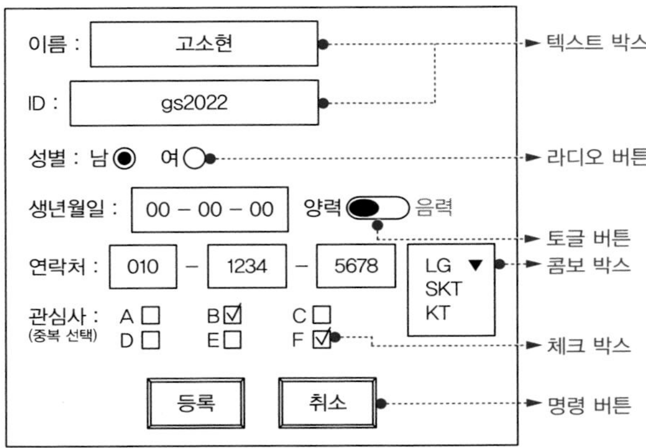

– 텍스트(Text) 박스 : 서비스 이용에 필요한 정보를 입력하는 공간
– 라디오(Radio) 버튼 : 다수의 나열된 항목 중 하나의 값을 선택
– 토글(Toggle) 버튼 : 하나의 버튼으로 두 상태를 번갈아가며 설정
– 콤보(Combo) 박스 : 드롭 다운 리스트에서 원하는 항목을 하나만 선택
– 체크(Check) 박스 : 다수의 나열된 항목 중 하나 이상의 값을 선택
– 명령(Command) 버튼 : 전송, 이동, 초기화 등의 지정된 명령을 수행

3) 한국형 웹 콘텐츠 접근성 지침(KWCAG)

① 웹 사이트 개발 시 고려사항

- 독립적인 PC 소프트웨어보다 웹 서비스를 이용하는 이용자가 압도적으로 많다.
- 많은 이용자가 이용하는 서비스를 개발할 때는 다양한 계층의 인원이 같은 서비스를 이용할 수 있도록 웹 표준, 웹 접근성, 웹 호환성 등을 준수하는 것이 좋다.
  - 웹 표준 : 웹 페이지가 다양한 브라우저에서 동일하게 구현되도록 제작하는 기법
  - 웹 접근성 : 누구나 어떤 환경에서라도 제공하는 모든 정보를 이용 가능해야 하는 속성
  - 웹 호환성 : 다른 시스템 환경에서도 동등한 서비스를 제공하는 속성

기적의 TIP

출제 빈도가 낮은 영역입니다.

더 알기 TIP

어떤 인터넷 브라우저(크롬, 익스플로러 등)를 사용하더라도 웹 페이지가 같은 형태로 나타나게끔 제작하는 것이 웹 표준이고, 서로 다른 플랫폼(모바일, 윈도우즈, 맥OS 등)에서도 같은 서비스를 이용할 수 있게끔 하는 것이 웹 호환성입니다.

② 웹 콘텐츠 접근성(Web Content Accessibility) 정의

- 디지털 약자(장애인, 고령자 등)이 웹 사이트에서 제공하는 정보에 비장애인과 동등하게 접근하고 이해할 수 있도록 보장하는 지침이다.
- 콘텐츠를 제공할 때, 디지털 약자를 위한 대체 형식의 콘텐츠를 함께 제공하는 것이다.
- 콘텐츠를 이용할 때, 정해진 방식 이외의 다른 방식을 통해서도 콘텐츠에 접근할 수 있도록 하는 것이다.

③ KWCAG 준수 지침

- 한국형 웹 콘텐츠 접근성 지침(Korean Web Content Accessibility Guideline)은 4가지의 큰 원칙과 각 원칙을 준수하기 위한 13개의 작은 지침으로 구성되어 있다.
- 4가지 큰 원칙은 인식의 용이성, 운용의 용이성, 이해의 용이성, 견고성이 있다.
  - 인식(Perceivable)의 용이성 : 콘텐츠를 모든 사용자가 인식할 수 있도록 설계
  - 운용(Operable)의 용이성 : UI 구성 요소를 모든 사용자가 내비게이션할 수 있도록 설계
  - 이해(Understandable)의 용이성 : 콘텐츠를 모든 사용자가 이해할 수 있도록 설계
  - 견고성(Robust) : 미래 다양한 기술로도 접근할 수 있도록 견고하게 설계

기적의 TIP

접근성에 기반하여 내용을 이해하는 방향으로 학습하세요.

4) 전자정부 웹 표준 준수 지침

① 내용의 문법 준수
- 모든 웹 문서는 적절한 문서 타입을 명시해야 하며 그에 따른 적절한 문법을 준수해야 한다.
- 모든 페이지는 사용할 인코딩 방식을 표기해야 한다.

② 내용과 표현의 분리
- 논리적인 마크업을 구성하여 구조적인 페이지를 만들어야 한다.
- 사용된 스타일 언어는 표준적인 문법을 준수해야 한다.

③ 동작의 기술 중립성 보장
- 스크립트의 비표준 확장 사용은 배제되어야 한다.
- 스크립트 비 사용자를 위한 대체 텍스트나 정보를 제공해야 한다.

④ 플러그인의 호환성
- 플러그인은 다양한 웹 브라우저를 고려해야 한다.

⑤ 콘텐츠의 보편적 표현
- 메뉴는 다양한 브라우저 사용자도 접근할 수 있어야 한다.

⑥ 운영체제 독립적인 콘텐츠 제공
- 제공되는 미디어는 범용적인 포맷을 사용해야 한다.

⑦ 부가 기능의 호환성 확보
- 인증 기능은 다양한 브라우저에서 사용 가능해야 한다.

⑧ 다양한 프로그램 제공
- 정보를 열람하는 기능은 다양한 브라우저에서 사용 가능해야 한다.
- 별도의 다운로드가 필요한 프로그램은 윈도우, 리눅스, 맥킨토시 중 2개 이상의 운영체제를 지원해야 한다.

더 알기 TIP

전자정부의 웹 사이트는 모든 국민이 이용할 수 있어야 하기 때문에, 여러 가지 표준화되지 않은 기술을 적용하여 화려하고 멋지게 만들 수가 없습니다. 일반 사용자들의 만족감은 높아질 수 있지만, 사이트 이용이 익숙치 않은 디지털 약자들은 정부의 서비스를 온전히 받아들이기가 힘들어지기 때문이죠. 그렇기에 전자정부의 웹 사이트는 일반인들이 좀 답답해 하더라도 표준과 접근성을 가장 엄격하게 지켜야 합니다.

02 UI 프로토타입

1) UI 프로토타입 개요

① UI 프로토타입 정의 및 특징

- UI에 대한 사용자 요구사항을 검증하기 위해 최대한 단순하게 제작한 시제품이다.
- UI의 작동을 이해하는 데 필요한 요소만 포함되며 지속적으로 보완, 개선된다.
- 미리 제작된 시제품을 통해 사용자 설득, 사전 결함 발견 등의 장점이 있다.
- 반복적인 작업으로 인해 비용이 증가하며 중요 기능이 누락될 가능성이 있다.

② UI 프로토타입 작성 프로세스

- UI 프로토타입 작성의 일반적인 절차는 사용자가 최종 승인할 때까지 아래의 단계를 반복한다.
  - 사용자 요구사항을 분석
  - 수기 또는 도구를 활용하여 프로토타입 작성
  - 사용자가 직접 확인 및 피드백 진행

더 알기 TIP

프로토타입은 여기저기에서 매우 자주 등장하는 개념입니다. 프로토타입의 목적이 무엇인지를 파악하는 것이 핵심 학습 포인트겠죠.

2) UI 프로토타입 전략

기적의 TIP

두 타입의 비교되는 특징을 암기하세요.

① Paper Prototype

- 손으로 직접 스케치하여 프로토타입을 제시하는 방식이다.
  - 화이트보드, 펜, 종이, 포스트잇 등을 이용하여 손으로 직접 작성
- 특별한 도구나 비용, 사전 지식 없이 수행 가능하며 변경 사항을 즉시 반영할 수 있다.
- 실제 테스트가 불가능하고 복잡한 UI 요소 간의 상호 관계를 나타내기 어렵다.

② Digital Prototype

- 컴퓨터 소프트웨어를 이용해 제작한 프로토타입을 제시하는 방식이다.
  - 파워포인트, 아크로뱃, visio, keynote 등을 이용하여 작성
- 최종 제품과 유사한 환경으로 제작하여 테스트가 가능하며, 수정이 용이하다.
- 소프트웨어에 숙련된 전문가 또는 사용법을 숙지하는 시간이 필요하다.

③ UI 프로토타입 작성 시 고려사항

- 프로토타입의 대상 범위와 목표, 기간 및 비용을 고려하여 계획을 세운다.
- 프로토타입은 실제 개발에 그대로 참조될 수 있는 수준이 되어야 한다.
- 가급적 프로토타입에 투입되는 기간 및 비용을 최소화하여 목적을 달성할 수 있도록 계획한다.

SECTION 02

UI 설계

출제빈도 상 (중) 하

반복학습 1 2 3

빈출 태그 UI 설계 원칙, 유용성 평가, UI 설계 도구, 감성공학

01 UI 설계

1) UI 설계 개요

① UI 설계 정의

- 정의된 UI 요구사항과 UI 표준 및 지침을 바탕으로 UI가 구현될 수 있도록 설계하는 것이다.
- 기능의 흐름과 기타 제약 사항들을 반영하여 모든 시스템의 내외부 화면을 상세히 설계한다.

> **기적의 TIP**
> UI 시스템의 필수 기능이 아닌 것을 선택할 수 있어야 합니다.

② UI 시스템의 필수 기능

- 사용자 입력을 지원하는 프롬프트(prompt)와 전달되는 명령이 올바른지 검증하는 기능이 필요하다.
- 결함(error)의 처리와 결함에 대한 메시지 처리 기능이 필요하다.
- UI 운용에 대한 도움말 기능을 지원해야 한다.

> **더 알기 TIP**
> 프롬프트란, 여러분들이 어떤 값이나 명령을 입력하기 위해 참고하는 모든 요소들을 의미합니다. 예를 들어 어떤 값을 입력하는 경우, 그 앞에 [정수 입력(1~100):]이나 [복사(c), 종료(z):] 같은 안내 문자열이 프롬프트에 해당됩니다.

> **기적의 TIP**
> UI 설계 기본 원칙들에 대한 의미를 파악하고 있어야 합니다. 비슷한 의미의 다른 용어가 출제될 수 있습니다.

③ UI 설계 원칙

- UI 설계의 기본 원칙은 직관성, 유효성, 학습성, 유연성 등이 있다.
  - 직관성 : 별다른 노력 없이 이해할 수 있고 즉시 사용 가능하는 정도
  - 유효성 : 사용자의 목적을 정확하게 달성하는 정도
  - 학습성 : 누구나 쉽게 배우고 익힐 수 있는 정도
  - 유연성 : 사용자 요구사항을 수용하고 오류를 최소화하는 정도

④ UI 설계 지침

- UI를 통해 구현하고자 하는 결과의 오류를 최소화하고 적은 노력으로 구현하는 결과를 얻을 수 있어야 한다.
- UI는 막연한 작업 기능에 대해 구체적인 방법을 제시하며 업무에 대한 이해도를 높여준다.
- UI는 정보 제공자와 공급자의 원활하고 쉬운 매개 역할을 수행한다.

• 이러한 UI의 역할을 만족시키기 위한 설계 지침은 아래와 같다.
  – 사용자 중심 : 사용자가 쉽고 편하게 사용할 수 있는 환경 제공
  – 일관성 : UI 요소 조작 방법을 빠르게 습득하고 기억하기 쉽게 설계
  – 단순성 : 가장 단순한 조작으로 작동이 가능하도록 설계
  – 결과 예측 가능 : 기능의 결과와 그 예상이 일치하도록 설계
  – 가시성 : 주요 기능을 한눈에 파악할 수 있도록 설계
  – 표준화 : 표준화된 디자인을 적용하여 손쉬운 기능 구조 파악이 가능하도록 설계
  – 접근성 : 다양한 직무, 연령, 성별의 계층을 수용하도록 설계
  – 명확성 : 기능 및 결과에 대한 명확히 인지할 수 있도록 설계
  – 오류 발생 해결 : 오류에 대한 상황을 정확히 인지할 수 있도록 설계

더 알기 TIP

설계 지침이 굉장히 많은데요. 전부 암기하지 않더라도 앞의 UI 설계 원칙과 비교하여 성격이 맞지 않는 용어를 찾을 수 있으면 됩니다.

2) UI 설계 절차

① 문제 정의
• 시스템의 목적과 UI를 통해 해결해야 할 문제를 자유롭게 기술한다.

② 사용자 모델링
• 사용자의 컴퓨터 소프트웨어 운용 지식에 따라 초급자, 중급자, 숙련자 그룹으로 분류한다.
• 사용자 모델에 따라 시스템의 사용성을 확대할 수 있는 전략을 세운다.

③ 작업 분석
• 사용자 모델과 해결해야 할 문제들을 세분화하고 시스템을 통해 처리되어야 하는 작업을 정의한다.
• 사용자 그룹이 시스템을 이용해 수행하게 될 작업과 개념이 구체화된다.

④ 컴퓨터 장치 및 기능 정의
• 분석된 작업을 사용자가 어떤 컴퓨터 장치를 통해 수행하는지 정의한다.
• 작업의 내용과 컴퓨터 장치를 통해 수행하는 내용이 일치해야 한다.
• 작업 수행능력 향상을 위해 일반적인 컴퓨터 기능(복사, 붙여넣기, 되돌리기 등)을 제공할 수 있도록 정의한다.

출제 빈도가 낮은 영역입니다.

⑤ 사용자 인터페이스 정의

• 작업을 하기 위한 상호작용 장치(마우스, 키보드 등)를 식별한다.
• 사용자가 작업을 하면서 시스템의 상태를 UI를 통해 명확히 인식할 수 있도록 설계한다.

⑥ 디자인 평가

• 설계된 UI가 분석된 작업을 제대로 반영하였는지 평가한다.
• 설계된 UI가 사용자의 능력과 지식, 편의성을 고려하였는지 평가한다.

02 UI 흐름 설계

1) UI 흐름 설계 프로세스

① 화면에 표현될 기능 식별

• 구축할 시스템에서 각각의 기능적, 비기능적 요구사항이 무엇인지 분석하고 정리한다.

② 화면의 입력 요소 식별

• 화면에 표현되어야 할 기능과 입력 요소를 확인하여 추가적으로 필요한 화면 요소를 식별한다.
• 기능 표현을 위해 필요한 화면들을 식별하고 각 화면 간 흐름을 식별한다.

③ 유스케이스를 통한 UI 요구사항 식별

• UI 요구사항이 반영된 유스케이스를 통해 구현에 필요한 요소와 흐름이 전부 식별되었는지 확인한다.

④ UI 유스케이스 설계

• 주요 기능에 관한 사용 사례(유스케이스)를 바탕으로 UI 유스케이스 설계를 수행한다.
• 각각의 액터가 어떤 행위를 하는지 분석하고 액터를 세분화하여 UI 유스케이스 설계를 수행한다.

⑤ 기능 및 양식 확인

• 기능 수행에 필요한 UI element를 식별하고, 적절한 규칙을 정의한다.

2) UI 설계서 작성 프로세스

① UI 설계서 표지

• 다른 문서와 혼동되지 않도록 프로젝트명이나 시스템명 등을 포함시켜 작성한다.

② UI 설계서 개정 이력

• UI 설계서가 수정될 때마다 어떤 부분이 수정되었는지 정리한 문서이다.
• 첫 작성 시 버전을 1.0으로 설정하고 변경 사항이 있을 때마다 0.1씩 증가시킨다.

③ UI 요구사항 정의

- 사용자의 요구사항을 정리한 문서이다.
- 요구사항별로 UI에 적용이 되었는지 여부를 표시한다.

④ 시스템 구조

- UI 요구사항과 UI 프로토타입에 기초하여 UI 시스템 구조를 설계한다.

⑤ 사이트 맵

- UI 시스템 구조의 내용을 사이트 맵의 형태로 작성한다.
- 사이트 맵의 상세 내용은 표 형태로 작성한다.

⑥ 프로세스 정의

- 사용자 관점에서 요구되는 프로세스들을 진행되는 순서에 맞추어 정리한다.

⑦ 화면 설계

- UI 프로토타입과 UI 프로세스 정의를 참고해 각 페이지별로 필요한 화면을 설계한다.
- 화면별로 고유 ID를 부여하고 별도 표지 페이지를 작성한다.

3) UI 화면 설계 기본 구성

① 윈도우(Window)

- UI 구성 요소를 나타내는 독립적인 박스(Box) 형태의 표시 영역이다.

② 메뉴(Menu)

- 소프트웨어에서 수행할 수 있는 기능을 텍스트로 나열한 영역이다.

③ 아이콘(Icon)

- 수행 가능한 기능이나 현재 소프트웨어의 상태 등을 작은 이미지로 표현한 것이다.

④ 포인터(Pointer)

- 화면상에서 정보 입력이 이뤄지는 위치를 시각적으로 나타낸 것이다.

더 알기 TIP

따로 출제가 될 정도의 난이도는 아니지만, UI 환경의 기초 지식에 해당되는 부분으로 공부해 두는 것이 좋습니다.

4) 유용성 개념 적용

① 유용성 정의

- 사용자가 시스템을 통해 원하는 목표를 '얼마나 효과적으로 달성하는가'를 나타내는 특성이다.
- 유용성이 높은 UI는 사용자가 생각하는 UI와 개발자가 개발하려고 하는 UI의 차이가 적은 것이다.
- 유용성이 줄어드는 원인에는 실행 차와 평가 차가 있다.
  - 실행 차 : 사용자의 목적과 실행 기능이 다름
  - 평가 차 : 사용자의 목적과 실행 결과가 다름

기적의 TIP

실행 차와 평가 차를 구분하고 보완 방법을 제시할 수 있어야 합니다.

② 실행 차를 줄이기 위한 절차
- 사용자 목적을 명확히 파악하여 중복 등의 불필요한 기능이 있는지 확인한다.
- 가능한 친숙하고 다양한 방법을 통해 적은 단계로 수행할 수 있도록 설계한다.
- 사용자가 의도한 행위 순서대로 실행될 수 있도록 설계한다.
  - 과도한 상호작용 배제
  - 피드백, 기본값, 취소, 초기화 기능 등을 적절히 설정

③ 평가 차를 줄이기 위한 절차
- 사용자가 수행한 행위로 인한 UI의 변화를 최대한 즉각적이고 직접적으로 파악할 수 있도록 설계한다.
- 변화된 시스템의 상태를 가능한 단순하고 쉽게 이해할 수 있도록 제시한다.
- 시스템을 통해 사용자의 목적이 충족되는지 사용자가 쉽게 파악할 수 있도록 설계한다.

더 알기 TIP

실행 차는 기능의 수정을 통해 줄일 수 있고, 평가 차는 결과의 수정을 통해 줄일 수 있습니다.

03 UI 상세 설계

기적의 TIP

여러 원칙과 요건을 관통하는 개념은 바로 '효율적인 의사소통'입니다.

1) UI 시나리오

① UI 시나리오 작성
- UI의 기능 구조, 대표 화면, 화면 간 상호작용 흐름 등을 문서화한 것이다.
- 사용자가 UI를 통해 최종 목표를 달성하기 위한 방법이 순차적으로 기록된다.
- UI 시나리오 문서 작성, UI 디자인, UI 구현 순으로 진행된다.

② UI 시나리오 작성 원칙
- UI의 전체적인 기능과 작동 방식을 개발자가 한눈에 쉽게 이해 가능하도록 구체적으로 작성한다.
- 모든 기능은 공통 적용이 가능한 UI 요소와의 상호작용을 일반적인 규칙으로 정의한다.
- 각각의 UI 형태를 대표하는 화면의 레이아웃과 그 화면 속의 기능들을 정의한다.
- 상호작용의 흐름을 순서(Sequence), 분기(Branch), 조건(Condition), 루프(Loop) 등으로 명시한다.
- 예외 상황에 대비한 케이스들과 기능별 상세 기능 시나리오를 정의한다.
- UI 시나리오 규칙을 지정한다.

③ UI 시나리오 문서 작성 요건

- UI 시나리오 문서 작성 요건에는 완전성, 일관성, 이해성, 가독성, 수정 및 추적 용이성 등이 있다.
- 모범적인 UI 시나리오 문서는 오류를 감소시키고 혼선을 최소화하며 비용 및 개발 기간을 감소시킨다.
  - 완전성 : 기능에 대한 누락이 없어야 함
  - 일관성 : 모든 문서의 UI 스타일이 한결같아야 함
  - 이해성 : 첫 사용에도 이해하기 쉽도록 구성해야 함
  - 가독성 : 정보를 쉽게 인식할 수 있도록 여백, 들여쓰기, 줄 간격 등 조정
  - 수정 및 추적 용이성 : 쉽게 추적 및 수정할 수 있어야 함

2) UI 설계 도구의 종류

> 기적의 TIP
> 설명을 보고 해당하는 설계 도구를 답으로 적을 수 있어야 합니다.

① 와이어프레임

- 초기 기획 단계에 제작되며 페이지(화면)에 대한 대략적인 뼈대나 레이아웃만 설계하여 나타낸다.

② 목업

- 실제 화면과 유사한 형태로 제작한 정적인(기능을 반영하지 않은) 모델이다.

③ 스토리보드

- 와이어프레임에 더해 콘텐츠에 대한 설명, 화면 간 이동 흐름을 추가한 문서이다.

④ 프로토타입

- 특정 기능만을 간단하게 구현하여 테스트 및 피드백이 가능한 모델이다.

⑤ 유스케이스

- 요구사항을 빠르게 파악하기 위해 사용자의 요구사항을 기능 단위로 표현한 모델이다.

3) 감성공학(Human Sensibility Ergonomics)

① UI 감성공학 정의

- 인간의 특징이나 감성을 UI 설계에 최대한 반영시키는 기술이다.
- 인간이 추구하는 감성을 구체적인 디자인을 통해 실현하는 공학적인 접근 방식이다.
- 인간의 생체, 감각 등을 과학적으로 측정하여 분석된 감성을 HCI 설계에 반영한 것이다.

② HCI(Human Computer Interface)

- 인간과 시스템의 상호작용이 보다 편리하고 안전하게 이루어지도록 연구하는 학문이다.
- 사용자가 시스템을 이용함에 있어 최적의 경험을 할 수 있도록 하는 것이 최종 목표이다.

③ UX(User eXperience)

- 사용자가 시스템을 이용하면서 느끼게 되는 종합적인 경험을 뜻한다.
- 단순 기능 및 절차, 결과에서의 만족뿐 아니라 시스템과의 상호작용 과정에서 얻게 되는 만족감(가치 있는 경험)에 대한 것이다.
- UI는 사용성과 편의성을 중시한다면 UX는 이를 통해 느끼게 되는 만족감을 중시한다.
- UX의 특징으로는 주관성, 정황성, 총체성 등이 있다.
  - 주관성(Subjectivity) : 같은 현상에 대해 사람들마다 느끼는 감정이 다름
  - 정황성(Contextuality) : 경험이 발생하는 주변 환경에 따라 느끼는 감정이 다름
  - 총체성(Holistic) : 개인의 심리적인 요인에 의해 느끼는 감정이 다름

기적의 TIP

UX는 UI와 비교하는 문제가 출제됩니다. UI의 특징과 구분할 수 있도록 학습하세요.

CHAPTER 02

UI 테스트

학습 방향

UI 설계를 통해 구현된 사용자 인터페이스에 대한 사용성 테스트를 수행하는 과정에 대해 다룹니다. 어떠한 테스트 기법을 사용할 것인지, 선택한 테스트 기법을 수행하는 방법과 함께 구분하여 학습하세요.

SECTION

01 사용성 테스트 계획

출제빈도 상 중 (하)
반복학습 1 2 3

빈출 태그 휴리스틱 평가, 프로토타입, 선호도 평가, 성능 평

01 테스트 기법 선정

1) 사용성 테스트

① 사용성 테스트 정의

- 제품 또는 서비스의 본질과 사용자 간 상호작용의 품질을 검증하는 것이다.
- 학습 용이성, 만족도, 효율성, 기억 가능성, 오류에 대한 만족도를 충분히 제공할수록 사용자에게 높은 품질의 경험 제공이 가능하다.
- 사용성 테스트를 통해 사용자들의 의견을 수집하고 현재의 사용성을 개선할 수 있다.
- 휴리스틱 평가, 페이퍼 프로토타입 평가, 선호도 평가, 성능 평가 등이 있다.

② 사용성 테스트 진행 시 고려사항

- UI가 시각적으로 명확하게 확인, 구별될 수 있도록 구현되어 있는지 확인한다.
- UI가 사용자의 행동을 원하는 방향으로 자연스럽게 유도할 수 있도록 구현되어 있는지 확인한다.
- UI에 대해서 사용자가 의도한 대로 시스템의 반응이 적절하게 구현되어 있는지 확인한다.
- UI가 사용자의 편의성을 충분히 고려하였는지, 그리고 사용자가 예상할 수 있는 행위와 일치하는지에 대해서 확인한다.

③ 사용성 테스트의 필요성

- 구현된 UI의 실제 배포 전에 최종적으로 검증하는 중요한 절차이다.
- UI를 구현한 개발자가 간과하기 쉽고, 발견하지 못한 문제점을 효율적으로 찾아낼 수 있다.
- 실제로 운영 시 발생할 수 있는 문제들을 도출하고, 분석을 통해 예측하여 미리 대책을 세울 수 있다.

④ 사용성 테스트 기법 선정 절차

> 기적의 TIP
> 테스트 기법 선정 절차의 순서는 침착하게 생각해보면 쉽게 기억할 수 있습니다.

2) 휴리스틱(Heuristic) 평가

① 휴리스틱 평가 정의
- 사용성에 대한 문제를 찾아내기 위한 사용성 공학 방법이다.
- 전문가의 이론과 경험을 근거로 하여 일련의 규칙(휴리스틱 가이드라인)들을 만들어 놓고 평가 대상이 그러한 규칙들을 얼마나 잘 지키고 있는가를 확인하는 평가 방법이다.

② 휴리스틱 평가 절차
- 평가 계획을 수립하고 평가를 진행한다.
- 발견된 이슈를 취학하고, 개선 방향을 논의한다.
- 평가 결과를 정리하여 평가보고서를 작성한다.

> 기적의 TIP
> 휴리스틱 평가를 설명할 수 있어야 합니다.

> 기적의 TIP
> 휴리스틱 평가의 완료 후 결과물은 '평가보고서'입니다.

3) 페이퍼 프로토타입(Paper Prototype) 평가

① 페이퍼 프로토타입 평가 정의
- 프로토타입 평가 중 가장 빠른 방법으로 제품의 전반적인 컨셉과 흐름을 빠르고 간결하게 표현할 수 있다.
- 최종 화면에 표시될 컨텐츠를 간단히 요약하여 보여주는 것으로 색상, 타이포그래피, 이미지 등을 생략하여 나타낸다.
- 보는 사람들의 최종 제품에 대한 기대치를 낮출 수 있어 더욱 자유롭게 의견개진이 가능하다.
- 실제 출시될 제품의 디자인을 미리 경험해 봄으로써 수정 및 보완해야 할 부분을 미리 발견할 수 있다.

② 페이퍼 프로토타입 절차
- 종이 위에 제품 및 시스템의 개략도를 그린다.
- 페이지에 특정 순서에 따라 번호나 설명을 별도로 붙인다.
- 사용자, 디자이너들이 실제 형태를 보면서 보완하고 발전시킨다.

> 기적의 TIP
> 프로토타입은 정보처리 전체 영역에서 자주 나오는 중요한 개념입니다.

> 기적의 TIP
> 페이퍼 프로토타입 평가의 완료 후 결과물은 '프로토타입'입니다.

4) 선호도(Preference) 평가

① 선호도 평가 정의

- 제품이나 서비스에 대한 사용자의 선호도에 영향을 미치는 속성들을 파악할 수 있다.
  - "A가 B보다 더 좋다."
  - "C가 D보다 더 편리하다."
- 각 속성들의 중요도에 따른 선호도를 예측하여 사용자의 니즈에 대응할 수 있는 평가 방법이다.
- 사용자의 감성을 제대로 읽어내기 위해 과학적인 시점에서 객관적으로 해석해야 한다.

> 기적의 TIP
> 사용자의 선호도는 감성적인 영역이지만, 그것을 측정하는 시점에서는 객관적이어야 합니다.

② 선호도 평가 내용

- 수집되는 자료의 특성에 따라서 적절한 추정법을 적용해야 한다.
  - 점수(Rating)
  - 순위(Ordinal Ranking)
  - 태도-기반 선호도(Attitude-Based Preference)
  - 속성-기반 선호도(Attribute-Based Preference)

> 기적의 TIP
> 선호도 평가의 완료 후 결과물은 '선호도'입니다.

5) 성능(Performance) 평가

① 성능 평가 정의

- 제품이나 서비스와 연관된 것을 사용해 보고 태스크(Task)별 학습성, 효율성, 기억 용이성, 오류, 만족도 등에 대해 평가한다.
- 제품이나 서비스를 개발하는 단계에 맞춰 진행하며 평가 결과를 바탕으로 성능을 개선한다.

> 기적의 TIP
> 성능 평가의 완료 후 결과물은 '학습성, 효율성, 기억 용이성, 오류, 만족도에 대한 평가'입니다.

② 성능 평가 세부 항목

- 성능 평가의 세부 항목으로는 학습성, 효율성, 기억 용이성, 오류, 만족도 등이 있다.
  - 학습성 : 쉽게 학습할 수 있는지 평가
  - 효율성 : 학습이 끝나면 매번 신속하게 사용할 수 있는지 평가
  - 기억 용이성 : 사용한 기능을 능숙하게 다시 수행할 수 있는지 평가
  - 오류 : 오류가 적고, 사용자가 상황을 쉽게 극복할 수 있는지 평가
  - 만족도 : 사용하는 것이 즐겁고 만족스러운지 평가

> 기적의 TIP
> 성능 평가의 세부 항목을 익혀두세요.

02 사용성 테스트 환경 구축

1) 테스트 목표 설정

① 사용성 테스트 실시 목표 설정

- 사용성 테스트는 막연히 문제점의 발견을 목적으로만 진행하기에는 효율적이지 않다.
- 사용성 테스트의 과제와 구체적인 목표를 설정하면 테스트로 도출해야 하는 것이 무엇인지 명확히 할 수 있고 이후 작업 계획 및 분석 작업 등이 용이해진다.
  - 온라인 쇼핑몰의 경우 구입을 원하는 제품을 문제 없이 구입할 수 있는지를 테스트하고, 구입이 어려운 경우에는 그 원인을 찾아내는 것으로 목표를 설정

② 사용성 테스트 실시 과제 설정

- 실제로 사용자가 해당 시스템이나 소프트웨어를 사용할 때 실시하는 작업들을 감안하여 설정한다.
- 해당 시스템이나 소프트웨어에서 가장 많은 사용자들이 접속하거나 사용할 만한 기능을 과제로 설정한다.
  - 공공기관의 경우 주민등록등본 등의 개인 증빙자료를 발급받기 위해 필요한 정보와 절차 등이 상세히 설명되어 있는지 찾는 것을 과제로 설정

③ 사용성 테스트 실시 소요 예산 확인

- 사용할 수 있는 예산의 범위를 확인하고, 예산에 맞추어 사용성 테스트 계획을 수립한다.
- 예산의 범위 내에서 사용성 테스트의 항목 및 각 항목별 비용에 대해서 예측한다.
- 테스트 룸의 준비, 비품 및 장비의 구입 또는 임대, 테스트 참여자 비용, 테스트 결과 분석 비용 등 각 항목을 도출하고 비용을 산정한다.

> **기적의 TIP**
> 세부적인 항목이 출제될 확률이 낮은 부분입니다. 전체적인 흐름만 파악할 수 있도록 하세요.

2) 주요 평가 항목 검증

① 점검 항목 정의

- 요청된 사용자 수를 수용할 수 있는지를 테스트하고, 요구된 응답 시간 내에 부하를 처리할 수 있는지 테스트하는 등 기본적인 애플리케이션의 성능을 평가한다.
- 수정된 부분이 적절하게 동작하는지, 특히 수정된 부분과 시스템의 나머지 부분이 연동하여 잘 동작하는지, 이들이 개선(改善)보다는 개악(改惡)되지 않았는지를 확인한다.

• 개발 환경에서 작업한 업그레이드 스크립트가 올바르게 동작하는지를 확인하고, 실제로 최종 릴리즈를 이용하여 프로덕션을 업그레이드할 수 있는지를 확인한다.
• 패치 업그레이드, 주요 버전 릴리즈, 운영체제 패치 등과 같은 주요 작업이 시스템을 망가뜨리지 않는지 확인한다.

② 환경 구축 시 고려사항

• UI의 사용성 테스트 환경이 되는 테스트 대상 제품(시스템, 소프트웨어, 웹 사이트 등)은 실제 운영될 대상 제품(시스템, 소프트웨어, 웹 사이트 등) 환경과 유사해야 한다.
• 실제 운영될 대상 제품(시스템, 패키지 소프트웨어, 웹 사이트 등)의 데이터를 대표할 수 있는 데이터를 사용하여 테스트해야 한다.
• UI의 사용성 테스트에는 가능한 한 명 이상의 테스트 참여자를 확보하여 UI 사용성 테스트를 수행해야 한다.

기적의 TIP

OSPF 관련 보기 중 틀린 것을 선택할 수 있어야 합니다.

3) 테스트 환경 구축

① 참여자 확보 시 고려사항

• 대상 제품(시스템, 패키지 소프트웨어, 웹 사이트 등)을 사용할 가능성이 있는 사람들을 대상으로 테스트 참여자 리스트를 확보한다.
• 대상 제품을 개발한 개발자, 웹 사이트 제작자, 주요 고객과 관련된 사람들은 테스트 참여자에서 배제한다.
• 테스트 참여자의 선정에 문제가 있을 경우, 테스트 결과의 신뢰성에 문제가 발생한다.
• 프로젝트의 규모 또는 확보된 사용성 테스트 예산을 고려하여 사용성 테스트 참여자의 인원을 확정한다.
• 사전에 설정된 여러 가지 UI 사용성 테스트 과제를 고려한다.
• 테스트 참여자 리스트에서 최종적으로 참여자를 선정한다.

② 테스트 룸 확보 시 고려사항

• 사용성 테스트를 수행하기 위해 테스트 참여자가 테스팅을 수행하는 테스트 룸을 준비한다.
• 사용성 테스트를 전문적으로 수행하는 시설이 아닌 일반 사무공간에서 테스트를 진행할 경우, 테스트 참여자의 주의를 분산시킬 수 있는 것들은 미리 정리하여 테스트에만 집중할 수 있도록 한다.
• 테스트 진행자가 테스팅을 수행하는 과정을 테스트 진행 인력이 관찰할 수 있도록 관찰실을 준비한다.
• 사용성 테스트에 참여하는 테스트 참여자가 안내를 받고 쉴 수 있는 공간을 추가적으로 준비한다.

• 사용성 테스트 참여자와 테스트 진행자는 함께 대상 제품을 보면서 테스트를 진행할 수 있다.
• 사용자 시선을 추적하는 시선 트래킹 기술과 같은 전문 장비를 사용하는 경우에는 사용자가 심리적으로 부담을 가지지 않도록 충분한 시간을 부여해야 한다.
  – 사용성 테스트 룸 구성의 예

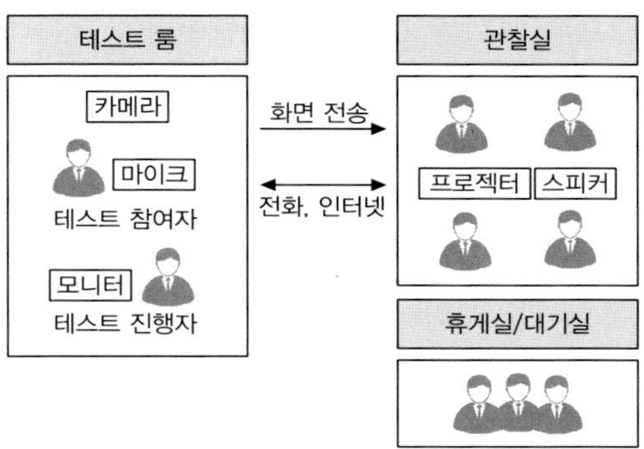

③ 사용성 테스트 장비 및 비품 확보
• 사전에 설정된 테스트 과제가 기록된 자료를 준비한다.
• 테스트 참여자의 촬영 및 녹화 승낙서, 기밀유지 서약서, 참여 수당 영수증 등의 자료를 준비한다.
• 이 밖에도 테스트를 수행하는 데 필요한 각종 서류를 준비한다.
• 테스트 수행에 필요한 테이블, 통신 장치, 촬영 장비 등을 준비하고 설치한다.

④ 사용성 테스트 환경 구축 절차

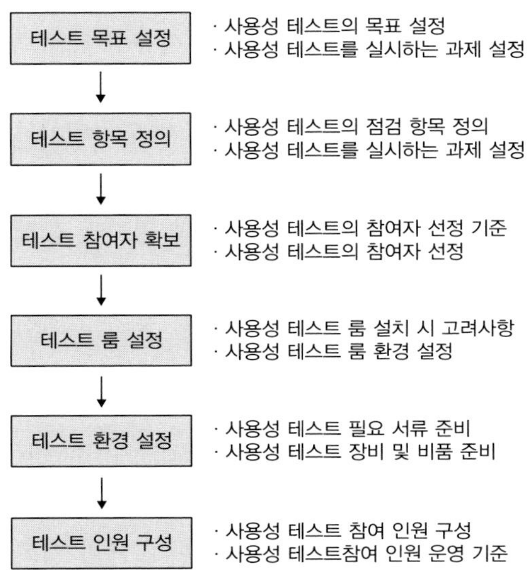

기적의 TIP

제시된 환경 구축 절차가 절대적이지는 않습니다. 단어를 외우려고 하기보다는 논리적으로 우선되어야 하는 것이 무엇인지 익혀두세요.

기적의 TIP

각 역할별 기능을 구분할 수 있어야 합니다.

4) 테스트 진행 인원 구성

① 테스트 진행자

- 사용성 테스트의 진행과 결과에 책임을 지는 사람이다.
- 테스트 대상 제품에 대해 중립적인 사람으로 선정한다.
- 참여자로부터 많은 정보를 얻어낼 수 있는 인터뷰 기술이 필요하다.

② 기록 담당자

- 사용성 테스트 과정에서 발생하는 중요 이벤트를 기록하는 사람이다.
- 테스트 참여자들의 의견, 발견된 오류 등을 상세하게 기록한다.

③ 시간 기록 담당자

- 사용성 테스트의 시작, 끝, 지속 시간을 기록하는 사람이다.

④ 비디오 녹화 담당자

- 사용성 테스트 과정의 모든 행위를 녹화하는 사람이다.

⑤ 테스트 관찰자

- 대상 제품의 개발에 직간접적인 관련이 있는 사람이다.

03 사용성 테스트 계획서 작성

1) 사용성 테스트 계획 수립

① 사용성 테스트 계획서 작성 시 주의점 정의

- 테스트 시나리오 및 테스트 케이스를 검토하면서 효과적인 사용성 테스트 계획을 수립해야 한다.
- 사용성 테스트를 통해서 얻고자 하는 결과는 무엇인지, 사용성 테스트를 어떻게 진행할 것인지에 대한 절차에 대해서 충분히 생각하여, 사용성 테스트 계획서에 구체적으로 명시한다.
- 사용성 테스트는 대상 제품을 개발하여 최종적으로 배포하기 전에 시행하는 평가임을 충분히 고려하여 사용성 테스트 계획서를 작성한다.
- 프로젝트 초기에 사용성 테스트를 수행한 결과가 있다면, 비교 평가를 통해 개발 개선 정도를 평가하는 것을 사용성 테스트 계획서에 포함한다.
- 사용성 테스트를 수행하는 과정에서 테스트의 목적, 범위, 대상 등을 고려하여 주의해야 할 사항에 대해 정리하여 공유한다.

② 사용성 테스트 수행 방법 및 절차 정의

- 사용성 테스트의 목적에 맞는 테스트를 진행하기 위한 세부 사항과 방법론을 설정하고 작성한다.
- 사용성 테스트의 목적에 맞는 테스트를 진행하기 위한 구체적인 단계별 절차에 대해서 정의한다.

• 사용성 테스트의 절차를 계획과 준비 단계, 테스트 실시 단계, 분석 단계로 크게 구분하고 각 단계별 세부적인 수행 내용에 대해서 정의한다.

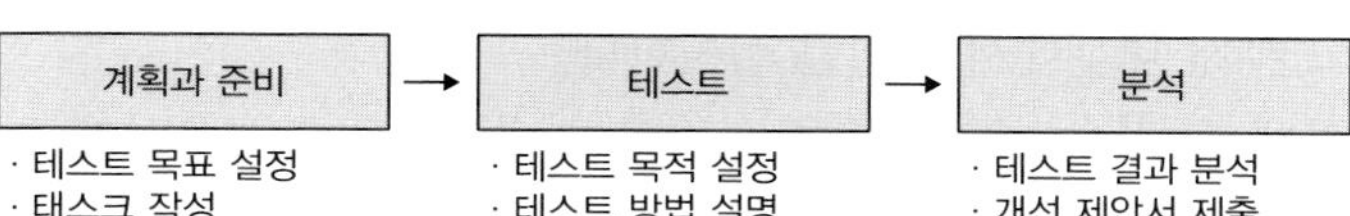

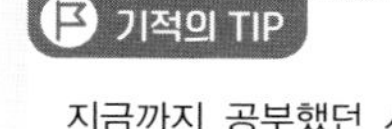

지금까지 공부했던 사용성 테스트를 요약한 것입니다.

2) 관심 항목 및 주요 항목 정리

① 사용성 테스트 수행 목적 및 역할 정의

• 사용성 테스트를 실시하는 대상 제품에 사용성 테스트를 수행하는 목적에 대해서 정의한다.

• 사용성 테스트를 실시하는 대상 제품의 가장 중요한 역할에 대해서 정의한다.

② 사용성 테스트가 필요한 주요 항목 정리

• 사용자가 대상 제품을 활용하여 주로 하는 핵심 활동 및 부수적인 활동에 대해서 정의한다.

• 대상 제품에 대해서 필수적으로 사용성 테스트를 실시해야 하는 사항을 주요 테스팅 항목으로 정의한다.

• 대상 제품에 대해서 사용성 테스트가 필수적은 아니지만 사용성 테스트를 권장하는 사항에 대해서 정의한다.

• 정의된 주요 테스팅 항목에 대해서 사용자가 주로 하는 세부적인 활동에 대해서 정리한다.

• 사용성 테스트를 실시하는 목적을 정리하고, 문서화한다.

3) 주요 이슈사항 정리

① 주요 기능 조사 및 분류

• 사용성 테스트를 실시하는 대상 제품이 사용자에게 제공하는 세부적인 기능들에 대해서 조사한다.

• 조사된 각각의 세부적인 기능들을 유사성, 중요성 등의 기준에 따라 유형별로 분류하여 정리한다.

• 유형별로 분류된 세부적인 기능 사이의 연관 관계를 파악하고, 이를 문서화하여 정리한다.

② 발생 가능한 이슈사항 정리

• 사용성 테스트를 수행하는 부서 및 담당자가 생각하고 있는 이슈사항에 대해서 의견을 제시하고 부서 내부에서 논의를 실시한다.
• 대상 제품을 사용하게 될 사용자들 일부를 선정하여 대략적으로 사용하게 한 뒤에 이들의 의견을 수집한다.
• 과거 유사한 제품에서 사용성 테스트에 중점적으로 관심을 가지고 테스트를 실시한 부분 및 이슈사항에 대해서 조사한다.
• 사용성 테스트 수행 과정에서 발생할 수 있는 이슈사항을 정리하여 문서화한다.

4) 검토사항 정리

① 인터뷰 질문서 작성

• 주요 이슈사항에 대해서 사용성 테스트 대상 제품을 주로 사용하게 될 사용자별로 구분하여 정리한다.
• 주요 사용자별로 사용성 테스트를 위한 사전 인터뷰 항목을 세분화하고, 인터뷰 질문서를 작성한다.

② 인터뷰 결과 정리

• 대상 제품의 주요 사용자에게 인터뷰 질문서를 기반으로 사용성 테스트 이슈사항 도출을 위한 인터뷰를 실시한다.
• 사용자와의 인터뷰 내용 및 사용자의 이슈사항에 대한 의견을 빠짐없이 기록한다.
• 필요시 사용자 인터뷰의 내용을 녹취 또는 녹화를 실시한다.
• 인터뷰 내용을 기반으로 인터뷰 결과 보고서를 작성하고, 이후 사용성 테스트를 수행하면서 확인해야 할 사항을 정리한다.

기적의 TIP

준비, 정돈된 정보를 바탕으로 어떻게 테스트를 수행할지 계획하는 단계입니다.

5) 사용성 테스트 시나리오 설계

① 사용성 테스트 목표 정의

• 사용성 테스트 참여자가 테스트의 목적과 목표를 정확하게 이해할 수 있도록 사용성 테스트의 내용을 구체적으로 작성한다.
• 대상 제품을 사용성 테스트할 시에, 사용자가 이동할 것으로 예상되는 동선을 사전에 정의한다.
• 대상 제품의 주요 기능별 사용성 테스트 측정을 위해서 세부적인 목표를 정의한다.

② 경쟁 제품과 비교 분석

- 대상 제품과 유사한 자사 내 제품을 조사하여 대상 제품의 사용성 테스트와 동일한 환경에서 사용성 테스트를 수행하기 위한 준비를 한다.
- 대상 제품과 경쟁 관계에 있는 타 기업의 제품을 조사하여 대상 제품의 사용성 테스트와 동일한 환경에서 사용성 테스트를 수행하기 위한 준비를 한다.
- 자사 내 유사한 제품 및 경쟁 관계에 있는 타 기업의 제품과 사용성 테스트 수준을 비교하기 위한 항목을 선정한다.

③ 사용성 테스트 순서 설정

- 사용성 테스트 대상 제품의 주요한 기능을 조사하고, 기능 간의 연계성을 파악한다.
- 기능 간의 연계성을 고려하여 사용성 테스트의 순서를 설정한다.

④ 사용성 테스트의 태스크 설정

- 사용성 테스트를 통해서 대상 제품의 모든 기능을 평가하는 것을 사실상 불가능하므로, 대상 제품의 주요 기능을 태스크로 한다.
- 사용성 테스트를 통해서 반드시 검증을 하고자 하는 기능이 있다면 태스크에 포함시켜서 테스트를 진행하도록 한다.

SECTION 02

사용성 테스트 수행

출제빈도 상 중 (하)
반복학습 1 2 3

빈출 태그 파일럿 사용성 테스트, 인터뷰, 사용성 매트릭스

01 사용성 테스트 수행

1) 파일럿 사용성 테스트

> 기적의 TIP
> 파일럿 사용성 테스트의 개념을 악술할 수 있도록 학습하세요.

① 파일럿 사용성 테스트 정의
- 컴퓨터 프로그램 등의 최신 기술을 개발하여 실제 상황에서 운용하기 전에 소규모(사용자 프로필)로 시험 작동을 해보는 것을 말한다.
- 시스템에서 발생할 수 있는 여러 가지 변인들을 사전에 파악하여, 이후 진행될 사용성 테스트 계획서 수립에 반영하기 위한 활동이다.
- 각 단계별 소요 시간 예측과 문제점 파악을 통해 사용성 테스트 계획서를 수정, 보완한다.

> 기적의 TIP
> 프로필을 정의하는 이유는 보다 정확한 테스트 결과를 얻기 위함입니다.

② 사용자 프로필 기준 정의
- 참여자 선정을 위한 연령, 성별, 직급, 업무 등의 선별 항목을 정의한다.
- 테스트 대상 제품 외에 자사 및 타사 유사 제품을 이용해 본 경험이 있는지 등을 파악한다.

③ 사용자 프로필 정의
- 앞서 정한 사용자 그룹에 따라 사용자 프로필을 정의하고 참여 대상 후보자를 리스트화한다.

④ 참여 대상 후보자 인터뷰 진행
- 사용성 테스트 참여 대상 후보자와 전화 인터뷰를 실시하여 사용성 테스트 대상자로서 적합한지 확인한다.
- 전화 인터뷰 결과 별다른 문제점이 없을 경우, 사용성 테스트 참여자로 최종 확정한다.

2) 인터뷰

① 심층 인터뷰
- 일대일 면접을 통해 응답자의 생각이나 느낌을 자유롭게 이야기할 수 있도록 함으로써 응답자의 심리를 파악하는 조사법이다.
- 응답자의 내면 깊숙이 자리잡고 있는 욕구, 태도, 감정 등을 발견할 수 있다.
- 조사원의 면접 및 분석 능력에 따라 조사 결과의 신뢰성과 타당성이 결정된다.
  - 심층 인터뷰 결과물 : 사용자의 동기, 태도, 의견에 대한 심층적인 정보

• 일반적인 심층 인터뷰 진행 절차는 아래와 같다.
  – 조사 대상자 섭외를 위한 리쿠르팅 진행
  – 일대일 개별 인터뷰 진행, 녹음 및 녹화 병행
  – 인터뷰 결과 분석 후 보고서 작성

② 포커스 그룹 인터뷰

• 타겟층으로 예상되는 소비자를 6~12명 정도 선정하여 한 장소에서 면접자의 진행 아래 조사 목적과 관련된 토론을 함으로써 자료를 수집하는 조사법이다.
• 특정 주제와 관련된 대상자들의 감정, 태도, 생각 등을 파악할 수 있다.
• 일반적인 포커스 그룹 인터뷰 진행 절차는 아래와 같다.
  – 조사 대상자 선정
  – 질문의 내용을 포함하는 인터뷰 가이드라인을 작성함
  – 토의를 진행함
  – 분석 후 조사 보고서를 작성함

③ 맥락적 인터뷰

• 맥락적 인터뷰는 서비스 과정 가운데 특정 상황이나 맥락에서 이루어진다.
• 서비스와 인터뷰 대상자들이 실제 상호작용하고 있는 환경에서 인터뷰를 진행한다.
• 인터뷰를 진행하면서 민족지학적(ethnography) 기법으로 특정 행동을 관찰하고 조사할 수 있다.
  – ethnography : 리서치 대상의 환경에 직접 개입하는 연구 방법
• 인터뷰 대상자에 대한 통찰과 서비스를 둘러싼 사회적, 물리적 환경을 이해할 수 있다.
  – 맥락적 인터뷰 결과물 : 인터뷰 대상자의 말과 행동 기록, 음성, 사진 등

> 기적의 TIP
> 예를 들어, 마라토너들과 함께 뛰면서 인터뷰를 하는 방식입니다.

3) 사용성 테스트 환경 점검 실시

① 사용성 테스트 실시를 위한 최종 점검 항목

• 사용성 테스트 룸의 환경이 적절하게 갖추어졌는지 확인한다.
• 사용성 테스트에 참여하는 테스트 진행 인력이 적절하게 구성되었는지 확인하고, 각 진행 인력의 역할에 대해서 점검한다.

② 사용성 테스트 참여자 공지

• 참여자에게 사용성 테스트의 목적, 내용, 일정 등에 대해서 간략히 설명한다.
• 테스트 과정이 녹취 또는 녹화됨을 사전에 공지하고 이에 대한 동의서가 작성되어야 함을 알린다.

- 참여자의 일반적인 인적사항 및 개인정보를 수집할 수 있음을 사전에 알린다.
- 사용성 테스트에 대한 제반사항 및 조건에 대해서 이견이 없는지 확인하고 최종적으로 사용성 테스트에 참여할 것인지 확인한다.

③ 사용성 테스트 수행에 필요한 자료 준비

- 사용성 테스트 안내서, 사용성 테스트 설명서, 사용성 테스트 시나리오 등 테스트 진행에 필요한 자료들을 준비한다.
- 배경 설문 문항, 사전 설문 문항, 사후 설문, 테스트 후 사용자에게 질문할 내용 등 테스트와 직접적으로 관련된 자료들을 준비한다.

4) 사용성 테스트 수행

① 사용성 테스트 설명

- 사용성 테스트의 취지와 목적 등에 대해 설명한다.
- 사용성 테스트의 일정과 방법 등에 대해 설명한다.
- 테스트 참여자들의 개인정보 이용동의서 등의 서류를 확인하는 절차를 진행한다.

② 사용성 테스트 실시

- 테스트 진행자는 테스트 참여자들이 사전에 설정된 테스트 과제를 하나씩 차례대로 실시하도록 한다.
- 테스트 진행자는 테스트 과제의 절차를 리드하고, 기록자는 테스트 참여자들의 테스트 내용이나 문제가 발견된 부분에 대해서 테스트 기록 용지에 기록한다.

③ 테스트 참여자 질의 응답

- 테스트 진행 중에는 테스트 참여자들이 테스트를 실시하는 과정에서 궁금한 점에 대해서 질문한다.
- 테스트가 종료된 이후에는 테스트 진행자와 테스트 기록자들이 테스트 참여자들에게 질문한다.
- 필요시에는 테스트 과정에서 촬영한 화면을 재생하여 함께 확인하면서 질의응답한다.
- 질문과 응답 사항에 대해서 별도로 기록한다.

④ 사용성 테스트 결과 보고서 작성

- 사용성 테스트를 수행할 후 결과 보고서를 작성한다.
- 결과 분석을 통해 평가 분석을 실시한다.

① 파일럿 테스트 실시

· 파일럿 테스트 수행 절차 마련
· 파일럿 테스트를 통한 실제 테스트 소요시간 예측
· 문제점 파악 및 유형별 정리, 이해관계자 공유

② 사용자 프로필 정의

· 사용성 테스트를 위한 사용자 프로필의 기준 정의
· 사용성 테스트 참여 후보자 선정을 위한 인터뷰

③ 사용성 테스트 환경 점검

· 사용성 테스트 진행 인력의 구성 점검
· 사용성 테스트에 필요한 장비 및 비품 점검
· 사용성 테스트 참여자와 인터뷰

④ 사용성 테스트 설명

· 사용성 테스트의 취지 및 목적 설명
· 사용성 테스트의 일정과 방법 설명

⑤ 사용성 테스트 수행

· 테스트 과제의 순차적 실시
· 테스트 중 문제점 및 이슈사항 기록
· 테스트 참여자에 상세 내용 인터뷰
· 테스트 참여자들의 질의 응답
· 테스트 결과보고 작성

기적의 TIP

수행 절차별 세부 항목을 구분할 수 있어야 합니다.

02 평가 분석서 작성 및 이슈 도출

1) 사용성 테스트 결과 분석

① 결과 분석 준비

- 결과를 분석하기 위한 일정, 분석 참여자, 절차, 보고서 작성 등의 기준을 마련한다.
- 사용성 테스트에 대한 기억이 선명하게 남아 있을 때, 분석을 실시해야 하므로 사용성 테스트 결과 분석은 반드시 테스트 직후에 실시한다.
- 사용성 테스트의 테스트 진행자, 테스트 기록자 등이 테스트 결과를 분석하고, 발견된 문제점에 대해서 분석을 실시한다.

② 테스트 신뢰성

- 테스트 진행 과정이나 절차 상에 문제가 있었을 경우, 테스트 결과의 신뢰성에 의심을 받을 수 있으므로 이를 반드시 확인한다.
- 테스트 신뢰성 문제로 테스트 결과를 의심받는 경우, 결과의 분석은 의미 없는 행위이다.
- 테스트 신뢰성에 영향을 미칠 수 있는 여러 가지 요소들을 사전에 고려하여, 테스트를 수행하기 전에 방지할 수 있도록 한다.
- 사전에 방지하지 못하였을 경우에는 테스트 직후나 결과 분석 단계에서라도 파악할 수 있어야 한다.

2) 사용성 테스트 성공 여부 분석

① 성공 여부 판단 기준 마련

- 대상 제품의 사용성 테스트의 태스크 성공 또는 실패 여부를 판단하기 위한 측정 기준을 확보하여 숙지한다.
- 사용성 테스트 참여자가 측정 기준에 따라 사용성 테스트의 태스크 성공 또는 실패 여부를 측정한 측정표를 확보하여 분석한다.

② 태스크 성공 매트릭스 작성

- 사용성 테스트의 주요 태스크에 따라서 성공하였는지, 실패하였는지 여부를 기록하는 태스크 성공 매트릭스를 작성한다.
  - UI 개선 이전과 이후의 태스크 성공 여부의 빈도 분포를 표현

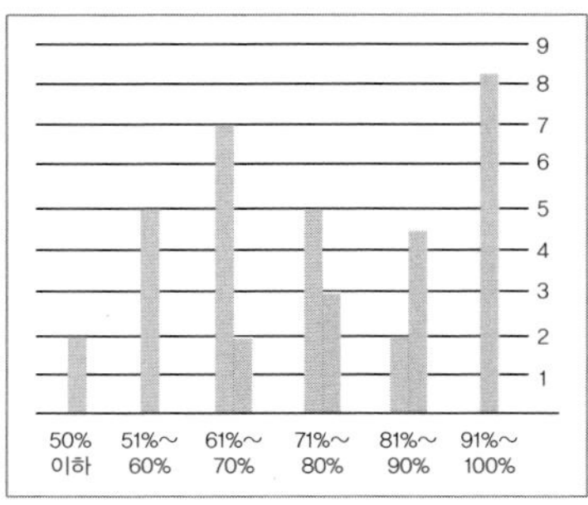

- 작성된 사용성 테스트의 태스크 성공 매트릭스를 분석하여, 대상 제품의 사용성 평가 분석서에 반영한다.

③ 개인별 성공 여부 비교 분석

- 동일한 대상 제품의 동일한 태스크로 테스트 참여자가 2명 이상일 경우에, 테스트 참여자의 개인별 성공 또는 실패 여부에 대한 자료를 확인한다.
- 테스트 참여자별로 태스크별 성공 또는 실패 여부에 차이가 있을 경우, 해당 원인에 대해서 파악한다.

> **기적의 TIP**
> 차트 및 설명이 어떤 매트릭스를 나타내는지 구분할 수 있어야 합니다.

3) 사용성 테스트 소요 시간과 동선 분석

① 시간 기반 태스크 매트릭스 작성

- 일반적인 경우, 사용자가 태스크를 빠르게 완료하는 것을 더 나은 경험이라고 규정하고 시간 기반 매트릭스를 실시한다.
- 스톱워치나 손으로 직접 태스크를 수행하는 데 소요된 시간을 기록하거나, 자동화 툴을 사용하여 데이터를 수집한다.
- 각각의 태스크를 수행하는 데 소요된 시간을 측정하고 다른 태스크에 비교하여 많은 시간이 소요된 태스크에 대해서 원인을 분석한다.

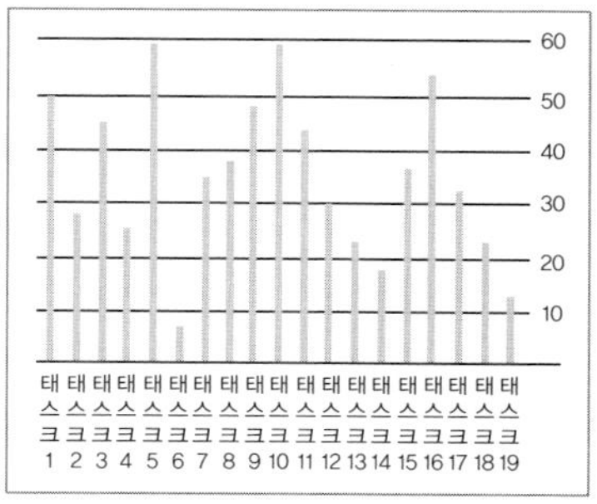

② NEM 기법(Novice Export retio Method)

- 초심자(Novice)와 숙련자(Export)를 사용성 테스트에 참여시켜서 대상 제품의 태스크 수행 시간을 비교하여 문제점을 객관적으로 제시하는 사용성 테스트 기법이다.
- 페이지 이동 횟수 및 클릭과 커서 횟수를 파악하여 이동 동선을 분석한다.

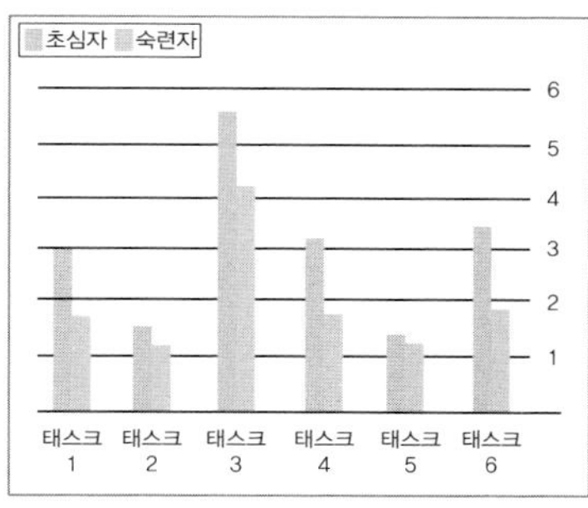

③ 효율성 매트릭스

- 태스크를 완료하기 위해서 걸리는 시간뿐 아니라, 인지적 노력과 물리적 노력의 양을 중요하게 여길 때 효과적인 방식이다.
- 효율성은 흔히 태스크를 완료하는 데 필요한 단계나 행동의 개수에 의해 측정되고, 또는 태스크마다 걸린 평균 시간과 태스크 성공률의 비율에 따라 측정되기도 한다.

4) 문제점 분석

① 에러 매트릭스

- 태스크를 수행하는 동안 사용자가 범한 실수를 수집하여 분석하는 기법이다.
- 태스크 진행 중 얼마나 많은 실수가 어느 부분에서 발생했는지, 디자인에 따라 어떤 종류의 에러가 얼마나 자주 일어나는지 파악할 수 있다.

② 개별 문제점들의 조사 및 분석

- 각각의 사용성 테스트 참여자가 사용성 테스트 수행 과정에서 제기한 문제점 등을 정리한다.
- 사용성 테스트 참여자가 제기한 문제점 등을 유사한 사항으로 분류한다.

> **기적의 TIP**
> 에러 매트릭스는 프로그램의 에러가 아닌 사용자의 실수를 분석합니다.

③ 분류된 문제점들의 비중 분석

• 카테고리화된 문제점별로 건수 및 비중을 정의한다.
• 각각의 태스크별로 문제점의 비중을 쉽게 이해할 수 있도록 도표로 작성한다.
• 전제 태스크의 문제점 비중을 도표로 작성한다.

④ 사용성 평가 분석서 작성

• 사용성 테스트를 진행한 후 평가 분석서를 작성한다.

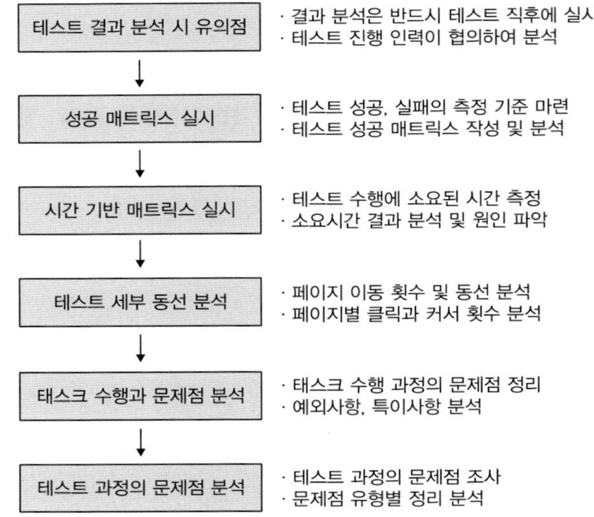

SECTION
03 테스트 결과 보고

출제빈도 상 중 (하)
반복학습 1 2 3

빈출 태그 UI 개선 결과 보고서

01 UI 개선 방안 및 수정 계획 수립

> 기적의 TIP
> 이번 섹션은 전체적으로 출제 빈도가 매우 낮습니다. 내용에 대한 암기보다는 계획 및 보고서 작성에 대한 상식적인 기본 개념을 습득한다는 느낌으로 학습하시기 바랍니다.

1) 도출된 이슈사항의 이해

① 원인 파악과 자료 확보

- 사용성 테스트를 수행하는 과정에서 도출된 이슈사항의 원인에 대해서 분석한다.
- 이슈사항이 단기적으로 해결이 가능한 것인지 장기적인 시간이 소요되는 문제인지 파악하고 해결을 위한 방안을 수립한다.
- 도출된 이슈사항들 사이에 연관성이 없다면, 개별적인 이슈사항에 대해서만 분석하고 개선 방안 수립에 반영한다.
- 도출된 이슈사항들 사이에 연관성이 있다면, 하나의 이슈사항을 개선할 경우 다른 이슈사항에 영향을 미칠 수 있는 상관관계를 분석하여 개선 방안 수립에 반영한다.

2) 개선 방안 수립 준비

① 개선 방안 수립의 목적 정의

- 사용자에게 보다 나은 UI를 제공하기 위해 UI 개선 방안을 수립하는 것이다.
- UI 개선 방안의 수립 목적은 보완, 삭제, 추가 등의 UI 수정 계획의 기반 자료로 활용하기 위해서이다.
- UI 개선 방안 수립 배경과 목적에 대한 설명을 참조하여 해당 UI 개선 방안 수립 배경과 목적을 정의한다.
- 정의된 UI 개선 방안의 수립 배경과 목적을 이해관계자들에게 공유한다.

② 개선 방안 수립 인원 구성

- 사용성 테스트를 진행한 평가 진행자, 기록 담당자, 시간 기록 담당자, 비디오 녹화 담당자, 관찰자 중에서 평가 진행자와 관찰자를 포함하여 구성한다.
- 효과적인 UI 개선 방안 수립을 위해, 사용성 테스트 대상 UI를 직접 개발한 개발자와 PM를 UI 개선 방안 수립에 참여시킨다.
- 타 프로젝트에서 UI 개선 방안을 수립한 경험이 있는 인원을 섭외하여 구성한다.

- 기타 UI 개선 방안 수립에 도움이 될 것으로 생각되는 내부 및 외부 전문가를 섭외하여 구성한다.
- 구성된 인원에 대해서 UI 개선 방안 수립의 목적 일정에 대해서 공유하고 각자의 역할에 대해서 인지시킨다.

3) 개선 방안 수립

① 개별적 이슈사항의 개선 방안 수립

- 사용성 테스트 참여자가 제시한 이슈사항에 대해서 실제로 UI 개선이 필요한 것인지, 필요하다면 어느 정도 UI 개선을 해야 하는지 검토한다.
- 검토 결과 UI 개선이 필요하다면 개선에 필요한 비용, 일정 등을 개략적으로 산정하여 UI 개선의 효율성에 대해서 검토한다.
- 최종적으로 이슈사항으로 제기된 UI에 대해서 UI의 개선 수준 및 범위, 개선에 필요한 비용, 일정, 투입 인력 등이 상세하게 제시된 UI 개선 방안을 작성한다.

② 연관성 있는 이슈사항 개선 방안 수립

- 사용성 테스트 참여자가 제시한 이슈사항에 대해서 실제로 UI 개선이 필요한 것인지, 필요하다면 어느 정도 UI 개선을 해야 하는지 검토한다.
- 하나의 이슈사항에 대해서 UI를 개선할 경우, 다른 어떤 이슈사항에 영향을 미치는지에 대해서 검토한다.
- 검토 결과 UI 개선이 필요하다면 개선에 필요한 비용, 일정 등을 개략적으로 산정하여 UI 개선의 효율성에 대해서 검토한다.
- 최종적으로 이슈사항으로 제기된 UI에 대해서 UI의 개선 수준 및 범위, 개선에 필요한 비용, 일정, 투입 인력 등이 상세하게 제시된 UI 개선 방안을 작성한다.

기적의 TIP

개별적 이슈사항과 연관성 있는 이슈사항의 개선 방안 차이는 "다른 이슈에 대해 영향을 미치는지"에 대해 고려해야 한다는 점입니다.

4) 수정 계획 수립

① 개선 방안 보고서 작성 및 검토

- 개선 방안 보고서에 포함될 내용들을 고려하여 목차를 수립한다.
- 개선 방안 수립과 관련된 자료들을 정리하여 개선 방안 보고서에 포함될 내용을 확인한다.
- 개선 방안 보고서를 작성하고 검토한다.

② 고객에서 개선 방안 설명

- 실제 시스템을 사용할 고객들에게 사용성 테스트 결과에 대한 보고와 구체적 개선 방법을 설명한다.

02 UI 개선 결과 보고서 공유

1) UI 개선 결과 확인

① 사용성 테스트 관련 산출물 분석

- 테스트 수행 과정에서 UI 개선 방안이 도출된 원인에 대해서 이해한다.
- 도출된 UI 개선 방안을 해결하기 위한 수정 계획에 대해서 이해한다.
- 이전에 수행하였던 유사한 UI 개선 방안과 수정 계획이 있었는지 조사한다.
- UI 개선 방안을 도출하고 수정 계획을 수립하는 과정에서 발생한 이슈들을 정리하고 문서화한다.

2) UI 개선 결과 보고서 공유 방안 수립

① T/F 조직 구성

- 프로젝트 관리자, UI/UX 책임자, UI 테스트 담당자 등으로 공유 계획을 수립하기 위한 T/F(Task Force)를 구성한다.
- 해당 T/F는 UI 개선 방안과 수정 계획을 이해관계자들에게 공유하기 위한 계획을 수립하고 공유하는 역할을 담당한다.

② 세부 방안 수립

- 다른 기업들은 어떠한 UI 개선 방안이 있으며, 이에 대해 어떠한 수정 계획을 마련하였는지 벤치마킹한다.
- 기존에 사내에 결과 보고서 등을 공유하는 방안들로는 어떠한 것들이 사용되었는지를 파악하고 각각의 방안에 대해서 장단점을 비교 분석한다.
- UI 개선 결과 보고서를 공유하기 위한 계획을 수립하고, 세부적인 실행 방안들을 마련한다.

③ 결과 보고서 작성 완료 공지

- 문서화된 UI 개선 결과 보고서를 관련 직원에게 일정 수량 이상 배포될 수 있도록 인쇄하여 UI를 개발하는 개발자, 프로젝트 PM, 사용성 테스트 진행자 등에게 배포한다.
- 향후, 대상 제품의 매뉴얼 개발 시에 참조할 수 있도록 관련 담당자에게 공유한다.

3) UI 개선 결과 보고서 공유

① UI 개선 결과에 대한 설명회 개최

- UI 개발, UI 테스트, UI 개선 등 UI의 개발과 직접적으로 관련되는 업무를 수행하는 인원을 필수적으로 설명회에 참석하도록 포함시킨다.
- UI 개선 결과 보고서와 관련된 설명회 일자와 장소를 확정하고, 이를 참석자에게 공지한다.

- UI 개선 결과 보고서와 관련된 설명회를 실시할 내부 직원을 섭외하고, 설명회를 실시하기 위한 자료를 개발하도록 한다.
- UI 개선 결과에 대해서 설명회를 실시하고, 참석자들로부터 질의응답을 받는다.
- 설명회 실시 결과를 정리하여 문서화한다.

② UI 개선 결과에 대한 소규모 세미나 개최

- 소규모 세미나의 일정, 장소, 참석 대상자 등을 고려하여 세미나 운영 세부 방안을 마련한다.
- 세미나를 진행하고 운영할 담당자를 선정하고, 세미나에서 필요한 문구류와 비품 등을 준비한다.
- 세미나에 참석하는 대상들의 일정을 확인하여 세미나를 실시할 날짜와 시간을 확정한다.
- 세미나를 실시할 기업 내부의 장소 또는 외부의 장소를 확보한다.

③ UI 개선 결과 보고서 공유 결과 보고서 작성

- UI 개선 방안과 수정 계획 등의 내용이 포함된 UI 개선 결과 보고서를 공유하는 방안에 대해서 정리한다.
- 기타 UI 개선 방안과 수정 계획 등의 내용이 포함된 UI 개선 결과 보고서를 공유하는 과정에서 발생한 문제점 및 이슈사항들을 정리한다.

합격을 다지는 예상문제

01 UI가 추구하는 분야 중, 사용자가 쉽고 간편하게 시스템을 이용할 수 있도록 하는 분야는 무엇인지 쓰시오.

▶ **답안기입란**

02 UI 시스템의 필수 기능을 3가지 이상 쓰시오.

▶ **답안기입란**

03 아래에서 설명하는 UX의 특징은 무엇인지 [빈칸]에 적절한 용어를 쓰시오.

사용자가 시스템을 이용하면서 느끼게 되는 종합적인 경험을 뜻한다.
단순 기능 및 절차, 결과에서의 만족뿐 아니라 시스템과의 상호작용 과정에서 얻게 되는 만족감(가치 있는 경험)에 대한 것이다.
[ㄱ] : 같은 현상에 대해 사람들마다 느끼는 감정이 다름
[ㄴ] : 경험이 발생하는 주변 환경에 따라 느끼는 감정이 다름
[ㄷ] : 개인의 심리적인 요인에 의해 느끼는 감정이 다름

▶ **답안기입란**

ㄱ :
ㄴ :
ㄷ :

ANSWER

01. 기능적 분야
02. 프롬프트, 명령 검증, 결함 처리, 결함 안내, 도움말
03. ㄱ : 주관성(Subjectivity) / ㄴ : 정황성(Contextuality) / ㄷ : 총체성(Holistic)

PART

03

프로그래밍 언어 활용

3과목 소개

C와 Java, Python 문법을 기초로 하는 프로그래밍 문제와 운영체제 관련 문제들이 출제됩니다. 프로그래밍 언어의 기초가 없는 경우에는 기초부터 꼼꼼하게 학습해야 하고, 운영체제 부분 역시 암기할 내용이 많아서 비전공자분들이 가장 많이 좌절하는 과목이기도 합니다. 그렇지만 실기에서도 큰 비중을 차지하기 때문에 반드시 확실하게 공부해야 하는 과목이기도 합니다.

CHAPTER 01

프로그래밍 개발 환경 구축

학습 방향

출제 비중이 거의 없는 편이지만, 나머지 챕터를 위한 기초 영역이기 때문에 무시할 수 없는 챕터입니다. 언어 기초가 이미 학습되어 있는 분들도 놓치고 있는 부분은 없는지 체크한다는 느낌으로 한 번은 정독하고 넘어갈 수 있도록 하세요.

SECTION 01

프로그램 개발 환경 구성

출제빈도 상 중 (하)
반복학습 1 2 3

빈출 태그 언어별 특징, 배치 프로그램

01 프로그래밍 언어

1) 프로그램 개발 언어

① 프로그램 개발 언어의 선정 기준

- 프로그램 개발에 필요한 언어의 선정에는 알고리즘 및 자료 구조의 난이도와 소프트웨어의 수행 환경, 담당 개발자의 경험과 지식 등을 고려해야 한다.
- 일반적인 선정 기준에는 적정성, 효율성, 이식성, 친밀성, 범용성이 있다.
  - 적정성 : 목표하는 개발 시스템의 목적에 부합
  - 효율성 : 적은 시간과 노력으로 원하는 목표 도달
  - 이식성 : 일반적인 운영 환경에 설치 가능 여부
  - 친밀성 : 개발자의 언어에 대한 이해도
  - 범용성 : 다양한 경험 사례와 사용 분야

② 프로그래밍 언어

- 컴퓨터 하드웨어가 명령을 수행하게끔 지시하는 표기법, 문법, 구문이다.
  - 하드웨어 : 컴퓨터를 구성하는 물리적인 기계장치
  - 소프트웨어 : 하드웨어를 운영하기 위해 개발되는 프로그램
  - 프로그래밍 : 프로그램을 제작하는 절차
  - 코딩 : 코드를 통해 프로그램을 작성하는 과정
- 프로그래밍 언어는 정확한 문법과 코드를 가진다.
  - 문법 : 정확한 형태의 구문(Syntax)
  - 코드 : 정확한 의미체계(Semantic)

+ 더 알기 TIP

인간이 사용하는 자연어(한국어, 일본어, 영어 등)는 사용하는 상황이나 사용자의 경험 및 받아들이는 사람의 상태에 따라 다양하게 해석될 수 있습니다. 특히 우리나라 언어는 어순이나 문법요소를 몇 가지 생략하더라도 의미 전달이 가능하죠. 하지만 컴퓨터는 이러한 부정확하고 모호한 의미를 가진 언어를 해석하지 못합니다. 때문에 어떤 컴퓨터든 어떤 상황이든 하나의 해석을 도출할 수 있도록 만든 언어가 바로 프로그래밍 언어입니다.

③ 저급 언어와 고급 언어

• 프로그래밍 언어는 사람과의 친밀성을 기준으로 저급 언어와 고급 언어로 나뉜다.
  – 저급 언어 : 배우기 어렵고 성능이 빠른 언어, 기계친화적, 호환성 낮음(기계어, 어셈블리어 등)
  – 고급 언어 : 배우기 쉽고 성능이 느린 언어, 인간친화적, 호환성 높음(C, Java, Python 등)

④ 언어 번역 프로그램

• 개발자가 프로그래밍 언어로 작성한 프로그램 코드를 원시(Source) 프로그램이라고 한다.
• 원시 프로그램을 컴퓨터가 이해할 수 있는 목적 프로그램으로 번역해주는 것이 언어 번역 프로그램이다.
• 언어 번역기라고도 하며 대표적으로 어셈블러, 컴파일러, 인터프리터가 있다.
  – 어셈블러 : 어셈블리어 코드 번역, 명령 연산 기호화 기계어를 1:1 대응
  – 컴파일러 : 고급 언어 코드 전체 번역, 번역 속도 느림, 실행 속도 빠름
  – 인터프리터 : 고급 언어 코드 행 단위 번역(목적 프로그램 생성 안 함), 번역 속도 빠름, 실행 속도 느림

2) 프로그래밍 언어의 종류

> **기적의 TIP**
> 각 언어의 특징을 구분할 수 있어야 합니다.

① C

• UNIX 운영체제 구현을 위해 1972년에 개발된 언어이다.
• 문법의 간결성, 효율성, 효과적인 포인터 타입 제공 등으로 인해 최근까지 가장 많이 사용되는 시스템 프로그래밍 언어이다.

② C++

• C언어와 객체지향 기술을 통합한 프로그래밍 언어이다.
• C언어에 대한 상위 호환성을 갖지만, 기존의 없던 개념을 통합함으로써 매우 복잡한 규격을 가지게 되었다.

③ Java

• 객체지향 프로그래밍을 위해 개발된 프로그래밍 언어이다.
• 컴파일을 통해 생성된 class 파일을 가상 머신을 통해 실행하는 방식이다.
• C++에 비해 구조가 단순하며 분산 환경 시스템 및 보안성을 지원한다.
• Garbage Collector를 통해 메모리 관리를 수행한다.
  – Garbage Collector : 더 이상 사용되지 않는 객체를 메모리에서 자동으로 제거하는 모듈

④ JavaScript

- 웹 페이지 동작을 구현하는 객체지향 스크립트 언어로 1995년에 개발되었다.
  - 스크립트 언어 : 목적 프로그램 생성 없이 즉시 번역하여 실행하는 언어
- 쉬운 난이도로 빠른 시간에 코드를 완성할 수 있고 확장성이 좋다.
- 프로토타입을 기반으로 객체 상속이 가능하다.
- 보안이나 성능 면에서는 다른 언어와 비교하였을 때 부족한 편이다.

⑤ Python

- 문법의 구조가 매우 단순하여 배우기 쉽고 이식성이 좋다.
- 다양한 라이브러리를 제공하며 동적 타이핑을 지원하는 객체지향 스크립트 언어이다.

더 알기 TIP

자바스크립트와 파이썬은 스크립트 언어인 동시에 객체지향 언어이기도 합니다. 따라서 "스크립트 언어이다." 또는 "객체지향 언어이다."라고만 되어 있어도 틀린 것이 아닙니다.

  - 동적 타이핑 : 자료형의 결정을 컴파일 단계가 아닌 런타임(실행) 단계에서 결정하는 방식
- 시스템(하드웨어) 직접 제어를 제외하면 거의 모든 기능을 수행할 수 있다.

⑥ PHP

- HTML에 포함되어 동작하는 서버측 스크립트 언어이다.
- C언어와 유사한 문법 구조를 가지며 객체지향 프로그래밍을 지원한다.
- 다양한 라이브러리를 사용할 수 있지만 비교적 보안에 취약하다.

02 개발 환경 구성

1) 하드웨어 환경 구성

① 클라이언트 환경 구성

- 서버측 시스템에서 제공하는 서비스를 이용하기 위한 하드웨어 및 소프트웨어이다.
  - PC, 웹 브라우저, 모바일 앱 등
- 서버 시스템과 사용자와의 인터페이스를 제공한다.

② 서버 환경 구성

- 서버 환경은 다양한 활용 목적에 따라 다양한 구성으로 나뉜다.
  - 웹 서버 : 클라이언트에서 요청하는 정적 파일을 제공하는 환경
  - 웹 애플리케이션 서버 : 동적 웹 서비스를 제공하는 환경
  - 데이터베이스 서버 : 데이터베이스가 설치, 운영되는 환경
  - 파일 서버 : 파일 저장과 공유를 위한 환경

2) 소프트웨어 환경 구성

① 요구사항 관리 도구

- 목표 시스템의 기능과 제약 조건 등의 고객 요구사항을 수집, 분석, 추적하는 것을 지원하는 도구이다.
  - JFeature, JRequisite, OSRMT, Trello 등

② 모델링 도구

- 기능의 논리적 결정을 위한 UML 지원, DB 설계 지원 등의 기능이 있는 도구이다.
  - ArgoUML, DB Designer, StarUML 등

③ 소프트웨어 구현 도구

- 프로그램 개발에 가장 많이 사용되는 도구로서, IDE(통합 개발 환경, Integrated Development Environment) 도구라고도 한다.
- 코드의 작성 및 편집, 디버깅 등과 같은 다양한 기능이 있다.
  - Coding : 자바, 파이썬 등 개발언어를 통해 애플리케이션 개발 환경 제공
  - Compile : 문법에 어긋나는지 확인하고 기계어로 변환하는 기능 제공
  - Debugging : 프로그래밍 과정에 발생하는 오류 및 비정상적인 연산 제거
  - Deployment : 외부 형상, 배포관리 기능과 연계되어 자동 배포 등 가능
  - DB Link : JDBC, ODBC 등을 통한 데이터베이스 연동
- 구현해야 할 소프트웨어가 어떤 프로그래밍 언어로 개발되는지에 따라 다양한 도구들이 존재한다.
  - Eclipse, Visual Studio Code, IntelliJ, NetBeans 등

④ 소프트웨어 테스트 도구

- 소프트웨어의 품질을 높이기 위해 테스트에 사용되는 소프트웨어 도구들이다.
- 코드의 테스트, 테스트에 대한 리포팅 및 분석 등의 작업이 가능하다.
  - xUnit, STAF, Valgrind, JMeter 등

⑤ 소프트웨어 형상관리 도구

- 개발자들이 작성한 소스 및 리소스 등 산출물에 대한 버전 관리를 위한 도구이다.
- 다수의 개발자들로 구성된 팀 단위 프로젝트로 진행할 때 유용하다.
  - CVS, Subversion, Git 등

⑥ 소프트웨어 빌드 도구

- 개발자가 작성한 소스에 대한 빌드 및 배포를 지원하는 도구이다.
- 프로젝트에서 사용되는 구성 요소들과 라이브러리들에 대한 의존성 관리를 지원한다.
  - Ant, Maven, Gradle 등

기적의 TIP

소프트웨어 구현, 테스트, 형상관리 도구에 집중하여 학습하세요.

3) 배치 프로그램

① 배치 프로그램 정의

- 사용자의 상호작용 없이 일련의 작업들을 정기적으로 반복 수행하거나 정해진 규칙에 따라 일괄 처리하는 기능을 가진 프로그램이다.
- 배치 프로그램의 필수 요소는 대용량 데이터 처리, 자동화, 견고함, 안정성, 성능이 있다.
  - 견고함 : 유효하지 않은 데이터 처리에 의해 동작이 중단되지 않아야 함
  - 안정성 : 문제의 유형과 발생 시점 등을 추적할 수 있어야 함
- 스프링 배치, Quartz 스케줄러 등의 배치 스케줄러를 통해 주기적으로 수행해야 하는 작업을 지원한다.

② Spring Batch

- Spring Source사와 Accenture사의 공동 작업으로 2007년에 개발한 스프링 프레임워크 기반 오픈 소스 프레임워크이다.
  - 스프링 프레임워크의 3대 요소 : DI, AOP, 서비스 추상화

③ Quartz Scheduler

- 스프링 프레임워크에 플러그인되어 수행하는 Job과 실행 스케줄을 정의하는 Trigger를 분리하여 유연성을 제공하는 오픈 소스 스케줄러이다.

기적의 TIP

배치 프로그램의 설명과 올바른 용어를 연결할 수 있어야 합니다.

SECTION
02

소프트웨어 개발 프레임워크

출제빈도 (상) 중 하
반복학습 1 2 3

빈출 태그 시스템 소프트웨어, 프레임워크, 소프트웨어 아키텍처, 디자인 패턴

01 소프트웨어

1) 상용 소프트웨어

① 상용 소프트웨어 특징

- 상업적 목적이나 판매를 목적으로 개발되는 소프트웨어이다.
- 소프트웨어 개발에 사용된 소스 코드는 배포하지 않는다.
- 다양한 형태의 라이선스를 이용하여 배포되며 기술 지원을 보증한다.

+ 더 알기 TIP

핵심 기능을 축소한 프리웨어, 사용 기간을 제한하는 쉐어웨어, 광고를 포함하는 애드웨어 등도 이윤 창출을 목적으로 제작되기 때문에 상용 소프트웨어라고 볼 수 있습니다. 소스 코드가 없다면 함부로 복제하거나 변형시킬 수 없겠죠?

② 상용 소프트웨어 분류체계

- 상용 소프트웨어는 범용과 특화 소프트웨어로 나뉜다.
  - 산업 범용 소프트웨어 : 시스템 SW, 미들웨어, 응용 SW 등
  - 산업 특화 소프트웨어 : 자동차, 항공, 교육, 물류 등의 산업 전용

2) 응용 소프트웨어

① 응용 소프트웨어 특징

- 특정 업무를 처리하기 위한 목적으로 작성된 소프트웨어이다.
- 애플리케이션, 응용 솔루션 및 서비스 등 다양한 이름으로 불린다.

② 응용 소프트웨어 분류체계

- 응용 소프트웨어는 크게 6가지로 나뉜다.
  - 기업용 소프트웨어 : 오피스웨어, ERP, SCM, BI, CRM 등
  - 영상 처리 소프트웨어 : 영상 인식, 스트리밍, 영상 편집 등
  - CG/VR 소프트웨어 : 3D 스캐닝과 프린팅, 모델링, 가상현실, 홀로그램 등
  - 콘텐츠 배포 소프트웨어 : 콘텐츠 보호, 관리, 유통 등
  - 자연어 처리 소프트웨어 : 정보 검색과 질의응답, 의사 결정 지원, 언어 분석 등
  - 음성 처리 소프트웨어 : 음성 인식, 합성, 처리 등

기적의 TIP

응용 소프트웨어 분야는 지금도 확장되고 있습니다. 책에서는 대부분 기업용 소프트웨어를 중심으로 소프트웨어 이론을 설명합니다.

• 기업용 소프트웨어들의 특성은 아래와 같다.
  – 오피스웨어 : 워드, 엑셀, 그룹웨어 등의 일반 업무용
  – ERP : 경영 활동 프로세스 통합 관리
  – SCM : 물류의 흐름 파악 및 지원
  – BI : 데이터를 활용하여 의사 결정 지원
  – CRM : 고객 특성에 맞는 마케팅 활동 지원

3) 시스템 소프트웨어

① 시스템 소프트웨어 정의

• 사용자가 손쉽고 효율적으로 컴퓨터 시스템을 사용하도록 돕는 소프트웨어이다.
• 일반적으로 하드웨어 제작사에서 제공되며 운영체제와도 같은 의미를 가진다.

② 시스템 정의(기본 요소 포함)

• 컴퓨터 시스템과 같은 의미로 쓰이며, 특정 업무를 수행하기 위해 중앙 처리 장치를 중심으로 구성된 하드웨어 및 소프트웨어의 총칭이다.
• 컴퓨터 시스템은 기본적으로 입력, 처리, 출력, 제어, 피드백의 기능을 수행하기 위한 장치들이 존재한다.
  – 입력(Input) : 시스템 처리가 필요한 데이터, 제어 요소 등을 전달
  – 처리(Process) : 입력된 값을 정해진 방식에 맞게 처리하여 결과를 도출
  – 출력(Output) : 처리 결과를 출력 장치(모니터, 프린터 등) 및 저장 장치로 전달
  – 제어(Control) : 데이터 처리를 위해 각 장치들의 기능 수행을 제어
  – 피드백(Feedback) : 기능 수행이 잘못된 경우 적절한 처리과정을 다시 반복

기적의 TIP

시스템의 기본 요소가 아닌 것을 찾을 수 있어야 합니다.

더 알기 TIP

계산기를 생각해보세요. 버튼(입력)을 누르면 화면(출력)에 해당 숫자가 출력(제어)되고, 더하기를 누르면 덧셈(처리)결과값이 출력됩니다. 그리고 더하기 버튼을 계속 눌러도 더하기는 한 번만(피드백) 계산하도록 되어 있죠?

③ 시스템의 성능평가 기준

• 일반적으로 시스템의 목적은 아래 항목들을 만족시키는 것이다.
  – 처리능력(Throughput) : 단위 시간 내 작업 처리량
  – 반환 시간(Turnaround Time) : 작업 의뢰부터 처리까지의 시간
  – 사용 가능도(Availability) : 필요할 때 즉시 사용 가능한 정도(가용성)
  – 신뢰도(Reliability) : 주어진 문제를 정확하게 해결하는 정도

더 알기 TIP

요청한 작업에 대해 빠르고 완벽하게 결과를 낼 수 있긴 하지만 3시간 뒤부터 작업이 가능하다면, 사용 가능도가 떨어진다고 할 수 있습니다.

④ 플랫폼(flatform)

- 특정 시스템을 바탕으로 제공되는 운영체제 및 운영환경을 뜻한다.
- 무엇을 기준으로 설정하느냐에 따라 플랫폼의 범위가 달라질 수 있다.
  - 응용 프로그램 관점에서의 플랫폼 : 윈도우즈, 안드로이드 등
  - 카카오 서비스 이용자 관점에서의 플랫폼 : 카카오톡
- 플랫폼의 성능을 측정하는 기준에는 가용성, 응답 시간, 정확성, 사용률이 있다.
  - 가용성(Availability) : 필요할 때 즉시 사용 가능한 정도(사용 가능도)
  - 응답 시간(Response Time) : 명령에 반응하는 시간(처리 시간과 다름)
  - 정확성(Accuracy) : 처리 결과가 기대한 값과 비교해서 정확한지 측정
  - 사용률(Utilization) : 데이터 처리에 시스템 자원을 사용하는 정도

4) 소프트웨어 공학

① 소프트웨어 공학 정의

- 최소의 비용과 개발 기간을 통해 높은 품질의 소프트웨어를 도출하기 위한 모든 수단과 도구들의 총칭이다.
- 소프트웨어 개발의 품질과 생산성의 향상을 목표로 연구하는 학문이다.
- 소프트웨어 공학의 목적은 아래와 같다.
  - 소프트웨어 개발에 필요한 비용과 기간의 예측
  - 하드웨어에 대한 소프트웨어의 상대적 비용 절감
  - 급속하게 발전하는 하드웨어, 소프트웨어 기술 반영

기적의 TIP

소프트웨어 공학의 개념이 아닌 것을 선택할 수 있어야 합니다.

② 소프트웨어 공학의 기본 원칙

- 현대적인 프로그래밍 기술을 지속적으로 적용한다.
- 소프트웨어 품질에 대해 지속적인 검증을 시행한다.
- 소프트웨어 개발 단계별 산출물에 대한 명확한 기록을 유지한다.

더 알기 TIP

개발에 대한 기록과 정보가 남아 있으면 이후 유지보수가 편리해지고 코드를 다시 재사용할 수 있습니다.

02 소프트웨어 개발 프레임워크

1) 소프트웨어 개발 프레임워크

① 모듈(Module)

- 프로그램을 기능별로 분할하여 재사용이 가능하게끔 부품화한 것이다.
- 개발자가 프로그램의 기본 틀을 제공하고, 모듈을 활용하여 기능을 구체화 한다.

기적의 TIP

모듈과 라이브러리의 개념을 기억해 두세요.

② 라이브러리(Library)

- 툴킷이라고도 하며, 관련 있는 모듈들을 모아놓은 것이다.
- 라이브러리에 존재하는 각 모듈이 반드시 독립적인 것은 아니다.
  - 표준 라이브러리 : 프로그래밍 언어에 내장
  - 외부 라이브러리 : 별도의 설치를 통해 사용 가능

③ 디자인 패턴(Design Pattern)

- 특정 기능에 대한 문제해결을 위한 추상적인 가이드라인을 제시한 것이다.
- 프로그램의 세부적인 구현 방안을 위해 참조하는 해결 방식을 제시한 것이다.

더 알기 TIP

여기서는 각 용어들의 관계를 파악하기 위한 간단한 특징 정도만 서술하고 있습니다. 이후에 각 개념들이 자세하게 나옵니다.

기적의 TIP

프레임워크의 전반적인 내용이 전부 출제된 적이 있습니다.

④ 소프트웨어 개발 프레임워크(FrameWork)

- 디자인 패턴에 모듈의 장점 및 기능을 결합하여 실제적인 개발의 틀(frame)을 제공한다.
- 프레임워크가 프로그램의 기본 틀을 제공하고, 개발자가 기능을 구체화하는 제어의 역 흐름이 발생한다.
- 프로그램의 기반, 구조를 잡아주는 코드의 모임이며 자연스럽게 특정 디자인 패턴을 유도한다.
- 이미 검증된 프레임워크를 사용함으로써 품질, 예산, 유지보수에 이점이 있다.
- 프로그램 구성의 복잡도가 감소하여 상호 운용성과 개발 및 변경이 용이해진다.

더 알기 TIP

개발자가 프로그램의 흐름을 주도하는 것이 일반적인 제어의 흐름입니다. 프레임워크가 이를 대신하기 때문에 제어의 역 흐름이라고 하는 것이고, 프로그래머의 일을 대신 해주는 것이기 때문에 개발의 난이도는 더욱 떨어지게 되겠죠?

⑤ 소프트웨어 아키텍처(Architecture)

- 다수의 프레임워크를 체계적으로 구성, 설명하는 구조체를 말한다.
- 소프트웨어의 설계와 업그레이드를 통제하는 지침과 원칙을 제공한다.

⑥ 컴포넌트(Component)

- 모듈의 형태로 재사용 가능한 확장된 소프트웨어 블럭이다.
- 일반적인 코딩을 벗어나 마치 레고(블럭)를 쌓아 올리듯이 개발하는 기법을 말한다.
- 프레임워크 및 아키텍처가 적용되어 있어 안정적이다.
- 협약에 의한 설계를 따를 경우에 포함되어야 할 조건은 아래와 같다.
  - 선행조건 : 컴포넌트 오퍼레이션 사용 전에 참이어야 하는 조건
  - 결과조건 : 컴포넌트 오퍼레이션 사용 후에 참이어야 하는 조건
  - 불변조건 : 컴포넌트 오퍼레이션 실행 중에 참이어야 하는 조건

기적의 TIP

컴포넌트에 대한 정의가 상당히 포괄적이라 정의에 대해 질문하는 문제는 출제될 확률이 매우 희박합니다. 협약에 의한 설계 시 적용되는 조건을 중심으로 학습하세요.

더 알기 TIP

협약에 의한 설계는 프로그램 안에서 모듈끼리 어떤 값을 주고받는 행위에 대한 규칙이나 약속을 뜻합니다. 우리가 회원가입을 하거나 특정 서류를 제출할 때 작성하거나 건네 받는 서류의 양식을 떠올려 보세요.

⑦ 재사용 가능한 소프트웨어 요소

- 소프트웨어의 부분 또는 전체 영역을 모두 재사용 요소로 볼 수 있다.
- 부분적인 코드뿐 아니라 응용된 지식과 데이터 구조도 재사용 가능한 요소에 포함된다.
- 개발 이후의 테스트 계획, 문서화 방법 및 절차 등도 재사용 가능 요소이다.

⑧ 소프트웨어 재사용 방법

- 소프트웨어를 재사용하는 방법은 합성 중심과 생성 중심 방식으로 나뉜다.
  - 합성(Composition) 중심 : 모듈(블록)을 조립하여 소프트웨어를 완성시키는 블록 구성 방식
  - 생성(Generation) 중심 : 추상적인 명세를 구체화하여 소프트웨어를 완성시키는 패턴 구성 방식

2) 소프트웨어 아키텍처

① 시스템 아키텍처

- 시스템의 최적화를 위해 시스템 전체에 대한 논리적인 기능 체계와 구성 방식을 뜻한다.
- 구성 요소 간의 관계 및 외부 환경과의 관계를 표현하고 시스템의 동작 원리를 나타낸다.
- 소프트웨어 아키텍처 설계에 제약을 거는 상위 개념이다.

기적의 TIP

시스템 아키텍처의 개념을 확실히 숙지하고 있어야 합니다.

더 알기 TIP

시스템은 하드웨어와 소프트웨어를 아우르는 개념입니다. 그러므로 시스템 아키텍처는 당연히 소프트웨어 아키텍처에 영향을 줍니다.

② 소프트웨어 아키텍처

- 소프트웨어의 기본 구조를 정의한 것으로 소프트웨어 설계 및 구현을 위한 틀을 제공한다.
- 소프트웨어 구성 요소들(모듈, 컴포넌트 등)의 상호관계를 정의한다.
- 소프트웨어 아키텍처를 기반으로 설계된 소프트웨어는 품질 확보, 구축, 개선이 용이하다.
- 소프트웨어 품질 요구사항을 만족할 수 있는 아키텍처를 선정한다.

더 알기 TIP

소프트웨어 아키텍처는 일종의 가이드라인, 매뉴얼과 같은 역할을 합니다. 앞에서 이러한 자료들을 작성할 때 어떤 부분을 고려해야 하는지 충분히 배웠죠? 의사소통, 표준화, 이해하기 쉽게, 명확하게, …

3) 소프트웨어 아키텍처 종류

① 계층화(Layered) 패턴

- 시스템을 논리적인 레이어(계층 구조)로 분리하여 서로 인접한 레이어끼리만 상호작용하는 패턴이다.
- 특정 레이어만 개선하여 시스템의 유지보수가 가능하다.
- 일반적인 애플리케이션, 웹 애플리케이션 개발 등에 활용된다.
- 시스템을 물리적으로 분리하는 n-Tier 패턴과 서비스 지향 아키텍처(SOA) 패턴이 있다.

기적의 TIP

SOA 계층이 아닌 것을 선택할 수 있어야 합니다.

n-Tier		SOA
1-Tier	클라이언트, 애플리케이션, 데이터 계층을 한 계층으로 구현	표현(Presentation) 계층
		프로세스(Process) 계층
2-Tier	클라이언트, 애플리케이션을 한 계층으로 구현하고 데이터 계층을 다른 한 계층으로 구현	서비스(Service) 계층
		비즈니스(Business) 계층
3-Tier	클라이언트, 애플리케이션, 데이터 계층을 모두 물리적으로 분리하여 구현	영속(Persistency) 계층

더 알기 TIP

SOA는 다양하게 구성될 수 있기 때문에 표에 나와있지 않은 계층이 보기로 출제될 수 있습니다. 예를 들어 표현 계층은 UI 계층으로, 서비스 계층은 애플리케이션 계층 등으로 출제됩니다. 기존 계층과 최대한 관계 없는 보기를 선택해주시기 바랍니다.

② 클라이언트/서버(Client/Server) 패턴

- 서비스를 제공하는 하나의 서버와 서비스를 요청하는 다수의 클라이언트로 구성되는 패턴이다.
- E-mail 시스템이나 은행, 예매 서비스를 제공하는 온라인 애플리케이션에 활용된다.

진행 순서 ····→

서버
제공 제공 제공
요청 요청 요청
클라이언트 클라이언트 클라이언트

③ 마스터/슬레이브(Master/Slave) 패턴

마스터와 슬레이브의 역할을 구분할 수 있어야 합니다.

- 작업을 분리하고 배포하는 마스터와 요청한 작업을 처리하는 다수의 슬레이브로 구성되는 패턴이다.
- 마스터는 슬레이브들이 반환한 결과를 취합하여 최종 결과값을 반환한다.
- 마스터 측의 신뢰할 수 있는 데이터를 슬레이브가 동기화하여 활용한다.

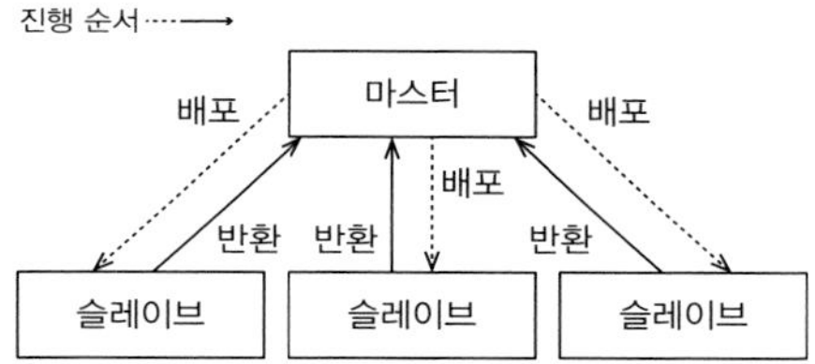

④ 파이프-필터(Pipe-Filter) 패턴

기적의 TIP

파이프-필터 패턴에 대한 옳은 보기를 선택할 수 있어야 한다.

- 서브 시스템(Filter)에 입력된 데이터를 처리한 결과를 파이프를 통해 다음 서브 시스템으로 전달하는 과정으로 구성되는 패턴이다.
- 데이터 스트림을 생성하고 처리하는 시스템에서 버퍼링, 동기화 목적으로 활용한다.

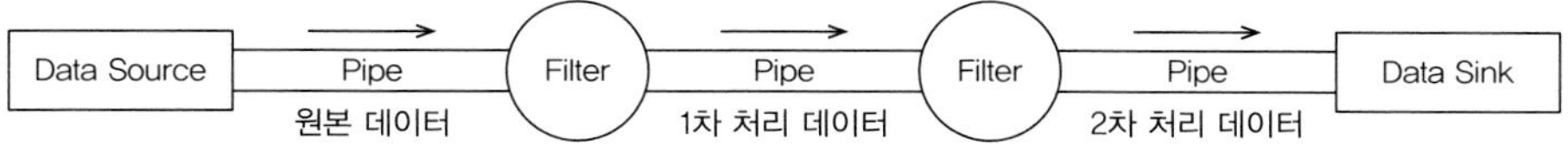

⑤ 브로커(Broker) 패턴

- 다수의 서버와 다수의 클라이언트 사이에 브로커를 두고 클라이언트의 요청을 브로커가 판단하여 적절한 서버에게 전달하는 방식으로 구성되는 패턴이다.
- 서버는 제공 가능한 서비스를 브로커에게 제공하여 클라이언트에 요청에 따라 적절한 서비스가 존재하는 서버를 연결(Redirection)한다.
- 원격 서비스 실행을 통해 상호작용하며 컴포넌트 간의 통신을 조정하는 역할을 한다.

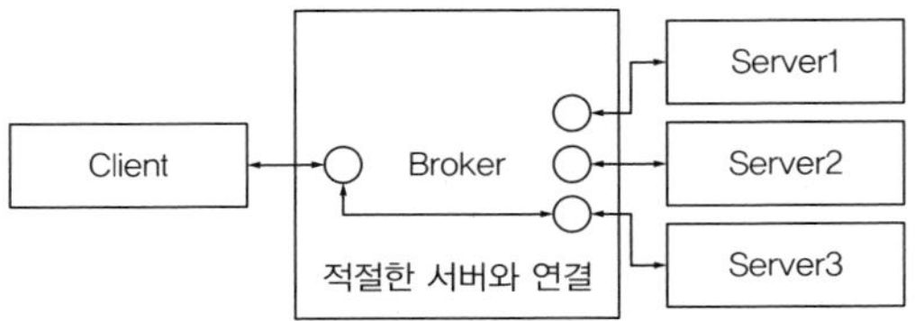

⑥ 피어-투-피어(Peer-To-Peer) 패턴

- 각 컴포넌트가 서버와 클라이언트의 역할을 유동적으로 바꾸어가며 서비스를 요청하고 제공하는 패턴이다.
- 파일 공유와 같은 형식의 네트워크에 활용한다.

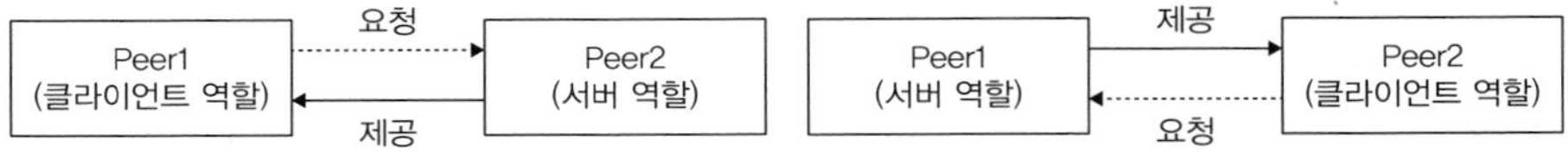

⑦ 이벤트-버스(Event-Bus) 패턴

- 데이터와 처리 결과를 특정 채널에 전달하고, 이 채널을 구독하고 있는 리스너는 전달된 메시지에 대해 알림을 수신하는 패턴이다.
- 이벤트-버스 패턴의 주요 요소는 이벤트 소스, 이벤트 리스너, 채널, 이벤트 버스가 있다.

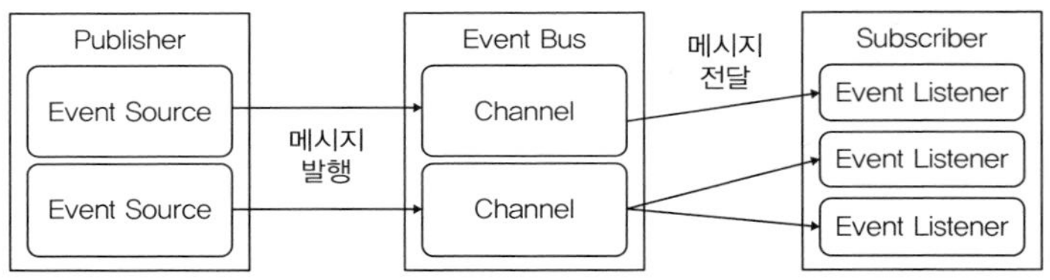

  - 이벤트 소스(Event Source) : 데이터 처리 결과를 메시지화하여 특정 채널로 발행
  - 채널(Channel) : 이벤트 소스로부터 메시지를 전달받는 서버, 클라이언트, 컴포넌트
  - 이벤트 리스너(Event Listener) : 특정 채널의 메시지를 구독한 사용자
  - 이벤트 버스(Event Bus) : 발행된 메시지 관리, 구독한 리스너 관리 영역
- 메신저, 휴대폰의 알림 서비스에 활용한다.

⑧ MVC(Model, View, Controller) 패턴

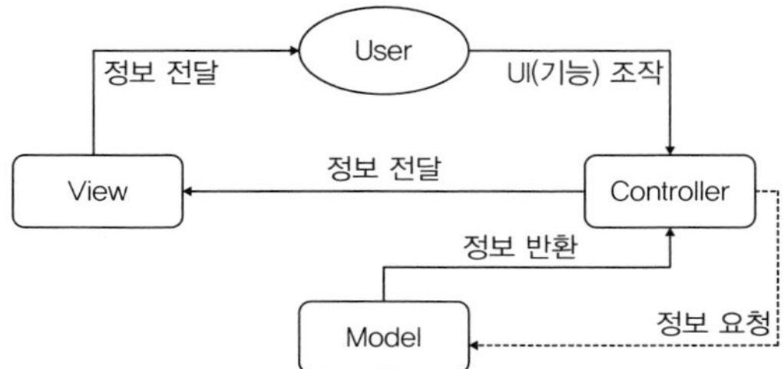

• 데이터와 시각화 요소, 상호작용을 서로 분리하여 UI 변경에 다른 업무 로직이 받는 영향을 최소화하는 패턴이다.
• 웹 애플리케이션 등에 활용되며 Model, View, Controller로 구성된다.
  – Model : 응용 프로그램의 데이터 처리 담당
  – View : 모델의 데이터 시각화 담당(UI)
  – Controller : 모델과 업무 로직의 상호작용 담당

⑨ 블랙보드(Blackboard) 패턴
• 비결정성 알고리즘(결과가 정해지지 않은 해결 전략)을 구현하는 패턴이다.
• 기존 지식들과의 패턴 매칭을 통해 데이터를 검색하며 새로운 데이터 객체를 생성할 수 있다.
• 블랙보드 패턴은 블랙보드, 지식 소스, 제어 컴포넌트로 구성된다.
  – 블랙보드(Blackboard) : 중앙 데이터 저장소
  – 지식 소스(Knowledge Source) : 특정 문제를 해결할 수 있는 서브 모듈
  – 제어 컴포넌트(Control Component) : 상황에 따라 모듈 선택, 설정, 실행
• 구문 인식, 차량 인식, 음성 인식, 신호 해석 등에 활용된다.

+ 더 알기 TIP

비결정성 알고리즘을 간단히 비유하자면, 오늘 날씨를 물어봤을 때 오전이랑 오후의 대답이 다르거나, 내비게이션에서 같은 목적지를 설정해도 시간대별로 다른 경로를 추천해주는 경우를 생각해보면 됩니다.

⑩ 인터프리터(Interpreter) 패턴
• 특정 언어 및 명령어로 작성된 프로그램을 해석하는 컴포넌트 설계에 적용되는 패턴이다.
• 특정 언어로 작성된 표현식(문장, 수식 등)을 수행하는 방법을 결정한다.
• SQL, 통신 프로토콜의 해석 등에 활용된다.

03 디자인 패턴

1) 디자인 패턴 개념

① 디자인 패턴 정의
• 반복적인 문제들의 해결하기 위한 설계 패턴을 일반화한 것으로 GoF 디자인 패턴이라고도 한다.
  – GoF(Gang of Four) : 디자인 패턴을 제안한 책의 공동 저자인 에리히 감마(Erich Gamma), 리처드 헬름(Richard Helm), 랄프 존슨(Ralph Johnson), 존 블리시데스(John Vlissides)를 지칭하는 용어
• 모든 종류의 시스템 구조에 적용하는 소프트웨어 아키텍처와 달리 디자인 패턴은 구현 단계의 문제에 실제로 적용 가능한 해결 방법이다.

- 기능의 향상이 아닌 문제 해결을 통한 소프트웨어의 구조 변경, 코드의 가독성 등에 집중한다.
- 5가지의 생성 패턴, 7가지의 구조 패턴, 11가지의 행위 패턴으로 구분된다.
  - 생성 패턴 : 클래스 정의, 객체 생성 방식에 적용 가능한 패턴
  - 구조 패턴 : 객체 간 구조와 인터페이스에 적용 가능한 패턴
  - 행위 패턴 : 기능(알고리즘), 반복적인 작업에 적용 가능한 패턴

생성	구조	행위
· Factory Method · Abstract Factory · Builder · Prototype · Singleton	· Adaptor · Bridge · Composite · Decorator · Facade · Flyweight · Proxy	· Interpreter · Template Method · Chain of Responsibility · Command · Iterator · Mediator · Memento · Observer · State · Strategy · Vistor

기적의 TIP

디자인 패턴의 구성 요소가 아닌 것을 선택할 수 있어야 합니다.

② 디자인 패턴 구성 요소
- 각 디자인 패턴은 아래의 구성 요소를 포함한다.
  - 패턴명과 구분 : 패턴의 이름과 패턴의 유형(생성, 구조, 행위)
  - 문제 및 배경 : 패턴이 적용되는 분야 또는 배경, 해결 가능한 문제
  - 솔루션 : 패턴을 구성하는 요소, 관계, 협동 과정
  - 사례 : 간단한 적용 사례
  - 결과 : 패턴을 사용할 때 이점과 영향
  - 샘플 코드 : 패턴이 적용된 소스 코드

기적의 TIP

디자인 패턴의 특징을 파악하고 있어야 합니다.

③ 디자인 패턴 특징
- 소프트웨어 구조 파악과 원활한 의사소통이 가능하다.
- 소프트웨어 개발의 생산성, 효율성, 재사용성, 확장성 등이 향상된다.
- 초기 비용이 많이 들고 객체지향 개발에만 사용할 수 있다.

기적의 TIP

설명을 보고 디자인 패턴을 구분할 수 있어야 합니다.

2) 생성(Creational) 패턴

① Factory Method
- 상위 클래스에서는 객체를 생성하기 위한 인터페이스를 정의하고 하위 클래스는 어떤 클래스의 인스턴스를 생성할 것인지를 결정하는 패턴이다.
- 객체를 생성하여 반환하는 메소드를 팩토리 메소드라고 하는데, 이 팩토리 메소드를 오버라이딩하여 객체를 반환하는 패턴이다.
- 사용자의 입력값이나 조건이 다른 상태에서 객체를 생성하는 경우에 적용할 수 있는 패턴이다.

② Abstract Factory

- 관련이 있는 서브 클래스를 묶어서 팩토리 클래스로 만들고, 조건에 따라 객체를 생성하는 패턴이다.
- 객체 생성 코드가 상위 클래스에 존재하여 생성된 객체를 하위 클래스가 받아서 사용한다.
- 다수의 클래스를 하나의 추상 클래스로 묶어서 관리할 수 있는 패턴이다.

더 알기 TIP

팩토리 메소드는 하나의 객체를 생성하기 위한 패턴이고 추상 팩토리는 여러 객체군을 생성하기 위한 패턴입니다.

③ Builder

- 객체 생성에 많은 인수가 필요한 복잡한 객체를 단계적으로 생성하는 패턴이다.
- 복잡한 객체 생성과정을 단계별로 분리(캡슐화)하여 동일한 절차에서도 서로 다른 형태의 객체를 생성할 수 있게 한다.

더 알기 TIP

피자를 만들 때, 토핑을 단계별로 쌓아감에 따라 피자의 종류가 정해지는 것과 같은 개념입니다.

④ Prototype

- 동일한 타입의 객체를 생성해야 할 때 필요한 비용을 줄이기 위한 패턴이다.
- 새로운 객체를 생성하는 것이 아닌 기존의 객체를 복사하여 특정 속성값을 변경한다.

⑤ Singleton

- 클래스가 오직 하나의 인스턴스만을 가지도록 하는 패턴이다.
- 접근제한자와 정적 변수를 활용하며 다수의 인스턴스로 인한 문제(성능 저하 등)를 방지할 수 있다.

3) 구조(Structural) 패턴

① Adaptor

- 서로 다른 인터페이스를 가진 클래스들을 함께 사용할 수 있도록 하는 패턴이다.
- 클래스의 인터페이스를 다른 인터페이스로 변환하여 함께 작동하도록 해준다.

더 알기 TIP

높은 전압의 교류전기를 적절한 전압의 직류전기로 변환해주는 컴퓨터의 파워 서플라이, 가전제품의 어댑터와 같은 개념입니다.

② Bridge

• 복잡하게 설계된 클래스를 기능부와 구현부로 분리한 뒤, 두 클래스를 연결하는 패턴이다.
• 기능과 구현을 분리하면 결합도는 낮아지고, 각 클래스를 독립적으로 변경, 확장할 수 있게 된다.
• 필요에 따라서 클래스 간의 관계 변경이 필요할 때는 상속이 아닌 브릿지를 적용한다.
  – 상속 : 견고한 연결, 클래스 확장 편의성
  – 브릿지 : 느슨한 연결, 클래스 관계 변경 편의성

③ Composite

• 객체들의 관계를 트리 구조로 구성하여 단일 객체와 복합 객체를 동일하게 다루도록 하는 패턴이다.
• 다수의 클래스를 하나의 클래스로 취급할 수 있다.

④ Decorator

• 클래스 변경 없이 주어진 상황에 따라 기능을 추가하는 패턴이다.
• 기존 클래스의 메소드에 새로운 기능을 추가하거나 확장할 수 있다.

⑤ Facade

• 복잡한 서브 시스템들을 간편하게 사용할 수 있도록 단순화된 인터페이스를 제공하는 패턴이다.
• 다수의 하위 클래스들이 올바른 결합도를 갖도록 하여 의존 관계를 줄이고 복잡성을 낮출 수 있다.

더 알기 TIP

우리가 수많은 가전제품의 기능들을 버튼 하나로 제어하는 것과 같은 개념입니다.

⑥ Flyweight

• 메모리 사용량을 최소화하기 위해 객체들 간 데이터 공유를 극대화하는 패턴이다.
• 사용빈도가 높을 것으로 예상되는 데이터를 중복 생성하지 않도록 외부 자료구조에 저장하여 활용할 수 있도록 한다.

⑦ Proxy

• 특정 객체로의 접근을 해당 객체의 대리자를 통해 진행하는 패턴이다.
• 대리자를 통해 접근을 함으로써 원본 객체의 생성 연기, 원격 제어, 접근 제어 등을 결정할 수 있다.

더 알기 TIP

규모가 있는 기업의 고객센터, 고위공직자들의 대변인 등의 역할로 이해하시면 좋습니다.

4) 행위(Behavioral) 패턴

① Interpreter

- 언어의 문법(Statement)을 평가(해석)하는 방법을 규정하는 패턴이다.
- 다양한 인수(매개변수)를 활용하여 여러 가지 명령을 처리할 수 있다.

② Template Method

- 상위 클래스에서는 알고리즘의 뼈대를 정의하고 구체적인 단계는 하위 클래스에서 정의하는 패턴이다.
- 알고리즘의 구조(고정적 기능)를 변경하지 않고 알고리즘의 특정 단계들을 재정의할 수 있다.

③ Chain of Responsibility

- 문제의 해결을 위한 일련의 처리 객체가 순서대로 문제를 해결하는 패턴이다.
- 각각의 처리 객체는 문제의 일정 부분을 처리할 수 있는 연산의 집합이고, 처리 객체에 의해 일부분이 해결된 문제는 다음 처리 객체로 넘겨져 계속 처리된다.
- 이 패턴은 결합을 느슨하게 하기 위해 고안되었으며 가장 좋은 프로그래밍 사례로 꼽힌다.

④ Command

- 요청을 객체의 형태로 캡슐화하여 나중에 이용할 수 있도록 요청에 필요한 정보를 저장하는 패턴이다.
- 메소드 이름, 매개변수 등의 정보를 저장하여 복구, 취소 등이 가능하다.

⑤ Iterator

- 내부 구현을 노출시키지 않고 집약된(집합) 객체에 접근하고 싶은 경우에 적용하는 패턴이다.
- 집합 객체에 대해 다양한 탐색 경로를 사용할 수 있고 서로 다른 집합 객체 구조에 대해서도 동일한 방법으로 접근할 수 있다.

⑥ Mediator

- 객체 간의 통신이 직접 이루어지지 않고 중재자를 통해 진행되어 결합도를 감소시키는 패턴이다.
- 복잡한 상호작용 관계를 단순화시킬 수 있어 객체 간 통신 복잡성을 줄일 수 있다.

더 알기 TIP

Bridge와 Mediator는 느슨한 결합을 유지할 수 있게 해줍니다.

⑦ Memento

- 롤백을 통해 객체의 상태를 이전 상태로 되돌릴 수 있는 기능을 제공하는 패턴이다.
- 객체의 캡슐화가 유지되는 상태에서 객체 내부 상태를 외부에 저장하여 복구가 가능하도록 한다.

⑧ Observer

- 객체의 상태 변화를 관찰하는 옵저버를 등록하여 상태 변화가 있을 때마다 등록된 옵저버에게 통지하는 패턴이다.
- 특정 객체에 변화가 생겼을 때, 옵저버는 다른 객체에 의존하지 않고 다른 객체에 통보해 줄 수 있다.

⑨ State

- 객체의 내부 상태에 따라 다른 기능을 수행하는 메소드를 구현하는 패턴이다.
- 객체의 상태에 따라 동일한 루틴에서도 다른 행동을 할 수 있다.

⑩ Strategy

- 문제를 해결하는 데 있어 다양한 알고리즘이 적용될 수 있는 경우에 알고리즘을 별도로 분리(캡슐화)하는 패턴이다.
- 특정 객체에 종속되지 않으며 알고리즘에 대한 확장과 변경이 용이하다.

⑪ Visitor

- 알고리즘을 자료 구조에서 분리하여 클래스를 수정하지 않고도 새로운 알고리즘을 추가할 수 있도록 하는 패턴이다.
- 분리된 알고리즘은 자료 구조를 방문(Visit)하여 문제를 해결하게 된다.

절차지향 언어

학습 방향

C언어에 대한 프로그래밍 문법에 대해 서술합니다. 프로그래밍 언어는 단순하게 키워드의 역할이나 의미를 묻는 문제보다, 작은 프로그램의 결과 또는 빈칸을 채우는 형식의 문제가 더 큰 비중을 차지하기 때문에 암기와 이해가 병행되어야 합니다.

SECTION

01 데이터 가공 및 입출력

출제빈도 (상) 중 하

반복학습 1 2 3

빈출 태그 상수, 예약어, 변수 선언, 기본 함수, 연산자 우선순위

01 자료형

1) C언어

① C언어의 특징

- 고급 언어의 장점(쉬운 난이도) 저급 언어의 장점(하드웨어 제어)을 모두 갖춘 구조적 프로그래밍 언어이다.
- 이식성이 뛰어나고 자원 낭비 없는 효율적인 프로그래밍이 가능하다.
- 다양한 연산자 및 기능을 제공하여 프로그램 개발에 제한이 거의 없다.

② C언어 기본 작성 규칙

- 프로그램은 main 함수를 호출하면서 시작되며, 모든 함수는 블록 구조로 정의된다.
  - 블록 구조 : 중괄호({ })로 감싸져 있는 코드 영역
- 영문자의 경우 대소문자를 엄격하게 구분하며 모든 명령문은 세미콜론(;)으로 마무리된다.
- 기본 라이브러리 사용을 위해 전처리기를 사용하며 코드에 대한 설명이 필요한 경우에는 주석을 활용한다.

2) 상수의 표현

① 정수형 상수

- 정수를 표현하는 상수에는 10진수, 8진수, 16진수가 있다.
  - 10진수 표현 : 보통 방식으로 표현(예 10, 2022, −67, …)
  - 8진수 표현 : 숫자 앞에 0을 붙여 표현(예 023, 056, 07, …)
  - 16진수 표현 : 숫자 앞에 0x를 붙여 표현(예 0xD2, 0x135, 0xFA, …)

② 실수형 상수

- 실수를 표현하는 상수에는 10진수 표기 방식과 지수 표기 방식이 있다.
  - 10진수 표현 : 보통 방식으로 표현(예 3.1415, −0.45, 12.0, …)
  - 지수 표현 : 문자 e를 포함하여 10의 N제곱을 표현(예 12e3 = 12×10^3)

기적의 TIP

수학에서의 실수(Real Number)와 프로그래밍 언어에서의 실수(부동소수점, Floating Point Number)는 다른 개념입니다. 소수점이 붙으면 무조건 실수라고 생각하면 이해가 쉽습니다.

③ 문자형 상수

• 문자 상수는 작은 따옴표로 감싸서 표현하며, 각 문자는 특정 코드값(수)으로 구성된다.
• 실제 저장되는 값은 수(코드값)이기 때문에 더하거나 빼는 연산도 가능하다.
  – 문자에 1을 더하면 다음 문자가 출력됨
• 문자열은 큰 따옴표로 감싸서 표현하며, 문자와 문자열은 서로 다른 타입을 가진다.

기적의 TIP

문자와 숫자의 개념을 정확히 파악하세요.

3) 변수 선언 규칙

① 기본 명명 규칙

• 변수명의 첫 글자는 영문자 또는 언더바(_)만 사용한다.
• 이후 글자에는 영문자와 언더바 이외의 숫자를 사용할 수 있다.
• 변수명은 고유해야 하며, 예약어로 지정할 수 없다.
  – 예약어(keyword) : 프로그래밍 언어가 사용하기 위해 미리 선점한 단어

기적의 TIP

실제 변수명을 보고 규칙에 어긋난 부분을 찾을 수 있어야 합니다.

② 헝가리안 표기법(Hungarian Notation)

• 컴퓨터 프로그래밍에서 변수 및 함수의 이름 인자 앞에 데이터 타입을 명시하는 코딩 규칙이다.
• 데이터 타입을 변수명에서 바로 추정할 수 있고 변수명의 충돌을 방지할 수 있다.
• 데이터 타입이 바뀌면 전체 변수명도 변경해야 하며, 변수의 이름을 기억하기 힘들어진다.
• 예전에는 IDE가 부실하여 이 규칙이 유용했지만, 지금은 사용하지 말 것을 권고하고 있다.

4) 변수 선언과 자료형

① 변수 정의

• 데이터를 저장하는 공간 및 저장된 값 자체를 의미한다.
• 변수에 값을 저장하는 것을 할당이라고 하며, 모든 변수는 사용 전에 최초 한 번은 할당(초기화)되어야 한다.
• 변수 선언 시 변수명 앞에 필요한 형태의 자료형을 입력한다.
  – 〈자료형〉 〈변수명〉;

② 자료형 정의

- 데이터를 저장하는 공간의 크기와 형태를 결정한다.
- 자료형이 생성하는 메모리의 크기는 컴퓨터 시스템에 따라 달라질 수 있다.
- 변수 선언에 사용되는 대표적인 예약어와 자료형의 크기는 아래와 같다.

기적의 TIP

앞에서도 언급했듯이 메모리의 크기는 시스템에 따라 달라질 수 있으므로 정확한 답안처리를 위해 자료형의 구분이 다른 예약어를 찾는 형태의 문제가 출제될 확률이 높습니다.

예약어	자료형	크기(Byte)	
		C	Java
byte	정수형	없음	1
short		2	2
int		4	4
long		4	8
char	문자형	1	2
float	실수형	4	4
double		8	8

③ 변수 선언의 예시

```
#include <stdio.h>
int main()                    //프로그램 시작
{
  int score;                  //정수형 변수 생성
  score = 70;                 //score 변수에 70 할당
  double grade = 3.8;         //실수형 변수 생성과 동시에 3.8 할당
  return 0;                   //프로그램 종료
}
```

02 서식 문자열

1) 이스케이프 시퀀스

① 이스케이프 시퀀스 정의

- 기존 문자의 기능 외에 별도의 기능을 가지는 확장 문자열이다.
- 문자열 안에서 〈역슬래시(\)+문자〉의 형태로 표현한다.

② 이스케이스 시퀀스의 종류

종류	기능
\n	Enter (줄 바꿈)
\t	Tab (간격 띄우기)
\b	← (커서 한 칸 이동)
\r	Home (커서 현재 행의 처음으로 이동)
\\	\ (역슬래시 출력)

2) 서식 지정자

① 서식 지정자의 역할

- 메모리에 저장되어 있는 데이터를 개발자가 원하는 형식으로 변환하여 출력해 준다.
- 문자열 안에서 〈%+옵션+문자〉의 형태로 표현된다.

② 서식 지정자 종류

종류	변환 형식
%d	10진수
%o	8진수
%x	16진수
%u	부호 없는 정수
%lf	실수
%e	지수 형태 실수
%c	문자
%s	문자열

③ 서식 지정자 옵션

옵션	설명
−	확보된 공간에서 왼쪽 정렬(기본값 : 오른쪽 정렬)
+	숫자 앞에 부호 삽입
자연수	입력한 수만큼 공간 확보
0	확보한 공간의 여백을 0으로 채움

03 표준 입출력 함수

1) 입력 함수

① getchar()

- 키보드로부터 문자 하나를 입력받는 함수이다.

```
char c;                   //문자형 변수 선언
c = getchar();            //문자 하나를 입력 받아 변수c에 할당
```

② gets(〈문자배열〉)

- 키보드로부터 문자열을 입력받는 함수이다.

```
char c[10];               //문자 10개를 저장할 수 있는 배열 선언
gets(c);                  //입력받은 문자열을 배열 c에 할당
```

기적의 TIP

표준 입출력이란, 키보드로부터 입력을 받고 모니터로 출력을 하는 것입니다. 시험에서는 입력 함수보다는 출력 함수 위주로 코드가 작성됩니다.

③ scanf(서식 문자열[, &〈변수명〉[, ...]])

• 키보드로 입력받은 데이터를 지정한 서식을 기반으로 변환하여 저장하는 함수이다.

```
char grade;                          //문자형 변수 선언
double score;                        //실수형 변수 선언
scanf("%lf %c", &score, &grade);     //입력받은 문자열을 띄어쓰기를 기준으로 실수와 문
                                     자로 해석하여 각각 변수score와 변수grade에 할당
```

2) 출력 함수

① putchar(〈문자〉)

• 문자 하나를 모니터로 출력하는 함수이다.

```
char c = 's';            //문자형 변수 선언과 동시에 's' 할당(초기화)
putchar('a');            //문자 a를 모니터에 출력
putchar(c);              //변수c에 저장된 문자(s) 출력
```

② puts(〈문자열〉)

• 문자열을 모니터로 출력하는 함수이다.

```
char g[10] = "hello";    //문자 10개를 저장할 수 있는 배열 선언 후 "hello"로 초기화
puts(g);                 //문자 배열 g에 저장된 문자열 모니터에 출력
puts("world");           //문자열 world를 모니터에 출력
```

③ printf(서식 문자열[, &〈변수명〉[, ...]])

• 다수의 데이터를 지정한 서식을 기반으로 변환, 통합하여 모니터로 출력하는 함수이다.

```
printf("점수는 %.1lf점\n학점은 %c입니다.", 4.2, 'A');
```

결과	점수는 4.2점 학점은 A입니다.

– %.1lf : 데이터(4.2)를 소수점 이하 한자리(.1)를 가지는 실수(lf)로 표현

– \n : 줄바꿈

– %c : 데이터('A')를 문자로 표현

⊕ 더 알기 TIP

원본 데이터와 형식이 같다고 해서 서식 문자열을 생략해서는 안 됩니다. 프로그래밍 언어는 정해진 형식을 반드시 따라야 합니다.

04 연산자

1) 연산자 개념

① 연산자 정의

- 하나 또는 그 이상의 데이터를 연산하여 새로운 결과값을 만들어내는 토큰(token)이다.
  - 토큰 : 코드를 유의미하게 분해한 최소 단위
- 일반적으로 연산자는 단항 연산자와 이항 연산자로 나뉜다.
  - 단항 연산자 : 하나의 항을 연산하여 결과를 내는 연산자
  - 이항 연산자 : 두 개의 항을 연산하여 결과를 내는 연산자

② 연산자 우선순위

- 일반적인 산술 및 비교 연산은 우측 방향으로 진행된다.
- 괄호 안의 연산이 가장 우선되며, 단항, 이항 연산의 순으로 진행된다.
- 곱셈과 나눗셈이 덧셈, 뺄셈보다 먼저 진행된다.

<table>
<tr><th>우선순위</th><th>연산자</th><th>종류</th><th>결합 방향</th></tr>
<tr><td>높음</td><td>단항</td><td>++, −−, −, !, ~, sizeof, &, *</td><td>좌측</td></tr>
<tr><td rowspan="6">↕</td><td>산술</td><td>*, /, %, +, −</td><td>우측</td></tr>
<tr><td>시프트</td><td>〈〈, 〉〉</td><td>우측</td></tr>
<tr><td>관계</td><td>〈, 〉, 〈=, =〉, ==, !=</td><td>우측</td></tr>
<tr><td>비트</td><td>&, ^, |</td><td>우측</td></tr>
<tr><td>논리</td><td>&&, ||</td><td>우측</td></tr>
<tr><td>낮음</td><td>복합대입</td><td>=, +=, −+, *=, /=, %=, 〈〈=, 〉〉=</td><td>좌측</td></tr>
</table>

③ 연산의 결과 데이터 타입

- 피연산자의 값이 아니라 데이터 타입에 따라 결과 데이터의 타입이 결정된다.
- 결과 데이터를 할당, 출력, 연산하기 위해 데이터 타입 간의 호환성을 고려해야 한다.
  - 같은 타입의 피연산자 : 같은 타입의 결과 데이터 도출
  - 다른 타입의 피연산자 : 더 크고 정밀한 타입의 피연산자 타입으로 결과 데이터 도출

더 알기 TIP

값이 큰 것이 아니라 타입의 크기가 큰 것입니다. 예를 들어 300+5.4의 경우, 값은 300이 더 크지만 5.4를 표현하는 자료형(실수)의 타입이 더 크고 정밀하므로 결과 데이터는 실수 타입으로 도출됩니다.

기적의 TIP

연산자를 우선 순위에 따라 나열할 수 있어야 합니다. 연산자 우선 순위는 모든 코드에서 고려해야 하는 기본 사항입니다.

2) 연산자 종류

기적의 TIP

산술 연산자의 종류가 아닌 것을 찾을 수 있어야 합니다.

① 산술 연산자

- 일반적인 사칙연산에 더해 몫과 나머지를 구하는 연산자를 포함한다.

연산자	계산식	설명
+	a + b	덧셈
−	a − b	뺄셈
*	a * b	곱셈
/	정수 / 정수	몫
	정수 / 실수	나눗셈
%	a % b	나머지

더 알기 TIP

나눗셈 연산자는 피연산자가 모두 정수일 때, 정수 몫을 구할 수 있습니다.

기적의 TIP

관계 연산자는 다른 연산자와 중첩되는 경우가 잦기 때문에 우선순위를 올바르게 판단할 수 있어야 합니다.

② 관계 연산자

- 두 개의 데이터를 비교하는 연산이다.

연산자	계산식	설명
〉	a 〉 b	a가 b보다 큰 값인지 판단
〉=	a 〉= b	a가 b보다 크거나 같은 값인지 판단(이상)
〈	a 〈 b	a가 b보다 작은 값인지 판단
〈=	a 〈= b	a가 b보다 작거나 같은 값인지 판단(이하)
==	a == b	a와 b가 같은 값인지 판단
!=	a != b	a와 b가 다른 값인지 판단

③ 논리 연산자

- 둘 이상의 논리값을 연산하여 하나의 논리값을 구하는 연산이다.
  - 논리값 : True, False

연산자	계산식	설명
&&	a && b	a와 b 모두 참인 경우에만 참
||	a || b	a와 b 중 하나라도 참이면 참
!	!a	a의 결과를 반전

④ 비트 논리 연산자

• 2진수 비트 배열을 직접적으로 제어하는 연산이다.

<table>
<tr><th>연산자</th><th>계산식</th><th>설명</th></tr>
<tr><td>&</td><td>a & b</td><td>a와 b의 비트를 각각 and 연산</td></tr>
<tr><td>|</td><td>a | b</td><td>a와 b의 비트를 각각 or 연산</td></tr>
<tr><td>^</td><td>a ^ b</td><td>a와 b의 비트를 각각 xor 연산</td></tr>
<tr><td>~</td><td>~a</td><td>a의 비트를 not 연산</td></tr>
<tr><td>>></td><td>a >> b</td><td>a의 비트를 우측으로 b만큼 이동</td></tr>
<tr><td><<</td><td>a << b</td><td>a의 비트를 좌측으로 b만큼 이동</td></tr>
</table>

> **기적의 TIP**
> 비트 논리 연산자와 논리 연산자를 헷갈리지 않도록 하세요. 연산의 결과도 계산할 수 있어야 합니다.

⑤ 복합 대입 연산자

• 연산과 연산의 결과 대입(=)을 동시에 진행하는 연산이다.

연산자	계산식	같은 의미	결과
+=	a += b	a = a + b	a + b의 결과를 a에 할당
−=	a −= b	a = a − b	a − b의 결과를 a에 할당
*=	a *= b	a = a * b	a * b의 결과를 a에 할당
/=	a /= b	a = a / b	a / b의 결과를 a에 할당
%=	a %= b	a = a % b	a % b의 결과를 a에 할당

> **더 알기 TIP**
> 등호와 결합된 연산자에서 등호는 항상 뒤에 붙습니다.

⑥ 전치/후치 증감 연산자

• 코드를 진행하기 전이나 진행한 이후에 데이터를 1 증감시킨다.

• 해당 데이터의 연산 결과는 전치와 후치 모두 같지만, 이 값의 영향을 받는 다른 데이터들의 결과는 연산의 단계에 따라 달라질 수 있으므로 주의해야 한다.

> **기적의 TIP**
> 전치/후치 증감 연산자는 코드에 적용되었을 때 실수를 가장 많이 유발시키는 연산자입니다. 연산의 순서를 정확히 단계별로 파악할 수 있어야 합니다.

연산자	계산식	같은 의미	결과
++	b + a++	b + a a = a + 1(후치 증가)	b + a를 계산한 뒤에 a값 증가
	b + ++a	a = a + 1(전치 증가) b + a	a값 증가한 뒤에 b + a를 계산
−−	b + a−−	b + a a = a − 1(후치 감소)	b + a를 계산한 뒤에 a값 감소
	b + −−a	a = a − 1(전치 감소) b + a	a값 감소한 뒤에 b + a를 계산

SECTION 02

선택 및 반복 제어문

출제빈도 상 중 하
반복학습 1 2 3

빈출 태그 if, for, while, 표준 라이브러리

01 선택 제어문

1) if–else

① if

- 조건식의 결과에 따라 선택적으로 명령문을 실행한다.
- 조건식이 '참'인 경우, 아래 블록 구조의 코드를 실행한다.
- 블록 구조가 없는 경우에는 하나의 코드만 실행한다.

```
int score = 70;                    //변수score에 70 할당
if(score >= 80)                    //변수score값이 80 이상이면 아래 코드 수행
  puts("합격입니다.\n");            //블록 구조가 없으므로 최초 한 줄만 if 영역에 해당됨
puts("수고하셨습니다.\n");          //if 영역이 아니므로 무조건 수행되는 코드
```

결과	수고하셨습니다.

```
int score = 70;                    //변수score에 70 할당
if(score >= 80){                   //변수score값이 80 이상이면 아래 코드 수행
  puts("합격입니다.\n");            //블록 구조 전체가 if 영역에 해당됨
  puts("수고하셨습니다.\n");
}
```

결과	<아무것도 출력 안 됨>

② if–else

- 조건식이 '참'인 경우와 '거짓'인 경우에 각각 실행해야 하는 명령이 다른 경우 사용한다.
- else문은 조건식이 거짓인 경우 아래 블록의 명령을 수행하며 else문만 단독으로 사용할 수는 없다.

```
int score = 70;
if(score >= 80)                    //변수score값이 80 이상이면
  puts("합격입니다.");              //수행되는 코드
else                               //그렇지 않을 경우(변수score값이 80 미만이면)에
{
  puts("불합격입니다. ")            //수행되는 블록
  puts("재도전하세요!\n");
```

```
}
puts("수고하셨습니다");
```

결과	불합격입니다. 재도전하세요! 수고하셨습니다.

③ 다중 if-else

- 실행되어야 하는 명령의 분기가 셋 이상일 때 사용한다.
- 분기마다 새로운 조건식을 세워야 하며, 마지막 else문은 조건을 입력하지 않는다.

```
int score = 70;
if(score >= 80)                //변수score값이 80 이상이면 아래 코드 수행
  puts("합격입니다.");
else if(score >= 70)           //아니라면, 70 이상이면 아래 코드 수행
  puts("재시험 대상입니다.");
else                           //아니라면, 아래 코드 수행(조건식 없음)
  puts("불합격입니다.");
```

결과	재시험 대상입니다.

④ 삼항 연산자

- 변수의 단순 할당에 적용되는 if-else문을 간략히 표현할 수 있는 연산자이다.
- 3개 중 한 개의 항은 조건식, 두 개의 항은 할당 값에 해당한다.
  - (〈조건식〉)?〈값1〉:〈값2〉

```
int a = 10;                 //아래의 if-else문과 동일
int b = 5;                  if(a>=b)
int c;                        c = 20;
c = (a>=b) ? 20 : 40;       else
                              c = 40;
```

기적의 TIP

C와 Java에서 if문을 삼항 연산자로 변환할 수 있어야 합니다.

2) switch-case-default

① switch

- 특정 데이터를 단일 값과 비교하여 명령을 실행한다.
- 비교 데이터는 숫자 또는 문자만 가능하다.
- 데이터가 일치하면 해당 영역뿐 아니라 아래의 모든 코드도 함께 실행한다.

```
int rank = 2;
int reward = 0;
switch(rank){
  case 1:                        //변수rank값이 1인 경우, 코드 수행 시작 지점
    reward += 100;
```

```
  case 2:                        //변수rank값이 2인 경우, 코드 수행 시작 지점
    reward += 100;
  case 3:                        //변수rank값이 3인 경우, 코드 수행 시작 지점
    reward += 100;
}
printf("%d", reward);
```

결과	200

② default

- 모든 데이터가 일치하지 않는 경우에 수행할 코드를 입력하는 영역이다.
- 일반적으로 가장 아래에 위치하며, 일치하는 데이터가 있는 경우에도 수행된다.

```
int rank = 5;
int reward = 0;
switch(rank){
  case 1:
    reward += 100;
  case 2:
    reward += 100;
  case 3:
    reward += 100;
  default:                       //변수rank값이 1,2,3이 아닌 경우 코드 수행 시작 지점
    reward += 50;
}
printf("%d", reward);
```

결과	50

③ break

- 데이터가 일치하는 경우, 해당 case 영역에 해당하는 코드만 실행하거나, 코드 수행의 중지점을 지정해야 하는 경우에 사용되는 키워드이다.

```
int month = 4;
switch(month)
{
  case 2:                        //month값이 2일 때, 코드 시작 지점
    puts("총 28일입니다.");
    break;                       //break문에 의해 switch 종료
  case 4:                        //month값이 4일 때, 코드 시작 지점
  case 6:                        //month값이 6일 때, 코드 시작 지점
  case 9:                        //month값이 9일 때, 코드 시작 지점
  case 11:                       //month값이 11일 때, 코드 시작 지점
```

```
    puts("총 30일입니다.");
    break;                          //break문에 의해 switch 종료
  default:                          //month값이 어떤 case와도 일치하지 않을 때 수행
    puts("총 31일입니다.");
}
```

결과	총 30일입니다.

02 반복문

1) 횟수 제한 반복문

① for

- 지정한 범위 또는 횟수만큼 해당 블록을 반복한다.
- 블록이 없다면 최초 한 행에 대해서 반복을 수행한다.
- break문을 통해 벗어날 수 있다.
  - for(〈초기식〉; 〈종료분기〉; 〈증감식〉){ 〈반복 영역〉 }
  - 초기식 : 반복 실행 전 한 번만 수행
  - 종료분기 : 반복 구역 실행 전 단계마다 수행, 조건을 만족하지 못하면 반복 종료
  - 증감식 : 반복 구역 실행 후 단계마다 수행

```
int i, sum=0;               //반복용 변수i 생성
                            //초기식 : 변수i에 1을 할당
                            //종료 분기 : 변수i가 10 이하가 아니면 종료
for(i=1; i<=10; i++)        //증감식 : 변수i를 1씩 증가하면서 반복
  sum += i;                 //반복 영역 : 변수sum에 i값을 누적
printf("%d", sum);          //변수sum을 출력
```

② continue

- continue문 아래의 코드를 무시하고 다음 단계 반복을 진행한다.
- if문과 결합하여 특정 조건에서만 continue를 수행하도록 구현한다.
- break문과 continue문은 모든 반복문에서 사용 가능하다.

```
int i=0;
int sum=0;
for(i=1; i<=10; i++){
  if(i%2==1)                //변수i값이 홀수일 경우
    continue;               //아래 코드를 건너뜀
  sum += i;
}
```

기적의 TIP

반복문은 패턴 파악이 중요합니다. 디버깅표를 통해 패턴을 파악하는 법을 자주 연습하세요. 반복문은 C와 Java가 동일합니다.

③ 디버깅표 작성

- 반복문에 영향을 주는 변수와 반복 구역의 코드를 나열하여 표 형태로 구현하는 것이다.
- 반복문의 반복 패턴을 파악하는 데 유용하다.
- 특별히 정해진 규칙은 없으며, 열은 코드의 순서, 행은 반복의 단계를 나타낸다.
- 첫 행에는 실행문을 입력하고, 두 번째 행부터는 해당 실행문의 결과값을 기록한다.
- 반복 전 수행되는 1회성 코드나 초기식은 미리 적용하여 표에 나타낸다.

```
int i=0;
int sum=0;
for(i=1; i<=10; i++){
  if(i%2==1)              //변수i값이 홀수일 경우
    continue;             //아래 코드를 건너뜀
  sum += i;
}
```

변수		종료 분기	반복 구역			증감식
i	sum	i<=10	if		sum+=i	i++
			i%2==1	continue		
1	0	true	true	수행		2
2	0	true	false		2	3
3	2	true	true	수행		4
4	2	true	false		2+4	5
5	6	true	true	수행		6
6	6	true	false		2+4+6	7
7	12	true	true	수행		8
8	12	true	false		2+4+6+8	9
9	20	true	true	수행		10
10	20	true	false		2+4+6+8+10	11
11	30	false	반복 종료			

더 알기 TIP

디버깅표는 시험 출제범위가 아닙니다. 여러분이 반복문을 해석하실 때 도움을 드리고자 다양한 풀이 방법 중 하나를 제시한 것이므로 여러분이 편한대로 변형해 원하는 형태로 디버깅 표를 작성하여 학습하셔도 아무런 문제가 없습니다.

2) 조건 제한 반복문

① while

- 지정한 조건을 만족하는 동안 반복 구역의 코드를 반복한다.
- 조건을 먼저 판단한 다음 코드를 반복하므로 조건에 따라 전혀 반복이 되지 않을 수도 있다.
- break문과 continue문 사용이 가능하다.

```
int input, sum=0;
scanf("%d", &input);          //입력받은 데이터를 input에 저장
while(input>=0){              //변수input값이 0 이상인 동안 반복
  sum = sum + input;          //input값을 변수sum에 누적
  scanf("%d", &input);        //입력받은 데이터를 input에 저장
}
printf("%d", sum);
```

② do-while

- 지정한 조건을 만족하는 동안 반복 구역의 코드를 반복한다.
- 코드를 먼저 실행한 다음 조건을 판단하는 형태로, 최소 1회 반복을 보장한다.
- break문과 continue문 사용이 가능하다.

```
int input, sum=0;
do{
  scanf("%d", &input);        //입력받은 데이터를 input에 저장
  sum = sum + input;          //input값을 변수sum에 누적
}while(input>=0);             //변수input값이 0 이상인 동안 반복
printf("%d", sum);
```

③ 무한반복(Loop)

- 조건식의 결과가 항상 참인 경우 반복 구역을 무한 반복하게 된다.
- 코드의 흐름과 업무 로직을 일치시키기 위해 Loop와 break를 활용하여 프로그램을 구현할 수 있다.
- 언어마다 참 값을 표현하는 방식이 다르므로 주의해야 한다.
  - C : while(1)
  - Java : while(true)
  - Python : while True:

기적의 TIP

Loop(무한루프라고 표현하는 경우가 많습니다)를 표현하는 방식을 구분할 수 있어야 합니다.

```
int input, sum=0;
while(1){                     //무한반복 시작
  scanf("%d", &input);        //입력받은 데이터를 input에 저장
  if(input<0) break;          //input값이 음수면 반복 종료
  sum = sum + input;          //input값을 변수sum에 누적
}
printf("%d", sum);
```

03 함수

① 함수 특징

- 필요할 때에 특정 기능을 반복할 수 있도록 작성된 일종의 작은 프로그램이다.
- 함수는 각각 별도의 블럭으로 작성(정의)되며, 블록 안에서 호출된다.
- 함수가 호출되면 해당 함수가 모두 수행될 때까지 호출한 프로그램은 진행을 잠시 멈춘다.
- 일반적으로 함수는 입력, 처리, 출력으로 구현된다.
  - 입력(Input) : 함수 호출 시 전달된 인수를 매개변수에 저장
  - 처리(Process) : 매개변수를 약속된 기능으로 가공
  - 출력(Output) : 함수의 처리 결과를 호출 프로그램에 반환

② 표준 라이브러리

- C언어에서는 개발자 편의를 위해 미리 개발된 함수들을 기능별로 묶은 라이브러리를 제공한다.
- 전처리 지시자 #include를 이용해 필요한 라이브러리를 코드에 포함시킬 수 있다.

기적의 TIP

함수명을 보고 라이브러리를 특정할 수 있어야 합니다. 함수명은 대부분 해당 기능을 표현하는 단어 및 약어로 구성되기 때문에 암기가 어렵지 않습니다.

라이브러리	제공 기능	함수명	기능
stdio.h	데이터 입출력	printf()	서식에 의한 기본 출력
		scanf()	서식에 의한 기본 입력
		getchar()	문자 하나 입력
		putchar()	문자 하나 출력
math.h	수학	sqrt()	제곱근
		pow()	제곱수
		abs()	절대값
string.h	문자열 처리	strlen()	문자열 길이
		strcpy()	문자열 복사
		strcmp()	문자열 비교
stdlib.h	기본 데이터 관련	atoi()	문자열을 정수(int)로 변환
		atof()	문자열을 실수로 변환
		atol()	문자열을 정수(long)로 변환
		rand()	난수

③ 함수의 정의와 호출

- 함수는 main 함수 블록의 바깥에서 정의된다.
  - 〈반환 타입〉 〈함수명〉(〈매개변수〉){ 〈코드〉 }
- 반환 타입에는 반환될 값의 타입을 지정하고, 반환값이 없는 경우에는 void를 입력한다.

- 함수명과 매개변수에 할당할 인수를 통해 호출한다.
  - 〈함수명〉(〈인수〉)

```
void multi(){                    //multi 함수 정의(반환값 없음)
  int a;
  scanf("%d", &a);               //입력
  a*=2;                          //처리
  printf("%d", a);               //출력
}

int main(){
  multi();                       //multi 함수 호출
}
```

입력	30
결과	60

④ return

- 함수의 처리 결과 데이터를 함수 외부에서 활용하기 위해 사용한다.
- return이 수행되면 함수는 종료되고 함수의 호출 위치로 지정된 값이 반환된다.
  - return 〈반환값〉
- 반환되는 값은 함수 정의에서 지정한 타입과 호환되는 타입이어야 한다.

```
int multi(){                     //multi 함수 정의(반환값 정수 타입)
  int a;
  scanf("%d", &a);               //입력
  a*=2;                          //처리
  return a;                      //함수를 종료하며 변수a값을 호출 위치로 반환
}

int main(){
  int res;
  res = multi();
  printf("%d", res);             //multi 함수 호출 후 결과값을 변수res에 할당
}                                //변수res값 출력
```

입력	30
결과	60

⑤ 인수와 매개변수

- 함수 외부의 데이터를 함수 내부 입력 데이터로 활용하기 위한 문법 구조이다.
- 함수 외부에서 함수로 넘겨주는 값을 인수라고 하고, 이 인수를 할당받는 변수를 매개변수라고 한다.

- 함수 정의에서 선언되며 인수의 데이터 타입과 호환되는 타입으로 매개변수를 선언해야 한다.
- 매개변수와 리턴을 활용하면 함수는 순수 데이터 처리에 대한 기능만을 가질 수 있게 된다.

```
int multi(int a){                //multi 함수 정의(반환값 정수 타입)
  a*=2;                          //처리
  return a;                      //함수를 종료하며 변수a값을 호출 위치로 반환
}

int main(){
  int res, a;                    //인수 a를 넘겨주며 multi 함수 호출 후 결과값을 할당
  scanf("%d", &a);               //변수res값 출력
  res = multi(a);
  printf("%d", res);
}
```

입력	30
결과	60

⑥ 값에 의한 전달(Call By Value)

- 인수를 통해 매개변수로 전달되는 값은 복사된 값으로, 함수 내부처리에 의해 원본이 변경되지 않는다.
- 변수에 다른 변수를 할당하는 것 역시 복사된 값이 할당되므로 두 변수는 서로 다른 값을 가진다.

```
void half(int h){
  h = h/2;                       //(복사된) 매개변수 값을 절반으로 나눔
}

int main(){
  int a=20;
  int b=a;                       //변수a값을 b에 할당(값 복사)
  a++;                           //변수a값을 1증가
  printf("%d %d\n", a, b);
  half(b);
  printf("%d %d\n", a, b);
}
```

결과	21 20 21 20

SECTION
03 자료 구조와 포인터

출제빈도 (상) 중 하
반복학습 [1] [2] [3]

빈출 태그 배열, 포인터, 포인터 연산

01 배열과 구조체

1) 배열의 선언과 초기화

① 배열 특징

- 하나의 식별자로 동일한 형식의 여러 데이터를 다룰 수 있다.
- 같은 크기와 타입의 공간이 연속적으로 생성된다.
- 저장되는 값의 크기는 다를 수 있지만, 데이터 타입은 같아야 한다.

② 배열의 선언

- 변수명 작성 규칙과 동일한 규칙을 사용하여 배열명을 선정한다.
- 배열의 크기(데이터의 개수)를 지정해야 하며, 초기화가 진행되어야 한다.
  - 〈자료형〉 〈배열명〉[〈크기〉];

```
int ar1[5];                //정수 데이터 5개를 담을 수 있는 배열 생성
char ar2[10];              //문자 데이터 10개를 담을 수 있는 배열 생성
double ar3[3];             //실수 데이터 3개를 담을 수 있는 배열 생성
```

③ 배열의 초기화

- 선언과 동시에 초기화하는 경우에는 중괄호를 이용하여 전체 초기화가 가능하다.
- 배열의 일부만 초기화하는 경우에는 나머지를 자동으로 0으로 초기화한다.
- 선언 이후에 초기화하는 경우에는 각 데이터를 하나하나 초기화해야 한다.

```
int ar1[4]={2,4,5,3};      //정수형 배열 생성 후 각각 2, 4, 5, 3으로 초기화
int ar2[4]={0,0,0,0};      //정수형 배열 생성 후 각각 0, 0, 0, 0으로 초기화
int ar3[4]={0};            //정수형 배열 생성 후 각각 0, 0, 0, 0으로 초기화
```

기적의 TIP

배열의 초기화 규칙을 이해해야 합니다.

2) 배열의 사용

① 주소 상수

- 배열 이름은 변수처럼 데이터를 할당할 수 없는 상수형 데이터이다.
  - 배열명은 배열의 위치(주소)를 저장하고 있는 상수
- 연속적으로 나열되어 있는 배열 데이터의 첫 번째 시작 위치값을 가진다.

- 배열은 이 주소값(배열명)을 기준으로 하여 첨자를 통해 데이터에 접근한다.

```
int ar[5]={1,2,3,4,5};
printf("%d", ar);          //변수ar의 주소값(상수) 출력(주소값은 시스템마다 다르게 출력됨)
```

② 첨자(Index)

- 동일한 간격으로 나열되어 있는 배열 데이터에 접근하기 위한 상대적 위치값이다.
- 〈배열명〉[〈첨자〉]의 형태로 사용하며, 배열이 첫 번째 시작 위치값을 가지고 있으므로 첨자의 시작은 0이다.
- 음수를 사용하거나 배열의 길이를 벗어나면 오류가 발생한다.

```
int ar[5]={1,2,3,4,5};
printf("%d\n", ar[0]);       //배열ar의 첫 번째 값 출력(1)
printf("%d\n", ar[3]);       //배열ar의 네 번째 값 출력(4)
printf("%d\n", ar[-1]);      //오류
printf("%d\n", ar[5]);       //오류
```

기적의 TIP

배열과 반복문을 활용하는 문제는 모든 언어에서 복합적으로 출제됩니다.

③ 반복문과 첨자

- 반복문의 반복용 변수를 첨자로 활용하면 배열의 데이터 할당과 연산, 출력을 효율적으로 구현할 수 있다.
- 배열의 첨자 위치에 반복용 변수를 삽입하여 단계별로 다른 위치에 접근한다.
- 첨자의 시작 값(0)에 유의하여 코드를 구현해야 한다.

```
int i, ar[5]={1,2,3,4,5};      //배열ar 선언 후 1,2,3,4,5로 초기화
for(i=0; i<5; i++)             //0부터 5 이전(4)까지 1씩 증가하며 반복
  ar[i] = ar[i]*2;             //반복용 변수를 통해 각 데이터를 2배로 누적
for(i=0; i<5; i++)
  printf("%d ", ar[i]);        //반복용 변수를 통해 배열의 각 데이터 출력
```

결과	2 4 6 8 10

3) 2차원 배열

① 2차원 배열 선언

- 배열의 데이터가 또 다른 배열인 구조로, 실제 값이 할당되는 곳은 마지막 차원의 배열이다.
- 2차원 배열의 선언과 사용에는 두 개의 대괄호를 사용한다.
  - 〈자료형〉 〈배열명〉[1차원 배열의 크기][2차원 배열의 크기];
- 1차원 배열은 2차원 배열의 주소 상수 역할을 한다.

② 2차원 배열의 초기화

• 2차원 배열들은 논리적으로는 떨어져 있지만 물리적으로는 연속된 공간에 나열된다.

• 2차원 배열의 초기화는 중괄호를 2중으로 겹쳐서 진행하며, 중괄호를 하나만 사용할 경우에는 배열의 순서에 맞춰서 할당된다.

• 설명의 편의상 행, 열로 표현하지만, 실제로는 연속된 공간에 나열되어 있다.

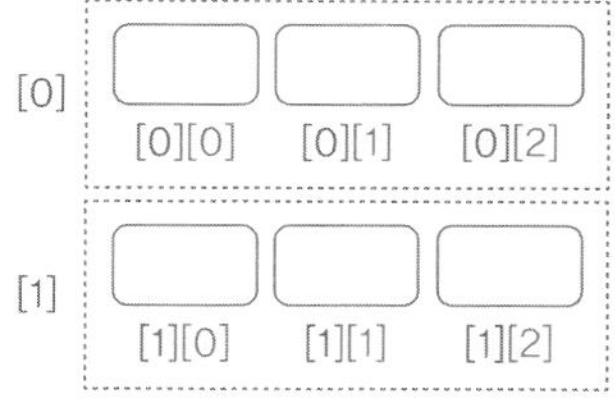

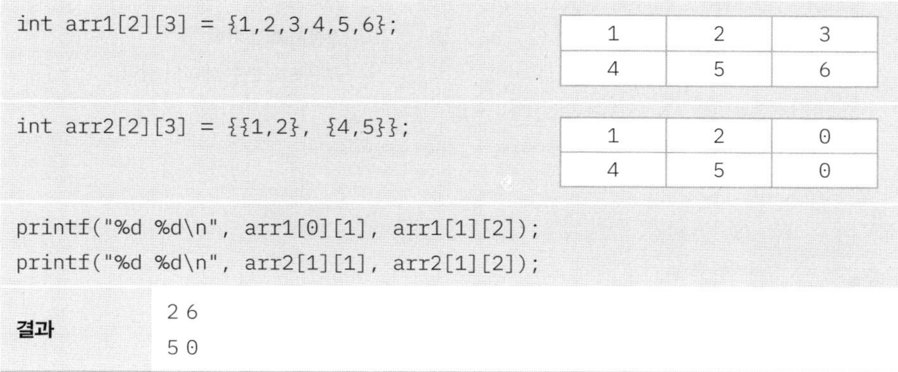

```
int arr1[2][3] = {1,2,3,4,5,6};
```

1	2	3
4	5	6

```
int arr2[2][3] = {{1,2}, {4,5}};
```

1	2	0
4	5	0

```
printf("%d %d\n", arr1[0][1], arr1[1][2]);
printf("%d %d\n", arr2[1][1], arr2[1][2]);
```

결과

```
2 6
5 0
```

4) 구조체

① 사용자 정의 자료형(구조체)

• C언어에서 기본으로 제공되는 자료형을 이용하여 새로운 자료형을 만드는 것이다.

• 배열과 달리 하나의 식별자로 서로 다른 형식의 데이터를 그룹으로 관리할 수 있다.

• 기존에 없던 자료형이므로 선언하기 전 자료형에 대한 정의가 우선되어야 한다.

② 구조체 정의

• main 함수 블록의 바깥에서 블록 구조로 정의한다.

 – 〈struct〉 〈구조체 타입명〉{ 〈변수선언〉[, ...] };

• 구조체 정의 단계에서는 내부 변수를 초기화하지 않는다.

③ 구조체 변수 선언과 할당

- 정의된 구조체 타입과 struct 키워드를 활용하여 구조체 변수를 선언한다.
- 선언과 동시에 초기화가 가능하며 중괄호를 이용한다.
- 첨자가 아닌 구조체 변수명과 내부 변수명을 통해 데이터에 접근할 수 있다.
  - 〈구조체 변수명〉.〈내부 변수명〉

```
struct student{                                 //student 타입 구조체 정의
  int no;                                       //구조체 내부에 선언되는 변수들
  int score;
  char grade;
};

int main()
{
  struct student kim = {3021, 94, 'A'};         //student 타입 구조체 변수 선언과
  struct student jane = {2113, 86, 'B'};        //동시에 초기화
  jane.score = 82;                              //구조체 변수 데이터 할당
  printf("%d %c \n", kim.score, kim.grade);
  printf("%d %c \n", jane.score, jane.grade);
  return 0;
}
```

결과	94 A 82 B

02 포인터

1) 포인터 연산

① 포인터 특징

- 식별자(변수명, 배열명 등)가 아닌 주소값으로 특정 데이터에 접근할 수 있는 기능이다.
- 복사된 데이터가 아닌 원본 데이터를 가공할 수 있다.
- 포인터 활용을 위한 연산자는 &(Ampersand)와 *(Asterisk)가 있다.
  - & : 식별자 앞에 붙여서 해당 식별자의 주소값 도출
  - * : 주소 데이터 앞에 붙여서 해당 위치로 접근

② 포인터 변수

- 특정 데이터의 주소값을 저장하는 변수로 식별자 앞에 *을 붙여 선언한다.
  - 〈참조할 자료형〉 *〈변수명〉;
- 포인터 변수의 크기는 고정되어 있으며 포인터 변수의 자료형은 참조할 데이터의 자료형을 의미한다.

• 특정 변수의 위치값을 저장한 포인터 변수는 해당 변수를 "가리킨다"라고 표현한다.

```
int data=10;
int *p;                         //포인터 변수 p 선언
p=&data;                        //변수data의 주소값 할당
*p=20;                          //p가 가리키는 변수(data)에 20 할당
printf("%d %d", data, *p);
```

결과	20 20

③ 참조에 의한 전달(Call By Reference)

• 인수 전달 시 복사된 데이터를 전달하는 것이 아닌 참조(위치)값을 전달함으로써 데이터 원본을 가공할 수 있다.
• 여러 식별자와 포인터를 통해 하나의 원본을 여러 위치에서 접근할 수 있다.

```
void fa(int x, int *y)          //참조값을 전달받는 변수는 포인터 변수로 선언
{                               //n과 x는 독립적이지만, k와 *y는 같은 데이터
  x = x + 5;
  *y = *y + 5;                  //y가 가리키는 변수k값 5 증가
  return;
}

int main()
{
  int n=10, k=20;
  fa(n, &k);                    //n은 값 복사 전달, k는 참조값 전달
  printf("%d %d", n, k);
  return 0;
}
```

결과	10 25

2) 배열과 포인터

① 포인터 연산

• 데이터의 주소값을 가감(더하기, 빼기) 연산하는 경우, 해당 데이터의 타입 크기를 곱한 값으로 증감된다.
  – int형 데이터의 주소값에 2를 더하는 경우 : 2×4(int 타입 크기)만큼 증가
• 이러한 포인터 연산의 매커니즘은 배열의 첨자를 통한 접근 방식과 동일하다.
• 따라서 배열 주소를 포인터 변수에 할당하게 되면, 포인터 역시 배열처럼 사용할 수 있다.

기적의 TIP

배열과 포인터가 함께 적용되는 문제는 상당히 풀기가 까다롭습니다. 최대한 많은 유형의 문제를 풀어보세요.

```
int ar[5]={1,2,3,4,5};
int *p=ar;                      //포인터 변수 p에 배열ar 주소값 할당
printf("%d\n", p[2]);           //p가 가리키는 배열의 세 번째 값 출력(3)
printf("%d\n", *(p+2));         //p+2×4가 가리키는 데이터 값 출력(3)
printf("%d\n", *(ar+2));        //ar+2×4가 가리키는 데이터 값 출력(3)
```

② 2차원 배열과 포인터

- 2차원 배열의 포인터 연산은 데이터 타입과 함께 배열의 길이도 계산에 포함되어야 한다.
- 2차원 배열 접근을 위한 포인터 선언 방법은 아래와 같다.
  - 〈참조할 자료형〉 (*〈변수명〉)[〈2차원 배열 크기〉];
  - 2행 3열의 2차원 배열의 경우 포인터 변수 p 선언 : int (*p)[3];
- 2차원 데이터에 접근하기 위해서는 포인터가 2중으로 필요하므로 구현에 주의해야 한다.

```
int arr[2][3]={1,2,3,4,5,6};
int (*p)[3]=arr;                //2차원 포인터 변수 p에 2차원 배열arr 주소값 할당
                                //포인터 연산 : N×4(타입 크기)×3(배열 크기)
printf("%d, ", *(p[1]+2));      //p[1][2]와 같은 위치 참조
printf("%d", *(*(p+1)+0));      //p[1][0]과 같은 위치 참조
```

결과	6, 4

객체지향 언어

학습 방향

Java를 활용한 객체지향 문법과 개발 절차에 대해 서술합니다. 단순하게 키워드의 역할이나 의미를 묻는 문제보다, 코드를 통한 객체지향 기술에 대한 문제를 출제하는 경향이 강하므로 암기보다는 코드를 분석하는 능력을 향상시킬 수 있도록 학습하는 것이 좋습니다.

SECTION

01

객체지향 방법론

출제빈도 (상) 중 하

반복학습 1 2 3

빈출 태그 객체 용어, 객체 기술, 디자인 패턴, 럼바우

01 객체지향 기술

1) 객체지향 방법론

① 객체지향 방법론 정의

- 현실의 개체들을 디지털 세계의 객체로 대응하여 표현하는 것이다.
- 개체의 특성들을 추상화하여 객체의 속성으로 표현하고, 개체의 특성과 관련된 기능을 객체의 메소드로 표현한다.
  - 속성 : 객체에 포함되는 자료 구조, 상태값 등
  - 메소드 : 속성에 대한 연산 및 고유 수행 기능 등
- 각 객체들은 서로 통신을 통해 개체 간 관계를 표현한다.

> 기적의 TIP
>
> 객체지향 기술(방법론)의 장단점을 파악하고 있어야 합니다.

② 객체지향 방법론 장점

- 실제 세계와 유사한 구조의 프로그램을 개발할 수 있다.
- 객체를 재사용하여 확장성, 유지보수 용이성, 개발 속도가 상승한다.
- 규모가 큰 프로그램 개발도 무리 없이 개발 가능하다.

③ 객체지향 방법론 단점

- 객체를 이용한 개발은 쉽지만, 객체 자체의 설계가 어렵다.
- 객체 자체의 규모가 큰 경우에는 속도가 느려질 수 있다.

> 기적의 TIP
>
> 객체지향 기술 구성 요소에 대한 설명 중 올바른 것을 선택할 수 있어야 합니다.

> 기적의 TIP
>
> 클래스의 개념은 여러 형태의 문장(설명)으로 출제됩니다.

2) 객체지향 기술의 구성 요소

① 클래스(Class)

- 객체의 타입을 정의하고 구현(Instantiation)하는 틀(Frame)이다.
- 유사한 성격을 가진 객체들의 공통된 특성을 추상화한 단위이다.
- 객체가 가지는 속성과 객체가 수행하는 메소드를 정의한 것이다.
- C언어의 구조체와 구조체를 연산하는 함수를 하나로 묶어 발전시킨 것이다.

② 객체(Object)

- 클래스에 의해 구현된 각각의 대상들을 총칭하는 것이다.
- 객체마다 고유한 속성을 가지며 클래스에서 정의한 메소드 수행이 가능하다.

③ 인스턴스(Instance)

- 특정 클래스에 의해 구현된 (좁은 범위의) 객체이다.

더 알기 TIP

클래스를 통해서 객체를 생성(구현)하며, A클래스가 구현한 객체를 A인스턴스라고 표현합니다.

④ 메시지(Message)
- 객체 간 통신(상호작용)을 위해 서로 주고받는 인터페이스이다.
- 객체들은 요청 메시지를 통해 메소드 수행을 시작한다.

⑤ 메소드(Method)
- 요청 메시지에 의해 객체가 수행해야 할 연산을 정의한 것이다.
- C언어의 함수와 같은 개념을 가진다.

3) 객체지향 기술

기적의 TIP

객체지향 기술에 대한 설명과 해당 기술을 연결할 수 있어야 합니다.

① 캡슐화(Encapsulation)
- 문제 해결에 필요한 속성과 메소드를 하나로 묶는 것이다.
- 인터페이스가 단순해지고 재사용이 용이해진다.

② 정보은닉(Information Hiding)
- 캡슐화의 가장 큰 목적으로 실제 구현되는 내용의 일부를 외부로부터 감추는 것이다.
- 클래스 내부 속성과 메소드를 외부의 영향으로부터 보호할 수 있도록 설계하는 방법이다.

③ 추상화(Abstract)
- 클래스들의 공통된 요소를 추출하여 상위 클래스로 구현한다.
- 상위 클래스는 하위 클래스 구현을 위한 틀을 제공하며 상세한 구현은 하위 클래스가 담당한다.
- 현실 세계를 보다 자연스럽게 표현할 수 있다.

④ 상속(Inheritance)
- 상위 클래스의 멤버(속성과 메소드)를 하위 클래스에서 물려받도록 하는 것이다.
- 하위 클래스는 대부분의 상위 클래스 요소를 재사용하거나 확장할 수 있다.

⑤ 다형성(Polymorphism)
- 상속된 여러 하위 객체들이 서로 다른 형태를 가질 수 있게 하는 성질이다.
- 오버로딩, 오버라이딩 기술로 동일한 메소드명으로 서로 다른 작업을 할 수 있다.
  - 오버로딩 : 동일한 이름의 여러 메소드 중, 매개변수로 전달되는 인수의 타입과 개수를 식별하여 적절한 메소드를 호출해 주는 기능
  - 오버라이딩 : 상속받은 메소드의 내부 기능을 새롭게 정의하는 기능
- 둘 이상의 클래스에서 동일한 메시지에 대해 서로 다르게 반응할 수 있도록 한다.

02 객체지향 개발 절차

1) 객체지향 분석 방법론

> **기적의 TIP**
> 매우 자주 출제되는 항목입니다. 방법론과 연결되는 설명과 서로를 구분할 수 있도록 학습하세요.

① Rumbaugh(럼바우)

- 소프트웨어의 구성 요소를 다양한 그래픽 표기법을 이용하여 모델링하는 기법이다.
- 가장 일반적으로 사용하는 방법으로 객체지향 분석의 일반 이론으로 사용된다.
- 럼바우의 분석 절차는 객체 모델링, 동적 모델링, 기능 모델링 순으로 진행된다.
  - 객체 모델링(정보 모델링) : 객체 다이어그램을 활용하여 객체와 객체 간의 관계 정의
  - 동적 모델링 : 상태, 활동 다이어그램을 활용하여 기능의 흐름을 표시
  - 기능 모델링 : 자료 흐름도(DFD)를 활용하여 입출력 데이터, 세부 기능 결정

② Booch

- 미시적(Micro) 개발 프로세스와 거시적(Macro) 개발 프로세스를 모두 사용하는 분석 기법이다.
- 클래스와 객체들을 분석 및 식별하고 클래스의 속성과 연산을 정의한다.

③ Jacobson

- 사용자와 시스템이 상호작용하는 시나리오(Use-Case)를 활용하여 분석하는 기법이다.

④ Coad와 Yourdon

- E-R 다이어그램을 사용하여 객체의 행위를 모델링하는 분석 기법이다.
- 객체 식별, 구조 식별, 주제, 속성과 인스턴스 연결, 연산과 메시지 연결 등을 정의한다.

⑤ Wirfs-Brock

- 분석과 설계 간 구분이 없으며 고객 명세서를 평가하여 설계 작업까지 연속적으로 수행하는 분석 기법이다.

2) 객체지향 설계 원칙

> **기적의 TIP**
> 객체지향 설계 원칙의 종류와 설명을 구분할 수 있어야 합니다.

① 객체지향 설계 정의

- 분석이 완료된 모델을 구체적 절차로 표현하는 단계로, 사용자 중심의 대화식 프로그램 개발에 적합하다.
- 클래스를 객체로, 속성을 자료 구조로, 기능을 알고리즘으로 표현하는 것에 중점을 둔다.

② 단일 책임(Single Responsibility)

• 하나의 클래스가 제공하는 모든 기능이 하나의 문제만 해결하도록 설계해야 한다.

• 하나의 문제 해결을 위해서만 클래스가 변경되며 낮은 결합도, 높은 응집도 유지가 보장된다.

③ 개방 폐쇄(Open-Closed)

• 확장에 대해서는 개방적이어야 하고 수정에 대해서는 폐쇄적이어야 한다.

• 기존 코드의 수정 없이 기능을 수정하거나 추가할 수 있도록 한다.

④ 리스코프 치환(Liskov Substitution)

• 하위 클래스는 상위 클래스의 기능이 호환될 수 있어야 한다.

• 상위 클래스의 기능을 수행하기 위해 하위 클래스는 상위 클래스의 제약사항을 준수해야 한다.

⑤ 인터페이스 분리(Interface Segregation)

• 하나의 포괄적인 인터페이스보다 다수의 구체적인 인터페이스를 구성해야 한다.

• 사용하지 않는 인터페이스는 구현하지 말아야 한다.

⑥ 의존성 뒤집기(Dependency Inversion)

• 하위 클래스의 변경 사항이 상위 클래스에 영향을 미치지 않도록 구성해야 한다.

• 복잡한 클래스의 관계를 단순화하고 효율적인 커뮤니케이션이 가능하게 구성한다.

3) 객체지향 테스트

① 스레드 기반 테스트(Thread-Based Testing)

• 시스템에 대한 하나의 입력이나 이벤트 응답에 요구되는 클래스들의 집합을 통합(하향식)해가며 테스트한다.

② 사용-기반 테스트(Use-Based Testing)

• 상위 클래스와 관계를 갖지 않는 수준에서 클래스들을 독립적으로 검사한 후 상위 클래스와 결합(상향식)하는 방식이다.

③ 검증과 시스템 테스트

• 사용자의 요구가 객체에 정확히 반영되었는지, 성능이나 인터페이스상 오류는 없는지 검사하는 것이다.

SECTION

02 객체지향 프로그래밍

출제빈도 (상) 중 하

반복학습 1 2 3

빈출 태그 클래스, 인스턴스, 상속, 추상 클래스, 인터페이스

01 클래스 설계

1) 클래스

① 클래스의 특징

- 자바는 모든 코드를 클래스 단위로 구현한다.
- main 메소드를 포함하는 클래스를 가장 먼저 실행한다.
- 클래스는 틀(Frame)을 제공할 뿐 데이터는 인스턴스화를 통해 구현된다.

```
class Circle{                                    //Circle 클래스 정의
 …
}
public class HelloWorld{                         //HelloWorld 클래스 정의(시작 지점)
  public static void main(String[] args){        //main 메소드가 포함되어 있음
    …
  }
}
```

기적의 TIP

실제 코드를 실행하여 문제를 푸는 것이 아니기 때문에, 가끔 문제에 제시된 코드 일부가 생략되어 있을 수 있습니다. 문제에서 제시된 코드에 대해서만 신경써서 풀이해 주시고, 궁금한 내용은 언제든지 이기적 스터디 카페의 질문답변 게시판을 이용해 주시기 바랍니다.

② 클래스 구성

- 클래스의 구성 요소인 멤버에는 멤버 변수와 멤버 메소드가 있다.
  - 멤버 변수 : 객체의 상태, 수치, 특성을 나타내는 변수
  - 멤버 메소드 : 객체에서 발생하는 모든 제어 및 기능, 요청 행위
- 멤버는 일반적으로 클래스의 외부 접근이 불가능하도록 접근을 제한(캡슐화)해야 한다.

```
class Circle{
  double pi = 3.141592;                            //멤버 변수 정의
  double radius;

  void volume(){                                   //멤버 메소드 정의
    System.out.println(radius * radius * pi);      //기본 출력 메소드
  }
}
```

③ 기본 출력 메소드

• Java에서는 3가지 유형의 출력 메소드가 있으며, 더하기 연산을 이용해 문자열과 숫자의 결합이 가능하다.
  - 출력 : System.out.print()
  - 출력+줄 바꿈 : System.out.println()
  - 서식에 의한 출력 : System.out.printf()

④ 접근제한자

• 클래스 내 멤버들의 접근 수준을 결정하는 토큰이다.
• 프로그램, 패키지, 하위 클래스, 자신의 클래스 순으로 접근 수준을 결정한다.
• 접근제한자의 종류는 아래와 같다.

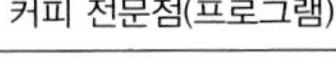

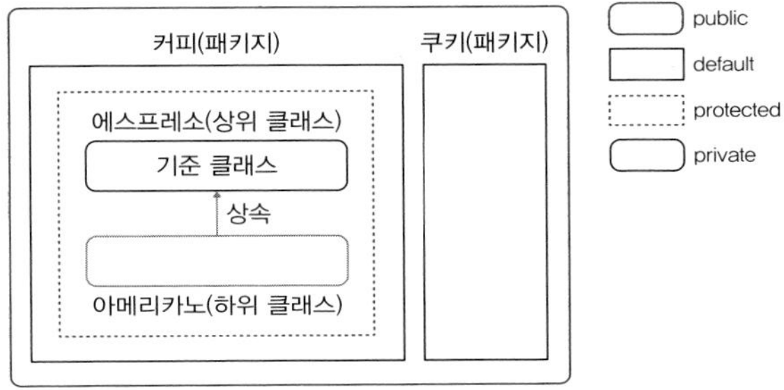

  - public : 프로그램 내 모든 객체에서 접근 가능
  - default(생략) : 같은 패키지 내에서만 접근 가능
  - protected : 동일 패키지 및 자식 클래스에서만 접근 가능
  - private : 자신의 클래스에서만 접근 가능

```
class Circle{
  private double pi = 3.141592;         //외부 접근 불가능
  private double radius;

  void volume(){
    System.out.println(radius * radius * pi);
  }

  public void set_radius(double r){    //private 멤버 접근을 위한 메소드
    radius = r;
  }
}
```

더 알기 TIP

멤버에 직접 접근하지 못하면 데이터의 오남용을 막을 수 있습니다. 우리가 음식점에서 음식을 주문할 때, 주방에 직접 가서 만드는 것이 아니라 키오스크나 서빙 직원을 통해 주문하는 것과 같은 개념입니다.

2) 인스턴스

① 인스턴스 생성

- 새로운 인스턴스를 생성하여 적절한 타입의 참조형 변수에 할당하는 작업이다.
- new 키워드와 클래스명을 이용하며 인스턴스가 생성되는 동시에 생성자가 호출된다.
  - 〈클래스명〉 〈변수명〉 = new 〈클래스명〉();
- 일반적으로 참조형 변수와 생성되는 인스턴스는 타입이 같지만 개발자의 의도에 따라 다르게 지정할 수 있다.

② 인스턴스의 멤버 접근

- 외부에서 인스턴스의 멤버(변수, 메소드)에 직접 접근하기 위해서는 객체변수와 점(.)을 사용한다.
  - 〈객체변수〉.〈멤버이름〉
- 내부에서 멤버에 접근을 하는 경우에는 구역(블록 구조)을 고려하여 접근 방식을 달리한다.

③ 멤버 변수와 지역 변수

- 클래스 내부에 새로운 구역을 생성(메소드 정의)하게 되면 해당 구역은 외부와 독립된 지역으로 판단하므로 같은 이름으로 변수 생성이 가능하다.
- 클래스 내부에 생성된 변수를 멤버 변수(인스턴스 변수와 클래스 변수), 클래스 내부의 또 다른 구역에 생성된 변수를 지역 변수라고 한다.
- 지역 변수와 멤버 변수의 이름이 같은 경우에는 this 키워드로 구분하여 접근할 수 있다.

> **기적의 TIP**
>
> 변수의 생존 주기 자체가 문제로 나오는 경우는 드물지만, 변수의 생존 주기에 따라 코드 해석이 달라지므로 주의해 주세요.

```
public class Variable {
  int c;                                    //c : 인스턴스 변수(멤버변수)
  static String d;                          //d : 클래스 변수(멤버변수)
  void func(int c){                         //c : 매개 변수(지역 변수)
    this.c = c;                             //멤버 변수c에 지역 변수c값 할당
  }
  public static void main(String args[]) {
    int a=30;                               //a : 정수형 변수(지역 변수)
    Variable b = new Variable();            //b : 참조형 변수(지역 변수)
    b.func(a);
  }
}
```

> **더 알기 TIP**
>
> 변수의 위치에 따른 구분을 변수의 생존주기(scope)라고 하기도 합니다.

④ 클래스 변수

- 인스턴스 변수는 인스턴스마다 독립적으로 존재하며 특별한 경우가 아니라면 접근을 제한해 두는 것이 일반적이다.
- 같은 클래스로부터 생성된 모든 인스턴스가 함께 공유하는 데이터가 필요할 땐 클래스 변수를 사용한다.
  – [〈접근제한자〉] static 〈자료형〉 〈변수명〉;
- 클래스 변수는 클래스가 코드에 언급되는 순간 생성되며, 프로그램이 끝날 때까지 유지된다.

```
class Circle{
  private double pi = 3.141592;
  private double radius;
  private static int cnt = 0;                    //클래스 변수 생성
  Circle(double radius){                         //생성자 메소드
    this.radius = radius;
    this.cnt++;
    System.out.println(                          //클래스 변수값 출력
      this.cnt + "번 객체가 생성되었습니다.");
  }
  void created_cnt(){
    System.out.println(                          //클래스 변수값 출력
      "총 " + this.cnt + "개 도형이 존재합니다.");
  }
}
public class HelloWorld{
  public static void main(String[] args){
  Circle c1 = new Circle(5.0);                   //Circle 인스턴스 생성
  Circle c2 = new Circle(4.0);
  Circle c3 = new Circle(6.0);
  c1.created_cnt();
  }
}
```

결과	1번 객체가 생성되었습니다. 2번 객체가 생성되었습니다. 3번 객체가 생성되었습니다. 총 3개 도형이 존재합니다.

기적의 TIP

클래스의 구조를 명확하게 파악하는 것이 우선입니다.

더 알기 TIP

이 코드는 아래의 생성자 메소드와 함께 참고하여 학습하기 바랍니다.

3) 생성자 메소드

① 생성자 메소드 특징

- 클래스 내부에 클래스명과 같은 이름으로 존재하는 특별한 메소드이다.
- 인스턴스가 생성될 때 자동으로 실행되며 별도로 실행할 수 없고 리턴문 사용이 불가능하다.
- 인스턴스 생성 시 멤버변수 및 연관 객체들의 초기화 작업에 사용된다.

② 오버로딩

- 동일한 메소드명을 가진 메소드들을 매개변수의 개수와 유형을 기준으로 구분하여 실행해주는 기술이다.
- 생성자 역시 메소드이므로 오버로딩 적용이 가능하다.

```
class Circle{
  private double pi = 3.141592;
  private double radius;

  Circle(double radius){                     //실수 인수 전달 시 수행되는 생성자
    this.radius = radius;
    System.out.println(
      "객체가 생성되었습니다.");
  }

  Circle(){                                  //인수 전달 없을 시 수행되는 생성자
    this.radius = 3.0;
    System.out.println(
      "기본 객체가 생성되었습니다.");
  }
}
public class HelloWorld{
  public static void main(String[] args){
    Circle c1 = new Circle(5.0);             //인수와 함께 생성자 호출
    Circle c2 = new Circle();                //인수 없이 생성자 호출
  }
}
```

결과	객체가 생성되었습니다. 기본 객체가 생성되었습니다.

02 객체지향 기술 적용

1) 상속

① 상속 특징

- 상위 클래스의 멤버 대부분을 하위 클래스에게 상속하여 상하위 클래스의 모든 멤버를 포함하여 인스턴스를 생성할 수 있게 하는 기술이다.
- extends 키워드를 사용하여 상속받을 상위 클래스를 지정한다.
  - class 〈하위 클래스명〉 extends 〈상위 클래스명〉 { ... }
- 상위 클래스는 하위 클래스들이 사용할 공통된 속성을 구현한다.
- 하위 클래스는 상위 클래스의 멤버를 재사용, 재정의, 추가 멤버를 확장하여 구현한다.

② 메소드 오버라이딩

- 상위 클래스의 메소드를 재정의하여 사용하는 기술이다.
- 상위 클래스와 동일한 메소드명과 매개변수를 지정하여 사용한다.

기적의 TIP

오버로딩과 헷갈리지 않게끔 확실히 학습하세요.

```
class Espresso{                                  //에스프레소 클래스 정의
  int espresso = 20;
  void recipe(){
    System.out.println(
      "에스프레소 " + espresso + "ml");
  }
}
class Americano extends Espresso{                //아메리카노 (하위) 클래스 정의
  int water = 80;                                //에스프레소 (상위) 클래스 상속
  void recipe(){                                 //메소드 오버라이딩
    System.out.println(
      "에스프레소 " + espresso +
      "ml + 물" + water + "ml");
  }
}
public class HelloWorld{
  public static void main(String[] args){
    Espresso e1 = new Espresso();
    e1.recipe();                                 //상위 클래스 메소드 호출
    Americano a1 = new Americano();
    a1.recipe();                                 //하위 클래스 메소드 호출
  }
}
```

결과	에스프레소 20ml 에스프레소 20ml + 물 80ml

③ 업캐스팅

- 상속의 관계에서, 하위 클래스의 인스턴스를 상위 클래스 타입의 참조형 변수에 할당하는 것이다.
- 업캐스팅된 객체는 일반적으로 상위 클래스의 멤버에만 접근 가능하다.
- 상위 클래스의 메소드가 오버라이딩된 경우에는 업캐스팅이 되었어도 하위 클래스의 메소드가 수행된다.

할당 \ 생성	상위 객체	하위 객체
상위 참조형 변수	상위 멤버 접근	상위 멤버만 접근 (업캐스팅)
하위 참조형 변수	하위 멤버 접근 불가능 (오류)	상위+하위 멤버 접근

기적의 TIP

어려운 내용이므로 2~3번 이상 반복해서 풀이해 보세요.

```
class SuperObject{
  public void paint(){                       //③ 오버라이딩 되었으므로
    draw();                                  //   하위 클래스의 paint 호출
  }
  public void draw(){                        //⑦ 오버라이딩 되었으므로
                                             //   하위 클래스의 paint 호출
    draw();                                  //⑥ 자기 자신 다시 호출
    System.out.println("Super Object");      //⑨ 문자열 출력
  }
}
class SubObject extends SuperObject{
  public void paint(){
    super.draw();                            //④ 실제 호출되는 메소드
  }                                          //⑤ 상위 클래스의 draw 메소드 호출
  public void draw(){
    System.out.println("Sub Object");        //⑧ 문자열 출력
  }
}
public class Main{
  public static void main(String[] args) {
    SuperObject b = new SubObject();         //① 상위 참조 변수로 업캐스팅
    b.paint();                               //② 상위 클래스의 paint 메소드 호출
  }
}
```

결과	Sub Object Super Object

2) 추상 클래스

① 추상 메소드

- abstract 키워드를 이용한 선언부만 있고 구현부(중괄호)는 없는 메소드이다.
- 반드시 하위 클래스에서 오버라이딩 해서 사용해야 한다.

② 추상 클래스 특징

- 추상 메소드를 하나 이상 포함하는 클래스이다.
- 추상 클래스를 상속받는 하위 클래스는 추상 클래스의 기본 틀(Frame) 안에서 기능을 구현하게 되므로 클래스의 체계적인 설계가 가능해진다.
- 추상 클래스의 모든 추상 메소드를 오버라이딩 하지 않으면 하위 클래스 역시 추상 클래스이다.

```
abstract class Shape{                                    //추상 클래스 정의
  abstract void draw();                                  //추상 메소드 정의
}
class Circle extends Shape{
  void draw(){                                           //추상 메소드 오버라이딩
    System.out.println("원을 그립니다");
  }
}
class Rectangle extends Shape{
  void draw(){                                           //추상 메소드 오버라이딩
    System.out.println("사각형을 그립니다");
  }
}
public class HelloWorld{
  public static void main(String[] args){
    Circle c1 = new Circle();
    Rectangle r1 = new Rectangle();
    c1.draw();                                           //메소드명 통일 가능
    r1.draw();
  }
}
```

결과	원을 그립니다 사각형을 그립니다

3) 인터페이스

① 다중 상속의 문제점

- 자바는 원칙적으로 둘 이상의 상위 클래스를 상속받는 다중 상속을 금지하고 있다.

- 예를 들어, 클래스 A를 클래스 B, C가 상속받고 B, C를 다시 클래스 D가 상속받게 되었을 때, A의 멤버가 상속되는 경로가 불분명하여 부작용이 발생할 확률이 높아진다.
- 이러한 문제를 사전에 방지하면서 다중 상속의 이점을 가질 수 있는 기능이 인터페이스이다.

② 인터페이스 특징

- 모든 메소드가 추상 메소드로만 구성된 클래스이다.
- 인터페이스는 상위 클래스의 상속을 받지 않기 때문에 다중 상속의 문제를 방지할 수 있다.
- 상속은 기존 클래스의 멤버를 확장하는 개념을 가지지만, 인터페이스는 확장된 클래스의 기능을 제한하거나 변경하는 다형성의 개념을 가진다.
- interface와 implements 키워드를 사용하여 구현, 상속받는다.

기적의 TIP

상속과 추상 클래스, 인터페이스는 사용하는 키워드가 다릅니다.

```
interface Coffee{                                //커피 인터페이스 구현
  abstract void drink_coffee();                  //커피 마시기 (추상) 메소드
}
interface Cookie{                                //쿠키 인터페이스 구현
  abstract void eat_cookie();                    //쿠키 먹기 (추상) 메소드
}
class Cafe implements Coffee, Cookie{            //인터페이스 상속
  public void drink_coffee(){                    //커피 마시기 메소드 오버라이딩
    System.out.println("커피를 마신다.");
  }
  public void eat_cookie(){                      //쿠키 먹기 메소드 오버라이딩
    System.out.println("쿠키를 먹는다.");
  }
  public void talk(){                            //카페 객체의 기능 확장
    System.out.println("대화를 한다.");
  }
}
public class HelloWorld{
  public static void main(String[] args){
    Cafe k = new Cafe();                         //카페 클래스의 인스턴스는 모든 기능 사용
    k.drink_coffee();
    k.eat_cookie();
    k.talk();
    Coffee c = k;                                //커피 타입 참조 변수는
    c.drink_coffee();                            //커피 마시기 메소드만 호출 가능
    Cookie x = k;                                //쿠키 타입 참조 변수는
    x.eat_cookie();                              //쿠키 먹기 메소드만 호출 가능
  }
}
```

4) 예외 처리

① 예외 처리 정의

- 프로그램 실행 도중 문제(예외)가 발생하면 프로그램이 멈추거나 종료되는 것을 방지하기 위해 예외를 해결(처리)하는 코드를 구현하는 것을 말한다.
- 괄호를 잘못 쓰거나, 함수명에 오타가 있는 등의 문법적인 부분 때문에 실행 전에 발생하는 문제를 문법 오류(Syntax Error)라고 하고, 문법이나 표현식에 문제는 없지만 의도치 않은 작동 및 입력으로 문제가 발생하는 것을 예외라고 한다.
- 예외를 식별할 영역을 별도로 지정하여 예외가 자주 발생하는 코드를 보완한다.

② 예외 처리 구성

- 예외 처리 영역은 try, catch, finally로 나뉜다.
  - try : 예외 발생을 감지하는 코드 영역
  - catch : 예외가 발생하면 수행되는 코드 영역
  - finally : (생략 가능) 예외 여부와 상관없이 항상 실행되는 블록

기적의 TIP

각 영역의 역할 정도만 파악하세요.

```
public class HelloWorld{
  public static void main(String[] args){
    try{                                         //예외 감지 영역
      〈코드 영역〉
    }
    catch(){                                     //예외 감지 시 실행 영역
      〈코드 영역〉
    }
    finally{                                     //무조건 실행되는 영역
      〈코드 영역〉
    }
  }
}
```

5) 스레드(Thread)

① 스레드 정의

- 하나의 프로세스(프로그램)에서 둘 이상의 일을 동시에 수행하는 것을 말한다.
- 스레드 수행을 위해서 해당 클래스에 Thread 클래스를 상속하거나 Runnable 인터페이스를 구현한다.
- 다중 스레드 작업 시에는 각 스레드끼리 정보를 주고받을 수 있어 처리 과정의 오류를 줄일 수 있다.
- 스레드를 구현할 때는 반드시 run 메소드를 재정의(오버라이딩)하여 스레드를 통해 수행될 코드를 정의한다.

기적의 TIP

스레드는 코드가 동시 수행되므로 예상 결과가 절대적이지 않기 때문에, 구현 방식에 따라 사용되는 문법(키워드)을 중심으로 학습하는 것이 좋습니다.

② Thread 클래스 상속을 통한 스레드 구현

• Thread 클래스를 상속받아 구현하는 경우에는 extends 키워드를 사용하며 start 메소드를 통해 스레드를 실행한다.

```
class Box extends Thread{                          //Thread 클래스 상속
  public void run(){                               //run 메소드 재정의
    System.out.println("message");                 //스레드 실행 시 수행되는 영역
  }
}
public class Main{
  public static void main(String[] args){
    Box a = new Box();                             //일반적인 객체 생성 방식
    a.start();                                     //스레드 수행 메소드
  }
}
```

결과	message

③ Runnable 인터페이스 상속을 통한 스레드 구현

• Runnable 인터페이스를 상속받아 구현하는 경우에는 implements 키워드를 사용하며 Thread 생성자를 통해 스레드 객체가 생성된다.

• Thread 클래스를 이용하는 것보다 복잡하지만, 다중 상속을 통해 좀 더 유연한 프로그래밍이 가능하다.

```
class Box implements Runnable{                     //implements 인터페이스 상속
  public void run(){                               //run 메소드 재정의
    System.out.println("message");                 //스레드 실행 시 수행되는 영역
  }
}
public class Main{
  public static void main(String[] args){
    Thread t = new Thread(new Box());              //Thread 생성자에서 다시 생성자 호출
    t.start();                                     //스레드 수행 메소드
  }
}
```

결과	message

④ 멀티스레딩

- 다수의 스레드를 동시에 실행하는 프로그래밍 기법을 말한다.
- 동시에 여러 활동이 가능하고 메모리 공유를 통해 시스템 자원 소비를 줄일 수 있다.
- 자원을 공유하므로 충돌이 일어날 가능성과 복잡한 코딩으로 버그가 발생할 가능성이 커진다.

⑤ 스레드의 상태 전이

- 스레드는 전이 과정에 따라 Runnable, Running, Blocked의 상태로 나뉜다.
  - Runnable : start 메소드를 통해 스레드 실행이 준비된 상태
  - Running : run 메소드를 통해 스레드가 실행되는 상태
  - Blocked : 다양한 요인으로 인해 스레드가 잠시 작업을 멈춘 단계
  - Dead(Done) : 스레드 수행이 완료된 상태

더 알기 TIP

Blocked는 CPU의 점유권을 상실한 상태입니다. wait 메소드에 의해 Blocked 상태가 된 스레드는 notify 메소드를 통해 Runnable 상태로 전이되고, sleep 메소드에 의해 Blocked 상태가 된 스레드는 지정 시간이 지나면 Runnable 상태로 전이됩니다.

⑥ Thread 클래스 상속을 통한 스레드 구현

- Thread 클래스를 상속받아 구현하는 경우에는 extends 키워드를 사용하며 start 메소드를 통해 스레드를 실행한다.

```
class Box extends Thread{                    //Thread 클래스 상속
  public void run(){                         //run메소드 재정의
    System.out.println("message");           //스레드 실행 시 수행되는 영역
  }
}
public class Main{
  public static void main(String[] args){
    Box a = new Box();                       //일반적인 객체 생성 방식
    a.start();                               //스레드 수행 메소드
  }
}
```

결과	message

⑦ Runnable 인터페이스 상속을 통한 스레드 구현

- Runnable 인터페이스를 상속받아 구현하는 경우에는 implements 키워드를 사용하며 Thread 생성자를 통해 스레드 객체가 생성된다.
- Thread 클래스를 이용하는 것보다 복잡하지만, 다중 상속을 통해 좀 더 유연한 프로그래밍이 가능하다.

```
class Box implements Runnable{                  //implements 인터페이스 상속
  public void run(){                            //run메소드 재정의
    System.out.println("message");              //스레드 실행 시 수행되는 영역
  }
}
public class Main{
  public static void main(String[] args){
    Thread t = new Thread(new Box());           //Thread 생성자에서 다시 생성자 호출
    t.start();                                  //스레드 수행 메소드
  }
}
```

결과	message

CHAPTER 04

스크립트 언어

학습 방향

Python 프로그래밍 문법에 대해 서술합니다. 기초적인 문법은 매우 간단하여 기존의 C와 Java와 다른 형태의 연산(연산자, 기본 함수, 반복 구조 등) 및 기본 자료 구조를 중점적으로 학습하시기 바랍니다. 또한, 파이썬은 객체지향 언어이기도 하므로 객체 관련 기술을 함께 배웁니다.

SECTION 01

파이썬 프로그래밍

출제빈도 (상) 중 하
반복학습 1 2 3

빈출 태그 시퀀스, 매핑형, for, while

01 파이썬 기초

1) 변수와 상수

① 변수의 선언

- 파이썬은 상수 리터럴(표기법)의 타입에 따라 변수의 타입이 자동으로 정해지는 동적 타이핑 방식이다.
- C나 Java와는 달리 변수명 앞에 별도의 자료형을 명시하지 않는다.
- 파이썬에서는 한글도 변수명으로 사용 가능하지만 권장하지는 않는다.

② 정수형 상수

- 파이썬에서 표현 가능한 정수는 10진수, 8진수, 16진수, 2진수가 있다.
  - 10진 정수 : 일반적인 수치 표현 방식(234, 231, −10, …)
  - 8진 정수 : 숫자 앞에 0o 또는 0O를 붙임(0o12, 0O35, …)
  - 16진 정수 : 숫자 앞에 0x 또는 0X를 붙임(0x12A, 0XFF, …)
  - 2진수 : 숫자 앞에 0b 또는 0B를 붙임(0b11101, 0B100011001, …)

③ 실수형 상수

- 파이썬에서는 실수와 더불어 복소수 표현도 가능하다.
  - 실수 : 소수점이 있는 10진수 형태 또는 지수 형태로 표현(0.15, 3.14159, 1.5e4, …)
  - 복소수 : 실수부+허수부j 형식으로 표현(5+6.5j, 0+1.4j, …)

④ 문자열 상수

- 파이썬은 문자를 문자열로 통합하여 관리한다.
- 작은 따옴표와 큰 따옴표 모두 문자열로 인식한다.
  - "a", 'hello', "123", …

2) 표준 입출력 함수

① 표준 입력 함수

- 키보드를 통해 프로그램으로 데이터를 입력받는 함수이다.
- 항상 문자열 형태로 입력받기 때문에 필요에 따라 다른 형태로 변환이 필요하다.
- 입력값에 대한 안내 문구(prompt)를 지정할 수 있다.
  - input([prompt])
  - int() : 입력값을 정수형으로 변환
  - float() : 입력값을 실수형으로 변환

② 표준 출력

- 모니터를 통해 프로그램의 데이터를 출력한 뒤 줄바꿈을 하는 함수이다.
- 데이터 형식 그대로 출력이 가능하며 여러 인수를 통해 출력 방식을 조정할 수 있다.
  - print(〈값〉[, ...][,seq=〈구분자〉][,end=〈종료자〉])
  - seq=〈구분자〉 : 출력값들 사이에 출력될 구분문자 지정(기본값은 띄어쓰기)
  - end=〈종료자〉 : 출력 종료 후에 출력될 종료문자 지정(기본값은 줄바꿈)

③ 주석 처리

- 프로그램에 영향을 미치지 않고 개발에 참고할 내용을 코드상에 기록한 것이다.
- C언어의 //와 대응되며 #문자를 통해 주석 처리한다.

```
name = input("이름 입력: ")                #문자열 입력받아 그대로 name변수에 저장
age = int(input("나이 입력: "))            #정수로 변환하여 age변수에 저장
sight = float(input("시력 입력: "))        #실수로 변환하여 sight변수에 저장

print("당신의 이름은", name)
print("나이는", age, "시력은", sight)
```

입력	이름 입력: 이기적 나이 입력: 35 시력 입력: 1.2
결과	당신의 이름은 이기적 나이는 35 시력은 1.2

3) 연산자

더 알기 TIP

연산자는 기존 C언어의 연산자와 다른 부분만 설명합니다.

① 산술 연산자

• 일반적인 산술 연산 외에 파이썬 전용 연산이 존재한다.

연산자	설명	예	결과
+	더하기	2 + 5	7
–	빼기	10 – 2	8
*	곱하기	5 * 3	15
/	나누기	4 / 2	2.0(결과가 실수로 나옴)
//	몫	5 // 2	2
%	나머지	5 % 2	1
**	제곱	2 ** 4	16

② 논리 비교 연산자

• 다수의 논리 데이터를 판단하는 연산이다.

• 파이썬은 하나의 데이터에 대한 두 개의 비교 연산을 동시에 처리할 수 있다.

```
a = 10
b = 40
c = 20
print(a == b == c)                  #a, b, c 모두 같은 값인지 확인
print(0 <= a <= 100)                #a가 0 이상 100 이하인지 확인
print(a > 70 and b > 70)            #a, b 모두 70보다 큰지 확인
print(a >= 70 or b >= 70)           #a, b 중 하나라도 70 이상인지 확인
```

③ 멤버 연산자

• 데이터가 특정 데이터 구조에 포함되는지 여부를 판단하는 연산이다.

– 〈찾을 데이터〉 [not] in 〈데이터 구조〉

```
print("a" in "task")                #문자열a가 task에 포함되는지 확인
print("x" not in "hello")           #문자열x가 hello에 포함되지 않는지 확인
```

02 자료 구조

1) 시퀀스 자료 구조

① 시퀀스 특징

- 하나의 식별자로 서로 다른 타입의 다수 데이터를 관리할 수 있는 자료 구조이다.
- 데이터가 순서대로 나열되어 있어 인덱싱과 슬라이싱을 통해 데이터를 탐색한다.
- 시퀀스 생성 시 별도의 크기를 지정하지 않는다.
- 대표적인 시퀀스 자료 구조는 리스트, 문자열, 튜플 등이 있다.
  - 리스트 : 가변형(수정 가능), 대괄호로 표현
  - 튜플 : 불변형(수정 불가능), 소괄호로 표현
  - 문자열 : 불변형(수정 불가능), 따옴표로 표현

기적의 TIP

파이썬은 문법 구조가 비교적 단순하여, 자료 구조 관련 문제가 자주 출제되는 편입니다.

```
k = ["불고기","비빔밥"]          #리스트 생성
c = ["짜장","짬뽕"]             #리스트 생성
a = [k, c]                     #리스트 k, c
print(k)
print(c)
print(a)
```

결과

```
['불고기', '비빔밥']
['짜장', '짬뽕']
[['불고기', '비빔밥'], ['짜장', '짬뽕']]
```

② 인덱싱

- 첨자를 사용하여 시퀀스 요소 중 하나에 접근할 수 있는 기술이다.
- C언어의 배열처럼 0부터 시작하여 증가하며 우측 방향으로 진행된다.
- 인덱싱을 역순(좌측 방향)으로 진행하기 위해서는 첨자를 −1부터 시작하여 감소시킨다.

문자열	p	y	t	h	o	n	!
시작	0	1	2	3	4	5	6
끝	−7	−6	−5	−4	−3	−2	−1

```
s = "Hello Python"
print(s[0], s[4])
print(s[-1], s[-4])
```

결과

```
H o
n t
```

기적의 TIP

종료첨자와 실제 슬라이싱되는 범위를 헷갈리지 말아야 합니다.

③ 슬라이싱

- 2개의 첨자를 사용하여 하나 이상의 시퀀스 요소에 접근할 수 있는 기술이다.
  - 〈시퀀스명〉[〈시작첨자〉:〈종료첨자〉:〈단계값〉]
  - 시작첨자의 위치부터 종료첨자의 위치 바로 전까지 슬라이싱
- 특정 요소를 생략할 수 있으며 각 요소의 기본값은 아래와 같다.
  - 시작첨자 생략 : 첫 요소부터 슬라이싱
  - 종료첨자 생략 : 마지막 요소까지 슬라이싱
  - 단계값 생략 : 첨자 1씩 증가
- 종료첨자의 값이 시퀀스의 길이보다 큰 경우에도 알아서 마지막까지만 슬라이싱한다.
- 단계값이 음수인 경우에는 역순으로 슬라이싱한다.

```
s = "Hello Python"
print(s[6:10])
print(s[-2:])
print(s[:5], s[6:])
print(s[::-1])
```

결과	Pyth on Hello Python nohtyP olleH

④ 리스트 관련 함수

- 리스트는 가변형 시퀀스이기 때문에 리스트를 수정할 수 있는 다양한 함수가 존재한다.
- 리스트에 데이터 요소를 추가하는 함수에는 append, extend, insert 등이 있다.
  - 〈리스트〉.append(〈데이터〉) : 〈리스트〉의 마지막 위치에 〈데이터〉 추가
  - 〈리스트〉.extend(〈자료구조〉) : 〈자료구조〉의 요소들을 분해하여 〈리스트〉의 마지막 위치에 차례로 추가
  - 〈리스트〉.insert(〈위치〉, 〈데이터〉) : 〈데이터〉를 〈리스트〉의 〈위치〉에 삽입

```
a = []                  #빈 리스트 생성
a.append(1)             #리스트 마지막 위치에 1 추가
a.append([2, 3])        #리스트 마지막 위치에 [2, 3] 추가
a.extend([4, 5])        #리스트 마지막 위치에 4와 5 추가(리스트 분해)
a.insert(2, 0)          #리스트 2번째 위치에 0 삽입
print(a)
```

결과	[1, [2, 3], 0, 4, 5]

더 알기 TIP

리스트의 위치 값은 배열과 마찬가지로 0부터 시작한다는 점에 유의하세요. 또한 리스트 내부 리스트는 하나의 요소로 취급한다는 것 역시 주의해야 합니다. 위의 코드에서, a의 0번째 값은 1이며, 1번째 값은 [2, 3]입니다.

- 리스트의 데이터 요소를 추출하거나 삭제하는 함수에는 index, remove, pop 등이 있다.
  - 〈리스트〉.index(〈데이터〉) : 〈데이터〉가 저장된 위치 값 반환(〈데이터〉가 없을 경우에는 오류)
  - 〈리스트〉.remove(〈데이터〉) : 〈데이터〉와 일치하는 첫 번째 요소 삭제
  - del 〈리스트〉[〈위치〉] : 〈위치〉의 저장된 요소 삭제(슬라이싱도 가능)
  - 〈리스트〉.pop(〈위치〉) : 〈위치〉의 저장된 요소 추출(다른 곳에 저장 가능)
  - 〈리스트〉.count(〈데이터〉) : 〈리스트〉 내 〈데이터〉와 동일한 요소 개수 반환
  - 〈리스트〉.clear() : 〈리스트〉의 모든 요소 삭제

```
s = []                          #빈 리스트 생성
s.extend("Hello Python")        #"Hello Python"을 분해하여 리스트에 추가
s.remove("l")                   #['H','e','l','l','o',' ','P','y','t','h','o','n']
print(s.index('P'))             #문자열 P의 위치값 출력
print(s.pop(5))                 #리스트의 5번째 요소 추출(원본 삭제됨)하여 출력
print(s)
```

결과	5 P ['H', 'e', 'l', 'o', ' ', 'y', 't', 'h', 'o', 'n']

- 리스트는 가변형이므로 데이터 이동이 가능하여 정렬 및 반전이 가능하다.
  - 〈리스트〉.sort() : 〈리스트〉 요소를 오름차순으로 정렬
  - 〈리스트〉.sort(reverse=True) : 〈리스트〉 요소를 내림차순으로 정렬
  - 〈리스트〉.reverse() : 〈리스트〉 요소의 순서를 반전
- 리스트 원본을 유지하고 싶을 때는 사본을 만들어 정렬 및 반전이 가능하다.
  - sorted(〈리스트〉) : 〈리스트〉의 사본을 만들어 오름차순 정렬
  - sorted(〈리스트〉, reverse=True) : 〈리스트〉의 사본을 만들어 내림차순 정렬

더 알기 TIP

원본을 유지하고 싶을 때는 sorted, 원본을 변형하고 싶을 때는 sort를 사용합니다.

2) 매핑형 자료 구조

① 매핑형 특징

- 하나의 식별자로 서로 다른 타입의 다수 데이터를 관리할 수 있는 순서가 없는 자료 구조이다.
- 첨자(인덱싱)가 아닌 키 값과 매핑되어 있는 데이터에 접근하는 방식이다.

② 딕셔너리

- 키(key)와 값(value)의 쌍으로 구성된 데이터를 중괄호와 쉼표로 구분하여 정의한다.
- 데이터의 수정, 삽입, 삭제가 자유로운 가변형 데이터 구조이다.
- 키 값이 존재하는 경우에는 값을 참조하고, 키 값이 없는 경우에는 새로운 데이터를 생성한다.

```
d = {"name": "파이썬", "age": 20}         #key : "name", "age"
                                          #value : "파이썬", 20
d["sight"] = 1.5                          #키 값이 존재하지 않는 경우 : 데이터 생성
d["age"] = 30                             #key가 존재하는 경우 데이터 수정
print(d)
```

결과	{'name': '파이썬', 'age': 30, 'sight': 1.5}

③ 딕셔너리 관련 함수

- 딕셔너리 자료구조는 매핑형이므로 위치 값이 아닌 키 값을 중심으로 함수가 구성되어 있다.
  - 〈딕셔너리〉.keys() : 딕셔너리에 저장된 키 값만 추출
  - 〈딕셔너리〉.values() : 딕셔너리에 저장된 데이터 값만 추출
  - 〈딕셔너리〉.items() : 딕셔너리에 저장된 키, 데이터 쌍을 튜플의 형태로 추출
  - 〈딕셔너리〉.get(〈키〉, 〈기본값〉) : 〈키〉값과 대응되는 데이터 반환. 만약 일치하는 〈키〉가 없을 경우, 〈기본값〉을 반환

더 알기 TIP

〈딕셔너리〉.get(〈키〉)는 〈딕셔너리〉[〈키〉]와 같은 동작을 하지만, 해당 키가 없을 경우에 오류가 아닌 None을 출력합니다.

03 제어문

1) 선택 제어문

① 파이썬의 구역 구분

- 파이썬에서는 들여쓰기(띄어쓰기 4칸) 레벨을 통해 구역을 구분한다.
- 하위 영역이 필요한 문에는 콜론(:)을 사용한다.
- 들여쓰기 레벨이 같은 코드는 동일한 영역에 있다고 판단한다.

② if-elif-else

- 조건식의 참, 거짓 여부에 따라 프로그램의 흐름을 바꾼다.
  - if 〈조건식〉: : 주어진 조건식이 참인 경우에 실행되는 영역
  - elif 〈조건식〉: : if문의 조건식이 거짓이고, elif문의 조건식이 참인 경우에 실행되는 영역
  - else: : 모든 조건식이 거짓인 경우에 실행되는 영역

```
a = 10
b = 20
if a > b:                          #a가 b보다 큰 경우에 수행되는 영역
  print("a가 큽니다.")
elif a == b:                       #a가 b와 같은 경우에 수행되는 영역
  print("두 수가 같습니다.")
else:                              #위 조건을 모두 만족하지 않는 경우에 수행되는 영역
  print("b가 큽니다.")
```

2) 반복 제어문

① for

- 지정한 데이터 구조를 순환하며 요소마다 반복 구역의 코드를 반복한다.
- 데이터 구조 요소들을 할당할 반복용 변수가 필요하다.
  - for 〈변수〉 in 〈시퀀스〉: : 시퀀스 요소들을 하나하나 변수에 할당하며 반복 수행
- 모든 반복 제어문은 continue와 break의 사용이 가능하다.

```
a = [10, 20, 30]
for i in a:                        #리스트a의 요소를 차례로 i에 할당할 때마다 반복
  print(i, end=" ")                #종료문자를 띄어쓰기로 변경(줄바꿈 안 함)
```

결과	10 20 30

② range

- 특정 범위의 정수를 나열하는 불변형 시퀀스로, for문과 결합하여 사용된다.
- range 함수를 통해 생성되고 3가지 인수가 필요하다.
  - range(〈시작값〉, 〈종료값〉, 〈증가값〉)
  - 시작값부터 종료값 바로 전까지 증가값만큼 증가하는 정수 시퀀스 생성
- 증가값은 생략 가능하며 기본값은 1이다.
- 시작값은 생략 가능하며 기본값은 0이다.

```
for i in range(1,7,2):          #1부터 7 이전까지 2씩 증가하며 반복
  print(i, end=" ")
print()                         #줄바꿈
for i in range(10):             #(0부터) 10 이전까지 (1씩 증가하며) 반복
  print(i, end=" ")
print()
for i in range(5,8):            #5부터 8 이전까지 (1씩 증가하며) 반복
  print(i, end=" ")
print()
for i in range(5,1,-1):         #5부터 1 이전까지 1씩 감소하며 반복
  print(i, end=" ")
```

결과	1 3 5 0 1 2 3 4 5 6 7 8 9 5 6 7 5 4 3 2

③ while

- for문처럼 특정 횟수나 데이터의 개수 등을 지정하지 않고 반복의 기준을 정해서 진행되는 반복문이다.
- 조건식을 이용하여 반복의 기준을 정하며 조건식의 결과가 참인 동안 반복이 수행된다.

```
sum = 0
cnt = 1
while True:               #(무한) 루프 수행
  sum += cnt              #sum에 cnt 누적
  if sum > 100:           #sum에 누적되는 값이 100을 넘으면 종료
    break
  cnt += 1
print(cnt)
```

결과	14

3) 함수

① 함수 특징

• 파이썬에서는 함수와 메소드의 개념에 차이가 없지만 일반적으로 외부에서 정의되는 것을 함수, 클래스 내부에 정의되는 것을 메소드라고 구분한다.

• 내장된 함수를 불러와서 사용하는 경우에는 import 키워드를 사용한다.
  – import 〈라이브러리명〉

② 함수 정의

• 함수 정의는 def 키워드를 사용하며 들여쓰기로 구분하여 내부 코드를 설계한다.

• 함수 정의의 마지막 줄에는 빈 줄을 추가하여 다른 함수와 구분될 수 있도록 한다.

```
def multi(num):
  num*=2
  return num

a = int(input("정수 입력: "))
res = multi(a)
printf(res)
```

입력	20
결과	40

04 객체지향 프로그래밍

1) 클래스

① 클래스 정의와 객체 생성

• class 키워드를 이용해 클래스를 구현한다.

• 인스턴스 생성 시 new 키워드 없이 클래스명만으로 생성 가능하다.

```
class ClassicCar:                #ClassicCar클래스 정의
  pass                           #내용이 없을 경우에 pass 키워드 입력

father = ClassicCar()            #ClassicCar인스턴스 생성하여 father변수에 할당
uncle = ClassicCar()             #ClassicCar인스턴스 생성하여 uncle변수에 할당
```

② 메소드 정의와 호출

• 외부에 정의되는 함수와 달리 클래스 내부에 정의된다.

• 함수와 다르게 첫 번째 매개변수에 self가 기본으로 지정되지만 호출할 때는 무시하고 호출한다.

• 클래스 내에서 정의되는 메소드는 인스턴스를 통해서 호출된다.

```
class ClassicCar:
  def drive(self):                #메소드 정의(self 매개변수 지정)
    print("수동 운전 모드!")

father = ClassicCar()
father.drive()                    #메소드 호출(self 무시)
```

③ self

• 참조 변수를 통해서 호출되는 메소드는 자기 자신(self)이 기본 인수로 지정된다.
• self 키워드를 통해서 멤버 변수 및 멤버 메소드에 접근할 수 있다.
• 클래스 외부에서 내부 인스턴스 변수에 접근할 때는 참조변수가 self의 역할을 대신한다.

```
class ClassicCar:
  color = "빨간색"                          #클래스 변수(멤버 변수) 생성

  def test(self):
    color = "파란색"                        #지역 변수 생성
    print("color = ", color)                #지역 변수 출력
    print("self.color = ", self.color)      #멤버 변수 출력

father = ClassicCar()
father.test()
father.color = "검은색"
father.test()
```

결과	color = 파란색 self.color = 빨간색 color = 파란색 self.color = 검은색

④ 생성자 메소드

• 파이썬의 생성자 메소드는 이미 정의된 이름을 사용한다.
  – def __init__(self):
• 생성자 메소드는 인스턴스 생성 시 자동으로 호출되며 임의로 호출할 수 없다.
• 생성자 메소드와 self를 이용하면 인스턴스 변수 생성과 동시에 값을 할당(초기화)할 수 있다.

```
class ClassicCar:
  def __init__(self, color):          #생성자 메소드 정의
    self.color = color                #인스턴스 변수 정의하여 매개변수 값 할당

  def test(self):
    print(self.color)

father = ClassicCar("빨간색")          #인스턴스 생성 시 인수 전달
print(father.color)
father.color = "검은색"
print(father.color)
```

결과	빨간색 검은색

2) 캡슐화

① 클래스 변수

- 멤버 변수는 모든 인스턴스에서 접근 가능하다.
- 클래스 변수는 클래스 구역에서 선언하며 하나의 변수를 모든 인스턴스에서 공유한다.
- 메소드 내부에서 클래스 변수에 접근하기 위해서는 클래스명을 사용한다.

② private 변수

- 인스턴스 내부에서는 서로 공유가 가능하지만 외부에서는 접근이 불가능한 변수이다.
- 특별한 키워드 없이 변수 앞에 언더스코어(_)를 두 개 붙여서 선언한다.

```
class Car:
  __cnt = 0                                     #private 클래스 변수 생성

  def __init__(self, color):
    self.color = color                          #인스턴스 변수 생성
    Car.__cnt += 1                              #클래스 변수 접근
    print(Car.__cnt, "번째 인스턴스 생성")        #클래스 변수 접근

c1 = Car("핑크")                                #인스턴스 생성 시 인수 전달
c2 = Car("파랑")                                #인스턴스 생성 시 인수 전달
```

결과	1 번째 인스턴스 생성 2 번째 인스턴스 생성

3) 상속

① 상속의 특징

- 기존의 클래스를 상속받아서 더 다양한 기능이 추가된 클래스를 디자인할 수 있다.
- 별도의 키워드 없이 클래스명만으로 상속을 구현할 수 있다.
  - class 〈하위 클래스명〉(〈상위 클래스명〉):
- 상속받은 하위 클래스는 상위 클래스의 대부분을 사용할 수 있다.

```
class ClassicCar:                     #상위 클래스 구현
  def drive(self):
    print("운전합니다.")

class Car(ClassicCar):                #하위 클래스 구현+상위 클래스 상속
  def __init__(self, color):
    self.color = color;

c = Car("핑크")
c.drive()                             #상위 클래스의 메소드 호출
print(c.color)
```

결과	운전합니다. 핑크

② super()

- 상위 클래스 생성자에 인수 전달이 필요한 경우, 하위 클래스에서 상위 클래스 생성자를 별도로 호출해야 한다.
- 하위 클래스 내부에서 상위 클래스에 접근하기 위해서는 super 메소드를 활용한다.

```
class Person:
  def __init__(self, name):
    self.name = name                      #③ 전달받은 값을 name에 할당

class Student(Person):
  def __init__(self, name, age):
    super().__init__(name)                #② 상위 클래스 생성자 호출하며 인수 전달
    self.age = age

  def welcome(self):
    print("환영합니다.", self.name, "님!")

x = Student("이기적", 36)                  #① Student인스턴스 생성 시 인수 전달
x.welcome()
```

결과	환영합니다. 이기적 님!

③ 메소드 오버라이딩

• 상위 클래스의 메소드를 재정의하여 새로운 기능을 추가하거나 기능을 변경할 수 있다.

```
class ClassicCar:
  def drive(self):
    print("운전합니다.")

class Car(ClassicCar):
  def __init__(self, color):
    self.color = color;

  def drive(self):                              #메소드 오버라이딩
    print(self.color, "색 차 운전!")

c = Car("핑크")
c.drive()
```

결과	핑크 색 차 운전!

합격을 다지는 예상문제

01 소프트웨어 구현 도구의 기능에 대한 설명 중, 아래 빈칸에 해당하는 용어를 영어로 쓰시오.

- Coding : 자바, 파이썬 등 개발 언어를 통해 애플리케이션 개발 환경 제공
- Compile : 문법에 어긋나는지 확인하고 기계어로 변환하는 기능 제공
- (　　) : 프로그래밍 과정에 발생하는 오류 및 비정상적인 연산 제거
- Deployment : 외부 형상, 배포관리 기능과 연계되어 자동 배포 등 가능
- DB Link : JDBC, ODBC 등을 통한 데이터베이스 연동

▶ **답안기입란**

02 C언어에서 아래처럼 배열을 선언했을 경우에, 가장 마지막 위치에 있는 요소에 접근하기 위해 필요한 코드를 쓰시오.

```
int a[2][3]={0};
printf("%d", (    빈칸    ));
```

▶ **답안기입란**

ANSWER
01. Debugging
02. a[1][2]

03 아래 C언어 코드를 수행하면 출력되는 결과는 무엇인지 쓰시오.

```
int sum(int x, int y){
  int a=x+y;
  return a;
}
void main(){
  int a=0;
  a=sum(4, 6);
  printf("%d", a);
}
```

▶ 답안기입란

04 아래 C언어 코드를 수행하면 출력되는 결과는 무엇인지 쓰시오.

```
void main(){
  int a=3, b=4, c=0, d;
  d = a || b && c;
  printf("%d", d);
}
```

▶ 답안기입란

ANSWER

03. 10

04. 1

05 아래 JAVA언어 코드를 수행하면 출력되는 결과는 무엇인지 쓰시오.

```
class A{
  public void fa(){ System.out.print("1 "); };
  public static void fb(){ System.out.print("2 "); };
}
class B extends A{
  public void fa(){ System.out.print("3 "); };
}
class C extends B{
  public static void fb(){ System.out.print("4 "); };
}
class Main{
  public static void main(String[] args){
    A x = new C();
    x.fa();
    x.fb();
  }
}
```

▶ **답안기입란**

ANSWER

05. 3 2

06 아래 JAVA언어 코드를 수행하면 출력되는 결과는 무엇인지 쓰시오.

```
public class Main{
  public static void main(String[] args){
    int a=1, b=2, c=3, d=4;
    int mx, mn;
    mx=a<b?b:a;
    if(mx==1) {
      mn=a>mx?b:a;
    } else {
      mn=b<mx?d:c;
    }
    System.out.println(mn);
  }
}
```

▶ 답안기입란

ANSWER

06. 3

07 아래 Python언어 코드를 수행하면 출력되는 결과는 무엇인지 쓰시오.

```
a=[0,10,20,30,40,50,60,70,80,90]
print(a[:7:3])
```

▶ 답안기입란

08 아래 Python언어 코드를 수행하여 Hello World를 입력했을 때 Helrld가 출력되기 위해서 빈칸에 입력해야 할 코드를 쓰시오.

```
string = input("문자열 입력: ")
m = (   빈칸   )
print(m)
```

▶ 답안기입란

ANSWER

07. [0, 30, 60]

08. string[0:3] + string[−3:]

09 JAVA에서 힙(Heap)에 남아 있으나 변수가 가지고 있던 참조값을 잃거나 변수 자체가 없어짐으로써 더 이상 사용되지 않는 객체를 제거해주는 역할을 하는 모듈은 무엇인지 영어로 쓰시오.

▶ 답안기입란

10 아래 Python언어 코드를 수행하면 출력되는 결과는 무엇인지 쓰시오.

```
def cs(n):
  s = 0
  for num in range(n+1):
    s += num
  return s
print(cs(10))
```

▶ 답안기입란

ANSWER

09. Garbage Collector

10. 55

PART

04

SQL 활용

4과목 소개

데이터베이스를 운용하기 위한 언어의 기초 문법과 SQL 문법을 기초로 하는 다양한 기술들과 병행 제어와 관련된 문제점을 해결하는 방안에 대해 서술합니다. 전공 지식이 없는 분들은 SQL 실습을 위한 환경을 갖추기가 어려우므로 데이터 구조를 생성하고 데이터 및 권한 등을 관리하는 문법에 필요한 다양한 키워드에 집중하여 학습하세요.

기본 SQL 작성

학습 방향

SQL의 기본 문법과 연산, 옵션 등을 적용하는 법에 대해 다룹니다. SQL은 절차형 언어이기 때문에 문법의 해석이 어렵지 않으므로 기본 문법 구조와 키워드를 중심으로 해석할 수 있도록 학습하세요.

SECTION 01

구조적 질의어

출제빈도 (상) 중 하
반복학습 1 2 3

빈출 태그 DDL, DML, DCL, 관계 대수, 관계 해석

01 SQL(Structured Query Language)

1) SQL의 개념

① SQL 정의

- 관계형 데이터베이스를 제어하는 DBMS의 표준 언어로 관계 대수를 기초로 만들어졌다.
- 릴레이션을 입력하여 새로운 형태의 릴레이션을 출력한다.
- 자연어와 유사한 구조로 학습과 사용이 용이한 고급 언어이다.
- SQL은 정의, 조작, 제어 기능을 각각 데이터 정의어, 데이터 조작어, 데이터 제어어로 구현한다.

② 내장 SQL

- 프로그래밍 언어에서 관계형 데이터베이스를 제어하기 위해 통합(포함)된 SQL이다.
  - 내장 SQL의 입장에서 프로그래밍 언어를 호스트 프로그램이라 지칭
- 호스트 프로그램이 실행될 때 함께 실행되며 실행문 구현이 가능하다면 어느 곳에서나 사용 가능하다.
- 일반 SQL은 다수의 튜플 반환이 가능하지만, 내장 SQL의 수행결과는 단 하나의 튜플만을 반환하며 일반 변수를 사용하여 저장할 수 있다.
- 호스트 프로그램 컴파일 시 내장 SQL은 선행처리기에 의해 분리되어 컴파일 된다.
- 호스트 변수와 대응되는 데이터베이스 필드 이름은 달라도 되지만, 데이터 타입은 일치해야 한다.

2) SQL 명령어 분류

① 데이터 정의어(DDL : Data Definition Language)

- 데이터 조작을 위한 공간(DataBase Object)을 정의, 수정, 변경하는 언어로 DBA가 사용한다.
  - DBA(DataBase Administration) : 데이터베이스 관리자
- 데이터베이스 객체는 스키마, 도메인, 테이블, 뷰, 인덱스 등이 있다.

> 기적의 TIP
> DDL에 해당하지 않는 명령어를 찾을 수 있어야 합니다.

• 일반적인 DDL 명령은 아래와 같으며 한 번 수행되면 이전 상태로 되돌릴 수 없다.
  – CREATE : DB 객체 생성
  – ALTER : DB 객체 수정
  – DROP : DB 객체 제거
  – TRUNCATE : DB 객체 데이터 전체 삭제

② 데이터 조작어(DML : Data Markup Language)

• 사용자(응용 프로그램)가 DBMS를 통해 데이터베이스를 조작하기 위한 인터페이스를 제공하는 언어이다.
• 데이터를 검색(조회), 삽입, 갱신, 삭제할 수 있도록 관련 기능을 제공한다.
• 일반적인 DML 명령은 아래와 같으며 TCL을 활용하여 실행 전 상태로 복귀 가능하다.
  – INSERT : 데이터 삽입
  – UPDATE : 데이터 갱신
  – DELETE : 데이터 삭제
  – SELECT : 데이터 조회

기적의 TIP

잘못된 DML에 해당하는 명령어를 구분할 수 있어야 합니다.

③ 데이터 제어어(DCL : Data Control Language)

• 사용자의 데이터 접근 통제와 병행 수행(공유)을 위한 제어 언어이다.
• 제어 기능이라는 공통점이 있는 일반적인 DCL 명령은 아래와 같다.
  – GRANT : 사용자 권한 부여
  – REVOKE : 사용자 권한 회수
  – COMMIT : 트랜잭션 결과 반영(확정)
  – ROLLBACK : 트랜잭션 작업 취소
  – CHECKPOINT : 트랜잭션 복귀지점 설정
• 트랜잭션 관련 명령어는 작업 대상이 서로 다르기 때문에 TCL이라는 별도의 분류를 사용하기도 한다.
  – TCL(Transaction Control Language) : 트랜잭션 제어어

기적의 TIP

DCL의 명령어를 정확히 구분할 수 있어야 합니다.

02 관계 대수

1) 관계 해석(Relational Calculus)

① 관계 해석 개념

• 원하는 정보가 무엇(What)인지에 대해 정의하는 비절차적 언어이다.
• 코드(E.F.Codd) 박사가 제안한 것으로 수학의 술어 해석(Predicate Calculus)에 기반한다.
  – 술어 해석 : 객체에 대한 명제 해석으로 실행 결과가 반드시 참, 거짓으로 나타남

• SQL문과 같은 질의어를 사용하며 튜플 관계 해석과 도메인 관계 해석으로 구성된다.
  – 튜플 관계 해석 : 튜플을 기준으로 데이터 조회
  – 도메인 관계 해석 : 속성을 기준으로 데이터 조회
• 기본적으로 관계 해석과 관계 대수는 관계 데이터베이스를 처리하는 기능과 능력 면에서 동등하다.

② 관계 해석 논리 기호

• 관계 해석 연산자는 OR, AND, NOT이 있다.
  – OR(∨) : 원자식 간의 관계를 '또는'으로 연결
  – AND(∧) : 원자식 간의 관계를 '그리고'로 연결
  – NOT(¬) : 원자식을 부정
• 관계 해석 정량자는 전칭 정량자와 존재 정량자가 있다.
  – 전칭 정량자(Universal Quantifier, ∀) : 모든 것에 대하여(for all)
  – 존재 정량자(Existential Quantifier, ∃) : 어느 것 하나라도 존재(there exists)

2) 관계 대수(Relational Algebra)

> 기적의 TIP
> 관계 대수에 대한 설명이 아닌 것을 선택할 수 있어야 합니다.

① 관계 대수 정의

• 원하는 정보와 그 정보를 어떻게(How) 유도하는가를 정의하는 절차적 언어이다.
• 연산자와 연산 규칙을 사용하여 주어진 릴레이션으로부터 원하는 릴레이션을 유도한다.

> 기적의 TIP
> 일반 집합 연산자와 순수 관계 연산자를 구분할 수 있어야 합니다.

• 일반 집합 연산자과 순수 관계 연산자로 구분된다.
  – 일반 집합 연산자 : 합집합(∪), 교집합(∩), 차집합(–), 교차곱(×)
  – 순수 관계 연산자 : SELECT(σ), PROJECT(π), JOIN(⋈), DIVISION(÷)

> 더 알기 TIP
> DML의 SELECT와 순수 관계 연산자의 SELECT는 약간 다른 개념입니다.

② 합집합(Union)

• 두 릴레이션을 튜플의 중복 없이 합하는 연산으로, 식으로 표현하면 아래와 같다.
  – $R \cup S = \{e \mid e \in R \vee e \in S\}$ = R UNION S
  – 릴레이션 R, S를 합집합하는 경우를 관계 해석 및 관계 대수로 표현

• 두 릴레이션은 차수와 대응 속성의 도메인이 동일해야 한다.

R

회원번호	이름	과목
1	노여진	영어
2	복승헌	국어
3	강미르	수학

∪

S

회원번호	이름	과목
2	복승헌	국어
3	강미르	수학
4	이미래	과학

=

R∪S

회원번호	이름	과목
1	노여진	영어
2	복승헌	국어
3	강미르	수학
4	이미래	과학

③ 교집합(Intersection)

• 두 릴레이션에서 동일한(중복) 튜플을 추출할 때 사용하는 연산으로, 식으로 표현하면 아래와 같다.
  - $R \cap S = \{e \mid e \in R \land e \in S\}$ = R INTERSECT S
• 두 릴레이션은 차수와 대응 속성의 도메인이 동일해야 한다.

R

회원번호	이름	과목
1	노여진	영어
2	복승헌	국어
3	강미르	수학

∩

S

회원번호	이름	과목
2	복승헌	국어
3	강미르	수학
4	이미래	과학

=

R∩S

회원번호	이름	과목
2	복승헌	국어
3	강미르	수학

④ 차집합(Difference)

• 대상 릴레이션(R)에서 다른 릴레이션(S)과 동일한 부분을 제거하여 추출하는 연산으로, 식으로 표현하면 아래와 같다.
  - $R - S = \{e \mid e \in R \land e \notin S\}$ = R MINUS S
• 두 릴레이션은 차수와 대응 속성의 도메인이 동일해야 한다.
• 차집합의 결과는 항상 대상 릴레이션(R)의 부분집합이다.

R

회원번호	이름	과목
1	노여진	영어
2	복승헌	국어
3	강미르	수학

−

S

회원번호	이름	과목
2	복승헌	국어
3	강미르	수학
4	이미래	과학

=

R−S

회원번호	이름	과목
1	노여진	영어

⑤ 곱집합(Cartesian Product)

• 두 릴레이션의 튜플을 합치고 순서쌍의 집합을 만드는 연산으로, 식으로 표현하면 아래와 같다.
  - $R \times S = \{(e, m) \mid e \in R \land m \in S\}$
• 두 릴레이션의 차수와 대응 속성의 도메인이 같지 않아도 된다.
• 결과 릴레이션의 기수는 두 릴레이션 기수들의 곱이다.

더 알기 TIP

곱집합은 SQL의 크로스 조인(Cross Join)과 같은 의미를 가지며, 연산의 결과 또한 같습니다.

기적의 TIP

수식기호나 명령어뿐 아니라 실제 실행 결과도 계산할 수 있어야 합니다.

기적의 TIP

곱집합의 결과 릴레이션의 기수와 차수를 계산할 수 있어야 합니다.

• 결과 릴레이션의 차수는 두 릴레이션 차수들의 합이다.

R

회원번호	이름	과목
1	노여진	영어
2	복승헌	국어
3	강미르	수학

×

S

성별	지역
남	서울
여	인천

=

R×S

회원번호	이름	과목	성별	지역
1	노여진	영어	남	서울
1	노여진	영어	여	인천
2	복승헌	국어	남	서울
2	복승헌	국어	여	인천
3	강미르	수학	남	서울
3	강미르	수학	여	인천

⑥ SELECT

• 릴레이션에서 조건에 맞는 튜플을 추출하여 수평적(튜플) 부분 집합을 구하는 연산이다.

  – σ 〈조건〉 R

더 알기 TIP

σ는 그리스 문자로 '시그마'라고 읽습니다. 실제 표현식은 〈조건〉 영역을 아래 첨자로 표현하지만, 학습에는 큰 문제가 없으니 단순하게 표현하였습니다.

• 릴레이션에서 대여횟수가 7보다 큰 튜플만 추출하는 연산식과 결과는 아래 이미지와 같다.

R

회원번호	이름	대여횟수
1	강한결	12
2	하지웅	3
3	김이경	9
4	복승헌	7
5	이봄	5
6	사공별	8

σ 대여횟수 〉 7 (R)

회원번호	이름	대여횟수
1	강한결	12
3	김이경	9
6	사공별	8

기적의 TIP

SELECT와 PROJECT의 설명과 연산식을 구별할 수 있어야 합니다.

⑦ PROJECT

• 릴레이션에서 지정된 속성만을 추출하여 수직적(속성) 부분 집합을 구하는 연산이다.

  – π 〈속성명〉 R

더 알기 TIP

π는 그리스 문자로 '파이'라고 읽습니다.

- 릴레이션에서 회원번호와 이름 속성만 추출하는 연산식과 결과는 아래 이미지와 같다.

R

회원번호	이름	대여횟수
1	강한결	12
2	하지웅	3
3	김이경	9
4	복승헌	7
5	이봄	5
6	사공별	8

π 회원번호, 이름 (R)

회원번호	이름
1	강한결
2	하지웅
3	김이경
4	복승헌
5	이봄
6	사공별

⑧ JOIN

- 두 릴레이션에서 조건에 맞는 튜플을 하나로 합친 릴레이션을 생성하는 연산이다.
- 두 릴레이션에 공통 속성이 한 개 이상 존재해야 한다.
- 조인의 종류는 동일 조인, 자연 조인, 외부 조인, 세타 조인이 있다.
  - 동일 조인 : R ⋈ 속성 = 속성 S = 동일 속성을 기준으로 조인(동일 속성 중복)

R

학번	성명	수강코드
111	정으뜸	S01
222	탁두리	S02
333	윤혜림	S03

S

학번	수강과목	점수
111	파이썬	90
222	자바	80
333	정보처리	85

R ⋈학번=학번 S

학번	성명	수강코드	학번	수강과목	점수
111	정으뜸	S01	111	파이썬	90
222	탁두리	S02	222	자바	80
333	윤혜림	S03	333	정보처리	85

  - 자연 조인 : R ⋈N S = 동일 속성을 기준으로 조인(중복 속성 제외)

R

학번	성명	수강코드
111	정으뜸	S01
222	탁두리	S02
333	윤혜림	S03

S

학번	수강과목	점수
111	파이썬	90
222	자바	80
333	정보처리	85

R ⋈N(학번) S

학번	성명	수강코드	수강과목	점수
111	정으뜸	S01	파이썬	90
222	탁두리	S02	자바	80
333	윤혜림	S03	정보처리	85

더 알기 TIP

자연 조인은 ⋈(보타이)만 표기하여 나타내는 경우가 많습니다. 외부 조인은 완전, 왼쪽, 오른쪽이냐에 따라 보타이 기호가 약간씩 다르며 +는 외부조인을 통합하여 나타낼 때 사용합니다.

– 외부 조인 : R ⋈ + S = 조건에 맞지 않는 튜플도 결과에 포함하는 확장 조인(Null 포함)

R

학번	파이썬	자바
111	70	85
222	78	80

S

학번	컴활	정보처리
111	60	90
333	65	95

완전 외부조인(R,S : 모두 포함)

학번	파이썬	자바	컴활	정보처리
111	70	85	60	90
222	78	80	Null	Null
333	Null	Null	65	95

R

학번	파이썬	자바
111	70	85
222	78	80

S

학번	컴활	정보처리
111	60	90
333	65	95

왼쪽 외부조인(R : 모두 포함, S : 일치 포함)

학번	파이썬	자바	컴활	정보처리
111	70	85	60	90
222	78	80	Null	Null

R

학번	파이썬	자바
111	70	85
222	78	80

S

학번	컴활	정보처리
111	60	90
333	65	95

오른쪽 외부조인(R : 일치 포함, S : 모두 포함)

학번	파이썬	자바	컴활	정보처리
111	70	85	60	90
333	Null	Null	65	95

– 세타 조인 : R ⋈ θ S = 등호(=) 이외의 조건식을 기준으로 조인

⑨ DIVISION

• 대상 릴레이션(R)에서 다른 릴레이션(S) 속성의 데이터와 일치하는 튜플 중, 다른 릴레이션(S)의 속성과 일치하는 속성을 제거한 릴레이션을 생성하는 연산이다.

R

이름	성별
김오성	**남**
전다운	여
권영석	여
최나길	여
고경택	**남**
권잔디	여

÷

S

성별
남

=

R÷S

이름
김오성
고경택

3) 쿼리 최적화 규칙

① 쿼리 최적화 기준

• 데이터 모델은 설계 및 운용 방식에 따라 다양하게 구성되므로 절대적인 최적화 규칙은 존재하지 않는다.

• 다양한 사용자의 경험을 통한 일반적인 최적화 규칙을 적용한다.

② 쿼리 최적화의 일반적인 규칙

• 일반적으로 원치 않는 데이터가 가장 많이 제거되는 추출(Project) 연산을 최대한 일찍 수행한다.

• 원치 않는 튜플이 제거되는 선택(Select) 연산은 가급적 일찍 수행한다.

• 조인(Join) 연산은 데이터베이스 용량 및 성능에 비교적 큰 영향을 끼치므로 가급적 마지막에 수행한다.

더 알기 TIP

데이터베이스는 몇백 개 이상의 방대한 데이터가 저장되는 곳입니다. 많은 데이터가 기록된 테이블이 있다고 가정하고 위 규칙을 적용해 보면 좀 더 효율적인 순서가 무엇인지 이해하기 쉽습니다.

SECTION 02

SQL 활용

출제빈도 (상) 중 하

반복학습 1 2 3

빈출 태그 CASCADE, RESTRICT, 삭제/조회/권한 부여 문법

01 데이터 정의어

1) CREATE

① 데이터베이스 객체 생성

• 데이터베이스 객체(DB, TABLE, INDEX, VIEW 등)를 생성한다.

```
CREATE 〈객체 유형〉 〈객체명〉(〈옵션〉);
```

더 알기 TIP

SQL 및 프로그래밍 언어의 문법을 기술하기 위한 언어를 메타언어(MetaLanguage)라고 합니다. 각각의 입력 요소는 '〈〉'로 감싸서 표현하고, 생략이 가능한 요소는 '[ ]'로 표현하고, 반복이 가능한 요소는 '[, ...]'로 표현하며, 선택이 가능한 요소는 '|'로 나열하여 표현합니다.

② 테이블 생성 옵션

• 테이블 생성 시, 옵션을 활용하여 생성되는 컬럼의 세부사항을 지정할 수 있다.

• 테이블 생성에 대한 일반적인 문법은 아래와 같다.

```
CREATE TABLE 〈테이블명〉(
  〈컬럼명〉 〈데이터유형〉 [〈제약조건〉] [, ...],
  [테이블 제약조건]
);
```

• 데이터 유형(자료형)은 매우 다양하지만 대표적으로 사용되는 것들은 아래와 같다.
  - INT : 정수
  - DOUBLE : 실수(부동소수점)
  - CHAR(N) : 최대 N개의 문자 입력이 가능한 고정크기 문자열
  - VARCHAR(N) : 최대 N개의 문자 입력이 가능한 가변크기 문자열
  - DATE : 날짜

• 각 필드에 지정 가능한 대표적인 제약조건은 아래와 같다.
  - UNIQUE : 유일키(식별자) 정의
  - NOT NULL : 공백을 허용하지 않음
  - CHECK : 컬럼에 허용되는 값을 제한
• 각 테이블에 지정 가능한 제약조건은 매우 다양하지만 대표적으로 사용되는 것들은 아래와 같다.
  - PRIMARY KEY (〈컬럼명〉[, ...]) : 기본키(UNIQUE + NOT NULL) 정의
  - FOREIGN KEY (〈컬럼명〉[, ...]) REFERENCES (〈컬럼명〉[, ...]) : 외래키 정의
  - ON UPDATE 〈처리옵션〉 : 데이터 갱신 시 처리옵션에 따라 작업 수행
  - ON DELETE 〈처리옵션〉 : 데이터 삭제 시 처리옵션에 따라 작업 수행
• 데이터 갱신 및 삭제의 처리옵션은 다음과 같다.
  - NO ACTION : 무시
  - SET DEFAULT : 관련 튜플 모두 기본값 지정
  - SET NULL : 관련 튜플을 (삭제하는 대신) NULL값으로 수정
  - CASCADE : 관련된 튜플 모두 함께 처리
  - RESTRICT : 관련된 튜플이 없는 경우에만 처리

③ 테이블 구조 복사
• SELECT문에 의해 구성된 테이블 정보와 같은 형식의 테이블을 생성할 수 있다.
  - CREATE TABLE 〈테이블명〉 AS 〈SELECT문〉;

④ 테이블 생성의 예시
• 학번, 이름, 연락처 컬럼을 가지는 학생 테이블을 생성하고 각 컬럼의 제약조건을 아래와 같이 설정할 때의 SQL 문장은 아래와 같다.
  - 학번 : 정수를 저장하는 기본키
  - 이름 : 최대 10개의 문자를 필수 입력
  - 연락처 : 최대 15개의 문자를 저장, '비공개'를 기본값으로 지정

```
CREATE TABLE 학생(
  학번 INT PRIMARY KEY,
  이름 CHAR(10) NOT NULL,
  연락처 CHAR(15) DEFAULT '비공개'
);
```

기적의 TIP

삭제 및 갱신의 처리옵션을 구분할 수 있어야 합니다.

기적의 TIP

테이블 대신 테이블 생성 코드가 주어지기도 합니다.

- 학생 테이블을 참조하는 도서대여 테이블을 생성하고, 관련 테이블과의 제약 사항을 아래와 같이 설정할 수 있다.
  - 대여일 : 날짜 데이터를 필수 입력
  - 학번 : 학생 테이블의 학번(기본키)을 참조, 원본 변경 시 함께 변경, 원본 삭제 시 관련된 행이 존재하면 삭제 취소
  - 도서명 : 최대 20개의 문자를 필수 입력

```
CREATE TABLE 도서대여(
  대여일 DATE NOT NULL,
  학번 INT,
  도서명 CHAR(20) NOT NULL,
  FOREIGN KEY(학번) REFERENCES 학생(학번)
    ON UPDATE CASCADE
    ON DELETE RESTRICT
);
```

더 알기 TIP

SQL 문장은 단순한 방향으로 진행되므로 순서보다는 각 토큰(문장 조각)이 의미하는 기능을 분석할 수 있도록 학습하세요.

2) ALTER

① 컬럼 변경

- (이미 생성된) 테이블에 추가할 컬럼을 마지막 컬럼 뒤(또는 다른 위치)에 추가한다.

```
ALTER TABLE 〈테이블명〉 ADD 〈필드명〉 〈데이터타입〉 [〈위치옵션〉];
```

  - FIRST : 첫 컬럼 앞에 추가
  - AFTER 〈컬럼명〉 : 특정 컬럼 뒤에 추가
- 테이블의 컬럼을 변경(데이터 유형 또는 이름)한다.

```
ALTER TABLE 〈테이블명〉 MODIFY 〈컬럼명〉 〈데이터유형〉;
ALTER TABLE 〈테이블명〉 RENAME COLUMN 〈원본컬럼명〉 TO 〈변경컬럼명〉;
```

  - MODIFY : 데이터 유형 변경
  - RENAME COLUMN : 컬럼명 변경
- 테이블의 컬럼을 삭제한다.

```
ALTER TABLE 〈테이블명〉 DROP 〈컬럼명〉;
```

② 제약조건 변경

• 제약조건을 추가한다.

```
ALTER TABLE 〈테이블명〉 ADD CONSTRAINT 〈제약조건명〉 〈제약조건〉;
```

• 제약조건을 비활성화하거나 삭제한다.

```
ALTER TABLE 〈테이블명〉 ENABLE|DISABLE|DROP CONSTRAINT 〈제약조건명〉;
```

– ENABLE : 제약조건 활성화
– DISABLE : 제약조건 비활성화
– DROP : 제약조건 삭제

3) DROP

① 데이터베이스 삭제

• 데이터베이스 객체를 삭제한다.

```
DROP 〈객체 유형〉 〈객체명〉 [〈삭제옵션〉];
```

더 알기 TIP

ALTER~DROP과 DROP은 의미가 다릅니다. 주의하세요.

② 레코드 삭제

• 테이블의 구조를 유지하는 상태에서 모든 (데이터) 레코드를 삭제한다.

```
TRUNCATE TABLE 〈테이블명〉;
```

02 데이터 조작어

1) INSERT

• 특정 테이블의 컬럼 순서대로 모든 값을 지정하여 삽입한다.

```
INSERT INTO 〈테이블명〉 VALUES (〈값〉[, ...]);
```

• 특정 컬럼을 지정하여 값을 삽입한다.

```
INSERT INTO 〈테이블명〉 (〈컬럼명〉[, ...]) VALUES (〈값〉[, ...]);
```

• 다른 테이블의 레코드를 복사하여 값을 삽입한다.

```
INSERT INTO 〈테이블명〉 (〈필드〉[, ...]) 〈SELECT문〉
```

> **기적의 TIP**
> UPDATE 형식에 대한 설명 중 올바른 것을 선택할 수 있어야 합니다.

2) UPDATE

• 지정한 조건을 만족하는 레코드들의 해당 컬럼의 필드값을 갱신한다.

```
UPDATE 〈테이블명〉 SET 〈컬럼명〉=〈값〉[, ...] WHERE 〈조건식〉;
```

3) DELETE

• 지정한 조건을 만족하는 레코드를 삭제한다.
• 조건을 생략하면 모든 레코드를 삭제하게 되니 주의해야 한다.

```
DELETE FROM 〈테이블명〉 WHERE 〈조건식〉;
```

4) SELECT

• 지정한 형식과 조건에 대응되는 결과를 릴레이션 형태로 출력한다.
• SQL 명령 중 가장 많이 사용되는 명령어이다.

```
SELECT [ALL|DISTINCT] 〈컬럼명〉[, ...] FROM 〈테이블명〉
  [WHERE 〈조건식〉 [GROUP BY 〈컬럼명〉 [HAVING 〈조건식〉]]
  [ORDER BY 〈컬럼명〉 [ASC|DESC]];
```

– ALL(기본값) : 지정된 모든 레코드 검색, '*'도 같은 의미
– DISTINCT : 중복된 레코드는 하나만 출력

> **기적의 TIP**
> DISTINCT의 정의는 문제마다 다르게(중복되지 않게, 중복을 제거, …) 표현되니 넓은 범위로 해석할 수 있도록 학습하세요.

• GROUP BY는 지정된 컬럼의 데이터를 기준으로 튜플을 그룹화한다.
• 그룹별로 조건을 만족하는 레코드를 검색하기 위해서는 HAVING 절을 사용한다.
• ORDER BY는 조회된 레코드를 특정 컬럼을 기준으로 정렬한다.

03 SELECT 활용

1) AS

① 집계함수와 AS

> **기적의 TIP**
> 집계 함수가 아닌 것을 찾을 수 있어야 합니다.

• 집계함수를 사용해 컬럼의 값을 요약할 수 있다.
– COUNT() : 레코드 개수
– SUM()/AVG() : 합계/평균
– MAX()/MIN() : 최대값/최소값
– STDDEV() : 표준편차
– VARIAN() : 분산

• 집계함수의 결과는 집계함수식이 컬럼명이 되어 출력된다.

```
SELECT SUM(점수) FROM 학생정보;
```

• AS문을 활용하여 컬럼명을 지정할 수 있다.
  – 공백이 포함된 문자열은 작은 따옴표로 감싸서 표현

```
SELECT SUM(점수) AS 합계 FROM 학생정보;
```

학생정보

학번	이름	성별	학과	점수
111	권영석	남	컴퓨터	70
222	한세환	남	컴퓨터	80
333	박라움	여	경영	75
444	한필수	남	디자인	85

AS 미사용

SUM(점수)
310

AS 사용

합계
310

② 컬럼과 AS
• 일반 컬럼명을 변경할 수 있다.
• 원본 컬럼명을 이용한 수식의 결과를 나타내는 형태로 활용할 수 있다.

```
SELECT 이름 AS 학생명, 점수-5 AS 성적 FROM 학생정보;
```

학생정보

학번	이름	성별	학과	점수
111	권영석	남	컴퓨터	70
222	한세환	남	컴퓨터	80
333	박라움	여	경영	75
444	한필수	남	디자인	85

결과

학생명	성적
권영석	65
한세환	75
박라움	70
한필수	80

③ 윈도우 함수
• 온라인 분석 처리 용도로 사용하기 위해 SQL에 추가된 기능으로 OLAP (OnLine Analytical Processing) 함수라고도 한다.
• 집계 함수(SQL 집계 함수와 동일), 순위 함수, 행순서 함수, 그룹 내 비율 함수가 있다.
• 순위 함수의 종류는 아래와 같다.
  – RANK : 동일 레코드 순위만큼 다음 순위 건너뜀(1위, 2위, 2위, 4위, …)
  – DENSE_RANK : 동일 레코드를 하나의 순위로 구분(1위, 2위, 2위, 3위, …)
  – ROW_NUMBER : 동일 레코드라도 순차적 순위로 구분(1위, 2위, 3위, 4위, …)

• 행순서 함수의 종류는 아래와 같다.
  – FIRST_VALUE : 최소값
  – LAST_VALUE : 최대값
  – LAG : 특정 레코드의 이전 N번째 행의 값
  – LEAD : 특정 레코드의 이후 N번째 행의 값

더 알기 TIP

윈도우 함수는 훨씬 더 다양하지만, 출제 확률이 희박하여 간단한 함수 위주로 서술하였습니다.

기적의 TIP

조건식은 굉장히 다양한 형태로 출력됩니다.

2) 조건식

① AND
• 연산자 좌우의 모든 조건을 만족해야 할 때 사용한다.

```
SELECT * FROM 성적 WHERE 국어>=80 AND 영어>=80;
```

  – 국어점수와 영어점수가 모두 80 이상인 레코드를 조회
• 범위 비교를 하는 경우에는 BETWEEN 연산자를 이용할 수 있다.

```
SELECT * FROM 성적 WHERE 수학>=80 AND 수학<90;
SELECT * FROM 성적 WHERE 수학 BETWEEN 80 AND 89;
```

  – 수학 점수가 80점대(80~89)인 레코드를 조회

더 알기 TIP

BETWEEN A AND B는 A와 B도 포함하는 범위입니다.

② OR
• 연산자 좌우의 조건 중 하나만 만족하면 되는 경우에 사용한다.
• OR은 IN 연산자를 이용해서 표현할 수 있다.

```
SELECT * FROM 성적 WHERE 반="1반" OR 반="3반" OR 반="5반";
SELECT * FROM 성적 WHERE 반 IN("1반", "3반", "5반");
```

  – 1, 3, 5반 학생의 성적 정보를 조회

③ IS NULL
• 값이 비어 있는 경우를 검색해야 하는 경우에 사용한다.

```
SELECT * FROM 성적 WHERE 벌점 IS NULL;
```

  – 벌점 컬럼의 필드가 비어 있는 레코드를 조회

④ LIKE

• 특정 문자 패턴을 가지는 문자열을 검색해야 하는 경우에 사용한다.

```
SELECT * FROM 성적 WHERE 이름 LIKE 〈패턴〉;
```

– LIKE %강 : 강으로 끝나는 문자열 패턴
– LIKE 강% : 강으로 시작하는 문자열 패턴
– LIKE %강% : 강을 포함하는 문자열 패턴
– LIKE 강_ : 강으로 시작하는 2글자 문자열 패턴
– LIKE _강_ : 강이 가운데 있는 3글자 문자열 패턴
– LIKE 강__ : 강으로 시작하는 3글자 문자열 패턴

3) 하위 질의(Sub Query)

① 서브 쿼리 정의

• 메인 쿼리에 포함된 또 하나의 쿼리를 서브 쿼리라고 한다.
• 서브 쿼리는 메인 쿼리 이전에 한 번만 실행되며 결과값은 메인 쿼리의 내부 요소로 활용된다.

② 서브 쿼리 사용 시 유의사항

• 비교 연산자의 오른쪽에 기술하고 소괄호로 감싼다.
• 서브 쿼리의 결과는 메인 쿼리가 기대하는 행의 수 또는 컬럼의 수와 일치해야 한다.
• 서브 쿼리는 출력(표시)의 용도가 아니기 때문에 ORDER BY 절을 사용하지 않는다.

③ 단일 행 서브 쿼리

• 서브 쿼리의 수행 결과가 오직 하나의 행으로 반환되는 쿼리이다.
• 단일 행 비교 연산자(=, 〈 〉, 〉, 〉=, 〈, 〈=)를 사용하여 비교한다.

```
SELECT * FROM 성적 WHERE 학과 =
  (SELECT 학과 FROM 성적 WHERE 이름 = "권영석");
```

– 서브 쿼리 결과 : 성적 테이블에서 이름 필드가 권영석인 레코드의 학과 값을 결과로 반환
– 메인 쿼리 결과 : "권영석의 학과"와 같은 학과를 가진 레코드를 조회

기적의 TIP

적절한 다중 행 비교 연산자를 선택할 수 있어야 합니다.

④ 다중 행 서브 쿼리

- 서브 쿼리의 수행 결과가 여러 행으로 반환되는 쿼리이다.
- 다중 행 비교 연산자(IN, ANY, SOME, ALL, EXISTS)를 사용하여 비교한다.
- 데이터베이스 수업을 듣는 학생 중, 인공지능 수업을 듣는 학생을 조회하는 경우를 생각해보자.

데이터베이스

학번	성명	학년	학과
1111	황소리	1	컴퓨터
2222	설병곤	1	수학
3333	류강민	2	컴퓨터
4444	윤혜림	3	통계학
5555	이고은	4	수학

인공지능

학번	성명	학년	학과
1111	황소리	1	컴퓨터
6666	예으뜸	3	전자
3333	류강민	2	컴퓨터
7777	윤혜림	1	통계학
8888	장주환	4	수학

- IN 연산자는 서브 쿼리의 결과를 메인 쿼리의 조건절에 대입하여 조건 비교 후 결과를 출력한다.

```
SELECT 성명, 학년 FROM 데이터베이스 WHERE 학번 IN
  (SELECT 인공지능.학번 FROM 인공지능);
```

  – 서브 쿼리 결과 : 인공지능의 학번들을 결과로 반환
  – 메인 쿼리 결과 : "인공지능의 학번"들과 일치하는 학번을 가진 레코드를 조회

- EXISTS 연산자는 메인 쿼리의 결과를 서브 쿼리의 조건식에 대응하여 결과를 출력한다.
- 서브 쿼리의 SELECT 절은 무시된다.

```
SELECT 성명, 학년 FROM 데이터베이스 WHERE EXISTS
  (SELECT * FROM 인공지능 WHERE 데이터베이스.학번 = 인공지능.학번);
```

  – 메인 쿼리에서 조회된 레코드에 서브 쿼리의 조건식을 적용

더 알기 TIP

IN과 EXISTS를 구분하는 가장 좋은 방법은 WHERE 이후 형식입니다. IN은 연산자 앞에 컬럼명이 존재하지만, EXISTS는 연산자 앞에 컬럼명이 없죠?

4) 정렬과 그룹

① 단일 정렬

• 특정 컬럼을 기준으로 오름차순 또는 내림차순 정렬한다.

```
SELECT * FROM 성적 ORDER BY 성별 ASC;
SELECT * FROM 성적 ORDER BY 반 DESC;
```

– 〈컬럼명〉 ASC : 오름차순 정렬

– 〈컬럼명〉 DESC : 내림차순 정렬

② 다중 정렬

• 정렬된 레코드를 또 다른 특정 기준으로 다시 정렬한다.

```
SELECT * FROM 성적 ORDER BY 성별 ASC, 반 DESC;
```

– 성별을 기준으로 오름차순 정렬

– 성별 데이터가 같은 레코드들은 반을 기준으로 내림차순 정렬

③ 그룹과 요약

• 특정 컬럼을 기준으로 동일한 데이터별로 레코드를 그룹화하여 요약한다.

```
SELECT 성별, COUNT(*) FROM 성적 GROUP BY 성별;
```

– 레코드를 성별 기준으로 요약하여 성별별 개수 출력

• 요약된 그룹별 데이터를 기준으로 조건을 지정하여 레코드를 나타낼 수 있다.

```
SELECT 성별, COUNT(*) FROM 성적 GROUP BY 성별 HAVING COUNT(*)<3;
```

– 요약된 COUNT(*)의 값이 3보다 작은 레코드만 조회

성적

학번	이름	성별	학과	점수
111	권영석	남	컴퓨터	70
222	한세환	남	컴퓨터	80
333	박라움	여	경영	75
444	한필수	남	디자인	85

결과(임시)

성별	COUNT(*)
남	3
여	1

조건 지정

성별	COUNT(*)
여	1

기적의 TIP

WHERE 절과 HAVING 절의 차이를 구분할 수 있어야 합니다.

• 그룹별 요약을 위해서는 집계 함수가 아닌 그룹 함수를 사용한다.
  - ROLLUP() : 지정된 컬럼 중 첫 컬럼의 각 그룹의 합계와 전체 합계
  - CUBE() : 지정된 모든 컬럼의 각 그룹의 합계와 전체 합계
  - GROUPING SETS() : 각 그룹별 총 합계만 표시
  - GROUPING() : 집계 함수를 지원하는 함수

원본 테이블

반	성별	성적평균
2	남	87
3	여	80
2	여	85
3	남	75
1	남	79
1	여	83

GROUP BY ROLLUP(반,성별)

반	성별	성적평균
1	남	79
1	여	83
1	NULL	162
2	남	87
2	여	85
2	NULL	172
3	여	80
3	남	75
3	NULL	155
NULL	NULL	489

GROUP BY CUBE(반,성별)

반	성별	성적평균
NULL	NULL	489
NULL	남	241
NULL	여	248
1	NULL	162
1	남	79
1	여	83
2	NULL	172
2	남	87
2	여	85
3	NULL	155
3	여	80
3	남	75

GROUP BY GROUPING SETS(반,성별)

반	성별	성적평균
1	NULL	162
2	NULL	172
3	NULL	155
NULL	남	241
NULL	여	248

5) 조인

① INNER JOIN

• 두 테이블의 기준 필드가 일치하는 레코드만 조인한다.

```
SELECT * FROM 〈왼쪽 테이블〉 JOIN 〈오른쪽 테이블〉 ON 〈왼쪽 테이블〉.〈컬럼명〉 = 〈오른쪽 테이블〉.〈컬럼명〉;
```

② OUTER JOIN

• 두 테이블의 기준 필드가 일치하지 않는 모든 레코드도 함께 조인한다.

```
SELECT * FROM 〈왼쪽 테이블〉 OUTER JOIN 〈오른쪽 테이블〉 ON 〈왼쪽 테이블〉.〈컬럼명〉 =
〈오른쪽 테이블〉.〈컬럼명〉;
```

③ LEFT JOIN

• 왼쪽 테이블 레코드는 전부 포함하고, 오른쪽 테이블 레코드는 기준 필드가 일치하는 것만 조인한다.

```
SELECT * FROM 〈왼쪽 테이블〉 LEFT JOIN 〈오른쪽 테이블〉 ON 〈왼쪽 테이블〉.〈컬럼명〉 =
〈오른쪽 테이블〉.〈컬럼명〉;
```

④ RIGHT JOIN

• 오른쪽 테이블 레코드는 전부 포함하고, 왼쪽 테이블 레코드는 기준 필드가 일치하는 것만 조인한다.

```
SELECT * FROM 〈왼쪽 테이블〉 RIGHT JOIN 〈오른쪽 테이블〉 ON 〈왼쪽 테이블〉.〈컬럼명〉 =
〈오른쪽 테이블〉.〈컬럼명〉;
```

더 알기 TIP

조인은 앞서 배운 관계 대수의 조인과 그 개념이 다르지 않습니다. 형식과 개념을 익혀주세요.

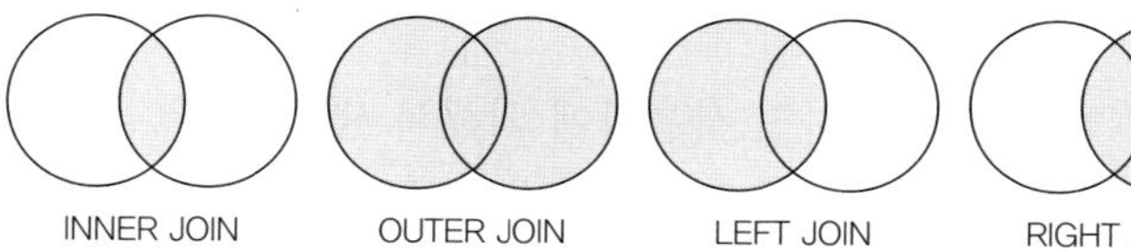

04 데이터 제어어

1) 권한 제어

① GRANT

• 특정 사용자 및 그룹(역할)에게 특정 권한을 부여한다.

• 옵션에 따라서 부여받은 권한에 대해서 다른 사용자에게 다시 부여가 가능하다.

기적의 TIP

GRANT 명령어의 올바른 형식을 선택할 수 있어야 합니다.

```
GRANT 〈권한 유형〉 TO 〈대상〉
  [WITH GRANT OPTION|WITH ADMIN OPTION];
```

– WITH GRANT OPTION : 부여받은 권한을 다른 사용자에게 부여, 회수 가능

– WITH ADMIN OPTION : 부여받은 권한을 다른 사용자에게 부여만 가능

• 권한 유형은 기존 SQL 명령들과 특정 ROLE을 지정할 수 있다.
• 권한 부여 대상은 특정 사용자 및 ROLE, 모든 인원(PUBLIC)에게 부여할 수 있다.

② REVOKE
• 대상에게 부여된 권한을 회수한다.

```
REVOKE 〈권한 유형〉 FROM 〈대상〉;
```

• WITH GRANT OPTION으로 권한을 부여한 사용자의 권한을 회수하면, 권한을 부여받은 사용자가 부여한 또 다른 사용자의 권한도 함께 회수된다.

더 알기 TIP

GRANT는 구성이 단순하기 때문에 권한의 연쇄 작용과 ROLE에 대해서만 이해하시면 문제 풀이는 크게 어렵지 않습니다.

③ ROLE
• 사용자에게 허가 가능한 권한들의 집합 또는 같은 권한을 부여받는 사용자 그룹을 뜻한다.
• 사용자 그룹의 관리는 역할 기반 접근 제어(RBAC : Role Based Access Control) 방식을 사용한다.
  – RBAC : 개별적 분할이 아닌, 수행하는 역할을 기반으로 나누고 사용자 그룹에 권한을 부여
• ROLE은 CREATE ROLE 권한을 가진 사용자에 의해서 생성된다.
• 한 사용자가 여러 ROLE을 가질 수 있고, 여러 사용자에게 같은 ROLE을 부여할 수 있다.
  – 〈역할명〉을 이름으로 하는 역할 생성

```
CREATE ROLE 〈역할명〉;
```

  – 〈역할명〉에 〈권한〉을 부여

```
GRANT 〈권한〉[, ...] TO 〈역할명〉;
```

  – 〈사용자〉에게 〈역할명〉 부여

```
GRANT 〈역할명〉 TO 〈사용자〉[, ...];
```

2) 트랜잭션 제어

① 트랜잭션 정의

- 데이터베이스를 조작하는 논리적 연산들(주로 DML)이 하나 이상 모인 단위 작업이다.
- 분해할 수 없는 최소 단위로, 트랜잭션의 완료 및 회복의 기준 단위가 된다.

② 트랜잭션 특징

- 트랜잭션의 특징은 4가지가 있다.
  - 원자성(Atomicity) : 모든 연산이 수행되거나 하나도 수행되지 말아야 함
  - 일관성(Consistency) : 시스템 고정 요소는 트랜잭션 이후에도 같아야 함
  - 고립성(Isolation) : 트랜잭션 실행 도중 다른 트랜잭션의 영향을 받지 않아야 함
  - 지속성(Durability) : 트랜잭션의 결과는 항상 유지(영구 반영)되어야 함

③ 트랜잭션 상태 제어

- 트랜잭션은 수행 즉시 반영되는 것이 아니므로 진행 상황에 따라 다양한 상태를 가진다.
  - 활동(Active) : 실행 중인 상태
  - 부분 완료(Partially Committed) : 마지막 연산을 끝내고 결과를 반영하기 직전의 상태
  - 완료(Committed) : 연산을 완료하고 결과를 데이터베이스에 반영한 상태
  - 실패(Failed) : 연산 실행 중 어떤 오류에 의해 더 이상 연산이 진행될 수 없는 상태
  - 철회(Aborted) : 트랜잭션 실패로 트랜잭션 실행 전 상태로 복구(ROLL-BACK)된 상태
  - 실행 취소(Undo) : 변경되었던 데이터를 취소하고 원래의 내용으로 복원
  - 다시 실행(Redo) : Undo를 통해 원래 내용으로 변경되었던 데이터를 다시 앞의 내용으로 복원

④ COMMIT

- 트랜잭션에 의한 변경 사항을 최종 반영한다.
- COMMIT이 완료되면 이전 상태로 복구(ROLLBACK)할 수 없다.

기적의 TIP

트랜잭션은 개념부터 특징까지 다양하게 자주 출제됩니다.

기적의 TIP

COMMIT과 ROLLBACK 덕분에 트랜잭션은 원자성을 보장받습니다.

⑤ ROLLBACK

- 트랜잭션에 의한 변경 사항을 이전 상황으로 복구한다.
- 최종 반영(COMMIT) 전까지의 작업은 메모리 영역에서 진행되므로 복구가 가능하다.

⑥ SAVEPOINT

- 트랜잭션의 규모가 너무 크거나 복잡한 경우에 ROLLBACK 지점을 별도로 지정한다.
- 여러 개의 SAVEPOINT를 지정할 수 있다.

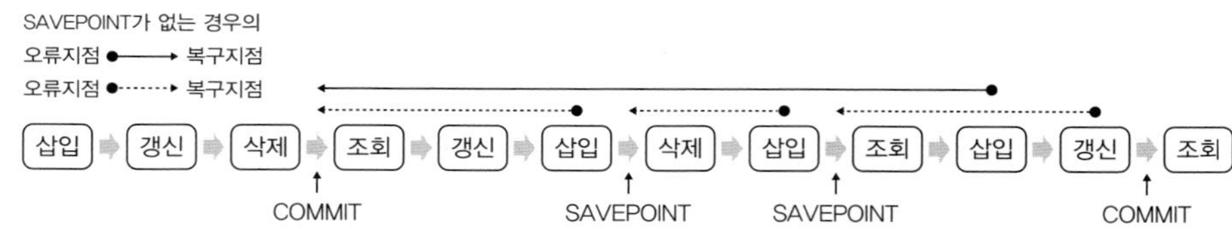

CHAPTER 02

고급 SQL 작성

학습 방향

기본 SQL 문법으로는 해결할 수 없는 다양한 데이터 처리 기술에 대해 다룹니다. 프로시저, 사용자 정의 함수, 트리거 등과 함께 검색 및 조회를 위한 인덱스와 뷰, 다양한 인원이 효율적으로 데이터베이스에 접근할 수 있도록 병행 제어를 수행하는 법을 함께 학습하게 됩니다.

SECTION 01

출제빈도 상 (중) 하
반복학습 1 2 3

SQL 응용 객체

빈출 태그 절차형 SQL, 인덱스, 뷰, 병행 제어

01 절차형 SQL

1) 절차형 SQL 개념

① 절차형 SQL 정의
- 순차적인 SQL문의 실행, 분기, 반복을 활용하여 다양한 기능을 수행하는 모듈이다.
- 절차형 SQL은 프로시저, 사용자 정의 함수, 트리거로 나뉜다.
- 절차형 SQL의 필수 구성 요소는 DECLARE, BEGIN, END가 있다.
  - DECLARE : 절차형 SQL의 명칭, 변수, 인수, 타입 등을 정의하는 영역
  - BEGIN~END : 실제 구현 영역
- OR REPLACE 예약어를 통해 기존 코드를 덮어씌울 수 있다.

② 절차형 SQL 특징
- DBMS 내부에서 직접 실행되며 사용 난이도가 쉬워 DB 작업의 효율성과 생산성이 향상된다.
- 비즈니스 로직을 캡슐화하여 데이터 관리 및 무결성 유지가 용이하다.
- DBMS별로 문법의 차이가 있으며 절차형 프로그래밍 언어와 다르게 효율성은 떨어진다.

2) 프로시저(Procedure)

① 프로시저 정의
- 호출을 통해 실행되는 절차형 SQL이다.
- DML(DQL) 위주로 구성되며 주기적으로 반복되는 작업에 사용된다.
- 사용자 정의 함수와 다르게 반환값이 존재하지 않는다.

② 프로시저 구성 요소
- 필수 구성 요소에 더해 CONTROL, EXCEPTION, SQL, TRANSACTION 등이 있다.
  - CONTROL : 순차, 분기(조건), 반복 처리 영역
  - EXCEPTION : 예외 발생 시 예외 처리 방법 정의 영역
  - SQL : 주로 DML을 사용하여 데이터 처리
  - TRANSACTION : SQL 수행 내역의 반영, 취소 처리 영역

3) 사용자 정의 함수(User Defined Function)

① 사용자 정의 함수 정의

- 호출을 통해 실행되는 절차형 SQL이다.
- DML(DQL) 위주로 구성되며 프로시저와 다르게 반환값이 존재한다.

② 사용자 정의 함수 구성 요소

- 필수 구성 요소에 더해 CONTROL, EXCEPTION, SQL, RETURN 등이 있다.
  - CONTROL : 순차, 분기(조건), 반복 처리 영역
  - EXCEPTION : 예외 발생 시 예외 처리 방법 정의 영역
  - SQL : 주로 DML을 사용하여 데이터 처리
  - RETURN : 호출 위치에 반환할 값이나 변수 정의

4) 트리거(Trigger)

① 트리거 정의

- 데이터베이스의 이벤트(데이터 변경) 발생에 의해 자동으로 호출되는 절차형 SQL이다.
- 특정 이벤트에 따른 관련 작업을 자동으로 수행하는 것이 목적이다.
- 데이터 작업과 더불어 무결성 유지 및 로그 메시지 출력 등의 처리를 위해서 사용한다.
- 트리거는 외부 변수의 입출력과 반환값이 존재하지 않는다.

② 트리거 구성 요소

- 필수 구성 요소에 더해 CONTROL, EXCEPTION, SQL, EVENT 등이 있다.
  - EVENT : 트리거가 실행되는 조건(필수)
  - CONTROL : 순차, 분기(조건), 반복 처리 영역
  - EXCEPTION : 예외 발생 시 예외 처리 방법 정의 영역
  - SQL : 주로 DML을 사용하여 데이터 처리
- 기타 옵션을 통해 트리거가 수행되는 시점을 정의할 수 있다.
  - AFTER : 테이블이 변경된 후 실행
  - BEFORE : 테이블이 변경되기 전 실행
  - FOR EACH NOW : 트리거 적용 대상을 테이블에서 '레코드마다'로 변경
  - NEW : 새롭게 반영될 데이터
  - OLD : 기존 데이터

③ 트리거 작성 시 유의사항

- DCL을 사용할 수 없으므로 포함하지 않는다.
- 오류가 발생하면 이벤트가 발생한 작업도 영향을 받으므로 더 높은 기준의 무결성 및 품질이 요구된다.

기적의 TIP

절차형 SQL 중 트리거의 설명을 찾을 수 있어야 합니다.

02 인덱스와 뷰

1) 인덱스(INDEX)

기적의 TIP

인덱스의 핵심을 파악해야 합니다.

① 인덱스 정의

- 저장된 데이터를 빠르게 검색할 수 있도록 구성된 자료 구조 및 방법이다.
- 원본 테이블의 검색 대상 컬럼으로부터 유도된 별도의 인덱스 테이블을 생성하고, 데이터에 접근하기 좋은 형태로 순서를 변경한다.
- 컬럼을 기본키로 설정하면 인덱스는 자동으로 생성된다.
- 원본 테이블에 의해 인덱스가 생성되는 구조로 원본 테이블의 수정이 잦을수록 비효율적이다.

인덱스 테이블

학번	원본위치
2502	3
3857	1
3893	8
4005	6
6285	4
6663	5
8732	7
9685	2

원본 테이블

학번	이름	과목	교수
3857	신치원	워드	김남규
9685	하그루	컴활	손은채
2502	이믿음	컴활	한세환
6285	정민정	컴활	황소리
6663	강미르	파이썬	정바람
4005	성한길	자바	성재신
8732	송햇살	C언어	유남순
3893	추지수	정보처리	제갈동빈

② 인덱스 설계 시 고려사항

- 새로 추가되는 인덱스가 기존 접근 경로에 영향을 미칠 수 있음에 유의한다.
- 너무 넓은 범위의 인덱스는 추가적인 저장 공간 및 오버헤드를 발생시킨다.
- 인덱스와 테이블 데이터의 저장 공간은 적절히 분리한다.

기적의 TIP

인덱스 관련 작업의 종류별 문법을 구분할 수 있어야 합니다.

③ 인덱스 구현

- 인덱스를 생성한다.

```
CREATE [UNIQUE] INDEX 〈인덱스명〉 ON 〈테이블명〉(〈컬럼명〉[, ...]);
```

 – UNIQUE : 중복값을 허용하지 않는 인덱스 생성

- 인덱스를 삭제한다.

```
DROP INDEX 〈인덱스명〉 ON 〈테이블명〉;
```

- 인덱스를 변경한다.

```
ALTER [UNIQUE] INDEX 〈인덱스명〉 ON 〈테이블명〉(〈컬럼명〉[, ...]);
```

- 인덱스를 조회한다.

```
SHOW INDEX FROM 〈테이블명〉;
```

3) 뷰(VIEW)

뷰에 대한 틀린 설명을 찾을 수 있어야 합니다.

① 뷰 정의

• 하나 이상의 테이블로부터 유도되는 논리적인(실체가 없는) 가상 테이블이다.
• 뷰의 정보는 시스템 카탈로그에 저장되며 외부 스키마를 구성할 때 사용된다.
• 뷰를 통해 또 다른 뷰를 정의할 수 있으며 같은 데이터를 각각의 다른 방법으로 제공할 수 있다.
• 실체가 존재하지 않기 때문에 종속된 테이블이 제거되면 함께 제거된다.

② 뷰 장점

기적의 TIP

뷰의 장단점을 구분할 수 있어야 합니다.

• 데이터의 논리적인 독립성을 유지하여 원본의 테이블 구조 변경에 영향을 최소화할 수 있다.
• 여러 테이블에 존재하는 데이터에 접근하는 방법을 단순화, 다양화할 수 있다.
• 테이블의 일부 데이터에 대해서만 접근을 허용하는 방식으로 데이터 보안을 유지한다.

③ 뷰 단점

• 물리적인 실체 데이터가 없기 때문에 자체 인덱스 사용이 불가능하고 내용을 수정하는 것도 많은 제약이 따른다.
• 뷰를 변경하기 위해서는 삭제한 뒤 다시 생성해야 한다.

④ 뷰 구현

• 뷰를 생성한다.

```
CREATE VIEW 〈뷰 이름〉(〈컬럼 목록〉) AS SELECT문 [옵션];
```

– REPLACE : 뷰가 이미 존재하는 경우 재생성
– FORCE : 원본 테이블의 존재 여부에 관계 없이 뷰 생성
– NOFORCE : 원본 테이블이 존재할 때만 뷰 생성
– WITH CHECK OPTION : 조건에 사용된 컬럼의 값을 수정 불가능하도록 설정
– WITH READ ONLY : 모든 컬럼의 값 수정 불가능(DML 작업 불가능)

• 뷰를 삭제한다.

```
DROP VIEW 〈뷰 이름〉;
```

기적의 TIP

뷰 자체의 문법은 어렵지 않으니 개념을 위주로 공부하세요.

• 뷰를 조회한다.

```
SELECT * FROM 〈뷰 이름〉;
```

03 SQL 지원도구

1) 시스템 카탈로그와 데이터 사전

① 시스템 카탈로그(System Catalog) 정의

- 데이터베이스 객체들에 대한 정의와 명세를 메타 데이터 형태로 유지 관리하는 시스템 테이블이다.
- 데이터 사전(Data Dictionary)이라고도 한다.

② 시스템 카탈로그 구성 요소

- 시스템 카탈로그는 시스템 카탈로그와 데이터 디렉토리, 메타 데이터로 구성된다.
  - 시스템 카탈로그 : DBA가 사용하는 데이터 사전과 같은 의미
  - 데이터 디렉토리 : DBMS에 의해서만 접근 가능한 데이터 사전 접근 정보
  - 메타 데이터 : 다른 데이터를 설명하기 위한 데이터

③ 시스템 카탈로그 특징

- DBMS가 스스로 생성하고 유지하며 데이터 디렉토리에 저장된 접근 정보를 통해 접근할 수 있다.
- DML을 통해 내용 조회가 가능하지만, 직접적인 변경은 불가능하다.
- DDL을 통해 데이터베이스 객체가 변경되면 DBMS에 의해 자동으로 변경된다.

기적의 TIP

시스템 카탈로그는 DBMS가 자동 생성, 관리하므로 조회는 가능하지만 변경은 불가능합니다.

④ DBMS 접속 응용 시스템 정의

- 데이터베이스 관리 도구를 직접 사용하는 방법 외에도 별도 응용 프로그램 사용을 통해서도 접근이 가능하다.
- 사용자는 응용 프로그램을 통해 DBMS에 접속하여 데이터베이스를 사용한다.
- 대표적인 응용 프로그램으로는 JDBC와 MyBatis가 있다.
  - JDBC : Java 환경에서 DB에 접속할 수 있도록 해주는 API
  - MyBatis : 복잡한 JDBC 코드를 단순화하여 SQL을 거의 그대로 사용 가능, spring 기반 프레임워크와 통합하여 우수한 성능 제공

2) SQL 지원 도구

더 알기 TIP

SQL 지원 도구는 아직 출제된 적이 없고 출제 비중도 매우 낮습니다. 각 도구의 특징을 구분하는 정도로만 학습하세요.

① PL/SQL

- 프로그래밍 언어의 특성을 통합한 확장 SQL 기능이다.
- 스크립트 형태로 실행 가능하며 모듈화, 절차적 프로그램 작성이 가능하다.
- 식별자 선언, 에러 처리가 가능하고 성능 향상을 기대할 수 있다.

② SQL*Plus

- Oracle사에서 제공하는 SQL 지원 도구이다.
- 키워드 축약, 다중 행 입력, 종료 문자 생략이 가능하다.

③ APM(Application Performance Management)

- 안정적인 시스템 운영을 위한 모니터링 도구로 시스템 부하량과 접속자 파악, 장애 진단 기능이 있다.
- 시스템 리소스 모니터링과 사용자 대상 모니터링이 있다.

④ TKPROF

- 실행되는 SQL 문장을 추적, 분석하여 지침을 제공해준다.
- 분석 가능한 정보는 아래와 같다.
  - Parse, Execute, Fetch 수
  - CPU 작업시간
  - 물리적, 논리적 Reads
  - 처리된 튜플 수
  - 라이브러리 캐시 Misses
  - Commit/Rollback
- 인스턴스 수준과 세션 수준의 추적이 있다.
  - Instance Level : 지속적인 설정 방법으로 모든 SQL 수행에 대한 추적, 많은 부하 발생
  - Session Level : 임시적인 설정 방법으로 특정 프로세스별로 추적

⑤ EXPLAIN PLAN

- SQL 문장의 경로를 분석하여 성능 개선 지침을 제공해준다.
- 분석 가능한 정보는 아래와 같다.
  - Recursive call
  - DB block gets
  - Consistent gets
  - Physical reads
  - Redo size
  - Byte sent via SQL*Net from client
  - Byte received via SQL*Net from client
  - Sort(Memory/Disk)
  - Row processed

⑥ 소스 코드 인스펙션 도구(Source Code Inspection)

- 데이터베이스를 조작하는 프로시저 코드 등을 분석하여 성능의 문제점을 개선함으로써 데이터베이스의 성능을 향상시키는 도구이다.

04 병행 제어와 로킹

1) 병행 제어(Concurrency Control, 동시성 제어)

① 병행 제어 정의

- 데이터베이스의 활용도를 최대화하기 위해 여러 사용자들의 데이터베이스 공동 사용을 최대화하는 기술이다.
- 병행 처리에서 오는 문제점을 개선하여 데이터베이스의 일관성을 유지한다.

② 병행 처리의 문제점

- 병행 처리의 문제점은 분실된 갱신, 모순성, 연쇄 복귀, 비완료 의존성 등이 있다.
  - 분실된 갱신(Lost Update) : 데이터를 두 개의 트랜잭션이 갱신하면서 하나의 작업이 진행되지 않는 경우의 문제점
  - 모순성(Inconsistency) : 데이터를 두 개의 트랜잭션이 갱신하면서 사용자가 원하는 결과와 일치하지 않는 상태가 되는 경우의 문제점
  - 연쇄 복귀(Cascading Rollback) : 데이터를 두 개의 트랜잭션이 갱신하면서 문제가 발생하면 두 트랜잭션 모두 갱신 전으로 복귀하는 상태가 되는 경우의 문제점
  - 비완료 의존성(Uncommitted Dependency) : 하나의 트랜잭션이 실패하고 회복이 이뤄지기 전에 다른 트랜잭션이 실패한 수행 결과를 참조하는 경우의 문제점
- 병행 처리 문제점을 개선하기 위한 제어 기법에는 로킹과 회복이 있다.

> **기적의 TIP**
> 병행 제어는 병행을 최대화하기 위해 제어하는 것입니다. 병행 처리의 문제점은 생각보다 어려운 개념이 아니니 가볍게 학습하세요.

2) 로킹(Locking)

① 로킹 정의

- 트랜잭션이 갱신 중인 데이터를 다른 트랜잭션이 접근하지 못하도록 잠그는 것이다.
- 로크의 단위 크기에 따라 데이터베이스의 성능에 영향을 미치므로 적절한 크기를 지정한다.

② 로크의 단위

- 로크의 단위가 큰 경우 로크의 개수가 적어져 병행 제어 기법이 단순해진다.
  - 병행성(공유도) 수준이 낮아지고 오버헤드 감소
- 로크의 단위가 작은 경우 로크의 개수가 많아져 병행 제어 기법이 복잡해진다.
  - 병행성(공유도) 수준이 높아지고 오버헤드 증가

③ 타임 스탬프(Time Stamp) 기법

- 트랜잭션이 순서대로(직렬) 처리될 수 있도록 데이터 항목에 타임 스탬프를 부여하는 기법이다.

> **기적의 TIP**
> 각 로킹 기법을 구분할 수 있어야 합니다.

④ 낙관적 병행 제어(Optimistic Concurrency Control) 기법
- 트랜잭션 수행 동안은 어떠한 검사도 하지 않고, 트랜잭션 종료 시에 일괄적으로 검사하는 병행 제어 기법이다.
- 장기적 트랜잭션을 철회할 때, 자원낭비 가능성이 있어서 동시 사용 빈도가 낮은 시스템에서 주로 사용된다.

⑤ 다중 버전 병행 제어(MVCC : Multi Version Concurrency Control) 기법
- 트랜잭션들의 타임 스탬프를 비교하여, 직렬 가능성이 보장되는 버전을 선택하는 기법이다.

3) 회복(Recovery)

① 회복 정의
- 특정 장애로 인해 데이터베이스에 문제(무결성 훼손)가 발생했을 때, 문제 발생 이전의 상태로 복원하는 것이다.
- 장애의 유형은 트랜잭션, 시스템, 미디어 장애 등이 있다.
  - 트랜잭션 장애(Transaction Failure) : 트랜잭션 내의 논리적 오류로 인한 장애
  - 시스템 장애(System Failure) : 하드웨어 오작동으로 인한 장애
  - 미디어 장애(Media Failure) : 디스크 고장으로 인한 장애

② 회복 관련 연산자
- 회복 기법에 관련된 연산자에는 Undo와 Redo가 있다.
  - Undo : 변경된 데이터를 취소하여 원래의 내용으로 복원
  - Redo : Undo로 인해 회복된 내역이 기록된 로그를 바탕으로 다시 데이터를 반영

③ 로그를 이용한 회복
- 로그를 이용한 회복은 갱신 시점에 따라 즉시 갱신과 지연 갱신으로 나뉜다.
  - 즉시 갱신 : 트랜잭션의 결과를 그 즉시 반영, 문제 발생 시 복원(Undo)
  - 지연 갱신 : 갱신 결과를 로그에 기록하고 트랜잭션이 완료되면 한 번에 반영(Redo)

④ 검사 시점에 의한 회복
- 로그에 있는 내용이 데이터베이스에 반영될 때마다 CheckPoint(SavePoint)를 둔다.
- 장애가 발생하면 CheckPoint 이전에는 Redo 연산을, 이후에는 Undo 연산을 실시한다.

⑤ 그림자 페이징 기법
- 문제 발생 시 로그가 아닌 그림자 페이지(복사본)로 대체하여 회복하는 기법이다.
- 데이터베이스를 일정 크기의 페이지 단위로 구분하여 각 페이지에 복사본을 유지한다.

기적의 TIP

로그를 이용한 회복 기법의 종류 2가지를 구분할 수 있어야 합니다.

합격을 다지는 예상문제

01 아래 〈보기〉 중, 데이터 조작어에 해당하는 용어를 모두 찾아 쓰시오.

〈보기〉

CREATE, SELECT, ALTER, TRUNCATE, DELETE, ROLLBACK, REVOKE, GRANT, INSERT

▶ **답안기입란**

02 관계 해석 논리 기호 중, "모든 것에 대하여"의 의미를 가지는 전칭 정량자 기호를 쓰시오.

▶ **답안기입란**

03 아래의 '일반적인 쿼리 최적화 규칙'에 대한 설명 중, 빈칸에 해당하는 용어를 쓰시오.

- 일반적으로 원치 않는 데이터가 가장 많이 제거되는 (ㄱ) 연산을 최대한 일찍 수행한다.
- 원치 않는 튜플이 제거되는 (ㄴ) 연산은 가급적 일찍 수행한다.
- (ㄷ) 연산은 데이터베이스 용량 및 성능에 비교적 큰 영향을 끼치므로 가급적 마지막에 수행한다.

▶ **답안기입란**

ㄱ :
ㄴ :
ㄷ :

ANSWER

01. SELECT, DELETE, INSERT

02. ∀

03. ㄱ : 추출(Project) / ㄴ : 선택(Select) / ㄷ : 조인(Join)

04 데이터 갱신 및 삭제 시 적용 가능한 처리옵션 중, 관련된 튜플이 없는 경우에만 해당 작업을 처리하도록 하는 옵션은 무엇인지 쓰시오.

▶ 답안기입란

05 릴레이션 R의 컬럼 B의 총 합계를 출력하는 SQL 문장을 쓰시오.

▶ 답안기입란

06 릴레이션 '판매기록'에서 '강남' 지점의 '판매량'을 '제품명'과 함께 출력하는 SQL 문장을 쓰시오. (이때, 판매량이 많은 제품부터 출력될 수 있도록 한다.)

〈판매기록〉

지점명	제품명	판매량
···	···	···

▶ 답안기입란

ANSWER

04. RESTRICT

05. SELECT SUM(B) FROM R;

06. SELECT 제품명, 판매량 FROM 판매기록 WHERE 지점명='강남' ORDER BY 판매량 DESC;

07 데이터베이스의 이벤트(데이터 변경) 발생에 의해 자동으로 호출되는 절차형 SQL은 무엇인지 쓰시오.

▶ **답안기입란**

08 데이터베이스의 병행 처리의 문제점 중, 아래에서 설명하는 용어를 〈보기〉에서 찾아 쓰시오.

데이터를 두 개의 트랜잭션이 갱신하면서 사용자가 원하는 결과와 일치하지 않는 상태가 되는 경우의 문제점

〈보기〉

분실된 갱신, 모순성, 연쇄 복귀, 비완료 의존성

▶ **답안기입란**

ANSWER

07. 트리거(Trigger)

08. 모순성

09 인덱스를 삭제하기 위한 SQL 문장 형식 중, 빈칸에 해당하는 코드를 쓰시오.

```
(  빈칸  ) INDEX <인덱스명> ON <테이블명>;
```

▶ 답안기입란

10 아래에서 설명하는 병행 제어 기술은 무엇인지 쓰시오.

특정 장애로 인해 데이터베이스에 문제가 발생했을 때, 문제 발생 이전의 상태로 복원하는 것

▶ 답안기입란

ANSWER

09. DROP

10. 회복(Recovery)

PART

05

애플리케이션 테스트 수행

5과목 소개

애플리케이션이 단계별로 구현되면, 해당 개발 단계에서 구현될 모든 요소가 안정적으로 적용되어 있는지 테스트를 진행합니다. 다양한 테스트 기법 및 이론과 애플리케이션 품질을 높일 수 있는 성능 개선 기법을 중심으로 학습하세요.

CHAPTER 01

애플리케이션 테스트 수행

학습 방향

애플리케이션의 테스트를 위한 원리와 구분별 테스트들의 특징을 다룹니다. 테스트는 생각보다 다양한 분야가 있고 항목별로 공통점과 차이점 등이 존재하니 서로 헷갈리지 않게끔 학습해야 합니다. 각 테스트에서 사용되는 용어들도 함께 암기하세요.

SECTION 01

애플리케이션 테스트 케이스 설계

출제빈도 상 중 하
반복학습 1 2 3

빈출 태그 테스트 원리, 정적/동적 테스트, 화이트박스/블랙박스 테스트, 테스트 오라클

01 애플리케이션 테스트 케이스 작성

1) 소프트웨어 테스트

① 소프트웨어 테스트 정의

- 테스트란 사용자가 요구하는 기능, 성능, 사용성, 안정성 등을 만족하는지 찾아내는 활동이다.
- 응용 애플리케이션이나 시스템의 결함을 찾아내어 문제점을 해결하는 것이 최종 목표이다.

더 알기 TIP

학습하시면서 결함, 오류, 에러 같은 비슷한 단어들이 많이 보이시죠? 잠시 후에 이들이 어떤 차이가 있는지 다루게 됩니다.

② 소프트웨어 테스트의 필요성

- 프로그램에 잠재된 오류를 발견하고 이를 수정하여 올바른 프로그램을 개발할 수 있다.
- 프로그램 실행 전에 코드 리뷰, 인스펙션 등을 통해 오류를 사전에 예방할 수 있다.
- 반복적인 테스트를 거쳐 제품의 신뢰도를 향상하여 사용자 기대 수준을 만족시킬 수 있다.

2) 소프트웨어 테스트 기본 원칙

기적의 TIP

소프트웨어 테스트의 원리를 구분할 수 있어야 합니다.

① 소프트웨어 테스트 원리

- 테스트는 잠재적인 결함을 줄여나가는 활동이지만, 모든 결함을 없앨 수(완벽한 테스트)는 없다.
- 테스트는 개발 초기부터 SDLC 각 단계의 정황(Context)에 적합한 기법을 사용할 수 있어야 한다.
- 효율적인 소프트웨어 테스트 진행을 위한 테스트 원리는 다음과 같다.
  - 결함 집중(Defect Clustering) : 결함의 대부분은 특정 모듈에 집중되어 존재(낚시 법칙, 파레토 법칙)
  - 낚시의 법칙 : 낚시 포인트처럼, 특정 위치에서 많은 결함 발생
  - 파레토(Pareto)의 법칙 : 결함의 80%는 20%의 기능에서 발생

– 살충제 패러독스(Pesticide Paradox) : 동일한 테스트 케이스로 반복 실행하면 결함 발견 불가능(개선 필요)
– 오류–부재의 궤변(Absence of Errors Fallacy) : 결함이 없더라도 요구사항을 만족하지 못한다면 품질 보증 불가능

② 소프트웨어 테스트 절차

• 일반적인 테스트 프로세스는 테스트 계획, 테스트 분석 및 디자인, 테스트 케이스 및 시나리오 작성, 테스트 수행, 테스트 결과 평가 및 리포팅의 절차로 이루어진다.

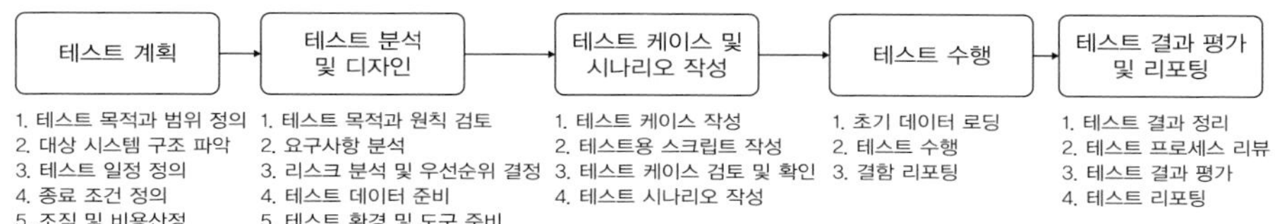

③ 소프트웨어 테스트 산출물

• 소프트웨어 테스트의 산출물에는 테스트 계획서, 테스트 케이스, 테스트 시나리오, 테스트 결과서 등이 있다.
– 테스트 계획서 : 테스트 목적 및 범위, 수행 절차, 일정, 역할, 시스템 구조, 종료 조건 등으로 구성
– 테스트 케이스 : 테스트 설계 산출물, 입력값, 실행 조건, 기대 결과 등으로 구성
– 테스트 시나리오 : 항목별 테스트 수행을 위한 여러 테스트 케이스의 동작 순서로 구성
– 테스트 결과서 : 테스트 절차 및 결과에 대한 평가와 분석

3) 소프트웨어 테스트 유형

① 프로그램 실행 여부에 따른 분류

• 프로그램의 실행 여부에 따라 정적 테스트와 동적 테스트가 있다.
– 정적 테스트 : 프로그램 실행 없이 소스 코드의 구조 분석(인스펙션, 동료 검토, 워크스루 등)
– 동적 테스트 : 프로그램의 실행 화면을 보면서 테스트 수행(화이트박스, 블랙박스)

• 화이트박스는 프로그램의 내부 로직(경로 구조, 루프 등)을 중심으로 테스트를 진행한다.

• 블랙박스는 프로그램의 기능(요구사항 만족 여부, 결과값)을 중심으로 테스트를 진행한다.

기적의 TIP

정적 테스트를 키워드로 구분할 수 있어야 합니다. 정적 테스트는 SDLC 전반에 적용 가능합니다.

더 알기 TIP

화이트박스와 블랙박스 모두 프로그램을 실행한다는 면에서는 같은 그룹이지만, 소스 코드를 분석한다는 면에서는 서로 다른 방향성을 가집니다.

기적의 TIP

테스트와 디버깅, 검증과 확인의 차이를 기억해 두세요.

② 테스트와 디버깅

- 테스트는 제품에 대한 검증과 확인을 수행하는 것이다.
  - 검증(Verification) : 제품의 개발(생산) 과정에 대한 테스트(개발자 입장)
  - 확인(Validation) : 제품의 개발(생산) 결과에 대한 테스트(사용자 입장)

더 알기 TIP

- 검증 : 제대로 하고 있나?
- 확인 : 결과가 제대로인가?

- 디버깅(Debugging)은 프로그램의 오류를 찾고, 수정하는 것이다.

③ 목적 기반 테스트

- 제품 소프트웨어의 특정 특성을 파악하기 위한 목적으로 테스트를 진행할 수 있다.
  - 회복(Recovery) : 실패를 유도하여 정상 복귀가 가능한지 테스트
  - 안전(Security) : 소스 코드 내의 보안 결함에 대한 테스트
  - 강도(Stress) : 과부하 시에도 시스템이 정상 작동하는지 테스트
  - 성능(Performance) : 응답시간, 처리량, 반응속도 등의 테스트
  - 구조(Structure) : 시스템 내부 로직, 복잡도 등을 테스트
  - 회귀(Regression) : 변경된 코드에 대한 새로운 결함 여부 테스트
  - 병행(Parallel) : 변경된 코드에 기존과 동일한 테스트 진행 후 결과 비교

④ 설계 기반 테스트

- 테스트 진행의 기반이 되는 자료에 따라 명세 기반, 구조 기반, 경험 기반 테스트로 나뉜다.
  - 명세 기반 테스트 : 주어진 명세를 기반으로 테스트 케이스를 구현하여 테스트
  - 구조 기반 테스트 : 소프트웨어 내부 로직을 기반으로 테스트 케이스를 구현하여 테스트
  - 경험 기반 테스트 : 유사한 테스트를 진행했던 테스트의 경험을 기반으로 테스트

4) 화이트박스 테스트 기법

① 기초 경로(Basic Path) 테스트

- McCabe가 제안한 것으로 대표적인 화이트박스 테스트 기법이다.
- 설계서나 소스 코드를 기반으로 흐름도를 작성하여 논리적 순환 복잡도(Cyclomatic complexity)를 측정한다.
- 측정된 결과를 기반으로 실행 경로의 복잡도를 판단한다.
  - 복잡도 = 간선수 − 노드수 + 2

더 알기 TIP

기초 경로 복잡도는 아래처럼 해석할 수 있습니다. 복잡도를 계산하고 해석해보세요.

5 이하	단순함	20~49	매우 복잡
6~10	안정적(구조적)	50 이상	불안정(비구조적)
11~19	일반적인 복잡도		

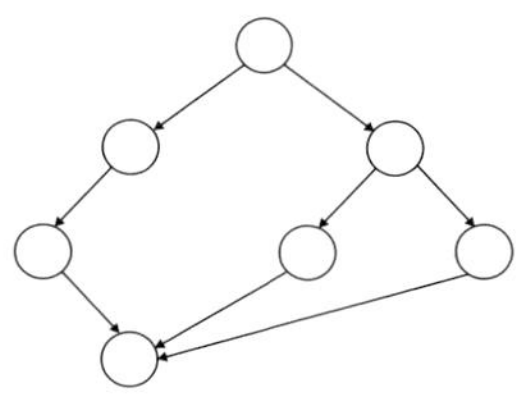

• 복잡도 = 8(간선수)−7(노드수)+2 = 3
• 단순한 구조의 프로그램이다.

기적의 TIP

실제 그래프를 기반으로 순환 복잡도를 계산할 수 있어야 합니다.

② 제어구조 검사
• 소스 코드 내의 제어구조들에 대한 테스트 기법이다.
  – 조건 검사(Condition Testing) : 논리식(조건)을 중심으로 테스트
  – 루프 검사(Loop Testing) : 반복 구조를 중심으로 테스트
  – 데이터 흐름 검사(Data Flow Testing) : 변수의 정의와 사용을 중심으로 테스트

5) 블랙박스 테스트 기법

기적의 TIP

화이트박스와 블랙박스의 테스트 기법과 기법별 특징을 구분할 수 있어야 합니다.

① 동등 분할(Equivalence Partitioning) 테스트
• 입력 조건에 유효한 값과 무효한 값을 균등하게 하여 테스트 케이스를 설계한다.

② 경계값 분석(Boundary Value Analysis)
• 입력 조건의 경계에서 오류가 발생할 확률이 높다는 점을 이용하여 입력 조건의 경계값을 테스트 케이스로 설계한다.

더 알기 TIP

점수가 70 이상이면 합격을 출력하는 프로그램인 경우 0, 70, 100과 가까운 값들로 테스트를 진행합니다.

③ 원인-효과 그래프(Cause-Effect Graphing) 테스트
• 입력 데이터 간의 관계와 출력에 미치는 영향을 분석하여 효용성이 높은 테스트 케이스를 설계한다.

④ 오류 예측(Error Guessing)
• 과거의 경험이나 확인자의 감각에 의존하여 테스트 케이스를 설계한다.

⑤ 비교(Comparison) 테스트
• 여러 버전의 프로그램에 동일한 테스트 자료를 제공하여 테스트하는 기법이다.

6) 테스트 케이스

기적의 TIP

테스트 케이스의 대표적인 구성 요소가 아닌 것을 고를 수 있어야 합니다.

① 테스트 케이스 정의

- 설계 기반 테스트의 산출물로, 요구사항 준수 여부를 확인하기 위해 설계된 입력값, 실행 조건, 기대 결과로 구성된 테스트 항목 또는 이것이 기록된 명세서를 말한다.

② 테스트 케이스 작성 절차

- 테스트 케이스의 정확성, 재사용성, 간결성 보장을 위해 아래의 절차에 따라 작성된다.
  - 테스트 계획 검토 및 자료 확보 : 테스트 대상의 정보 확보, 요구사항 및 기능 명세서 검토
  - 위험 평가 및 우선순위 결정 : 기능별 결함 해결에 있어 상대적인 중요성 설정
  - 테스트 요구사항 정의 : 테스트 대상, 특성, 조건, 기능 식별
  - 테스트 구조 설계 및 테스트 방법 결정 : 테스트 케이스 형식과 분류, 절차, 장비, 도구 등 결정
  - 테스트 케이스 정의 : 각 요구사항에 대해 입력값, 실행 조건, 기대 결과 기술
  - 테스트 케이스 타당성 확인 및 유지보수 : 기능 및 환경 변화에 따라 테스트 케이스 갱신 및 유용성 검토

③ 테스트 오라클

- 테스트의 결과가 참인지 거짓인지를 판단하기 위해서 사전에 정의된 참 값을 입력하여 비교하는 기법 및 활동이다.
- 테스트 오라클의 유형으로는 참, 샘플링, 휴리스틱, 일관성 검사가 존재한다.
  - 참(True) 오라클 : 모든 입력값에 대하여 기대 결과를 생성(발생된 오류 모두 검출)
  - 샘플링(Sampling) 오라클 : 특정 몇 개의 입력값에 대해서만 기대 결과 제공
  - 휴리스틱(Heuristic) 오라클 : 샘플링 오라클을 개선, 특정 입력값에 대해 기대 결과를 제공하고, 나머지 값들에 대해서는 휴리스틱(추정)으로 처리
  - 일관성 검사(Consistent) 오라클 : 애플리케이션 변경이 있을 때, 수행 전과 후의 결과값이 동일한지 확인
- 참 오라클은 미션 크리티컬한 업무에 적용하고, 샘플링이나 휴리스틱 오라클은 일반 업무나 게임 등의 업무에 적용한다.
  - 미션 크리티컬 : 항공기, 발전소 등 작은 결함에도 치명적인 문제가 발생할 수 있는 업무

02 테스트 수행 환경 구축

1) 테스트 환경 구축 유형

① 테스트 환경 구축

- 개발된 응용 소프트웨어가 작동될 환경과 최대한 유사한 하드웨어, 소프트웨어, 네트워크 시설을 구축한 후 테스트를 진행한다.
- 물리적으로 독립된 테스트 환경을 구축하기 힘든 경우에는, 가상 머신 기반의 서버 또는 클라우드 환경을 이용하여 테스트 환경을 구축한 후 테스트를 진행한다.
- 물리적으로 분할이 어려운 네트워크 역시 VLAN과 같은 기법을 이용하여 논리적으로 분할된 환경을 구축한 후 테스트를 진행한다.

2) 테스트 데이터

① 테스트 데이터 정의

- 컴퓨터의 동작이나 시스템의 적합성을 시험하기 위해 개발, 생성된 데이터의 집합이다.
- 프로그램의 기능을 확실하게 테스트할 수 있도록 확실한 조건을 갖춘 데이터이다.

② 테스트 데이터 준비 유형

- 테스트 데이터는 실제 데이터와 가상 데이터로 구분된다.
  - 실제 데이터 : 실제 운영 데이터, 연산을 통한 결과
  - 가상 데이터 : 스크립트를 통해 인위적으로 생성

③ 테스트 시작과 종료

- 테스트의 시작 조건을 정의할 수 있지만, 단계별 테스트를 위해 모두 만족하지 않아도 시작이 가능하다.
- 테스트의 종료 조건은 업무 기능의 중요도에 따라 다양한 형태로 정의될 수 있다.
  - 시작 조건 : 계획 수립, 명세 작성, 역할과 책임 정의, 환경 구축 등의 완료
  - 종료 조건 : 모든 테스트 수행, 테스트 일정 만료, 테스트 비용 소진 등

④ 테스트의 성공과 실패

- 테스트 시나리오의 기대 결과와 실제 테스트 결과가 일치하면 성공으로 판단한다.
- 동일한 데이터와 이벤트를 중복하여 테스트하였을 때, 동일한 결과가 나오면 성공으로 판단한다.
- 이 밖에도 다양한 요소에 따라 성공의 판단 기준이 다양해질 수 있다.

기적의 TIP

테스트의 시작과 종료, 성공과 실패의 기준이 평소 생각하던 것과 다를 수 있습니다.

SECTION 02

애플리케이션 통합 테스트

출제빈도 상 (중) 하
반복학습 1 2 3

빈출 태그 상향식/하향식, 스텁, 드라이버, 결함, 커버리지

01 애플리케이션 통합 테스트 수행

1) 통합 테스트 수행

① V-모델

- 개발 단계별로 검증하고 수행해야 하는 테스트를 시각화한 모델이다.
- 각 개발 단계에 대한 개발 과정을 검증(개발자 입장)하고, 개발 결과를 확인(사용자 입장)한다.

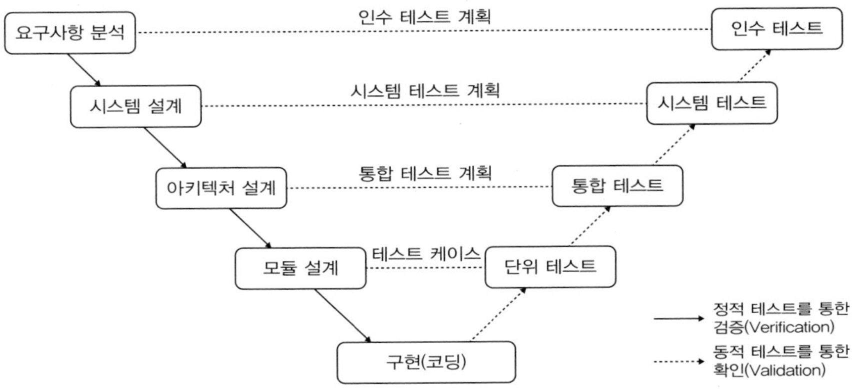

② 단위 테스트

- 소프트웨어 설계의 최소 단위인 모듈(컴포넌트)의 기능을 중심으로 테스트하는 것이다.
- 모듈의 기능 수행 여부와 논리적인 오류를 검출하는 과정이다.
- 블랙박스 테스트가 불가능하지는 않지만, 일반적으로 화이트박스 테스트를 진행한다.

③ 통합 테스트

- 소프트웨어의 각 모듈 간의 인터페이스 관련 오류 및 결함을 찾아내기 위한 체계적인 테스트 기법들의 총칭이다.
- 단위 테스트가 끝난 모듈 또는 컴포넌트 단위의 프로그램들이 설계 단계에서 제시한 애플리케이션과 동일한 구조와 기능으로 구현되었는지 확인하는 활동이다.

기적의 TIP

각 단계별 테스트를 구분할 수 있어야 합니다.

• 통합 테스트는 점증적 방식과 비점증적 방식으로 나눌 수 있다.
  – 점증적 방식 : 통합 단계별로 테스트를 수행하는 방식(하향식 통합, 상향식 통합)
  – 비점증적 방식 : 모든 모듈을 통합한 전체 프로그램을 한 번에 테스트(빅뱅)

테스트 방안	하향식	상향식	빅뱅
수행 방법	최상위 모듈부터 하위 모듈로 단계별 통합하며 테스트	최하위 모듈부터 상위 모듈로 단계별 통합하며 테스트	모든 모듈을 동시에 통합 후 테스트
더미 모듈	테스트 스텁	테스트 드라이버	없음
장점	장애 위치 파악 수월, 중요 모듈의 선 테스트 가능, 설계상 결함 조기 발견	장애 위치 파악 수월, 개발 시간 낭비 없음	작은 시스템, 단기간
단점	많은 더미 모듈 필요, 하위 모듈들의 불충분한 테스트 수행	중요 모듈들을 마지막에 테스트, 프로토타입의 어려움	장애 위치 파악 어려움, 모든 모듈이 개발되어야 진행 가능

④ 하향식(Top Down) 통합

• 메인 제어 모듈을 시작으로 제어의 경로를 따라 아래 방향으로 이동(통합)하면서 테스트를 진행하는 방식이다.
• 하위 모듈이 통합되는 방향은 깊이 우선 방식과 너비 우선 방식이 있다.
  – 깊이 우선 : 해당 모듈에 종속되어 있는 모듈을 우선 탐색하는 기법
  – 너비 우선 : 해당 모듈과 같은 레벨에 위치한 모듈을 우선 탐색하는 기법

기적의 TIP

상향식과 하향식 통합의 차이를 비교하는 문제가 출제됩니다.

더 알기 TIP

깊이 우선 방식과 너비 우선 방식의 순서를 잘 알아두세요. 네모 칸 안의 숫자는 모듈의 통합 순서를 의미합니다.

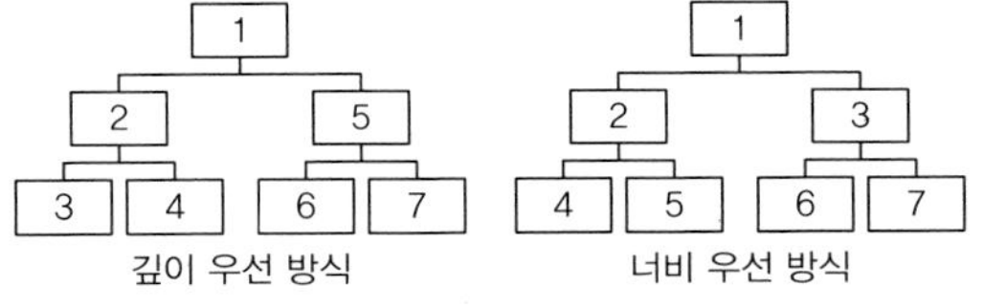

• 메인 제어 모듈은 작성된 프로그램을 활용하고, 아직 통합되지 않은 하위 모듈은 stub을 활용하여 테스트를 진행한다.
  – stub : 상위 모듈의 테스트를 위한 최소한의 기능만 가지는 더미 모듈
• 테스트 초기부터 시스템 구조의 시각화가 가능하지만, 테스트 케이스 사용이 어렵다.
• 해당 모듈의 테스트가 완료되면 정해진 통합 방향에 따라 하위 stub이 하나씩 실제 모듈로 대체되고 다음 테스트의 대상이 된다.
• 전체 통합이 완료되면 회귀 테스트를 통해 통합으로 인한 오류가 있는지 확인한다.

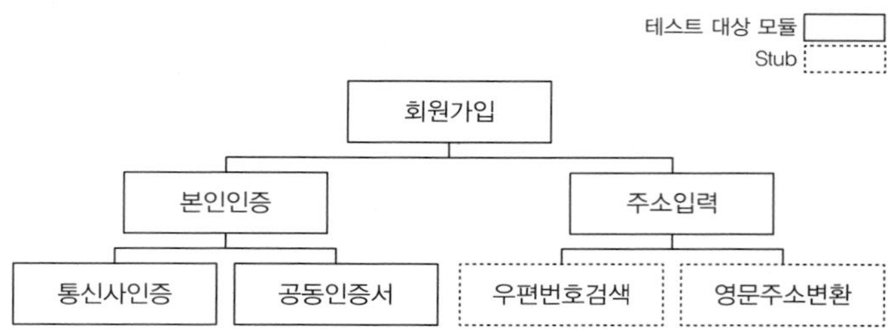

더 알기 TIP

주소입력 모듈에 대한 테스트를 진행하는 예시 이미지입니다. 주소입력 모듈을 테스트하기 위해 우편번호검색 모듈과 영문주소변환 모듈에서 필요한 기능만 추출하여 Stub을 생성합니다. 공동인증서는 과거 문제가 그대로 기출되면서 공인인증서로 출제될 가능성이 있습니다.

⑤ 상향식(Bottom Up) 통합

- 애플리케이션 구조에서 최하위 모듈을 시작으로 제어의 경로를 따라 위쪽 방향으로 이동(통합)하면서 테스트하는 방식이다.
- 테스트 대상 모듈의 상위 모듈에 종속되어 있는 하위 모듈 그룹을 클러스터화하여 테스트를 진행한다.
- 클러스터화된 하위 모듈들의 상위 모듈에 대해서는 데이터 입출력을 확인하기 위한 Driver를 작성하여 진행한다.
  - Driver : 테스트 단계에서 존재하지 않는 상위 모듈의 역할을 하는 더미 모듈
- 해당 모듈의 테스트가 완료되면 정해진 통합 방향에 따라 상위 Driver가 실제 모듈로 대체되고 다음 테스트의 대상이 된다.

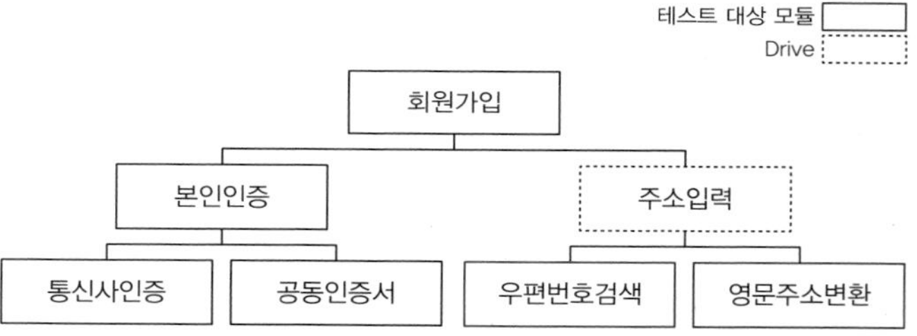

⑥ 회귀 테스트

- 통합 테스트가 완료된 후에 변경된 모듈이나 컴포넌트가 있다면 새로운 오류 여부를 확인하기 위해 수행하는 테스트이다.
- 모듈이나 컴포넌트의 변화로 인해 의도하지 않은 오류가 생기지 않았음을 보증하기 위한 활동이다.

- 회귀 테스트 케이스를 선정하는 방법은 아래와 같다.
  - 모든 애플리케이션의 기능을 수행할 테스트 케이스의 대표적인 샘플 도출
  - 변경에 의한 영향도가 가장 높은 애플리케이션 기능에 집중한 추가적인 테스트 케이스 도출
  - 실제 수정이 발생한 모듈 또는 컴포넌트에서부터 시행하는 테스트 케이스 도출

⑦ 시스템 테스트

- 개발된 소프트웨어가 목표 컴퓨터 시스템에서 완벽하게 수행되는지를 확인하는 테스트이다.
- 실제 사용 환경과 유사하게 만든 환경에서 테스트를 진행하여 환경적인 장애 리스크를 최소화한다.
- 기능적 요구사항과 비기능적 요구사항으로 구분하여 테스트를 진행한다.

⑧ 인수 테스트

- 개발이 완료된 소프트웨어에 대해 사용자 요구사항 충족 여부를 사용자가 직접 테스트하는 것이다.
- 인수 테스트 단계에서 소프트웨어에 문제가 없으면 사용자는 소프트웨어를 인수하게 되고, 프로젝트는 종료된다.
- 인수 테스트에는 대표적으로 알파(Alpha) 테스트와 베타(Beta) 테스트가 있다.
  - 알파 테스트 : 개발자의 장소에서 진행되는 테스트, 개발자와 문제점 함께 발견
  - 베타 테스트 : 제한되지 않은 환경에서 테스트, 개발자에게 문제점 통보

기적의 TIP

인수 테스트의 종류와 종류별 설명을 구분할 수 있어야 합니다.

2) 테스트 자동화 도구

① 테스트 자동화

- 테스트 도구를 활용하여 반복적인 테스트 작업을 스크립트 형태로 구현하는 것이다.
- 테스트 자동화 도구는 휴먼 에러를 줄이고, 테스트에 소요되는 비용과 시간 절감 및 품질 향상에 도움을 준다.
- 각 테스트 단계별 자동화 도구의 종류는 아래와 같다.
  - 테스트 계획 : 요구사항 관리
  - 테스트 분석 : 테스트케이스 생성
  - 테스트 수행 : 테스트 자동화, 정적 분석, 동적 분석, 성능 테스트, 모니터링
  - 테스트 관리 : 커버리지 측정, 형상 관리, 결함 관리

② 테스트 자동화 도구 장점

- 반복되는 테스트 데이터 재입력 작업을 자동화할 수 있다.
- 사용자 요구 기능의 일관성 검증에 유리하다.
- 테스트 결과값에 대한 객관적인 평가 기준을 제공한다.
- 테스트 결과의 통계 작업과 그래프 등 다양한 시각화 요소를 제공한다.
- UI가 없는 서비스의 경우에도 정밀한 테스트가 가능하다.

③ 테스트 자동화 도구 단점

- 도구 도입 후 도구 사용 방법에 대한 교육 및 학습이 필요하다.
- 도구를 프로세스 단계별로 적용하기 위한 시간, 비용, 노력이 필요하다.
- 상용 도구의 경우 가격과 유지 관리 비용이 높아 추가 투자가 필요하다.

3) 테스트 자동화 도구 유형

① 정적 분석 도구(Static Analysis Tools)

- 애플리케이션을 실행하지 않고 분석하는 도구로, 코드 관련 결함(표준, 스타일, 복잡도 등)을 발견하기 위해 사용된다.
- 테스트를 수행하는 사람이 작성된 소스 코드에 대한 이해를 바탕으로 도구를 이용해서 분석하는 것이다.

② 테스트 실행 도구(Test Execution Tools)

- 테스트를 위해 작성된 스크립트를 실행하는 도구로, 스크립트마다 특정 데이터와 수행 방법을 포함한다.
- 테스트 실행 도구는 데이터 주도 접근 방식과 키워드 주도 접근 방식으로 나눌 수 있다.
  - 데이터 주도 접근 : 데이터가 저장된 시트를 읽어와서 테스트 진행, 반복 수행 가능, 스크립트 지식이 없어도 수행 가능
  - 키워드 주도 접근 : 키워드(수행 동작)와 데이터가 저장된 시트를 읽어와서 테스트 진행, 수행 동작 정의 및 테일러링 가능

③ 성능 테스트 도구

- 애플리케이션의 성능 목표 달성을 확인하기 위해 처리량, 응답 시간, 경과 시간, 자원 사용률에 대해 테스트를 수행한다.
- 일반적으로 시스템 테스트 단계에 성능 테스트를 진행하며, 결과 해석에 전문가의 도움이 필요한 경우도 있다.

④ 테스트 통제 도구

- 테스트에 대한 계획 및 관리를 위한 도구로, 요구사항에 최적화된 형태의 정보를 관리하기 위해서 다른 도구들과 연계해서 사용할 수 있다.
- 테스트 관리 도구, 형상 관리 도구, 결함 추적/관리 도구 등이 있다.

⑤ 테스트 하네스(Test Harness)

- 테스트를 지원하기 위한 코드와 데이터들의 총칭으로, 단위 또는 모듈 테스트에 사용하기 위해 코드 개발자가 작성하는 것들이다.
- 테스트 하네스는 Test Driver와 Test Stub을 비롯하여 아래의 요소들로 구성된다.
  - 테스트 스위트(Test Suites) : 테스트 대상 컴포넌트나 모듈, 시스템에 사용되는 테스트 케이스의 집합
  - 테스트 케이스(Test Case) : 입력값, 실행 조건, 기대 결과 등의 집합
  - 테스트 스크립트(Test Script) : 자동화된 테스트 실행 절차에 대한 명세
  - 목 오브젝트(Mock Object) : 사용자의 행위를 조건부로 사전에 입력해 두면, 그 상황에 예정된 행위를 수행하는 객체

기적의 TIP

각 구성 요소를 확실하게 암기하세요.

02 애플리케이션 테스트 결과 분석

1) 테스트 결과 분석

① 소프트웨어 결함

- 소프트웨어의 결함을 말할 때 오류(Error), 결함(Defect), 결점(Fault), 버그(Bug), 실패(Failure), 문제(Problem)와 같은 용어가 사용되며, 이런 용어들의 정의를 다음과 같이 정리할 수 있다.
  - 오류(Error) : 결함의 원인이 되는 것으로, 일반적으로 휴먼 에러에 의해 생성되는 실수
  - 결함(Defect)/결점(Fault)/버그(Bug) : 오류가 원인이 되어 제품에 포함되는 완전하지 못한 부분
  - 실패(Failure)/문제(Problem) : 결함에 의해 의도하지 않은 결과가 발생하는 것

기적의 TIP

각 용어의 정확한 의미에 대해 파악할 수 있어야 합니다.

더 알기 TIP

개발자의 오타(오류)로 인해 연산에 결함이 나타나고, 이 연산을 실행하면서 문제가 발생하는 것입니다.

② 테스트 보고서

- 모든 테스트가 완료되면, 테스트 계획과 테스트 케이스 설계부터 단계별 테스트 시나리오, 테스트 결과까지 모두 포함된 문서를 작성한다.
- 테스트 계획, 소요 비용, 테스트 결과로 판단 가능한 대상 소프트웨어의 품질 상태를 포함한 문서를 작성한다.
- 정량화된 품질 지표인 테스트 성공률, 테스트 커버리지, 발생한 결함의 수와 결함의 중요도 등을 포함한다.

• 테스트 결과서는 결함과 관련한 사항을 중점적으로 기록하며, 결함의 내용 및 자원, 재현 순서를 상세히 기록한다.
• 단계별 테스트 종료 시 테스트 실행 절차를 리뷰하고 결과에 대한 평가를 수행하고, 그 결과에 따라 절차를 최적화하여 다음 테스트에 적용한다.

2) 결함 관리

① 테스트 결함 관리

• 각 단계별 테스트 수행 후 나타난 결함의 재발 방지를 위해, 유사한 결함 발견 시 처리 시간 단축을 위해 결함을 추적하고 관리하는 활동이다.
• 개발 기획, 설계, 코딩, 테스트 부족 등으로 결함이 나타날 수 있다.
• 결함의 심각도(치명도, 영향도)를 표준 단계별로 정의하고, 심각도를 고려하여 관리의 우선순위를 결정한다.
  – 심각도 : 치명적(Critical), 주요(Major), 보통(Normal), 경미한(Minor), 단순(Simple) 등
  – 우선순위 : 결정적(Critical), 높음(High), 보통(Medium), 낮음(Low) 또는 즉시 해결, 주의 요망, 대기, 개선 권고 등

② 결함 관리 프로세스

• 결함 관리는 결함관리 DB를 통해 모니터링하여 체계적으로 관리된다.

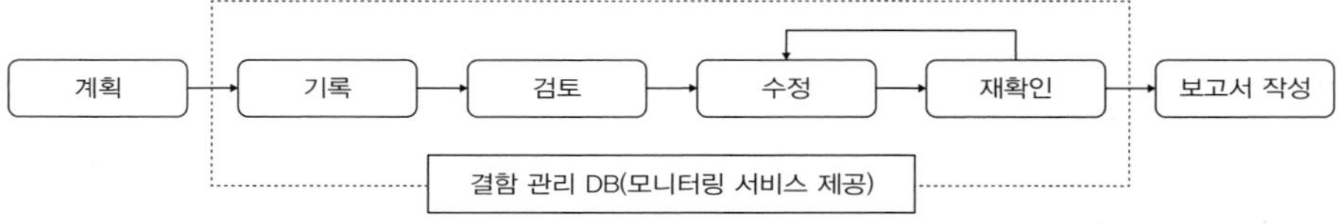

③ 결함 추이 분석 정의

• 테스트 완료 후 발견된 결함의 관리 측정 지표를 분석하여 향후 발생을 추정하는 작업이다.
• 결함 관리 측정 지표에는 결함 분포, 결함 추세, 결함 에이징이 있다.
  – 결함 분포 : 모듈 또는 컴포넌트의 특정 속성에 해당하는 결함의 수를 측정
  – 결함 추세 : 테스트 진행 시간의 흐름에 따른 결함의 수를 측정
  – 결함 에이징 : 등록된 결함에 대해 특정한 결함 상태의 지속 시간을 측정

④ 결함 추적 상태

• 결함은 처리 현황에 따라 다양한 상태를 가질 수 있다.
  – 결함 등록(Open) : 발견된 결함이 등록된 상태
  – 결함 검토(Reviewed) : 등록된 결함에 적절한 후속 작업(할당, 보류, 해제)을 선택하기 위해 검토

– 결함 할당(Assigned) : 결함 수정을 위해 담당 개발자에게 결함 할당
– 결함 수정(Resolved) : 담당 개발자가 결함 수정을 완료한 상태
– 결함 조치 보류(Deferred) : 우선순위 및 일정에 의해 결함의 수정을 보류, 연기한 상태
– 결함 종료(Closed) : 결함이 해결되어 개발 담당자가 종료를 승인한 상태
– 결함 해제(Clarified) : 개발 담당자가 결함을 검토하여 결함이 아니라고 최종 판단

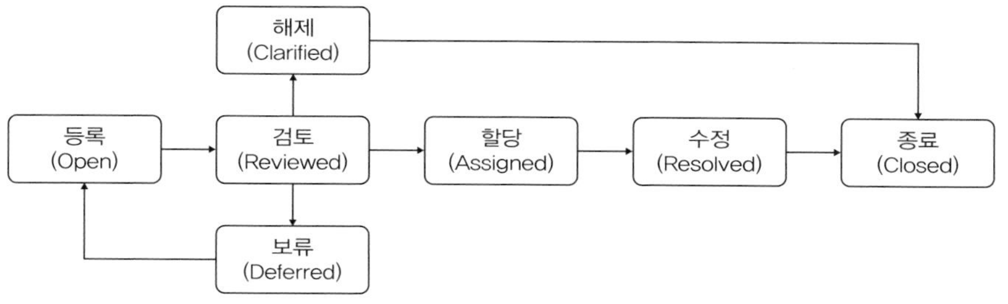

3) 테스트 커버리지(Coverage)

① 테스트 커버리지 정의
• 주어진 테스트 케이스에 의해 수행되는 소프트웨어의 테스트 범위를 측정하는 테스트 품질 측정 기준이다.
• 테스트 커버리지 정의를 통해 테스트의 정확성과 신뢰성을 향상시키는 역할을 한다.

② 기능 기반 커버리지
• 대상 애플리케이션의 전체 기능을 모수로 설정하고, 실제 테스트가 수행된 기능의 수를 측정하는 방법이다.
• 100% 달성을 목표로 하며, 일반적으로 UI가 많은 시스템의 경우 화면 수를 모수로 사용할 수도 있다.

③ 라인 커버리지
• 대상 애플리케이션의 전체 소스 코드 라인 수를 모수로 설정하고, 테스트가 수행한 라인 수를 측정하는 방법이다.
• 단위 테스트에서는 라인 커버리지를 척도로 삼기도 한다.

④ 코드 커버리지
• 소프트웨어 테스트를 충분히 진행했는지를 나타내는 지표 중 하나로, 소스 코드의 구조 코드 자체가 얼마나 테스트되었는지를 측정하는 방법이다.
– 구문(Statement) 커버리지 : 모든 구문을 한 번 이상 수행하는 테스트 커버리지
– 결정(Decision) 커버리지 : 결정문의 결과가 참과 거짓의 결과를 수행하는 테스트 커버리지

기적의 TIP
순서도나 코드를 제시하여 테스트 커버리지의 종류를 묻는 문제가 출제될 수 있습니다.

- 조건(Condition) 커버리지 : 결정문 내부 개별 조건식의 결과가 참과 거짓의 결과를 수행하는 테스트 커버리지
- 조건/결정 커버리지 : 결정문의 결과와 결정문 내부 개별 조건식의 결과가 참과 거짓의 결과를 수행하는 테스트 커버리지
- 변형 조건/결정 커버리지(MC/DC) : 결정문 내부 개별 조건식 결과에 상관없이 독립적으로 전체 조건식의 결과에 영향을 주는 테스트 커버리지(가장 안전한 커버리지, 도구 사용 권장)
- 다중 조건 커버리지 : 결정문의 모든 조건식의 모든 가능한 논리적 조합을 고려하는 테스트 커버리지

기적의 TIP

결정은 분기(Branch)라고 표현하기도 합니다.

- 결정문 : 하나 이상의 조건식을 통해 프로그램의 흐름이 변하는 분기
- 조건식 : 두 값을 비교하여 하나의 논리값을 도출하는 식

더 알기 TIP

프로그래밍 지식 없이 코드 커버리지를 완벽하게 이해하기는 굉장히 어렵습니다. 지식이 있어도 헷갈릴 확률이 높아서 서로를 구분할 수 있게끔 암기하는 것이 우선입니다.

애플리케이션 품질 평가

학습 방향

다양한 애플리케이션 성능 개선 기법을 사용하여 애플리케이션 품질을 높이는 법에 대해 다룹니다. 품질을 측정하는 평가 항목 및 하위 항목들이 다양하며 학습 시 주의가 필요합니다.

SECTION 01

애플리케이션 성능 개선

출제빈도 (상) 중 하
반복학습 1 2 3

빈출 태그 클린 코드, 코드 분석 도구, 소프트웨어 품질 평가 항목, 정형 기술 검토

01 애플리케이션 성능 분석

1) 애플리케이션 성능 측정

① 애플리케이션 성능 측정 정의

- 사용자의 요구 기능을 해당 애플리케이션이 최소의 자원을 사용하면서 얼마나 빨리, 많은 기능을 수행하는지를 측정하는 활동이다.
- 애플리케이션의 성능을 측정하기 위한 지표는 처리량, 응답 시간, 경과 시간, 자원 사용률 등이 있다.
  - 처리량(Throughput) : 주어진 시간에 처리할 수 있는 단위 작업(트랜잭션)의 수
  - 응답 시간(Response Time) : 사용자 입력에 대한 응답이 나타날 때까지의 시간
  - 경과 시간(Turnaround Time) : 사용자 입력에 대한 결과 출력이 완료될 때까지의 시간
  - 자원 사용률(Resource Usage) : 단위 작업 처리를 위한 CPU, 메모리, 네트워크 등의 사용량

더 알기 TIP

시스템, 플랫폼, 애플리케이션 등은 결국 사용자의 문제를 해결하기 위해 만들어지기 때문에 성능을 측정하는 지표 역시 크게 차이가 나지는 않습니다.

② 애플리케이션 성능 분석 도구

- 성능 분석 도구는 애플리케이션의 성능을 점검하는 도구와 시스템 자원 사용량을 모니터링하는 도구로 분류할 수 있다.
  - 성능/부하/스트레스(Performance/Load/Stress) 점검 도구 : 애플리케이션의 성능 점검을 위해 가상의 사용자를 점검 도구 상에서 인위적으로 생성한 뒤, 시스템의 부하나 스트레스를 통해 성능 측정 지표인 처리량, 응답 시간, 경과 시간 등을 점검하기 위한 도구
  - 모니터링(Monitoring) 도구 : 애플리케이션 실행 시 자원 사용량 확인, 성능 모니터링, 성능 저하 원인 분석, 시스템 부하량 분석, 장애 진단, 사용자 분석, 용량 산정 등의 기능을 제공하여, 시스템의 안정적 운영을 지원하는 도구

분류	도구명	설명	지원 환경
성능 점검 (오픈 소스)	JMeter	HTTP, FTP, LDAP 등 다양한 프로토콜을 지원하는 안전성, 확장성, 부하, 기능 테스트 도구	크로스 플랫폼
	LoadUI	HTTP, JDBC 등 주로 웹 서비스를 대상으로 서버 모니터링을 지원하는 UI를 강화한 부하 테스트 도구	크로스 플랫폼
	OpenSTA	HTTP, HTTPS 지원하는 부하 테스트 및 생산품 모니터링 도구	윈도우즈
모니터링	Scouter	단일 뷰 통합/실시간 모니터링, 튜닝에 최적화된 인프라 통합 모니터링 도구	크로스 플랫폼
	Zabbix	웹 기반 서버, 서비스, 애플리케이션 모니터링 도구	크로스 플랫폼

2) 애플리케이션 성능 저하 원인 분석

① DB 연결 및 쿼리 실행

- DB를 연결하기 위한 Connection 객체를 생성하거나 쿼리를 실행하는 애플리케이션 로직에서 성능 저하 또는 장애가 많이 발견된다.
  - DB Lock : 대량의 데이터 조회, 과도한 업데이트 및 인덱스 생성 시 DB가 잠기는 현상
  - DB Fetch : 필요한 데이터보다 많은 양의 데이터 요청이 들어올 경우 응답 시간 저하 발생
- 트랜잭션의 확정(Commit)이 이루어지지 않거나, 불필요한 확정이 자주 발생하는 경우에 성능이 저하될 수 있다.
- Connection 객체를 종료하지 않거나(Connection Leek), 커넥션 풀의 크기가 적절하지 않은 경우에도 성능 저하가 발생할 수 있다.

② 내부 로직

- 웹 애플리케이션의 인터넷 접속 불량으로 인해 클라이언트의 정상적 로딩이 어려운 경우 성능이 저하될 수 있다.
- 대량이나 큰 용량의 파일을 업/다운로드할 경우 처리 시간이 길어져 성능이 저하될 수 있다.
- 오류 처리 로직과 실제 처리 로직을 분리하지 않은 경우, 예외 처리로 인해 성능이 저하될 수 있다.

③ 외부 호출

- 특정 트랜잭션이 수행되는 동안 외부 트랜잭션의 호출이 장시간 수행되거나 타임아웃 발생으로 성능이 저하될 수 있다.

④ 잘못된 환경

- 스레드 풀(Thread Pool), 힙 메모리(Heap Memory)의 크기를 너무 작게 설정하면 Heap Memory Full 현상 발생으로 성능이 저하될 가능성이 있다.
- 라우터, L4 스위치 등 네트워크 관련 장비 간 데이터 전송 실패 또는 전송 지연에 따른 데이터 손실 발생 시 애플리케이션의 성능 저하 또는 장애가 발생할 수 있다.

02 애플리케이션 성능 개선

1) 소스 코드 최적화

> **기적의 TIP**
>
> 스파게티 코드와 외계인 코드를 구분할 수 있어야 합니다.
> - 스파게티 코드 : 스파게티 면발처럼 프로그램의 소스 코드가 복잡하게 얽혀 있는 코드
> - 외계인 코드 : 아주 오래되거나 참고 문서 또는 개발자가 없어 유지보수 작업이 어려운 코드

> **기적의 TIP**
>
> 클린 코드 작성 원칙과 그 의미에 대해 이해하고 있어야 합니다.

① Bad Code

- 다른 개발자가 로직을 이해하기 어렵게 작성된 코드이다.
- 로직의 제어 코드들이 정제되지 않고 서로 얽혀 있거나, 식별자들의 정의를 알 수 없고, 동일한 로직이 중복 작성된 코드 등이 있다.
- 코드의 복잡도가 증가하고 잦은 오류가 발생할 가능성이 있다.

② Clean Code

- 가독성이 높고, 단순하며 의존성이 낮고 중복이 최소화된 코드를 말한다.
- 애플리케이션 기능 및 설계에 대한 이해가 쉽고, 프로그래밍 속도가 빨라진다.
- 클린 코드를 작성하기 위한 원칙으로는 가독성, 단순성, 의존성 최소화, 중복성 최소화, 추상화 등이 있다.
  - 추상화 : 상위 객체를 통해 하위 객체들의 공통 특성을 나타내고, 하위 객체에서 상세한 내용을 구현하는 방식

③ 소스 코드 최적화 기법

- 클래스는 하나의 역할(책임)만 수행할 수 있도록 응집도를 높인다.
- 클래스 간 의존성을 최소화하여 결합도를 약하게 한다.
- 올바른 코딩 스타일을 파악하여 코드 가독성을 높인다.
- 기억하기 쉽고 발음이 쉬운 용어나 접두어 등을 사용하여 이름을 정의한다.
- 적절한 주석문을 사용하여 소스 코드에 대한 내용을 보충한다.

2) 소스 코드 품질 분석 도구

① 소스 코드 품질 분석 정의

- 소스 코드에 대한 코딩 스타일, 설정된 코딩 표준, 코드의 복잡도, 코드 내에 존재하는 메모리 누수 현황, 스레드의 결함 등을 발견하고 이를 해결하여 코드의 품질을 향상시킨다.
- 일반적인 테스트를 비롯하여 코드 인스펙션, 정적 분석, 동적 분석, 증명, 리팩토링 등이 있다.
  - 코드 인스펙션(Code Inspection) : 코드에 존재하는 결함을 확인하는 검사

– 증명(Proof) : 소프트웨어 품질이 아주 중요한 경우에 활용(모든 기대 결과와 실제 결과 비교)
– 리팩토링(Refactoring) : 코드의 기능 변경 없이 구조를 개선하여 안정성과 가독성 확보

② 소스 코드 정적 분석 도구

• 작성된 소스 코드를 실행시키지 않고, 코드 자체만으로 품질 분석을 진행하는 도구이다.
  – pmd : 자바 및 다른 언어의 소스 코드에 대한 버그 및 데드 코드 분석
  – cppcheck : C/C++ 코드에 대한 메모리 누수, 오버플로우 등 분석
  – SonarQube : 소스 코드 통합 플랫폼, 플러그인 확장 가능
  – checkstyle : 자바 코드에 대한 코딩 표준 준수 검사 도구

기적의 TIP

정적 분석 도구와 동적 분석 도구를 구분할 수 있어야 합니다.

③ 소스 코드 동적 분석 도구

• 애플리케이션을 실행하여 코드의 품질을 분석하는 도구이다.
  – Avalanche : Valgrind 프레임워크 및 STP 기반 소프트웨어 에러 및 취약점 분석
  – Valgrind : 자동화된 메모리 및 스레드 결함 발견 및 분석

더 알기 TIP

소스 코드 품질 분석 도구들이 지원하는 기능은 이 밖에도 상당히 다양하고 지금도 발전하고 있습니다. 우선 정적과 동적을 구분하는 것이 핵심이고, 중요 기능 위주로만 암기하세요.

3) 소프트웨어 유지보수

① 소프트웨어 유지보수 정의

• 소프트웨어의 기능을 지속적으로 개선하고, 오류를 제거하여 만족도를 향상시키는 품질 보증 활동이다.
• 표준화되어 있지 않은 외계인 코드, 스파게티 코드, 문서화되어 있지 않은 프로그램은 유지보수가 어렵다.
• 유지보수로 인해 부작용이 발생하지 않도록 회귀 테스트 등이 필요하다.
  – 코드 부작용 : 코드의 변경으로 인해 발생하는 부작용
  – 데이터 부작용 : 자료 구조의 변경으로 인해 발생하는 부작용
  – 문서 부작용 : 코드와 데이터에 대한 변경이 설계 문서, 매뉴얼 등에 적용되지 않아서 발생하는 부작용

② 소프트웨어 유지보수 유형

• 소프트웨어 유지보수는 하자 보수, 완전 보수, 적응 보수, 예방 보수 등으로 구분된다.
  – 하자 보수(Corrective maintenance) : 소프트웨어 버그나 잠재적 오류의 원인 제거

– 완전 보수(Perfective maintenance) : 가장 많은 유지보수의 비용 소모, 성능 문제 수정 및 보완
– 적응 보수(Adaptive maintenance) : 운영 환경의 변화를 기존의 소프트웨어에 반영
– 예방 보수(Preventive maintenance) : 사용자의 요구를 미리 예측하여 반영

③ 소프트웨어 유지보수 비용 측정 방법

• 소프트웨어 유지보수 비용을 측정하는 방법에는 대표적으로 BL, COCOMO, Vessey & Webber가 있다.

기적의 TIP

측정 방법별 공식이 문제로 출제될 확률은 매우 적습니다.

방법	대표 공식	설명
BL (belady와 lehman)	$M = P + K \times e^{(c-d)}$	• M : 유지보수를 위한 노력(인원/월) • P : 생산적인 활동(개발)에 드는 비용 • K : 통계값에서 구한 상수(주관적 평가 수치 : 1에 가까울수록 경험이 많음) • c : 복잡도 • d : 소프트웨어에 대한 지식 정도(주관적 평가)
COCOMO (COnstructive COst MOdel)	$M = ACT \times DE \times EAF$	• M : 유지보수를 위한 노력(인원/월) • ACT(Annual Change Traffic) : 유지보수 비율(1년간 한 라인당 가해지는 변경 횟수) • DE(Development Effort) : 생산적인 활동(개발)에 드는 비용 • EAF(Effort Adjust Factor) : 노력 조정 수치(주관적 평가)
Vessey & Webber	$M = ACT \times 2.4 \times [KDSI]^{1.05}$	• M : 유지보수를 위한 노력(인원/월) • ACT(Annual Change Traffic) : 유지보수 비율(1년간 한 라인당 가해지는 변경 횟수) • KDSI(Kilo Delivered Source Instruction) : 1000라인 단위로 묶은 전체 라인 수

4) 소프트웨어 품질 평가

① 소프트웨어 품질 보증(SQA : Software Quality Assurance) 정의

• 제품 소프트웨어의 기능과 사용자의 요구사항이 일치하는지를 확인하는 체계적인 시스템과 활동을 총칭한다.
• 소프트웨어 품질 확보를 위한 요구사항과 개발 절차, 평가 절차를 제공한다.

② 정형 기술 검토(FTR : Formal Technical Review)

• 가장 일반적으로 정형화된 기술 검토 방법으로, 소프트웨어에 대한 요구사항 일치 여부, 표준 준수 및 결함 발생 여부를 검토하는 정적 분석 기법이다.
• FTR의 원칙은 아래와 같다.
  – 검토될 제품에 대한 체크 리스트를 개발
  – 자원과 시간 일정을 할당

- 문제 영역을 명확히 표현하고 의제를 제한
- 제품의 검토에만 집중
- 검토의 과정과 결과를 재검토
- 논쟁과 반박을 제한
- 참가자의 수를 제한
- 사전 준비를 강요하고 사전에 작성한 메모들을 공유
- 모든 검토자들을 위해 의미있는 훈련을 진행
- 해결책이나 개선책에 대해서 논하지 않음

③ 소프트웨어 품질 목표 항목

- 소프트웨어 품질을 평가하는 세부 항목들은 아래와 같다.
  - 정확성(Correctness) : 사용자의 요구사항을 충족
  - 신뢰성(Reliability) : 정확하고 일관된 결과로 요구된 기능을 오류 없이 수행하는 시스템 능력
  - 효율성(Efficiency) : 요구되는 기능을 수행하기 위해 최소한의 자원 소모
  - 무결성(Integrity) : 허용되지 않는 사용이나 자료의 변경을 제어
  - 유지보수 용이성(Maintainability) : 품질 개선, 오류 수정 등의 용이함
  - 사용 용이성(Usability) : 소프트웨어를 쉽게 이용
  - 검사 용이성(Testability) : 소프트웨어를 쉽게 시험
  - 이식성(Portability) : 다양한 하드웨어 환경에서도 운용 가능하게끔 변경
  - 상호 운용성(Interoperability) : 다른 소프트웨어와 무리 없이 정보 교환
  - 유연성(Flexibility) : 소프트웨어를 쉽게 수정
  - 재사용성(Reusability) : 소프트웨어를 다른 목적으로 사용

기적의 TIP

소프트웨어 품질 목표가 아닌 것, 설명 중 올바른 것을 찾을 수 있어야 합니다. 비슷한 설명이 많으므로 학습에 주의하세요.

④ 시스템 신뢰도 측정

- 소프트웨어 신뢰도를 평가하는 데 기준이 되는 요소 중 하나인 평균 시간에는 평균 무장애 시간(MTBF), 평균 장애 시간(MTTF), 평균 복구 시간(MTTR) 등이 있다.

평균 무장애 시간(MTBF)	• MTBF : Mean Time Between Failure • (수리 가능 제품) 평균 장애 발생 간격 평균 • MTBF = MTTF + MTTR
평균 장애 시간(MTTF)	• MTTF : Mean Time To Failure • (수리 불가능 제품) 고장이 발생할 때까지의 동작시간 평균 • MTTF = 총 동작시간 / 사용횟수
평균 복구 시간(MTTR)	• MTTR : Mean Time To Repair • 고장이 발생한 시점부터 수리가 완료될 때까지의 수리시간 평균 • MTTR = 총 고장시간 / 사용횟수

- 평균 시간을 활용하여 시스템의 가용성(Availability)을 측정할 수 있다.
  - 가용성 = MTTF / MTBF

SECTION 02

소프트웨어 품질 관리

출제빈도 상 ㊥ 하
반복학습 1 2 3

빈출 태그 ISO/IEC, CMM, SPICE

01 소프트웨어 개발 표준

1) ISO/IEC 20000

① ISO/IEC 20000 정의

- IT 서비스 관리 시스템(IT-SMS)의 요구사항을 명확히 정의한 국제표준이다.
- 고객에게 제공하는 IT 서비스 관리(ITSM)의 수준을 객관적으로 평가할 수 있다.
- 고객 요구사항에 신속하게 대응하고 만족하기 위한 서비스 중심의 프로세스를 제공한다.
- IT 조직 기능에 부합되는 견고하고 통합된 프로세스 프레임워크를 제공한다.

② ISO/IEC 20000 도입 배경

- 업무(Business)와 IT 간의 원활한 의사소통이 부족하다.
- 장애 대응(Reactive)과 같은 이벤트 위주(소극적)의 IT 업무가 대부분이다.
- IT 비용의 불투명성이 증가하여 비용 산정이 어렵다.
- 현 IT 프로세스의 효과성을 객관적으로 판단하기 어렵다.

③ ISO/IEC 20000 구성

- ISO/IEC 20000의 규격은 ISO 9001 품질경영시스템 기반의 Management System과 ITIL 기반의 IT 프로세스로 구성되어 있다.
  - Part 1(Specification for Service Management) : 인증심사를 위한 규격 정의
  - Part 2(Code of Practice for Service Management) : Part 1을 보완하는 참고 가이드

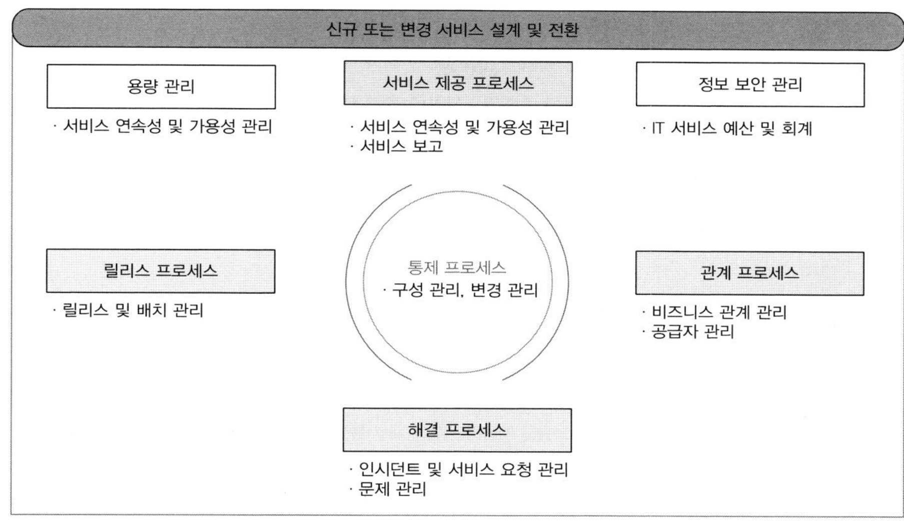

2) ISO/IEC 9126(25010)

① ISO/IEC 9126(25010) 정의

• 소프트웨어 품질 특성 및 평가에 관한 표준으로, 2011년에 호환성과 보안성을 강화하여 25010으로 개정되었다.
• 6가지 외부 품질 특성을 정의하고 있으며, 각 특성에는 세분화된 21가지 내부 평가 항목을 정의한다.
• 품질의 측정과 관리에는 다양한 표준 측정 메트릭(Metrics)을 활용하도록 제시한다.

② ISO/IEC 9126(25010) 품질 특성

• 6가지 외부 품질 특성은 아래와 같다.
  – 기능성(Functionality) : 명시된 요구사항을 만족하는 기능
  – 신뢰성(Reliability) : 정의된 성능 수준을 유지하는 능력
  – 사용성(Usability) : 사용자에 의해 이해, 학습, 사용, 선호되는 능력
  – 효율성(Efficiency) : 사용되는 자원에 따라 요구 성능을 제공하는 능력
  – 유지보수성(Maintainability) : 제품이 수정, 개선, 개작될 수 있는 능력
  – 이식성(Portability) : 서로 다른 환경으로 이식될 수 있는 능력

ISO/IEC 9126의 외부 품질 특성을 구분할 수 있어야 합니다.

• 외부 품질별 내부 품질(평가 항목)은 아래와 같다.

외부 품질	내부 품질
기능성	적합성, 상호운용성, 보안성, 정확성, 준수성
신뢰성	고장 허용성, 회복성, 성숙도, 준수성
사용성	학습성, 운영성, 이해도, 친밀성, 준수성
효율성	반응 시간, 지원 특성, 준수성
유지보수성	분석성, 변경성, 안정성, 테스트 용이성, 준수성
이식성	적용성, 설치성, 공존성, 교체성, 준수성

더 알기 TIP

ISO/IEC 9126 관련 문제는 개정 이후 정보처리기사 시험에서만 첫 회차에 한 문제가 출제되었고, 기사 및 산업기사 시험에서는 이후로 출제가 되고 있지 않습니다. 현재 9126은 폐기(Revoke)가 된 상태라 문제 출제 시 25010을 적용해야 하지만, 공식 출제 자료인 NSC 학습모듈에는 9126이 안내되어 있어 논란의 여지가 많을 수 밖에 없는 영역입니다. 때문에 본 책에서는 불필요하게 늘어나는 학습량을 지양하기 위해 내부 품질에 대한 영문 표기와 해설을 삭제하였음을 안내드립니다.

3) 그 밖의 소프트웨어 개발 표준

① ISO/IEC 12207

• 국제표준화기구(ISO)에서 제정한 표준 소프트웨어 수명 주기 프로세스이다.

• 기본, 지원, 조직의 3가지 분류로 나뉜다.

- 기본 생명 주기 프로세스 : 획득, 공급, 개발, 운영, 유지보수
- 지원 생명 주기 프로세스 : 문서화, 형상 관리, 문제 해결, 품질 보증, 검증, 확인, 합동 검토, 감리
- 조직 생명 주기 프로세스 : 관리, 기반 구조, 개선, 교육 훈련

기적의 TIP

ISO/IEC 12207의 세부 프로세스를 구분할 수 있어야 합니다.

② ISO/IEC 12119

• 패키지 소프트웨어의 제품 품질 요구사항 및 테스트를 위한 국제 표준이다.

③ ISO/IEC 29119

• 소프트웨어 테스트를 위한 국제 표준이다.

4) CMM(Capability Maturity Model)

① CMM의 특징

• 소프트웨어 개발 업체들의 업무 능력 평가 기준을 세우기 위한 평가 능력 성숙도 모델이다.

• 소프트웨어 개발 능력(기술적 측면) 측정 기준 및 개발 조직의 성숙도(인간적 측면)를 평가한다.

• 소프트웨어 제품 자체의 품질과는 직접 연관성이 없으며 소규모 업체에는 적용이 어렵고 비효율적이다.

② CMM 단계별 프로세스 성숙도

- CMM의 단계별 프로세스 성숙도 평가 기준은 초기, 반복, 정의, 관리, 최적화의 5단계로 나뉜다.
  - 초기(Initial) : 개발 관리 프로세스의 부재
  - 반복(Repeatable) : 성공한 프로젝트의 프로세스를 반복
  - 정의(Defined) : 프로세스의 정의와 이해 가능
  - 관리(Managed) : 프로세스에 대한 성과를 측정, 분석, 개선, 관리 가능
  - 최적화(Optimizing) : 지속적인 품질 개선 진행

> **기적의 TIP**
> CMM과 CMMI의 단계별 프로세스 성숙도를 헷갈리지 않도록 학습하세요.

③ CMM 프로세스 관리 품질 평가 기준

- CMM의 프로세스 관리 평가 기준은 레벨1에서 레벨5로 나뉘며 레벨이 오를수록 생산성과 품질이 높다.
  - 레벨1(혼돈적 관리) : 순서의 일관성 부재
  - 레벨2(경험적 관리) : 경험을 통한 관리
  - 레벨3(정성적 관리) : 경험의 공유 및 공식적인 관리
  - 레벨4(정량적 관리) : 조직적, 통계적 분석을 통한 관리
  - 레벨5(최적화 관리) : 위험 예측 및 최적화 도구 활용

5) CMMI(Capability Maturity Model Integration)

① CMMI의 특징

- CMM을 발전시킨 것으로, 소프트웨어와 시스템 공학의 역량 성숙도를 평가하기 위한 국제 공인 기준이다.
- CMMI의 프로세스 영역은 프로세스 관리, 프로젝트 관리, 엔지니어링, 지원으로 나뉜다.

> **기적의 TIP**
> 발전시켰다는 것은, 보완이 필요한 큰 단점이나 큰 기능이 추가되었다는 뜻입니다. 두 모델의 프로세스 성숙도 차이를 파악하세요.

② CMMI의 기반 모델

- CMMI는 기반이 되는 3가지 CMM 모델이 통합(Integration)되어 있다.
  - SW-CMM : S/W 개발 및 유지보수에 관련된 성숙도 모델
  - SE-CMM : 시스템 엔지니어링 능력 성숙도 모델
  - IPD-CMM : 프로젝트 간 협동/통합 프로젝트 개선 모델

③ CMMI의 단계별 프로세스 성숙도

- CMMI의 단계별 프로세스 성숙도 평가 기준은 초기, 관리, 정의, 정량적 관리, 최적화의 5단계로 나뉜다.
  - 초기(Initial) : 표준화된 프로세스 없이 프로젝트 수행 결과 예측 곤란
  - 관리(Managed) : 기본적인 프로세스 구축에 의해 프로젝트 관리
  - 정의(Defined) : 세부 표준 프로세스 기반 프로젝트 통제
  - 정량적 관리(Quantitatively Managed) : 프로젝트 활동이 정략적으로 관리, 통제되고 성과 예측 가능
  - 최적화(Optimizing) : 지속적인 개선 활동이 정착화되고 최적의 관리로 프로젝트 수행

6) SPICE(Software Process Improvement and Capability dEtermination)

기적의 TIP

품질과 생산성 향상, 프로세스 평가라는 키워드와 SPICE를 연결할 수 있어야 합니다.

① SPICE의 정의

- 소프트웨어 품질 및 생산성 향상을 위한 소프트웨어 프로세스를 평가하는 국제 표준(ISO/IEC 15504)이다.
- ISO/IEC 12207로부터 파생되었으며, CMM의 단점을 개선하기 위해 제정되었다.

② SPICE의 목적

- SPICE의 목적은 3가지로 정리할 수 있다.
  - 프로세스 개선을 위해 개발 기관 스스로 평가
  - 요구 조건 만족 여부를 개발 조직 스스로 평가
  - 계약을 위한 수탁 기관의 프로세스를 평가

③ SPICE의 단계별 프로세스 성숙도

기적의 TIP

단계별 프로세스 성숙도(수행능력)를 파악하고 있어야 합니다.

- SPICE의 단계별 프로세스 성숙도 평가 기준은 6단계로 구분되어 있다.
  - 레벨0(불완전) : 프로세스가 구현되지 않거나 프로세스 목적을 달성하지 못함
  - 레벨1(수행) : 해당 프로세스의 목적은 달성하지만 계획되거나 추적되지 않음
  - 레벨2(관리) : 프로세스 수행이 계획되고 관리되어 작업 산출물이 규정된 표준과 요구에 부합
  - 레벨3(확립) : 표준 프로세스를 사용하여 계획되고 관리
  - 레벨4(예측가능) : 표준 프로세스능력에 대하여 정량적인 이해와 성능이 예측
  - 레벨5(최적) : 정의된 프로세스와 표준 프로세스가 지속적으로 개선

더 알기 TIP

개발 표준은 어려운 용어도 많고 헷갈리기도 쉬워서 학습하기가 어렵습니다. 표준과 표준의 차이를 최우선으로 학습하시고, 각 단계별 설명은 가장 나중에 암기하시거나 특정 키워드 하나 정도만 뽑아서 암기하시는 것을 추천합니다.

합격을 다지는 예상문제

01 아래 〈보기〉 중, 설계 기반 테스트를 모두 찾아 쓰시오.

〈보기〉

회복, 안전, 명세, 구조, 경험, 강도, 성능, 구조, 병행

▶ 답안기입란

02 입력 조건에 유효한 값과 무효한 값을 균등하게 설정하여 테스트 케이스를 설계하는 테스트 기법은 무엇인지 쓰시오.

▶ 답안기입란

03 테스트 오라클의 유형을 2가지 이상 쓰시오.

▶ 답안기입란

04 하향식 통합 테스트 방식 중, 해당 모듈에 종속되어 있는 모듈을 우선 탐색하는 기법은 무엇인지 쓰시오.

▶ 답안기입란

ANSWER

01. 명세, 구조, 경험

02. 동등 분할(Equivalence Partitioning) 테스트

03. 참(True), 샘플링(Sampling), 휴리스틱(Heuristic), 일관성 검사(Consistent)

04. 깊이 우선 방식

05 테스트 하네스에 대한 설명 중, 빈칸에 해당하는 용어를 쓰시오.

- 테스트 스위트(Test Suites) : 테스트 대상 컴포넌트나 모듈, 시스템에 사용되는 테스트 케이스의 집합
- (ㄱ) : 입력값, 실행 조건, 기대 결과 등의 집합
- (ㄴ) : 자동화된 테스트 실행 절차에 대한 명세
- 목 오브젝트(Mock Object) : 사용자의 행위를 조건부로 사전에 입력해 두면, 그 상황에 예정된 행위를 수행하는 객체

▶ **답안기입란**

ㄱ :
ㄴ :

06 클린 코드(Clean Code)에 대해 약술하시오. (약술된 문장에는 클린 코드의 반대 개념 용어가 포함되어야 한다.)

▶ **답안기입란**

07 아래 CMMI(Capability Maturity Model Integration)의 단계별 프로세스 성숙도 단계 중, 빈칸에 해당하는 용어를 쓰시오.

- 초기(Initial) : 표준화된 프로세스 없이 프로젝트 수행 결과 예측 곤란
- (ㄱ) : 기본적인 프로세스 구축에 의해 프로젝트 관리
- (ㄴ) : 세부 표준 프로세스 기반 프로젝트 통제
- 정량적 관리(Quantitatively Managed) : 프로젝트 활동이 정략적으로 관리, 통제되고 성과 예측 가능
- (ㄷ) : 지속적인 개선 활동이 정착화되고 최적의 관리로 프로젝트 수행

▶ **답안기입란**

ㄱ :
ㄴ :
ㄷ :

ANSWER

05. ㄱ : 테스트 케이스(Test Case) / ㄴ : 테스트 스크립트(Test Script)
06. 가독성이 높고 단순하며 의존성이 낮고 중복이 최소화된 코드로, Bad Code의 반대 개념이다.
07. ㄱ : 관리(Managed) / ㄴ : 정의(Defined) / ㄷ : 최적화(Optimizing)

08 소프트웨어 품질 특성 및 평가에 관한 표준으로, 2011년에 호환성과 보안성을 강화하여 ISO/IEC 25010으로 개정된 것은 무엇인지 쓰시오.

▶ **답안기입란**

09 소스 코드 동적 품질 분석 도구를 〈보기〉에서 모두 찾아 쓰시오.

〈보기〉

pmd, cppcheck, Avalanche, checkstyle, SonarQube, Valgrind

▶ **답안기입란**

10 아래는 결함의 처리에 따른 상태를 나타내는 이미지이다. 빈칸에 적절한 용어를 쓰시오.

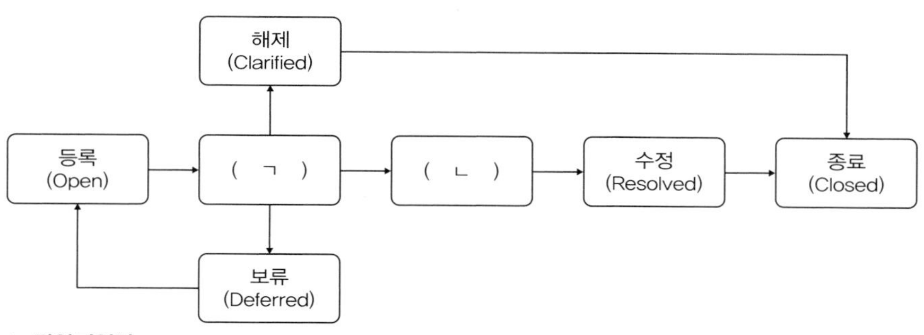

▶ **답안기입란**

ㄱ :
ㄴ :

ANSWER

08. ISO/IEC 9126

09. Avalanche, Valgrind

10. ㄱ : 검토(Reviewed) / ㄴ : 할당(Assigned)

PART

06

애플리케이션 배포

6과목 소개

독립적으로 개발된 시스템들을 연계하고 통합하는 데 필요한 기술들과 그 과정에서 발생할 수 있는 문제점의 대응 방안, 통합 개발이 완료된 소프트웨어를 배포하기 위한 패키징 기술에 대한 문제들이 출제됩니다. 상식적으로 접근해도 될 만큼 낮은 난이도를 보이며 용어 암기 중심으로 학습하는 것을 추천합니다.

CHAPTER 01

통합 구현

학습 방향

각각의 독립적인 시스템을 연계하여 통합 구현하는 것에 대해 다룹니다. 서로 다른 시스템을 연계하기 위해서는 각 시스템에서 사용되는 데이터의 형식을 일치시켜야 하며, 이 과정에서 다양한 문제점이 발생할 수 있습니다. 이 부분을 어떻게 해결하는지를 중점적으로 학습하세요.

SECTION 01

연계 데이터 구성

출제빈도 상 중 (하)
반복학습 1 2 3

빈출 태그 데이터 표준화, XML, JSON

01 연계 요구사항 분석

1) 통합 구현 개념

① 통합 구현 정의

- 사용자 요구사항을 해결하기 위한 새로운 서비스 창출을 위해 모듈 간의 연계(인터페이스)와 통합을 구성하는 것이다.
- 통합 구현은 아키텍처 구성이나 송수신 방식에 따라 다양한 방식이 있다.
- 통합 구현 요소는 송수신 시스템, 중계 시스템 및 연계 데이터와 네트워크 등이 있다.

> 기적의 TIP
> 통합 구현의 구성 요소를 키워드로 구분할 수 있어야 합니다.

② 송신 시스템

- 전송하고자 하는 데이터를 생성하는 시스템이다.
  - 송신 모듈 : 필요에 따라 데이터를 변환 후 송신
  - 모니터링 : 데이터 생성 및 송신 상태 모니터링
- 일반적으로 연계 솔루션이 적용될 경우에는 데이터 생성 처리만 구현한다.

③ 중계 시스템

- 내부 시스템과 외부 시스템 간의 연계 시에 적용되는 아키텍처이다.
- 내외부 구간의 분리로 보안성이 강화되고, 인터넷 망이나 인트라넷 망을 연결할 수 있다.
- 송신된 데이터의 오류 처리 및 수신 시스템의 데이터 형식으로 변환 또는 매핑 등을 수행한다.

> 더 알기 TIP
> 송신 시스템에서 데이터를 변환 후 송신했는데 왜 중계 시스템에서 또 변환을 하는 걸까요? 위의 예시 이미지에서는 송수신 시스템이 1:1로 연결되어 있지만 실제로는 다수의 송수신 시스템이 존재합니다. 따라서 각각의 시스템이 사용하는 데이터의 형식도 다르겠죠. 때문에 표준으로 정한 데이터 형식으로 우선 변환하여 중계 시스템에 전송한 뒤에, 중계 시스템은 또 다시 전송 시스템에서 사용하는 적절한 데이터로 변환을 해주는 것이죠.

④ 수신 시스템과 모듈

• 중계 시스템으로부터 데이터를 받아서 처리하는 시스템이다.
  – 수신 모듈 : 수신 받은 데이터가 응용 프로그램이나 데이터베이스에 적합하도록 정제, 변환하여 반영
  – 모니터링 : 연계 데이터 수신 현황 및 오류 처리, 데이터 반영 모니터링

⑤ 연계 데이터

• 시스템 간 송수신되는 데이터로 속성, 길이, 타입 등이 포함된 데이터이다.
• 데이터의 형식은 데이터베이스(테이블과 컬럼)와 파일(text, xml, cvs, …) 등으로 분류할 수 있다.

⑥ 네트워크

• 각 시스템을 연결해주는 통신망으로 물리적인 망(유선, 무선, 공중망, 사설망)과 송수신 규약(Protocol)을 의미한다.

2) 연계 요구사항 분석

① 연계 요구사항 분석 입력물

• 송수신 시스템과 운영되는 데이터의 이해를 통해 사용자의 요구사항을 정확히 분석할 수 있다.
• 요구사항 분석 시 필요한 입력물은 아래와 같다.
  – 시스템 구성도 : 송수신 시스템의 네트워크, 하드웨어, 시스템 소프트웨어 구성 확인
  – 응용 애플리케이션 구성 : 연계 데이터가 발생하는 응용 애플리케이션의 메뉴 구조도, 화면 설계서, UI 정의서, 연계 데이터 발생 시점 및 주기, 패턴 등 확인
  – ERD/테이블 정의서 : 데이터 모델링 기술서, 테이블 간의 연관도, 테이블별 컬럼이 정의된 테이블 정의서, 공통 코드 및 공통 코드값에 대한 설명서, 사용자 요구사항에서 데이터의 송수신 가능 여부, 데이터 형식 및 범위 등을 확인
• 식별된 사용자 요구사항은 송수신 시스템 운영 환경과 데이터를 적용하여 연계 방식과 주기, 연계 데이터 등을 분석한다.

② 연계 요구사항 분석 도구 및 기법

• 효과적인 연계 요구사항을 분석하기 위해 설문 조사, 인터뷰, 체크리스트와 같은 도구 및 기법을 활용한다.
  – 인터뷰 : 연계 데이터 정의, 목적, 필요성 식별
  – 체크리스트 : 시스템 운영 환경, 성능, 보안 등의 고려사항 점검
  – 설문 조사 : 서비스 목적에 따라 연계 데이터, 연계 주기 등 분석
  – 델파이 기법 : 각 분야 전문가로부터 연계 데이터 및 사용자 요구사항 식별
  – 연계 솔루션 비교 : 다양한 연계 솔루션 연계시의 성능, 보안, 데이터 처리 등의 장단점 비교

더 알기 TIP

요구사항 분석 도구나 기법은 앞에서 다뤘던 항목과 별다른 점이 없습니다. 이러한 기법을 통해서 무엇을 식별하고자 하는 것인지가 중요합니다.

③ 연계 요구사항 분석 출력물

- 분석을 통해 식별된 요구사항은 요구사항 분석서, 인터페이스 정의서, 회의록 등에 기록된다.
- 요구사항 유형, 요구사항 설명, 해결 방안, 요구사항에 대한 제약 조건, 중요도, 출처의 내용으로 작성하되 연계 주기, 연계 방식, 연계 데이터를 식별하고 확인할 수 있도록 기술해야 한다.

02 연계 데이터 식별 및 표준화

1) 연계 데이터 표준화

① 연계 데이터 표준화 정의

- 연계 데이터를 식별하고, 식별된 연계 데이터를 표준화하는 과정이다.
- 연계 데이터의 구성 과정의 산출물은 연계(인터페이스) 정의서이다.
- 연계 데이터 표준화 절차는 아래와 같다.

연계 범위 및 항목 정의 → 연계 코드 매핑 및 정의 → 변경된 데이터 구분 방식 정의 → 데이터 연계 방식 정의

② 연계 범위 및 항목 정의

- 시스템 간 연계하려는 정보를 상세화하며 범위와 항목을 정의한다.
- 송수신 시스템에서 연계하고자 하는 각 항목의 데이터 타입 및 길이, 코드화 여부 등을 확인한다.
- 연계 항목이 상이할 경우, 일반적으로 연계 정보가 활용되는 수신 시스템 기준으로 적용 및 변환한다.

③ 연계 코드 변환 및 매핑

- 연계되는 정보 중 코드로 관리되어야 하는 항목을 변환한다. 대표적인 방법은 아래와 같다.
  - 송신 시스템 코드를 수신 시스템 코드로 매핑
  - 송수신 시스템에서 사용되는 코드를 통합하여 표준화 후 매핑
- 코드로 관리되는 정보는 정확한 정보 전환 및 검색 조건으로 활용된다.

④ 변경된 데이터 구분 방식 정의
• 정의와 표준화가 완료된 정보를 각 시스템에 반영하기 위해 연계 데이터 식별자와 변경 구분을 추가한다.
• 추가되는 정보는 식별자(PK : Primary Key), 변경 구분, 관리정보 등이 있다.
  – 식별자 : 대상 데이터를 유일하게 식별 및 구별할 수 있는 이름
  – 변경 구분 : 송신 정보를 수신 시스템의 테이블에 어떻게 반영(추가, 수정, 삭제)할지 식별
  – 관리정보 : 연계 정보의 송수신 여부, 일시, 오류 코드 등의 모니터링을 위한 정보

⑤ 연계 데이터 표현 방식 정의
• 연계 데이터를 테이블이나 파일 등의 형식으로 구성한다.
• 테이블은 컬럼(속성)을 통해 상세화되며 파일로 구성된 경우에는 파일 형식에 따라 태그나 항목 분리자 사용 등에 의해 상세화된다.
  – XML(eXtensible Markup Language) : 사용자가 임의로 생성한 태그를 통해 상세화
  – JSON(JavaScript Object Notation) : XML 대체하는 독립적인 개방형 표준 형식, 자바스크립트 기반, 〈속성, 값〉의 쌍으로 표현, AJAX 기술에서 많이 사용됨
  – Text 형식 : 항목 분리자(Delimiter : 콤마, 콜론, 세미콜론 등)를 통해 상세화
• 구성된 연계 데이터는 응용 애플리케이션에서 연계 데이터 생성 시점, 연계 주기, 적용되는 연계 솔루션에 따라 다르게 표현될 수 있다.

> **기적의 TIP**
> 설명을 보고 각 데이터 표준을 구분하여 선택할 수 있어야 합니다.

> **기적의 TIP**
> AJAX는 Asynchronous Javascript And XML의 약자입니다.

2) 인터페이스 정의서 및 명세서

① 인터페이스 정의서
• 송신 시스템과 수신 시스템 간의 인터페이스 현황을 작성한다.

② 인터페이스 명세서
• 인터페이스 정의서에서 작성한 인터페이스 ID별로 송수신하는 데이터 타입, 길이 등 인터페이스 항목을 상세하게 작성한다.

SECTION 02

연계 메커니즘 구성

출제빈도 상 중 (하)
반복학습 1 2 3

빈출 태그 연계 방식, 장애 관리, 데이터 암호화

01 연계 메커니즘 정의

1) 연계 방식의 장단점

① 직접 연계

- 중간 매개체 없이 송신 시스템과 수신 시스템이 직접 연계되는 방식이다.
  - 장점 : 연계 및 통합 구현 단순, 개발 비용 저렴, 연계 처리 성능 상승
  - 단점 : 높은 결합도로 인터페이스 변경에 민감(제한적), 보안이나 로직 적용 불가

② 간접 연계

- 연계 솔루션과 같은 중간 매개체를 활용하여 연계되는 방식이다.
  - 장점 : 다양한 환경 통합, 보안이나 로직 적용 반영 가능, 인터페이스 변경 가능
  - 단점 : 연계 메커니즘 복잡, 성능 저하, 적용을 위한 테스트 기간 소요

2) 간접 연계 메커니즘 구성 요소

① 연계 데이터 생성 및 추출

- 운영 DB에서 연계 데이터를 추출하고 생성하는 부분으로 적용하는 연계 솔루션과는 관계 없이 응용 시스템별로 별도로 구현한다.
- 응용 시스템에서 구현하는 방식으로는 프로그램에서 생성하는 방법과 DB의 오브젝트를 이용하는 방법이 있다.
- 데이터를 추출하여 생성하는 과정에서 오류가 발생할 경우, 로그(Log) 테이블 또는 파일에 발생한 오류 내역을 발생 시점, 오류 코드, 오류 내용 등 상세하게 기록한다.

② 코드 매핑 및 데이터 변환

- 송신 시스템에서 사용하는 코드를 수신 시스템의 코드로 매핑 및 변환하고, 데이터 타입이 다를 경우 데이터 변환 작업을 수행한다.
- 코드 매핑 및 데이터 변환은 송신 시스템 측의 데이터 생성 시에 수행하거나, 수신 시스템 측의 데이터 반영 전에 수행할 수 있다.
- 코드 매핑 및 데이터 변환 과정에서 발생한 오류는 변환 일시, 오류 코드 및 오류 내용들을 로그 테이블에 기록한다.

③ 인터페이스 테이블 또는 파일 생성

- 인터페이스 테이블 또는 파일의 구조, 레이아웃을 사전에 협의하여 정의한다.
- 일반적으로 송수신 시스템의 파일 구조를 동일하게 구성하지만 경우에 따라서 다르게 설계할 수 있다.
- 송신 시스템 인터페이스 테이블에는 송신 관련 정보를 관리하기 위한 항목을 추가하여 설계한다.
- 수신 시스템 인터페이스 테이블에는 수신 관련 정보를 관리하기 위한 항목을 추가하여 설계한다.
- 연계 데이터에 생성 단계 및 과정에서 발생한 모든 오류 사항은 로그 테이블에 기록한다.

④ 로그 기록

- 송수신 시스템에서의 일련의 과정상 모든 활동에 대한 결과를 기록한다.
- 로그를 파일로 기록할 경우에는 파일이 생성되는 위치인 디렉토리, 생성 시점, 파일명 생성 규칙, 생성하는 파일 형식 등을 정의한다.
- 송수신 과정에서 오류가 발생했을 경우, 오류 발생 현황과 원인을 분석하여 대응할 수 있다.

⑤ 연계 서버

- 인터페이스 송수신과 관련된 모든 처리를 전송 주기마다 수행한다.
  - 연계 전송 주기 : 데이터 생성 방식이나 시점에 따라 실시간, 분, 시간, 일 단위로 설정
- 연계 서버는 송신 시스템 또는 수신 시스템 중 한 곳에만 설치하는데, 일반적으로 수신 시스템 구간에 위치한다.

⑥ 연계 데이터 반영

- 연계 데이터를 운영 DB에 반영하기 위해서는 별도의 변환 프로그램의 구현이 필요하다.
- 수신 연계 테이블에 데이터를 적재하여 주기적으로 운영 데이터베이스로의 변환 프로그램을 구현한다.

02 연계 장애 및 오류 처리 구현

1) 연계 메커니즘 장애 발생 구간

① 송신 시스템

- 데이터의 생성 및 추출, 코드 매핑 및 데이터 변환 과정에서 오류가 발생한다.
- 인터페이스 테이블을 등록하는 과정에서 오류가 발생한다.

② 연계 서버

- 수신받은 데이터 형식을 수신 시스템의 인터페이스 테이블에 저장하기 위해 해당 형식으로 변환하는 과정에서 오류가 발생한다.

- 송신 시스템의 인터페이스 테이블에서 로드된 연계 데이터를 전송 형식으로 변환하는 과정에서 오류가 발생한다.
- 연계 데이터를 송신, 수신하는 과정에서 오류가 발생한다.

③ 수신 시스템
- 인터페이스 테이블의 연계 데이터를 로드하는 과정에서 오류가 발생한다.
- 코드 매핑 및 데이터 변환, 운영 DB에 데이터를 반영하는 과정에서 오류가 발생한다.

2) 장애 및 오류 유형과 처리 방안

① 장애 및 오류 유형
- 연계 시스템에서 발생하는 장애나 오류의 유형은 크게 3가지로 분류된다.
  - 연계 시스템 오류 : 연계 시스템의 기능 관련(실행, 송수신, 형식 변환 등) 장애 및 오류
  - 연계 프로그램 오류 : 권한 불충분, 예외 처리 미흡, 구현 등의 오류
  - 연계 데이터 오류 : 송신 시스템의 연계 데이터 자체가 유효하지 않은 경우의 오류

② 장애 및 오류 처리 방안
- 대부분의 오류는 해당 시스템의 오류 로그를 통해 원인을 분석하고 조치를 취할 수 있다.
- 데이터 자체가 문제인 경우 오류 분석을 통해 데이터를 보정한 후 재전송한다.

③ 장애 및 오류 처리 절차
- 운영자는 장애 및 오류 현황 모니터링 화면을 이용하여 1차로 확인한다.
- 모니터링 화면을 통해 확인이 불가할 경우, 로그 파일의 내용을 이용하여 2차로 확인한다.
- 분석된 결과에 따라 대응 조치를 수행한 뒤, 필요하다면 재작업을 진행한다.
  - 송신 시스템 재작업 : 연계 데이터 생성 및 추출 작업 재처리
  - 수신 시스템 재작업 : 연계 응용 프로그램 재실행

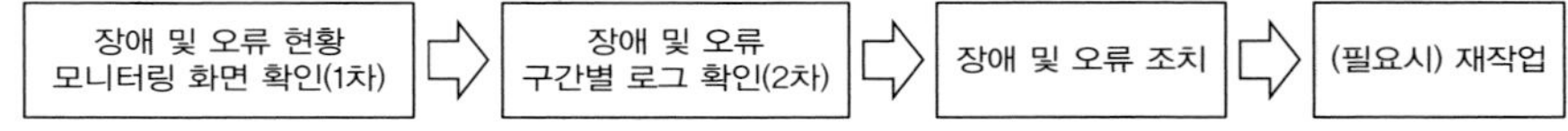

3) 장애 및 오류의 정의

① 장애 및 오류 관리 범위
- 연계 솔루션이 제공하는 기능을 변경하거나 추가 설계가 불가능하므로, 장애 및 오류를 기록하고 관리하는 방식의 설계는 송수신 시스템의 연계 응용 프로그램에 의한 관리 대상 장애 및 오류 범위로 한정한다.

더 알기 TIP

오븐(연계 솔루션)을 이용해서 요리(연계 응용 프로그램)를 한다고 생각해보세요. 오븐에 문제가 있으면 우리는 요리를 하기 전에 AS를 맡깁니다. 하지만 레시피나 조리과정에 문제가 있으면 우리 스스로 수정이 가능하기 때문에 오류 관리 범위에 포함되는 것입니다.

② 장애 및 오류 코드와 메시지 정의

- 데이터 연계 과정에서 발생할 수 있는 오류를 식별하여 적절한 코드를 부여한다.
- 오류 내용은 이해가 용이하도록 내용을 보완하여 작성한다.
- 오류 코드는 일정한 규칙에 따라 부여한다.
  - 장애 및 오류를 뜻하는 Error의 첫 글자로 시작
  - 오류 발생 위치 : 연계 서버(S), 연계 프로그램(A)
  - 오류 유형 : 형식(F), 길이(L), 코드(C), 데이터(D), 권한(S), 필수 입력(M)
  - 일련번호 : 오류 유형 및 분류별로 일련번호 부여

더 알기 TIP

- ESS001 : 연계 서버(S)에서 처리할 작업의 접근 권한(S)으로 인한 접근 오류
- EAD002 : 연계 프로그램(A)에서 처리하는 중복된 데이터(D)로 인한 데이터 오류

4) 오류 로그 테이블 설계

① 오류 로그 테이블 설계 방식

- 오류 로그 테이블(파일)은 기록 단위에 따라 연계 테이블에 대한 로그와 연계 데이터에 대한 로그로 설계할 수 있다.
- 오류 로그 테이블은 로그 테이블과 분리하거나 통합하여 설계할 수 있다.
  - 오류 로그 테이블 : 오류 내용을 확인하기 위한 기록
  - 로그 테이블 : 연계 메커니즘 전반을 모니터링

더 알기 TIP

오류 로그, 오류 로그 테이블, 오류 로그 파일은 모두 같은 객체를 가리키는 용어입니다. 일반적으로 테이블, 파일은 생략하여 사용합니다.

② 오류 로그 관리 요소

- 오류 로그와 로그의 분리 및 통합 여부와 관계 없이, 오류 데이터를 추적, 분석, 보완, 재처리가 가능하도록 관련 정보를 관리한다.
  - 오류가 발생한 데이터가 포함된 행(Row)의 식별값
  - 오류가 발생한 항목(속성, 컬럼)
  - 오류 코드와 내용
  - 기타(선후 관계 및 추적성) 부가 요소 : 오류 발생 일시, 데이터 담당자 정보 등

03 연계 데이터 보안 적용

1) 전송 구간(Channel) 암호화

① 채널 암호화 정의

- 네트워크에서 데이터가 전송되는 형식, 패킷의 암(복)호화로 네트워크에서 비인가자 또는 악의적인 사용자가 전송 데이터, 패킷을 가로채더라도 쉽게 그 내용을 파악하지 못하도록 하는 것이다.
- 채널 암호화는 범위가 네트워크이므로 전송되는 전체 데이터에 적용된다.
- 채널 암호화를 위해서는 채널 암호화를 지원하는 가상 사설망(VPN : Virtual Private Network) 또는 유사 솔루션이나 연계 솔루션을 적용해야 한다.

② 전용선과 VPN

- 채널의 보안을 위해서 송수신 시스템만을 위한 전용선 설치와 병행하여 채널 암호화 솔루션을 적용할 수 있다.
- 서로 다른 네트워크 또는 거리, 비용 등으로 인해 전용선 설치가 어려운 경우에는 VPN을 활용한다.

더 알기 TIP

VPN은 공중망의 회선을 사설망처럼 활용하는 기술입니다. SSL VPN, IPSec VPN 등 여러 가지가 있는데 자세한 내용은 뒷부분에서 다루게 되고, 여기에서는 암호화 자체에 대해서만 다룹니다. 앞으로는 특별한 언급이 없다면 암/복호화를 암호화로 표기합니다.

2) 데이터 보안

① 데이터 보안 정의

- 송수신 시스템 데이터 연계 과정에서 암호화를 적용하는 방식이다.
- 데이터 보안의 구현은 암호화 적용 대상, 암호화 알고리즘, 암호화 적용 환경 설정의 설계가 필요하다.

② 연계 메커니즘에서 데이터 암호화 처리 프로세스

- 송신 시스템에서는 운영 DB에서 연계 데이터를 추출하여 보안 대상 컬럼을 선정하여 암호화 알고리즘으로 암호화한 후 연계 테이블에 등록한다.
- 수신 시스템에서는 연계 테이블에서 연계 데이터를 읽고 암호화된 컬럼이 있을 경우 복호화하여 운영 DB에 반영한다.
- 송수신 시스템 간에 데이터 보안을 위해서는 연계 데이터 중 암호화 적용 컬럼과 적용된 암호화 알고리즘, 암호화 키 등을 협의하고 공유해야 한다.
- 송수신 시스템에는 암호화를 위한 동일한 암호화 알고리즘 라이브러리가 설치된다.

③ 암호화 적용 대상 선정

- 연계 데이터에 암호화를 적용하게 되면 암호화 적용 컬럼과 테이블 수가 증가할수록 시스템 성능은 저하된다. 따라서 보안을 위협받지 않고 성능이 보장될 수 있도록 적정 수준의 보안을 적용하는 것이 좋다.
- 일반적으로 법률로 정한 암호화 필수 항목에 대해서 적절한 암호화 방법을 이용해 암호화 처리를 해야 한다.
  - 정보통신망 이용 촉진 및 정보 보호 등에 관한 법률 : 주민번호, 비밀번호, 공개 비동의 개인정보 등
  - 전자금융 거래법, 신용 정보의 이용 및 보호에 관한 법률 : 주민번호, 비밀번호, 계좌번호 등

+ 더 알기 TIP

암호화되는 항목을 외우려고 하기보다는 어떤 항목들이 암호화되는지를 파악해주세요.

④ 암호화 알고리즘

- 암호화 알고리즘은 암호화 방향에 따라 단방향과 양방향 알고리즘이 있다.
  - 단방향 알고리즘 : 암호화만 가능한 알고리즘(HASH 기반 알고리즘)
  - 양방향 알고리즘 : 암호화/복호화가 가능한 알고리즘(대칭키, 비대칭키)
- 송수신 시스템 간의 적용되는 암호화 키의 동일 여부에 따라 대칭키와 비대칭키 알고리즘이 있다.
  - 대칭키 알고리즘 : 동일한 암호화 키를 공유하는 방식(TKIP, WEP, DES, AES, …)
  - 비대칭키 알고리즘 : 서로 다른 암호화 키를 사용하는 방식(RSA, DSA, DH, ElGamal, …)

+ 더 알기 TIP

암호화 알고리즘의 종류별 내용보다는 암호화 알고리즘의 분류 정도만 파악하세요.

3) 연계 응용 프로그램 구현 시 암호화 알고리즘 적용

① 암호화 적용 대상, 알고리즘 결정

- 법률, 시스템 환경, 성능 등을 고려하여 암호화 적용 대상과 알고리즘을 결정한다.
- 결정된 사항들은 연계 메커니즘 정의서에 반영한다.

+ 더 알기 TIP

모든 설계 과정에서는 해당 과정에 대한 산출물이 존재합니다. 연계 메커니즘 정의서는 당연히 연계 메커니즘을 정의하는 단계의 산출물이겠죠? 따라서 연계 메커니즘을 정의하는 단계에서 언급되었던 요소들이 포함됩니다. 정의서가 중요한 것이 아니라, 어떠한 과정에서 정의서가 산출되었는지가 중요합니다.

② 암호화 대상 컬럼의 데이터 길이 변경

- 일반적으로 암호화된 값은 암호화되기 전의 값(평문)보다 커지기 때문에 암호화 적용 대상 컬럼의 크기(길이)를 충분히 늘려준다.
- 변경한 길이는 연계 테이블 정의서 및 명세서에 반영한다.

③ 암호화 알고리즘 적용 방식

- 암호화 알고리즘은 연계 솔루션이나 시스템에서 사용하고 있거나 제공하는 알고리즘을 적용할 수 있다.
- 구글 등에서 제공하는 오픈 소스 암호화 알고리즘을 적용하거나, 한국인터넷진흥원에서 국내 개발용 알고리즘을 신청하여 적용할 수도 있다.

④ 암호화 처리를 위한 고려사항

- 결정한 알고리즘이 적용된 암호화/복호화 API가 패키징된 라이브러리를 확보하여 연계 시스템에 설치한다.
- 시스템에서 제공하거나 적용되어 있는 알고리즘이 아닌 경우에는, 별도로 확보한 알고리즘 라이브러리를 연계 시스템의 라이브러리 저장소에 설치한다.

SECTION

03 연계 모듈 구현

출제빈도 상 중 하
반복학습 1 2 3

빈출 태그 EAI, 연계 시스템 검증 도구, 예외 처리

01 연계 모듈 구현 환경 구성 및 개발

1) 연계 기술 표준

① EAI(Enterprise Application Integration)의 정의

- 서로 다른 기종의 시스템 간의 연동을 가능하게 해주는 전사적 애플리케이션 통합 환경이다.
- 송수신 어댑터(모듈)를 이용해 메시지 변환이 가능하여 서로 다른 코드나 프로토콜을 사용하는 시스템 간 통신이 가능하다.

② Point-to-Point

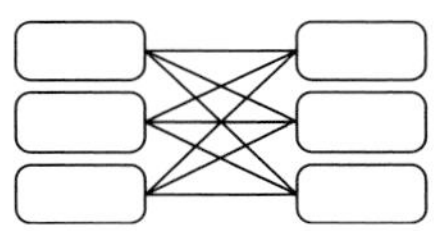

- 미들웨어 없이 애플리케이션 간 직접 연결하는 방식이다.
- 연계 솔루션 없이 단순한 통합이 가능하지만, 시스템의 변경이나 재사용이 어렵다.

③ Hub & Spoke(EAI)

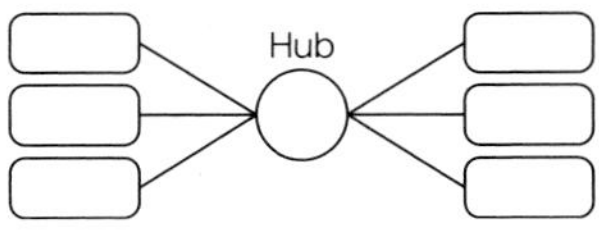

- 단일 접점 시스템(허브)을 통해 데이터를 전송하는 중앙 집중형 연계 방식이다.
- 확장 및 유지보수가 용이하지만, 허브 자체에 장애가 발생하면 전체 시스템에 문제가 생긴다.

기적의 TIP

EAI의 구축 유형이 아닌 것을 고를 수 있어야 합니다.

> **기적의 TIP**
> 메시지 버스에 대한 설명을 고를 수 있어야 합니다.

④ Message Bus(ESB : Enterprise Service Bus)

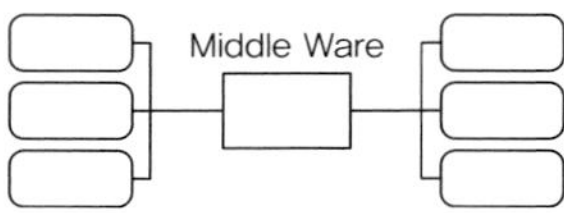

- 송수신 시스템 사이에 미들웨어(Bus)를 두어 확장성과 처리량을 향상시킨다.
- 별도의 어댑터가 필요 없고 관리 및 보안이 용이하며 서비스 중심의 통합을 지향한다.
- 웹 서비스 기반 통신으로 표준화가 어려운 편이며 직접 연계에 비해 성능이 낮은 편이다.

⑤ EAI/ESB(Hybrid)

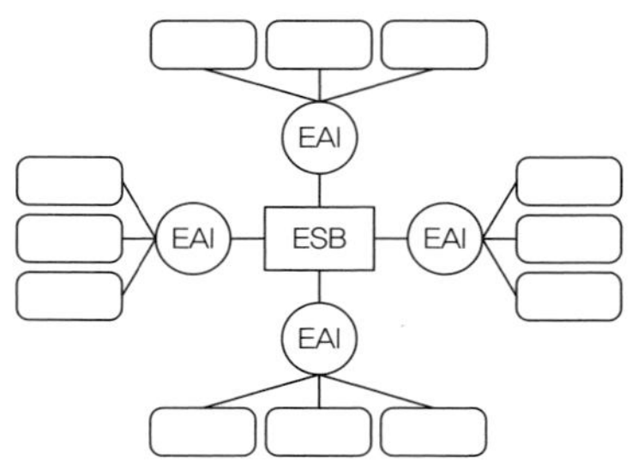

> **기적의 TIP**
> 정확히 말하면 기존의 Point-to-Point 방식에서 EAI를 적용하고, 거기에 발전하여 ESB와 EAI/ESB 방식이 나타난 것입니다. 하지만 문제를 출제할 때는 전부 EAI 영역이라고 생각하고 서로의 특징을 구분해 주면 됩니다.

- 허브&스포크 방식을 사용하는 그룹과 그룹 간에는 ESB를 적용하는 표준 통합 기술이다.

2) 연계 모듈 구현 환경 구축 절차

① EAI/ESB 솔루션 도입 시

- 송수신 시스템에서 각각 연계를 위한 DB를 설치하고, 사용자 계정을 생성한다.
  - 연계 시스템들의 계정명은 동일하지 않아도 됨
  - 연계 목적에 따라 별도의 연계 사용자 계정 생성 가능
- 생성된 사용자 계정으로 연계 테이블, 로그, 오류 로그, 매핑 테이블 등을 생성한다.
  - 각 테이블은 송수신 시스템 환경에 적합하게 별도 생성
  - 각 테이블 설계 정의서와 데이터베이스 오브젝트별 명명 규칙 참고
- 송수신 시스템에 각각 연계 응용 프로그램을 구현한다.
  - 송신측 프로그램 구현 요소 : DB에서 데이터 추출, 수신측 코드로 변환
  - 수신측 프로그램 구현 요소 : 데이터 유효성 검증, DB에 데이터 반영
- EAI/ESB 연계 방식에서는 DBMS의 트리거(Trigger) 객체를 활용한다.
- 트리거 객체는 프로그래밍 언어로 구현된 암호화 알고리즘을 호출하는 데 제한적이다.
  - 연계 데이터 보안 적용 : 프로그래밍 언어를 이용하여 구현
  - 송수신 내부 시스템 적용 : 트리거 활용

② 웹 서비스 방식 도입 시

- 웹 서비스 방식은 실제 전송이나 전송 이력에 대한 기록 및 모니터링 기능을 별도로 구현해야 한다.
- 송수신 시스템에서 각각 연계 파일, 로그, 오류 로그가 생성될 위치와 파일을 정의한 후 디렉토리를 생성한다.
- 송신 시스템에서 운영 DB로부터 연계 데이터를 추출하여 XML 형식으로 생성하는 프로그램(자바 기반)을 구현한다.
  - 송신 시스템 운영 DB 연결, 데이터 추출, 코드 매핑 및 데이터 변환, 연계 파일 생성 등
  - 구현된 서비스를 주기적으로 실행하기 위해 스케줄러 등록
- SOAP, RESTful 등을 사용하여 데이터를 송수신한다.
  - 상세 내용이 포함된 서비스 명세서(WSDL)를 작성하여 송수신 시스템 간 공유
- WSDL에 기술된 운영 DB에 연계 데이터를 반영하는 서비스(자바 기반)를 구현한다.
  - 수신 시스템의 서비스 호출이 가능한 위치에 배치

02 연계 테스트 및 검증

1) 연계 테스트

① 연계 테스트 정의

- 구축된 연계 시스템과 연계 시스템의 구성 요소가 정상적으로 동작하는지 확인하고 검증하는 활동이다.

② 연계 테스트 구간

- 송수신 시스템 사이의 연계 테이블 간 테스트를 수행한 뒤, 연계 데이터를 추출(송신측) 및 반영(수신측)하는 테스트를 진행한다.
- 연계 업무의 단위 테스트, 연계 테스트, 통합 테스트를 단계적으로 수행한다.
  - 통합 테스트 : 응용 애플리케이션 기능과의 통합 구조상의 흐름 테스트

더 알기 TIP

테스트 기법과 종류는 별도의 챕터에서 매우 자세하게 다룹니다. 여기서는 항목끼리 구분할 수 있을 정도로만 기억해 두세요.

2) 연계 모듈 테스트 케이스 작성 및 명세화

① 송수신 연계 프로그램의 단위 테스트 케이스 작성

- 송수신 시스템에서 확인해야 할 사항을 각각 도출하여 테스트 케이스를 작성한다.
  - 송수신 시스템의 개별 데이터 유효값(타입, 길이, 필수 여부 등)을 체크하는 케이스 작성
  - 데이터 간의 연관 관계(미등록 데이터 수정, 변경, 부재 등)를 체크하는 케이스 작성

② 연계 테스트 케이스 작성

- 송수신 시스템 각각의 연계 프로그램의 기능 위주 결함을 확인하는 단위 테스트 케이스이다.
- 연계 테이블 간 송수신 절차의 전후로 연결하여 흐름을 확인하는 내용으로 작성한다.
  - 프로그램 실행 결과, 송수신 결과, 데이터 반영 결과 확인 등

3) 연계 시스템 검증

① 연계 테스트 환경 구축

- 연계 테스트 환경은 실제 운영 환경과 최대한 유사하게 구축한다.
  - 테스트 환경 요소 : 연계 서버, 송수신 어댑터, 운영 DB, 연계 테이블, 연계 프로그램 등
- 송수신 기관 간에 테스트 수행 일정, 절차, 방법, 소요 시간, 테스트 환경, 환경 구축 기간 등을 협의하여 계획을 수립한다.

② 연계 테스트 수행

- 구축한 테스트 환경에서 테스트 케이스의 절차대로 실제 테스트를 진행하고 결과를 확인한다.
- 단위 테스트가 오류 없이 수행 완료되면 연계 테스트를 수행한다.

단위 테스트	⇨	연계 테스트
내용 : 기능 동작 및 결함 여부 대상 : 송수신 시스템(연계 프로그램)		내용 : 데이터 흐름 및 기능의 정상 동작 여부 대상 : 연계 시스템 전체

③ 연계 테스트 수행 결과 검증

- 연계 테스트 케이스의 시험 항목 및 처리 절차 순서에 따라 수행한 테스트 결과와 기대 결과의 일치 여부 확인을 위한 검증을 수행한다.
- 테스트 결과를 검증하는 일반적인 방법은 아래와 같다.
  - 운영 DB 테이블의 건수를 카운트(Count)하는 방법
  - 실제 테이블이나 파일을 열어서 데이터를 확인하는 방법
  - 파일 생성 위치의 파일 생성 여부와 파일 크기를 확인하는 방법

– 연계 서버(또는 연계 엔진)에서 제공하는 모니터링 화면의 내용을 확인하는 방법
– 시스템에서 기록하는 로그를 확인하는 방법

- 연계 시스템 구현 검증을 지원하는 도구는 아래와 같다.
  - xUnit : java(Junit), C++(Cppunit) 등 다양한 언어를 지원하는 단위 테스트 프레임워크
  - STAF : 서비스 호출, 컴포넌트 재사용 등 다양한 환경을 지원하는 테스트 프레임워크
  - FitNesse : 웹 기반 테스트 케이스 설계/실행/결과 확인 등을 지원하는 테스트 프레임워크
  - NTAF : STAF와 FitNesse를 통합한 프레임워크
  - Selenium : 다양한 브라우저(웹) 지원 및 개발 언어를 지원하는 웹 애플리케이션 테스트 프레임워크
  - watir : Ruby(언어) 기반 웹 애플리케이션 테스트 프레임워크

기적의 TIP

인터페이스 구형 검증 도구에 대한 설명을 보고 알맞은 도구를 선택할 수 있어야 합니다.

4) 인터페이스 예외 처리

① 송신 시스템의 예외 처리 방안

- 데이터 송신 시 예외가 발생하는 케이스를 정의하고 케이스별 예외 처리 방안을 정의한다.
  - 송신 데이터에서 예외가 발생하는 경우 : 송신 전 데이터를 정제, 정합성 체크
  - 프로그램 자체에서 예외가 발생하는 경우 : 논리적 결함 수정, 충분한 테스트
  - 서버에서 예외가 발생하는 경우 : HTTP status code를 참고
- HTTP status code는 다양한 종류가 존재한다.
  - 400 : 잘못된 요청
  - 401 : 인증 실패
  - 403 : 접근 거부 문서 요청
  - 404 : 페이지 없음
  - 408 : 요청 시간 만료
  - 500 : 내부 서버 오류
  - 501 : 구현되지 않음
  - 502 : 잘못된 게이트웨이
  - 503 : 서버 과부하

기적의 TIP

코드별 예외 사항을 구분할 수 있어야 합니다.

② 수신 시스템의 예외 처리 방안

• 데이터 수신 시 예외가 발생하는 케이스를 정의하고 케이스별 예외 처리 방안을 정의한다.
  – 송신 데이터에서 예외가 발생하는 경우 : 특수문자를 다른 문자로 대치, 정합성 체크
  – 프로그램 자체에서 예외가 발생하는 경우 : 논리적 결함 수정, 충분한 테스트, 송신측 프로그램 수정
  – 서버에서 예외가 발생하는 경우 : 서버 불안정 해소(입력 대기 큐 사용)

5) 연계 시스템 구현 모니터링

① 인터페이스 오류 사항을 즉시 확인하는 경우

• 오류 발생 현황을 즉시 인지하여 조치할 수 있는 경우이다.
  – 오류 알람 메시지 확인 : 사용자가 가장 먼저 인지
  – E-mail 전송 : 사용자 인지 확률 낮음
  – SMS : 사용자, 관리자 모두 즉시 인지 가능(비용 발생)

② 인터페이스 오류 사항을 주기적으로 확인하는 경우

• 시스템 관리자가 주기적으로 로그와 오류 로그를 통해 오류 여부를 확인하고 원인을 추적한다.
• 오류 발생 이력을 통해 주기적으로 발생하는 오류를 분석하여 오류의 재발생을 막을 수 있다.
  – 오류 로그 : 구체적 오류 내역 확인 가능(전문성 필요)
  – 오류 테이블 : 오류 내역 관리 용이
  – 오류 모니터링 도구 활용 : 오류에 대한 전반적 관리 가능(비용 발생)

③ APM(Application Performance Management)

• 사용자 환경에 설치하여 송수신 시스템의 기능 및 성능 운영 현황을 관리할 수 있는 모니터링 도구이다.
• 시스템의 성능, 처리량, 가용성, 무결성, 신뢰성을 확보할 수 있다.

CHAPTER 02

제품 소프트웨어 패키징

학습 방향

개발이 완료된 제품 소프트웨어는 배포가 수월하도록 패키징합니다. 이 과정에서 소프트웨어의 버전 정보를 관리하고 사용자를 위한 매뉴얼을 작성하는 법에 대해 다룹니다. 매뉴얼과 저작권 관리 기술과 버전 관리 기능을 중점적으로 학습하세요.

SECTION 01

제품 소프트웨어 패키징

출제빈도 상 (중) 하
반복학습 1 2 3

빈출 태그 패키징/빌드, 릴리즈 노트, DRM

01 사용자 중심 패키징 수행

1) 제품 소프트웨어 패키징

① 소프트웨어 패키징 정의

- 개발이 완료된 제품 소프트웨어를 고객에게 전달하기 위한 형태로 묶어내는 것이다.
- 설치와 사용에 필요한 모든 내용(제반 절차 및 환경 등)을 포함하는 매뉴얼이 포함되어야 한다.
- 제품 소프트웨어에 대한 패치 및 업그레이드를 위해 버전 관리를 수행할 수 있어야 한다.

더 알기 TIP

패키징은 포장이라고 생각하면 이해가 쉽습니다. 모니터를 구입하면 배송되는 상자 안에는 모니터만 있는 것이 아니라 매뉴얼이나 조립 설명서, 보증서, 조립에 필요한 도구 등이 포함되어 있죠?

② 소프트웨어 패키징 특징

- 제품 소프트웨어의 이용자는 개발자가 아닌 사용자이므로 사용자의 편의성을 중심으로 구성된다.
- 사용자의 실행 환경을 이해하고, 범용적인 환경에서 사용이 가능하도록 패키징한다.
- 사용자의 편의성을 위해 지속적인 관리(버전 관리와 릴리즈 노트 등)를 진행한다.

2) 제품 소프트웨어 패키징을 위한 모듈 빌드

① 소프트웨어 모듈 및 패키징

- 소프트웨어 모듈화를 통해 성능의 향상, 디버깅, 테스트, 통합 및 수정을 용이하게 해야 한다.
- 모듈의 개념을 정확히 적용하여 기능 단위로 패키징함으로써 모듈화의 이점을 최대한 활용할 수 있다.
- 배포 전 테스트 및 수정 단계에서도 모듈 단위로 분류하여 작업을 진행한다.

② 소프트웨어 빌드

- 소스 코드를 컴퓨터에서 실행할 수 있는 제품 소프트웨어의 단위로 변환하는 과정 및 결과물이다.
- 소스 코드가 실행 코드로 변환되는 컴파일 과정이 핵심이며, 결과물에 대한 상세 확인이 필요하다.
- 소프트웨어 빌드 자동화 도구(Ant, Make, Maven, Gradle, Jenkins 등)를 활용하면 컴파일 이외에도 다양한 유틸리티를 활용할 수 있다.
  - Jenkins : Java언어 기반, 웹 서버 기반, 형상 관리 도구 연동 가능
  - Gradle : groovyDSL 기반, 오픈 소스, 태스크 단위 실행, 플러그인 활용 가능

기적의 TIP

소프트웨어 빌드 도구의 차이를 구분할 수 있어야 합니다.

더 알기 TIP

DSL은 Domain Specific Language의 약자로, 특정 분야에 최적화된 프로그래밍 언어를 뜻합니다. 그러니까 Gradle에 최적화된 언어라는 뜻이 되겠죠.

3) 사용자 중심 패키징 수행

① 사용자 실행 환경의 이해

- 고객 편의성을 위해 사용자 실행 환경(OS, 시스템 사양, 고객의 운용 방법 등)을 우선 고려하여 패키징을 진행한다.
- 여러 가지 실행 환경을 고려해야 하는 경우 해당 환경들에 맞는 배포본을 분류하여 패키징 작업을 여러 번 수행한다.

② 사용자 관점에서의 패키징 고려 사항

- 사용자의 시스템 사양(OS, CPU, 메모리 용량 등)의 최소 수행 환경을 정의한다.
- 사용자가 직관적으로 확인할 수 있는 UI를 제공하고, 매뉴얼과 일치시킨다.
- 하드웨어와 함께 통합 적용되는 경우에는 Managed Service 형태로 제공하는 것이 좋다.
- 안정적인 배포가 가장 중요하고, 다양한 사용자의 요구반영을 위해 항상 변경 및 개선 관리를 고려하여 패키징해야 한다.

더 알기 TIP

Managed Service : 요즘 프렌차이즈 식당을 가보면 무인 주문 시스템(키오스크)이 많죠. 키오스크의 소프트웨어 관리는 해당 식당이 아니라 키오스크 제작 업체가 맡게 되는데, 키오스크 제작 업체에서는 하드웨어 문제만 관리하고 소프트웨어 관련 문제는 외부 소프트웨어 개발 업체에 의뢰를 하는 것이 비용과 효율 면에서 이점이 있습니다.

기적의 TIP

수행 절차별 설명은 이해를 위한 것으로, 절차에 집중하여 학습하세요.

4) 소프트웨어 패키징 수행 절차

① 기능 식별

- 소스 기능을 통해 처리되는 기능 수행을 위한 입출력 데이터를 식별한다.
- 소스 내부의 메인 함수의 기능 식별, 관련 데이터의 흐름 및 출력 절차를 확인한다.
- 메인 함수 이외의 호출 함수를 정의하고 이에 대한 출력값을 식별한다.

② 모듈화

- 모듈로 분류할 수 있는 기능 및 서비스 단위로 분류한다.
- 여러 번 호출되어지는 공유, 재활용 함수를 분류한다.
- 모듈화를 위해 결합도, 응집도를 식별해내고 모듈화 수행을 준비한다.

③ 빌드 진행

- 빌드 진행을 위한 소스 코드 및 결과물을 준비한다.
- 정상적으로 빌드가 되는 기능 및 서비스를 사전에 분류한다.
- 빌드 도구의 사전 선택 확인 및 빌드 도구를 통한 빌드를 수행한다.

④ 사용자 환경 분석

- 패키징 수행 시 실제 사용할 사용자의 최소 사용자 환경을 사전에 정의한다.
- 모듈 단위의 여러 가지 기능별 사용자 환경을 여러 방면으로 테스트한다.

⑤ 패키징 적용 시험

- 사용자 환경과 같은 환경으로 패키징을 적용하여 소프트웨어 테스트를 수행한다.
- 소프트웨어가 UI 및 시스템 환경과 맞지 않는 것이 있는지, 불편한 부분이 있는지 사전에 체크한다.

⑥ 패키징 변경 개선

- 사용자 입장을 반영하여 재패키징을 대비해 변경 부분을 정리한다.
- 현재 사용자 환경 내에서 가능한 최소 수준의 개선 포인트를 도출한다.
- 도출된 변경점을 기준으로 모듈, 빌드 수정을 하고 재배포를 수행한다.

02 릴리즈 노트 작성

1) 릴리즈 노트

① 릴리즈 노트 정의

- 릴리즈 노트는 릴리즈 정보를 사용자의 편의성을 위해 공유할 수 있도록 문서화한 것이다.
  - 릴리즈 정보 : 상세 서비스를 포함하여 회사가 제공하는 제품을 수정, 변경, 개선하는 일련의 작업
- 릴리즈 노트는 개발팀에서 직접 책임(Ownership)을 가지고 명확하고 정확하며 완전한 정보를 제공해야 한다.

② 릴리즈 노트 특징

- 테스트의 진행 이력, 개발팀이 제공 사양을 얼마나 준수했는지 확인할 수 있다.
- 사용자에게 소프트웨어에 대한 보다 더 확실한 정보를 제공한다.
- 기본적으로 전체적인 제품의 수행 기능 및 서비스의 변화를 공유한다.
- 자동화 개념을 적용하여 전체적인 버전 관리 및 릴리즈 정보를 체계적으로 관리할 수 있다.

기적의 TIP

출제 빈도가 매우 낮습니다. 특징 정도만 가볍게 학습하세요.

2) 릴리즈 노트 작성

① 릴리즈 노트 작성 항목

- 릴리즈 노트에 대한 표준 형식은 없지만, 배포되는 정보의 유형과 사용자의 요구사항에 기초하여 공통 항목으로 서식에 대한 다음 스타일은 정의되어야 한다.

작성 항목	설명
Header	문서 이름(릴리스 노트 이름), 제품 이름, 버전 번호, 릴리즈 날짜, 참고 날짜, 노트 버전 등
개요	제품 및 변경에 대한 간략한 전반적 개요
목적	릴리스 버전의 새로운 기능 목록과 릴리스 노트의 목적에 대한 간략한 개요, 버그 수정 및 새로운 기능 기술
이슈 요약	버그의 간단한 설명 또는 릴리즈 추가 항목 요약
재현 항목	버그 발견에 따른 재현 단계 기술
수정/개선 내용	수정/개선의 간단한 설명 기술
사용자 영향도	버전 변경에 따른 최종 사용자 기준의 기능 및 응용 프로그램상의 영향도 기술
SW 지원 영향도	버전 변경에 따른 SW의 지원 프로세스 및 영향도 기술
노트	SW 및 HW Install 항목, 제품, 문서를 포함한 업그레이드 항목 메모
면책 조항	회사 및 표준 제품과 관련된 메시지, 프리웨어, 불법 복제 방지, 중복 등 참조에 대한 고지 사항
연락 정보	사용자 지원 및 문의 관련한 연락처 정보

② 릴리즈 노트 추가 작성 및 개선 사항 발생의 예외 케이스

- 릴리즈 정보의 예외 케이스 발생에 따른 추가 및 개선 항목이 나타날 수 있으므로 릴리즈 노트의 항목이 추가될 수 있다.
- 테스트 단계에서 베타 버전이 출시되거나, 긴급 버그 수정, 자체 기능 향상, 사용자 요청 등의 특이한 케이스 등이 발생할 수 있으므로 이러한 경우에도 추가 항목이 작성되어야 한다.

3) 릴리즈 노트 작성 절차

① 모듈 식별

- 모듈화 및 빌드 수행 후 릴리즈 노트 기준의 항목을 순서대로 정리한다.
- 소스 코드 기능을 통해 처리되는 데이터와 기능 및 데이터의 흐름을 정리한다.
- 메인 함수 이외의 호출 함수를 정의하고 이에 대한 출력값을 식별한다.

② 릴리즈 정보 확인

- 릴리즈 노트 작성을 위한 문서명, 제품명의 릴리즈 기존 정보를 확인한다.
- 최초 패키징 버전 작성을 위한 버전 번호와 초기 릴리즈 날짜를 확인한다.
- 매번 패키징 수행 진행 날짜 및 릴리즈 노트의 갱신 버전을 확인한다.

③ 릴리즈 노트 개요 작성

- 빌드 이후에 제품 및 패키징 변경에 대한 사항을 간략히 메모한다.
- 버전 번호 내용, 버전 관리 사항 등을 릴리즈 노트에 기록한다.

④ 영향도 체크

- 이슈, 버그 발생에 따른 영향도를 상세 기술한다.
- 발생된 버그의 설명, 개선한 릴리즈 항목을 기술한다.
- 버그 발견을 위한 재현 테스트 및 재현 환경을 기록한다.

⑤ 정식 릴리즈 노트 작성

- 앞서 정의된 내용을 포함하여 정식 릴리즈 노트에 기본 사항을 포함하여 기술한다.
- 이전 정보의 릴리즈 노트 개요, 개선에 따른 원인 재현 내용, 영향도 등을 상세히 기술한다.

⑥ 추가 개선 항목 식별

- 추가 개선에 따른 추가 항목을 식별하여 릴리즈 노트를 작성한다.
- 정식 노트를 기준으로 추가 개선 버전에 대해서 점차적으로 버전을 향상하여 릴리즈 노트를 작성해 나간다.

03 패키징 도구 활용

1) 제품 소프트웨어 패키징 도구

① 제품 소프트웨어 패키징 도구 정의

- 제품 소프트웨어 패키징 작업 진행 및 안정적 유통을 지원하는 도구이다.
- 불법 복제로부터 디지털 콘텐츠의 지적 재산권을 보호해 주는 보안 기능을 포함한다.

② 소프트웨어 패키징 도구 활용 시 주의사항

- 사용자에게 배포되는 소프트웨어이므로 반드시 내부 콘텐츠에 대한 암호화 및 보안을 고려해야 한다.

기적의 TIP

SW 패키징 도구 활용 시 주의사항이 아닌 것을 선택할 수 있어야 합니다.

• 여러 가지 콘텐츠 및 단말기 간 DRM(디지털 저작권 관리기술) 연동을 고려한다.
• 사용자 입장에서 불편해질 수 있는 문제를 고려하여 최대한 효율적으로 적용한다.
• 제품 소프트웨어의 종류에 맞는 알고리즘을 선택하여 배포 시 범용성에 지장이 없도록 한다.

2) 제품 소프트웨어 저작권 보호

> **기적의 TIP**
> 저작권에 관련된 설명을 이해할 수 있어야 합니다.

① 저작권의 정의
• 문학 또는 예술의 범위에 속하는 창작물인 저작물에 대한 배타적 독점적 권리로 타인의 침해를 받지 않을 고유한 권한이다.
② 디지털 저작권 보호 기술
• 콘텐츠 및 컴퓨터 프로그램과 같이 복제가 용이한 저작물에 대해 불법 복제 및 배포 등을 막기 위한 기술적인 방법을 통칭한다.
• 문서 파일 외에도 전자책, 멀티미디어, 스트리밍 등의 다양한 분야에 적용 가능하다.
• 저작권 보호 기술은 다음과 같은 특성을 가진다.
  – 사용자 인가를 거쳐 콘텐츠 복제의 제한적 허용
  – Clearing House를 통한 요금 부과
  – 보안 기능 고려를 위해 업무 규칙와 암호를 함께 패키징

3) DRM(Digital Rights Management)

> **기적의 TIP**
> DRM 관련 문제가 폭넓게 출제됩니다. 꼼꼼하게 학습하세요.

① 디지털 저작권 관리 구성 요소
• 콘텐츠 제공자, 콘텐츠 분배자, 콘텐츠 소비자 간의 패키징 배포 및 관리의 주체를 중앙의 클리어링 하우스에 이관하여 키 관리 및 라이선스 발급 관리를 진행한다.

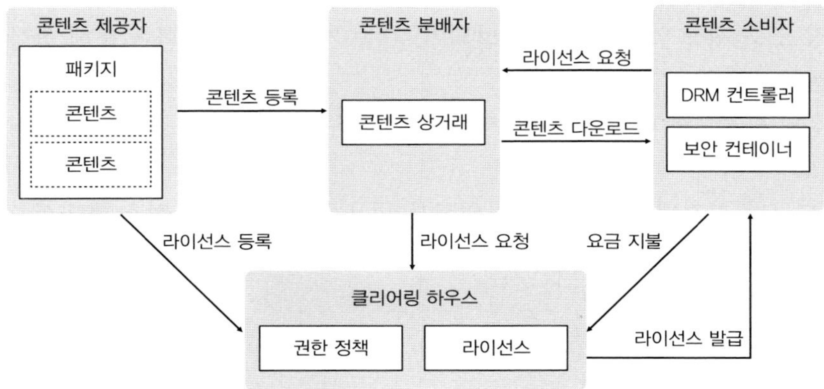

- 콘텐츠 제공자(Contents Provider) : 콘텐츠를 제공하는 저작권자
- 콘텐츠 분배자(Contents Distributor) : 쇼핑몰 등으로써 암호화된 콘텐츠 제공
- 패키저(Packager) : 콘텐츠를 메타 데이터와 함께 배포 가능한 단위로 묶는 기능
- 보안 컨테이너 : 원본을 안전하게 유통하기 위한 전자적 보안 장치
- DRM 컨트롤러 : 배포된 콘텐츠의 이용 권한을 통제
- 클리어링 하우스(Clearing House) : 키 관리 및 라이선스 발급 관리

② 보안 기능 중심의 패키징 도구 기술 및 활용

• 올바른 패키징 도구의 활용을 위해서는 암호화/보안 기능 중심의 요소 기술을 정확히 이해하고 있어야 한다.

• 이 기술을 바탕으로 패키징 도구를 이용하여 나오는 결과물에 대한 신뢰도를 향상시킬 수 있다.

- 암호화(Encryption) : 콘텐츠 및 라이선스 암호화하고, 전자 서명을 할 수 있는 기술
- 키 관리(Key Management) : 콘텐츠를 암호화한 키에 대한 저장 및 배포 기술
- 암호화 파일 생성(Packager) : 콘텐츠를 암호화하기 위한 기술
- 식별 기술(Identification) : 콘텐츠에 대한 식별 체계 표현 기술
- 저작권 표현(Right Expression) : 라이선스의 내용 표현 기술
- 정책 관리(Policy management) : 라이선스 발급 및 사용에 대한 정책 표현 및 관리 기술
- 크랙 방지(Tamper Resistance) : 크랙에 의한 콘텐츠 사용 방지 기술
- 인증(Authentication) : 라이선스 발급 및 사용의 기준이 되는 사용자 인증 기술

기적의 TIP

DRM 관련 보안 기술을 암기하세요.

③ 패키징 도구 적용 관련 기술적 동향

• 패키징 도구 제공 업체에 의해 개발되며, 각종 기술들이 표준화를 통해 통합 플랫폼화되었다.

• 클라우드 환경에서 디지컬 콘텐츠의 투명한 접속, 이용, 이동 등의 사용 편리성을 보장한다.

• 특정 도구나 환경에서만 적용되지 않도록 범용성을 확보하고 상호 호환성을 위한 표준화 적용에 노력한다.

SECTION 02

제품 소프트웨어 매뉴얼 작성

출제빈도 상 중 (하)
반복학습 1 2 3

빈출 태그 매뉴얼 작성 원칙, 설치/사용자 매뉴얼, 배포용 미디어

01 제품 소프트웨어 설치 매뉴얼

1) 제품 소프트웨어 매뉴얼

① 제품 소프트웨어 매뉴얼 정의

- 제품 소프트웨어 개발 단계부터 적용한 기준이나 패키징 이후 설치 및 사용자 측면의 주요 내용 등을 문서로 기록한 것이다.
- 사용자 중심의 기능 및 방법을 나타낸 설명서와 안내서를 의미한다.
- 실제 개발자들이 많이 겪어 보지 못하는 영역이기 때문에 개발보다도 더 어려움을 겪는 작업이다.

② 제품 소프트웨어 설치 매뉴얼 작성 원칙

- 설치 매뉴얼은 개발자의 기준이 아닌 사용자의 기준으로 작성한다.
- 최초 설치 실행부터 완료까지 순차적으로 작성한다.
- 각 단계별 메시지 및 해당 화면을 순서대로 전부 캡처하여 설명한다.
- 설치 중간에 이상 발생 시 해당 메시지 및 에러에 대한 내용을 분류하여 설명한다.

> 기적의 TIP
> 매뉴얼을 사용하는 주체가 누구인지 고려하여 학습하세요.

2) 제품 소프트웨어 설치 매뉴얼 작성 항목

① 설치 매뉴얼 기본 작성 항목

- 제품 소프트웨어 설치 매뉴얼은 개요 및 서문, 기본 사항 등에 대해 순서대로 설명한다.
  - 목차 : 매뉴얼 전체의 내용을 순서대로 요약
  - 개요 : 설치 매뉴얼의 구성, 설치 방법, 순서 등 기술
- 서문에서는 문서 이력, 주석, 설치 도구의 구성 등을 설명한다.
  - 문서 이력 정보 : 설치 매뉴얼의 변경 이력 기록(버전, 작성일, 변경 내용 등)
  - 설치 매뉴얼의 주석 : 주의사항(반드시 숙지), 참고사항(영향 가능성) 등
  - 설치 도구의 구성 : 설치 파일 및 폴더 설명, 제품 설치 환경 체크 항목 등
- 기본 사항에 대해 설명할 때는 간략한 기능 및 UI를 첨부하여 설명한다.
  - 제품 소프트웨어 개요 : 제품 소프트웨어의 주요 기능 및 UI(화면상의 버튼, 프레임 도식화) 설명
  - 설치 관련 파일 : 제품 소프트웨어를 설치하기 위한 관련 파일(exe, ini, log 등) 설명

- 설치 아이콘 : 구동용 설치 아이콘 설명
- 프로그램 삭제 : 해당 소프트웨어 삭제 시 원래대로 삭제하는 방법을 설명
- 관련 추가 정보 : 설치 프로그램 관련 프로그램 제작사 추가 정보 기술

② 설치 매뉴얼 작성 상세 지침

• 제품 소프트웨어의 설치 방법을 순서대로 상세하게 설명해야 한다.
  - 설치 화면 : 화면을 계속 캡처하여 표시되는 내용 및 안내창의 메시지 설명
  - 설치 이상 시 메시지 설명 : 설치 단계, 메시지별 참고사항, 주의사항 등을 안내
  - 설치 결과 : 정상 설치 완료 시의 최종 메시지 안내
  - FAQ : 자주 발생하는 어려움 안내
  - 점검 사항 : 사용자 환경, 설치 권한, 에러 발생 시 체크할 사항
  - 네트워크 환경 및 보안 : 사전 연결성 체크, 보안 및 방화벽에 대한 안내
• 소프트웨어 설치에 관련된 기술적인 지원이나 제품 서비스를 받을 수 있는 연락 수단을 설명해야 한다.
  - 유선 및 E-mail, 웹 사이트
• 제품 키의 보존, 저작권 정보, 불법 등록 사용 금지 등의 사용자 준수사항을 권고한다.

3) 제품 소프트웨어 설치 매뉴얼 작성 절차

① 기능 식별

• 소프트웨어 자체의 목적 및 내용과 전체적인 기능을 흐름순으로 정리하여 설명한다.

② UI 분류

• 화면 중심으로 UI와 메뉴를 순서대로 분류하고, 사전에 작성된 UI 정의서를 항목별로 분류한다.
• 설치 매뉴얼 기준의 양식을 목차에 맞게 UI를 분류한다.

③ 설치/백업 파일 확인

• 제품을 설치할 파일 및 백업 파일명 및 폴더 위치를 확인한다.
• 실행, 환경, 로그, 백업 등의 다양한 파일들을 확인하고 기능을 숙지한다.

④ Uninstall 절차 확인

• 제품을 제거할 때 필요한 언인스톨 파일과 단계를 순서대로 기술한다.
• 언인스톨 이후 설치 전 상태로의 원복을 최종 확인한다.

⑤ 이상 Case 확인

• 설치 진행 시 이상 메시지 등에 대한 케이스를 발생시키고, 이에 따른 메시지를 정리한다.
• 다양한 이상 현상의 내용에 맞는 메시지가 간결하고 정상적으로 표시되는지 확인한다.

⑥ 최종 설치 완료 결과 적용
• 설치 최종 완료 후 이에 대한 메시지 및 최종 결과를 캡처하여 기술한다.
• 최종 매뉴얼을 정리 검토하고 최종적으로 정상 결과를 적용한다.

02 제품 소프트웨어 사용자 매뉴얼

1) 제품 소프트웨어 사용자 매뉴얼

① 사용자 매뉴얼 작성의 기본 사항
• 사용자 매뉴얼은 제품의 기능부터 고객 지원에 대한 안내까지를 포함하는 문서이다.
• 설치와 사용에 필요한 제반 절차 및 환경 등 전체 내용을 포함하는 매뉴얼을 작성한다.
• 개발된 컴포넌트 사용 시 알아야 할 내용, 패키지의 기능과 인터페이스, 포함된 메소드 등의 설명이 포함된다.

> 기적의 TIP
> 설치 매뉴얼과 사용자 매뉴얼은 작성의 대상이 다를 뿐, 작성의 방향이나 성격은 같습니다.

② 사용자 매뉴얼 작성 절차
• 사용자 매뉴얼을 작성하는 절차는 작성 지침 정의, 사용자 매뉴얼 구성 요소 정의, 구성 요소별 내용 작성, 사용자 매뉴얼 검토의 단계로 구성된다.
  – 작성 지침 정의 : 사용자 매뉴얼을 작성하기 위한 지침 설정
  – 사용자 매뉴얼 구성 요소 정의 : 소프트웨어의 기능, 구성 객체, 객체별 메소드, 사용 예제, 세팅 방법 등
  – 구성 요소별 내용 작성 : 제품 소프트웨어 구성 요소별로 내용을 작성
  – 사용자 매뉴얼 검토 : 기능 설명의 완전성 검토
• 사용자 매뉴얼 작성은 컴포넌트 명세서 및 구현 설계서로부터 구현된다.

> 기적의 TIP
> 각 단계의 상세 설명보다는 절차에 집중하세요.

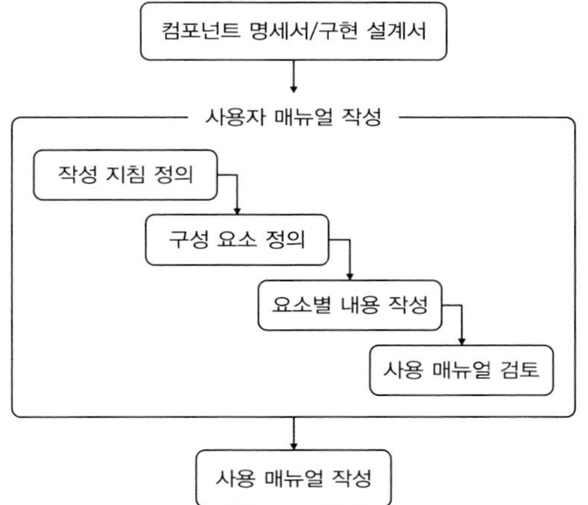

2) 제품 소프트웨어 사용자 매뉴얼 작성 항목

① 사용자 매뉴얼 기본 작성 항목

- 사용자 매뉴얼은 일반적으로 개요, 서문 및 기본 사항을 위주로 작성된다.
  - 목차 : 매뉴얼 전체의 내용을 순서대로 요약
  - 개요 : 제품 소프트웨어의 주요 특징(구성, 실행 방법, 점검 기준, 설정 방법)에 대해 정리
- 서문은 문서 이력, 주석, 기록 항목 등을 설명한다.
  - 문서 이력 정보 : 설치 매뉴얼의 변경 이력 기록(버전, 작성일, 변경 내용 등)
  - 사용자 매뉴얼의 주석 : 주의사항(반드시 숙지), 참고사항(영향 가능성) 등
  - 기록 보관 : 제품 등록, 추가 정보, 웹 사이트, 지원 양식 등
- 기본 사항에서는 제품 소프트웨어의 기능과 UI를 첨부 및 요약한다.
  - 제품 소프트웨어 개요 : 제품 소프트웨어 주요 기능 및 UI 설명
  - 제품 소프트웨어 사용 : 최소 환경, 최초 동작, 주의사항 등
  - 제품 소프트웨어 관리 : 사용 종료 및 관리 등에 대한 내용
  - 모델, 버전별 특징 : 제품 구별을 위한 모델이나 버전별 UI, 기능의 차이
  - 기능, 인터페이스 특징 : 제품의 기능 및 인터페이스 특징
  - 제품 소프트웨어 구동 환경 : 개발 언어 및 호환 OS, 설치 과정 요약

② 사용자 매뉴얼 작성 상세 지침

- 소프트웨어의 사용 방법을 다양한 측면에서 상세하게(화면 캡처 활용) 설명한다.
  - 사용자 화면 및 UI : UI에서 주목해야 할 주의사항과 참고사항 안내
  - 주요 기능 분류 : 기능 순서대로 화면을 첨부하여 기능 동작 시 참고사항, 주의사항 안내
  - 응용 프로그램/설정 : 함께 동작하거나 충돌하는 프로그램 안내, 기본 설정값 안내
  - 장치 연동 : 소프트웨어가 삽입 또는 연동되는 장치 안내
  - 네트워크 환경 : 소프트웨어와 관련한 네트워크 정보와 관련 설정값 표시
  - 프로파일 설명 : 환경 설정 파일(필수 파일)의 변경 금지 안내
- 소프트웨어 설치에 관련된 기술적인 지원이나 제품 서비스를 받을 수 있는 연락 수단을 설명해야 한다.
  - 유선 및 E-mail, 웹 사이트
- 제품 키의 보존, 저작권 정보, 불법 등록 사용 금지 등의 사용자 준수사항을 권고한다.

03 제품 소프트웨어 배포용 미디어

1) 제품 소프트웨어 배포본

① 제품 소프트웨어 배포본

- 제품 소프트웨어 배포본은 개발된 컴포넌트 또는 패키지에 대해 제품화하고 배포 정보를 포함한 산출물이다.
- 소프트웨어의 버전, 시스템 설치 및 운영을 위한 요구사항, 설치 방법, 달라진 기능, 알려진 버그 및 대처 방법 등을 포함하여 배포한다.

② 제품 소프트웨어 배포본 중요 사항

- 제품 소프트웨어의 배포본은 최종 완성된 제품으로 안정성을 고려하여 배포한다.
- 신규 및 변경을 고려하여 배포본에는 고유 버전 및 배포 단위의 기준을 정한다.
- 배포용 미디어를 제작할 때에는 저작권 및 보안에 유의하여 제작한다.
- 자체의 고유 시리얼 넘버(Serial Number)를 반드시 부착하고 복제 및 사후 지원을 고려하여 제작한다.

2) 제품 소프트웨어 배포용 미디어 제작

① 설치 파일 및 매뉴얼의 미디어 기본 구성

- 배포용 미디어 제작 시 다음과 같은 항목을 포함하여 제작한다.
  - 버전 정보 : 제품 소프트웨어 패키징의 버전 정보
  - 요구 사양 : 시스템이 설치되고 운영되기 위한 H/W, S/W의 사양
  - 설치 방법 : 설치하고 운영 가능하게 하는 방법
  - 새로운 기능 : 이전 버전에 비해 나아진 기능
  - 알려진 오류/대처 방법 : 현재까지 개발된 시스템의 알려진 오류를 기술, 대처 방안 포함
  - 제약 사항 : 현재까지 개발된 시스템의 설치, 운영상의 제약사항 포함

② 배포용 미디어 제작 방법

- 배포용 미디어는 온라인과 오프라인으로 각각 제작할 수 있으며, 각 유형별로 특성에 맞추어 제작해야 한다.
  - 온라인 미디어 : 실행 파일로 통합, 기능 패치, 호환성 제공
  - 오프라인 미디어 : 고유 시리얼 넘버를 포함하여 불법유통 방지(관리 시스템 사전 확보)

3) 제품 소프트웨어 배포용 미디어 제작 절차

① 제품 소프트웨어 배포용 미디어 선정

- 배포용 미디어의 유형(온라인/오프라인)을 선정한다.
- 미디어 작성 SW/HW를 통해 배포용 미디어를 작성한다.

② 시리얼 넘버 등록 및 관리 체계 확인

- 시리얼 넘버의 부여 체계 및 규칙을 사전에 정의하고 관리 체계를 수립(시스템화)한다.

③ 설치 파일 및 매뉴얼 최종 확인

- 실제 설치가 가능한 정상 설치 파일인지 확인한다.
- 설치 매뉴얼 및 사용자 매뉴얼을 미디어 제작 전에 최종 확인한다.

④ 명세서대로 구현되었는지 검토

- 제작된 배포용 미디어와 매뉴얼에 대한 테스트가 완료되었는지 최종 확인한다.

⑤ 충분한 정보를 담았는지 검토

- 제품 설치 및 사용에 이상이 없도록 소프트웨어와 문서 정보가 포함되었는지 확인한다.

⑥ 인증을 받았는지 확인 후 배포

- 미디어 제작 이전에 인증 활동을 통하여 인증을 받았는지 확인 후 배포한다.

SECTION

03 제품 소프트웨어 버전 관리

출제빈도 (상) 중 하
반복학습 1 2 3

빈출 태그 형상 관리 기능, ITIL, 형상 관리 도구

01 제품 소프트웨어 버전 등록

1) 제품 소프트웨어 패키징의 형상 관리

① 제품 소프트웨어 형상 관리 도구 정의

- 프로그램의 개발 단계별 산출물(소스 코드, 문서, 개발 이력 등)의 변경 사항 등을 관리하는 기능을 제공하는 환경이다.
- 소프트웨어의 변경 사항(버전)을 체계적으로 추적하고 통제할 수 있는 솔루션이다.

기적의 TIP

형상 관리를 통해 관리하는 항목이 아닌 것을 선택할 수 있어야 합니다.

더 알기 TIP

형상 관리는 버전 관리라고도 합니다.

② 제품 소프트웨어 형상 관리의 중요성

- 제품 소프트웨어는 지속적으로 변경되므로 이에 대한 개발 통제가 중요하다.
- 제품 소프트웨어의 형상 관리가 잘 되지 않으면 배포판의 버그 및 수정에 대한 추적의 결여 및 무절제한 변경이 난무할 수 있다.
- 형상 관리가 잘 되지 않으면 제품 소프트웨어의 가시성(Visibility)에서 결핍이 일어나게 되고 전체적인 조망이나 Insight가 결여되어 장기적인 관리 체계에 문제를 야기할 수 있다.

더 알기 TIP

시험에 자주 나오는 개념이라 어려운 말을 그대로 기록하였습니다. 쉽게 표현하자면, 문제를 발견하거나 발견된 문제의 원인을 분석하는 데 필요한 요소들이 한눈에 들어오지 않는다고 생각하시면 됩니다.

2) 제품 소프트웨어의 버전 등록 상세 기법

① 형상 관리 도구의 기능

- 형상 관리 도구에서 자주 사용되는 기능들은 아래와 같다.
  - check-out : 저장소(repository)로부터 원하는 버전의 소프트웨어 형상의 사본을 컴퓨터로 가져오는 기능
  - check-in : 개발자가 수정한 소스 코드를 저장소에 업로드하는 기능

기적의 TIP

형상 관리 도구의 기능에 대한 설명과 기능을 올바르게 연결할 수 있어야 합니다.

- commit : 저장소 업로드가 성공적으로 완료되었을 때, 반영을 최종 승인하는 기능
- update : 저장소와 컴퓨터의 형상을 동기화하는 기능(소스 코드 수정 전에 반드시 수행)
- import : 비어 있는 저장소에 처음 소스를 업로드하는 기능
- export : 버전 관리 파일을 뺀 순수 소스 코드 파일만 받아오는 기능

② 일반적인 작업 단계별 버전 등록 절차

- 형상 관리 도구의 기본 기능을 바탕으로 Git을 예로 들면, 일반적인 작업 단계별 버전 등록 절차는 아래와 같다.
  - 추가(Add) : 개발자가 신규로 어떤 파일을 저장소에 추가
  - 인출(Check-out) : 추가되었던 파일을 개발자가 인출
  - 예치(Commit) : 개발자가 인출된 파일을 수정한 다음, 저장소에 예치
  - 동기화(Update) : Commit 작업 이후 새로운 개발자가 자신의 작업 공간을 동기화
  - 차이(Diff) : 기존 개발자가 처음 추가한 파일과 이후 변경된 파일의 차이를 확인

02 제품 소프트웨어 형상 관리 도구

1) 제품 소프트웨어 형상 관리 도구

기적의 TIP

출제 빈도가 낮은 영역입니다.

① 형상 관리 도구 사례

- 형상 관리를 기존의 개발 도구에 단순히 포함하는 형태를 벗어나 ALM의 형태로 발전 중이다.
  - ALM(Applicaton Lifecycle Management) : 전체 라이프 사이클을 관리
- ITIL 기반의 ITSM 도입으로 SW뿐 아니라 HW까지 전체적인 서비스 관점으로 형상 관리를 진행한다.
  - ITIL(IT Infrastructure Library) : IT 서비스를 쉽게 제공하고 관리할 수 있는 가이드 또는 프레임워크
  - ITSM(IT Service Management) : IT 업무 및 관련 절차를 기술 중심의 운영 또는 관리에서 벗어나 서비스화 및 비즈니스 중심으로 재설계하여 SLA에 맞는 IT 서비스를 제공하는 것
  - SLA(Service Level Agreement) : 협의된 서비스 수준
- 형상 관리는 EAMS, PPM 등의 전사적 IT Governance의 한 부분으로 정의되어 비즈니스 영속성을 유지하기 위해 통합 관리된다.
  - IT Governance : 바람직한 IT 활용을 위한 의사결정 및 책임에 대한 프레임워크

– EAMS(EA Management System) : EA의 관리 및 활용을 위한 구현 시스템
– EA(Enterprise Architecture) : 기업의 전략적인 목표에 도달하기 위한 IT 청사진
– PPM(Project and Portfolio Management) : 중앙 집중식 프로젝트 관리

② 형상 관리 도구 사용 목적
- 최종 배포본 이후의 소프트웨어 변경 관리, 추가 버전 등의 관리 편의성이 상승한다.
- 사용자 문의에 대한 수작업 및 유지보수의 생산성이 개선된다.
- 적은 비용과 인력의 투입만으로 형상 관리가 가능해진다.
- 성능이 좋은 도구라도 사용이 미숙하다면 오히려 개발복잡도가 증가할 수 있다.

③ 형상 관리 도구 사용 시 유의사항
- 효율적인 형상 관리 도구 사용을 위해 다양한 기능을 활용하고, 문제 발생 시 해결 매뉴얼의 사전 준비가 필요하다.
- 제품 소프트웨어의 지속적인 형상 관리와 형상 관리의 기준(공식적인 합의)이 필요하다.
- 배포 후 수정 중인 소프트웨어의 형상 관리 도구 사용은 최대한 신중하게 진행한다.

④ 형상 관리 도구 사용의 필요성
- 형상 관리 지침에 의거 버전에 대한 정보에 언제든지 접근할 수 있어야 한다.
- 인가되지 않은 사용자가 소스를 수정할 수 없도록 해야 한다.
- 동일한 프로젝트에 대해서 여러 개발자가 동시에 개발할 수 있어야 한다.
- 에러 발생 시 최대한 빠른 시간 내에 복구한다.
- 사용자의 요구에 따라 적시에 최고 품질의 소프트웨어를 공급해야 한다.

기적의 TIP

형상 관리 도구의 필요성은 '역할'이라고 표현하기도 합니다.

2) 형상 관리 도구 유형별 특징

① 방식에 따른 유형
- 관리 방식에 따른 형상 관리 도구에는 공유 폴더, 클라이언트/서버, 분산 저장소 방식이 있다.

관리 방식	설명	예시
공유 폴더	개발이 완료된 파일은 공유 폴더에 복사하고 담당자는 자신의 PC로 다운로드하여 동작 여부 확인 후 각 개발자들이 동작 여부 확인	RCS, SCCS
클라이언트/서버	중앙 서버에서 형상 관리 시스템이 항시 동작되며, 개발자들의 작업내역을 축적할 수 있고 모니터링 가능	CVS, SVN
분산 저장소	중앙의 원격 저장소에서 개발자들의 개인 로컬 저장소에 복사하여 개발한 뒤, 다시 원격 저장소에 반영	Git, Bitkeeper

기적의 TIP

관리 도구의 유형을 구분할 수 있어야 합니다.

② 구분에 따른 유형

• 관리 구분에 따른 형상 관리 도구에는 저장소별, 소스 공개 유형별 도구가 있다.

구분	유형	예시
저장소 구분	로컬 형상 관리 시스템	RSC
	중앙 집중형 형상 관리 시스템	CVS, SVN, Clear Case
	분산형 형상 관리 시스템	Git, Mercurial
소스 공개 유형	Open Source 관리 도구	CVS, SVN
	상용 형상 관리 도구	PVCS, Clear Case

③ CVS(Concurrent Versions System)

• 서버와 클라이언트로 구성되어 다수의 인원이 동시에 범용적인 운영체제로 접근 가능하여 형상 관리를 가능하게 하는 도구로, 클라이언트가 이클립스 도구에 내장되어 있다.

④ SVN(Subversion)

• CVS의 단점을 보완한 형상 관리 도구로, 사실상 업계 표준으로 사용되고 있다.

⑤ RCS(Revision Control System)

• CVS와 달리 소스 파일의 수정을 한 사람으로 제한하는 형상 관리 도구이다.

⑥ Bitkeeper

• SVN과 비슷한 중앙 통제 방식의 버전 컨트롤 툴로서 대규모 프로젝트에서 빠른 속도를 내도록 개발된 형상 관리 도구이다.

⑦ Git

• 리눅스 커널의 버전 컨트롤을 하는 Bitkeeper를 대체하기 위해 나온 형상 관리 도구이다.
• 속도에 중점을 둔 분산형 형상 관리 시스템이며, 대형 프로젝트에 효과적이고 유용하다.
• Git의 주요 특징은 다음과 같다.
  – Git의 작업 폴더는 모두 전체 기록과 각 기록을 추적할 수 있는 정보를 포함하는 완전한 형태의 저장소
  – 네트워크에 접근하거나 중앙 서버에 의존하지 않음
  – Git는 GNU 일반 공중 사용 허가서v2 하에 배포되는 자유 소프트웨어

⑧ Clear Case

• IBM에서 제작된 복수의 서버와 클라이언트가 연계되는 구조이며 서버의 추가가 가능한 형상 관리 도구이다.

합격을 다지는 예상문제

01 아래에서 설명하는 연계 데이터 구성 방식은 무엇인지 쓰시오.

- XML을 대체하는 독립적인 개방형 표준 형식이다.
- 자바스크립트 기반으로 AJAX 기술에서 많이 사용된다.
- 〈속성, 값〉의 쌍으로 표현한다.

▶ **답안기입란**

02 아래 암호화 알고리즘에 대한 설명 중, 빈칸에 해당하는 용어를 쓰시오.

- (ㄱ) 알고리즘 : 암호화만 가능한 알고리즘(HASH 기반 알고리즘)
- (ㄴ) 알고리즘 : 암호화/복호화가 가능한 알고리즘(대칭키, 비대칭키)

▶ **답안기입란**

ㄱ :
ㄴ :

03 소프트웨어 빌드 자동화 도구 중, groovyDSL 기반의 오픈 소스로 다양한 플러그인을 활용할 수 있는 것은 무엇인지 쓰시오.

▶ **답안기입란**

ANSWER

01. JSON(JavaScript Object Notation)
02. ㄱ : 단방향 / ㄴ : 양방향
03. Gradle

04 아래 연계 시스템 구현 검증 도구에 대한 설명 중, 빈칸에 해당하는 용어를 쓰시오.

- (ㄱ) : java(Junit), C++(Cppunit) 등 다양한 언어를 지원하는 단위 테스트 프레임워크
- (ㄴ) : 서비스 호출, 컴포넌트 재사용 등 다양한 환경을 지원하는 테스트 프레임워크
- FitNesse : 웹 기반 테스트 케이스 설계/실행/결과 확인 등을 지원하는 테스트 프레임워크
- NTAF : STAF와 FitNesse를 통합한 프레임워크
- Selenium : 다양한 브라우저(웹) 지원 및 개발 언어를 지원하는 웹 애플리케이션 테스트 프레임워크
- (ㄷ) : Ruby(언어) 기반 웹 애플리케이션 테스트 프레임워크

▶ 답안기입란

ㄱ :
ㄴ :
ㄷ :

05 아래 연계 기술 표준에 대한 설명을 보고 적절한 방식을 쓰시오.

- 단일 접점 시스템(허브)을 통해 데이터를 전송하는 중앙 집중형 연계 방식이다.
- 확장 및 유지보수가 용이하지만, 허브 자체에 장애가 발생하면 전체 시스템에 문제가 생긴다.

▶ 답안기입란

ANSWER

04. ㄱ : xUnit / ㄴ : STAF / ㄷ : watir

05. Hub & Spoke (EAI)

06 콘텐츠 및 컴퓨터 프로그램과 같이 복제가 용이한 저작물에 대해 불법 복제 및 배포 등을 막기 위한 기술적인 방법을 의미하는 용어를 영문 약어로 쓰시오.

▶ **답안기입란**

07 아래 디지털 저작권 관리 구성 요소에 대한 설명 중, 빈칸에 해당하는 용어를 쓰시오.

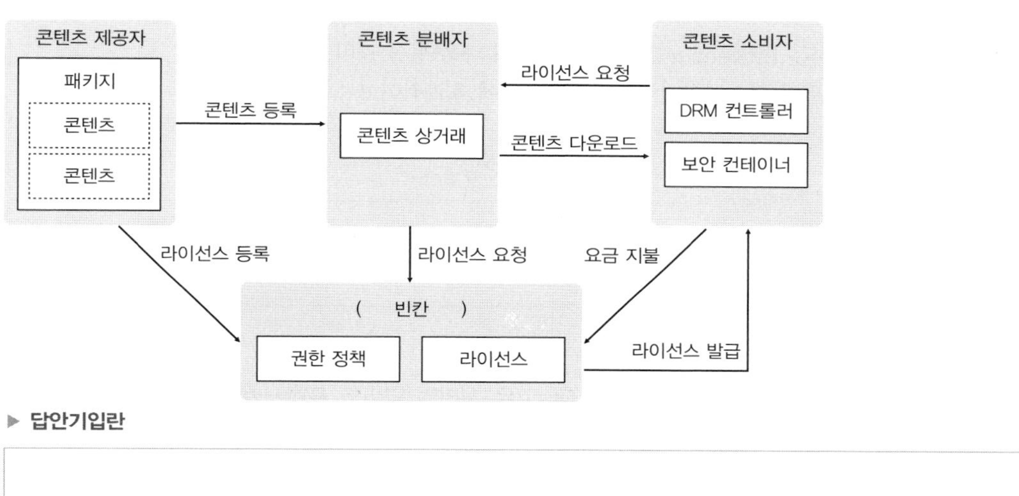

▶ **답안기입란**

ANSWER

06. DRM

07. 클리어링 하우스

08 형상 관리 도구의 기능 중, 저장소(repository)로부터 원하는 버전의 소프트웨어 형상의 사본을 컴퓨터로 가져오는 것은 무엇인지 쓰시오.

▶ **답안기입란**

09 아래에서 설명하는 형상 관리 도구는 무엇인지 쓰시오.

- 리눅스 커널의 버전 컨트롤을 하는 Bitkeeper를 대체하기 위해 나온 형상 관리 도구이다.
- 속도에 중점을 둔 분산형 형상 관리 시스템이며, 대형 프로젝트에 효과적이고 유용하다.

▶ **답안기입란**

10 제품 소프트웨어의 오프라인 배포용 미디어를 제작할 때, 고유 시리얼 넘버를 포함시켜야 하는 이유를 약술하시오.

▶ **답안기입란**

ANSWER

08. check-out

09. Git

10. 불법 복제나 불법 유통을 방지하기 위해

이렇게
기막힌
적중률

정보처리산업기사
실기 기본서

2권 · 기출공략집

"이" 한 권으로 합격의 "기적"을 경험하세요!

YoungJin.com Y.
영진닷컴

차례

PART 07 최신 기출문제

PART 08 실전 모의고사

정답 & 해설

PART

07

최신 기출문제

SECTION 01

최신 기출문제 01회 (2024년 제3회)

01 컴퓨터 간 파일을 전송하는 데 사용되는 표준 네트워크 프로토콜은 무엇인지 쓰시오.

▶ 답안기입란

02 디지털 네트워크에서 데이터를 전송할 때 사용되는 기본 단위로, 헤더와 페이로드, 트레일러 등으로 구성되어 있는 것은 무엇인지 쓰시오.

▶ 답안기입란

03 트랜잭션의 작업 결과가 최종 반영되기 전까지의 작업은 메모리 영역에서 진행되므로 복구가 가능하다. 이 복구를 하기 위한 명령어는 무엇인지 쓰시오.

▶ 답안기입란

04 아래 SQL문은 학번을 기준으로 두 테이블을 합친다. 빈칸에 알맞은 키워드를 쓰시오.

〈SQL〉

```
SELECT 학생명, 학과 FROM AI JOIN DB [  빈칸  ] (학번);
```

▶ **답안기입란**

05 아래와 같은 코드와 진리표가 존재할 때, 결정 커버리지를 만족할 수 있는 테스트 케이스 조합을 쓰시오. (조합은 번호 ①~③으로 쓰시오.)

〈코드〉

```
if(a>5 && b<6)
    printf("X");
else
    printf("O");
```

〈진리표〉

번호	a〉5	b〈6	&&
①	true	true	true
②	true	false	false
③	false	x	false

▶ **답안기입란**

06 아래 C 코드의 수행 결과를 쓰시오.

```c
#include <stdio.h>
void fn(int *a, int *b){
    int t;
    t = *a;
    *a = *b;
    *b = t;
}
int main(){
    int ar[] = {10,20,30,40,50};
    int i=0,k=4;
    while(i<k){
        fn(ar+i++, ar+k--);
    }
    for(i=0; i<5; i++)
        printf("%d ", ar[i]);
    return 0;
}
```

▶ **답안기입란**

07 아래 C 코드의 수행 결과를 쓰시오.

```
#include <stdio.h>
struct p{
    int x;
    int y;
};
union x{
    struct p *a;
    struct p *b;
};
int main(){
    struct p p1 = {10,20};
    struct p p2 = {30,40};
    union x x1;
    x1.a = &p1;
    x1.b = &p2;
    printf("%d", x1.a->x);
    return 0;
}
```

▶ **답안기입란**

08 아래 C 코드의 수행 결과를 쓰시오.

```
#include <stdio.h>
struct p{
    int data;
    struct p *n;
};
int main(){
    struct p p1,p2,p3,p4;
    p1.data = 10;
    p1.n = &p2;
    p2.data = 20;
    p2.n = &p3;
    p3.data = 30;
    p3.n = &p4;
    p4.data = 40;
    printf("%d", p1.n->n->data);
    return 0;
}
```

▶ **답안기입란**

09 다음은 네트워크 프로토콜에 대한 설명이다. 빈칸에 들어갈 알맞은 용어를 쓰시오.

[ㄱ] : 인터넷 프로토콜의 불안정함을 개선하여 안정적으로 데이터를 송신하기 위해 다양한 방법을 제공하는 신뢰성있는 연결형 프로토콜이다.
[ㄴ] : 스트리밍 서비스처럼 하나의 정보를 다수의 인원에게 송신해야 하는 경우에 적합한 비연결성 프로토콜이다.

▶ **답안기입란**

ㄱ :
ㄴ :

10 다음의 설명을 읽고, OSI 7계층 중 해당하는 계층을 쓰시오.

- 비트 단위로 수신되는 데이터의 오류 및 흐름을 제어하여 데이터의 안정성을 높인다.
- MAC 주소를 통해 통신하며 프레임 단위로 데이터를 전송한다.
- 브리지, 스위치 등의 장비가 이 계층에 해당된다.

▶ **답안기입란**

11 소프트웨어 컨테이너 안의 응용 프로그램들의 배치 및 배포를 자동화하는 오픈 소스 엔진(소프트웨어)을 무엇이라 하는지 쓰시오.

▶ **답안기입란**

12 아래 Python 코드의 수행 결과를 쓰시오.

```
a = [10,20,30,40]
a[:2], a[2:] = a[::2], a[1::2]
print(sum(a[1:3]))
```

▶ **답안기입란**

13 아래 Python 코드의 수행 결과를 쓰시오.

```
def fn(a):
    t = type(a)
    if t == type(100):
        return 20
    if t == type("300"):
        return 25
    else:
        return 30

print(fn("100"))
print(fn(300))
print(fn(20.0))
```

▶ **답안기입란**

14 SQL에서 튜플의 개수를 구하는 집계함수는 무엇인지 쓰시오.

▶ **답안기입란**

15 정보처리기사 시험 응시생 100명 중, 20대는 45명, 30대는 25명, 40대 이상은 30명으로 조사되었다. 아래와 같은 SQL 문장이 수행되었을 때, 나타날 수 있는 튜플의 최대 개수는 얼마인가?

〈SQL〉

```
SELECT * FROM 응시생정보 WHERE 나이 BETWEEN 25 AND 35;
```

▶ **답안기입란**

16 아래 설명에 해당하는 네트워크 장비는 무엇인지 쓰시오.

- 경로 선택 : 데이터 패킷이 네트워크를 통해 최적의 경로를 따라 이동하도록 경로를 선택한다.
- 패킷 전달 : 데이터 패킷을 목적지 IP 주소를 기준으로 최종 목적지에 전달한다.
- 네트워크 분할 : 라우터는 다양한 네트워크를 연결하고 분할하여 관리함으로써 이를 통해 트래픽을 분산하고 네트워크 성능을 향상 시킨다.
- 보안 기능 : 일부 라우터는 방화벽 기능을 내장하여 외부로부터의 침입을 막고 네트워크를 보호한다.

▶ **답안기입란**

17 아래 SQL 문장은 중복 없는 인덱스를 생성한다. 빈칸에 해당하는 키워드를 쓰시오.

〈SQL〉

```
CREATE [   빈칸   ] INDEX idx_score ON score(...);
```

▶ **답안기입란**

18 아래 Java 코드의 수행 결과를 쓰시오.

```
public class Main{
    public static void main(String[] args) {
        String a = "book";
        String b = "Book";
        String c = "book";
        String e = new String("book");
        System.out.println(a==b);
        System.out.println(a==e);
        System.out.println(a.equals(c));
    }
}
```

▶ **답안기입란**

19 아래 Java 코드의 수행 결과를 쓰시오.

```
class A{
    int a = 10;
    int get(){
        return a+5;
    }
}class B{
    int b = 3;
    int get(){
        return b*5;
    }
}public class Main{
    public static void main(String[] args) {
        A x = new A();
        B y = new B();
        System.out.println(x.a+y.get());
    }
}
```

▶ **답안기입란**

20 아래 Java 코드의 수행 결과를 쓰시오.

```
class A{
    int a = 10;
    int mth(){
        return 20;
    }
}class B extends A{
    int b = 20;
    int mth(){
        return a*5;
    }
}public class Main{
    public static void main(String[] args) {
        B k = new B();
        System.out.println(k.mth());
    }
}
```

▶ **답안기입란**

SECTION

02 최신 기출문제 02회 (2024년 제2회)

01 다음은 패리티 비트에 대한 설명이다. 괄호[ ] 안에서 올바른 용어를 각각 골라 순서대로 쓰시오.

패리티 비트는 데이터 블록에 추가되는 비트로, 전송된 데이터의 비트 수가 짝수 또는 홀수가 되도록 한다. 이를 통해 데이터 전송 중 발생할 수 있는 [**단일/다중**] 비트 오류를 [**검출/교정**]할 수 있다.

- 짝수 패리티(Even Parity)
  데이터 비트와 패리티 비트의 합이 [**홀수/짝수**]가 되도록 한다.
  예를 들어, 원래 데이터가 1011이라면, 짝수 패리티 비트는 0이 추가되어 10110이 된다.
- 홀수 패리티(Odd Parity)
  데이터 비트와 패리티 비트의 합이 [**홀수/짝수**]가 되도록 한다.
  예를 들어, 원래 데이터가 1011이라면, 홀수 패리티 비트는 1이 추가되어 10111이 된다.

▶ **답안기입란**

02 아래의 설명을 읽고, 〈빈칸〉에 적절한 IPv6 전송 방식을 쓰시오.

[ㄱ] : 1:1 방식으로 특정 수신자에게만 데이터를 전송하는 방식
[ㄴ] : N:M 방식으로 특정 그룹 수신자들에게 데이터를 동시 전송하는 방식
[ㄷ] : 수신 가능한 가장 가까운 수신자에게 데이터를 전송하는 방식

▶ **답안기입란**

ㄱ :
ㄴ :
ㄷ :

03 아래에서 설명하는 프로토콜은 무엇인지 쓰시오.

- 네트워크 장치들을 관리하고 모니터링 하기 위한 표준 프로토콜이다.
- 네트워크 관리자들은 이를 통해 라우터, 스위치, 서버 등 다양한 장치의 상태를 조회하고, 설정을 변경하며, 문제를 감지하고 해결할 수 있다.
- 네트워크 관리의 효율성을 높이며, 네트워크의 성능과 안정성을 유지하는 데 중요한 역할을 한다.

▶ **답안기입란**

04 부분 함수 종속을 제거하여 릴레이션이 완전 함수 종속을 가질 때의 정규형을 쓰시오.

▶ **답안기입란**

05 아래 Python 코드의 수행 결과를 쓰시오.

```
a = [1, -1, 0, -1, 1]
s = 0
for i in a:
    if i==-1:
        continue
    s += i
print(s)
```

▶ **답안기입란**

06 아래 C코드의 수행 결과를 쓰시오.

```
int main(){
    int a = 5;
    int b = 7;
    printf("%d", (a|b) + (a&b));
    return 0;
}
```

▶ 답안기입란

07 아래의 설명과 SQL문을 참고하여 〈빈칸〉에 적절한 키워드를 쓰시오.

- '거주지역'이 "인천"이고 '차량'을 "소유"한 사원의 '사원명'을 출력
  SELECT 사원명 FROM 사원정보 WHERE 거주지역 = '인천' [ㄱ] 차량 = '소유';
- '사원정보' 테이블에서, '직급'을 기준으로 오름차순 정렬하여 '사원명', '거주지역', '직급'을 출력
  SELECT 사원명, 거주지역, 직급 FROM 사원정보 ORDER BY 직급 [ㄴ];
- '사원정보' 테이블에서, '직급'이 "대리", "부장"이 아닌 '사원명' 출력
  SELECT 사원명 FROM 사원정보 WHERE 직급 [ㄷ] ('대리', '부장');

▶ 답안기입란

ㄱ :
ㄴ :
ㄷ :

08 소프트웨어 테스트 과정에서 특정 모듈이나 기능을 테스트하기 위해 작성된 모듈로, 주로 상향식 통합 테스트에서 사용되며, 아직 완성되지 않은 다른 모듈의 기능을 대신하여 테스트 환경을 제공하는 역할을 하는 것은 무엇인지 쓰시오.

▶ 답안기입란

09 데이터의 정확성과 일관성을 유지하여 결손과 부정합이 없음을 보증하는 특성 중 하나로, 특정 열에 중복 값 또는 Null에 대한 제한을 두어 개체 식별자의 역할을 할 수 있게 하는 특성은 무엇인지 쓰시오.

▶ 답안기입란

10 학생 테이블에 A학과 학생 100명, B학과 학생 60명, C학과 학생 50명에 관한 데이터가 있을 때, 아래의 SQL문에 대한 결과의 기수는 무엇인지 쓰시오.

```
ㄱ : select 학과 from 학생;
ㄴ : select distinct 학과 from 학생;
ㄷ : select count(distinct 학과) from 학생 where 학과 = "A";
```

▶ 답안기입란

ㄱ :
ㄴ :
ㄷ :

11 네트워크 경로 추적 도구로, 데이터 패킷이 출발지에서 목적지까지 도달하는 동안 거치는 모든 라우터와 경로를 보여줌으로써 네트워크 문제를 진단하고, 특정 경로상의 지연 시간을 분석할 수 있는 것은 무엇인지 쓰시오.

▶ **답안기입란**

12 IP주소 172.16.0.1은 어떤 클래스에 속해있는지 쓰시오.

▶ **답안기입란**

13 아래 C코드는 구구단 중 3단을 출력한다. 〈빈칸〉에 적절한 코드를 쓰시오.

```
int main() {
    int i;
    int a=3;
    for (i = 1; i <= 9; i++) {
        printf("%d * %d = %d\n", a, i, [  빈칸  ]);
    }
    return 0;
}
```

▶ **답안기입란**

14 아래 HTML이 적용된 문서를 실행했을 경우, 1~4행에서 나타나는 배경색을 순서대로 쓰시오.

```
<html>
<head>
</head>
<body>
    <table border="1">
        <thead bgcolor="red">
            <tr>
                <th>AAA</th>
            </tr>
        </thead>
        <tbody bgcolor="green">
            <tr>
                <td>BBB</td>
            </tr>
            <tr>
                <td>CCC</td>
            </tr>
        </tbody>
        <tfoot bgcolor="blue">
            <tr>
                <td>DDD</td>
            </tr>
        </tfoot>
    </table>
</body>
</html>
```

▶ **답안기입란**

15 아래 C 코드를 수행한 결과를 쓰시오.

```
struct Point{
    int x;
    int y;
};

int main() {
    struct Point p1 = {3, 6};
    struct Point p2 = {4, 7};

    int a = p1.x + p2.x;
    int b = p1.y + p2.y;

    printf("%d %d", a, b);
    return 0;
}
```

▶ **답안기입란**

16 아래 Java 코드의 수행 결과를 쓰시오.

```
public class Main{
    public static int A(int a, int b){
        System.out.print(a+b);
        return a*b;
    }
    public static void main(String[] args){
        System.out.println(A(5, 5));
    }
}
```

▶ **답안기입란**

17 아래 C 코드의 수행 결과를 쓰시오.

```
int main() {
    int arr[] = {6, 3, 1, 7, 9};
    int n = sizeof(arr) / sizeof(arr[0]);
    int i, j, minIdx, temp;

    for(i = 0; i < n-1; i++){
        minIdx = i;
        for(j = i+1; j < n; j++)
            if(*(arr + j) < *(arr + minIdx))
                minIdx = j;

        temp = *(arr + minIdx);
        *(arr + minIdx) = *(arr + i);
        *(arr + i) = temp;
    }
    for(i = 0; i < n; i++)
        printf("%d ", *(arr + i));
    return 0;
}
```

▶ **답안기입란**

18 아래 설명을 읽고, 〈빈칸〉에 해당하는 블랙박스 테스트 기법이 무엇인지 쓰시오.

[ㄱ] : 입력 데이터를 유효한 범위와 무효한 범위로 나누어 테스트
[ㄴ] : 입력 값의 경계 조건(최소값, 최대값, 경계 바로 안쪽과 바깥쪽 값)을 테스트하여 오류를 발견
[ㄷ] : 입력 조건(원인)과 출력 결과(효과) 간의 관계를 그래프로 나타내어 논리적 오류를 발견

▶ **답안기입란**

ㄱ :
ㄴ :
ㄷ :

19 아래 설명을 읽고, 〈빈칸〉에 해당하는 코드 기반 테스트 커버리지는 무엇인지 쓰시오.

> [ㄱ]
> 코드 내의 모든 분기(예: if, else, switch 문 등)가 적어도 한 번씩 실행되었는지를 검증하는 테스트 커버리지이다. 분기 커버리지는 코드의 논리적 분기를 포괄적으로 테스트하여 조건문이 참(True)일 때와 거짓(False)일 때 모두 실행되도록 한다.
> [ㄴ]
> 복합 조건문 내의 각 개별 조건이 참과 거짓 모두를 포함하는 테스트 커버리지이다. 이 기법은 단순히 분기만을 검증하는 것이 아니라, 각 개별 조건의 평가 결과도 모두 테스트한다.

▶ **답안기입란**

ㄱ :
ㄴ :

20 아래 SQL문은 '사원정보' 테이블에 새로운 사원 데이터를 입력한다. 〈빈칸〉에 적절한 키워드를 쓰시오.

〈SQL〉

```
[  ㄱ  ] 사원정보(사원명, 사원번호, 거주지역)
    [  ㄴ  ]('홍길동', 1234, '인천');
```

▶ **답안기입란**

ㄱ :
ㄴ :

SECTION

03 최신 기출문제 03회 (2024년 제1회)

01 아래 문장을 읽고, 〈빈칸〉에 해당하는 용어를 쓰시오.

오류 제어 방식은 역채널의 이용 여부에 따라 나뉜다.
[ㄱ] : 데이터 전송 과정에서 발생할 수 있는 오류를 사전에 수정하기 위해, 송신 측에서 데이터를 코딩하여 전송하는 방식
[ㄴ] : 수신 측에서 오류를 감지한 후, 해당 데이터의 재전송을 요청하는 방식

▶ 답안기입란

ㄱ :
ㄴ :

02 아래 C 코드의 수행 결과를 쓰시오.

```
int main(){
    int a = 999;
    int b = 330;
    int c;
    int i=0;
    do{
        c = a % b++;
        i++;
    }while(c!=0);
    printf("%d", i);
    return 0;
}
```

▶ 답안기입란

03 아래 C 코드의 수행 결과를 쓰시오.

```
int main(){
    char a[] = "aBCdeFGHi";
    int c = sizeof(a);
    int i, d=0;
    for(i=0; i<c; i++){
        if(a[i]>='A' && a[i]<='Z')
            d++;
    }
    printf("%d", d);
    return 0;
}
```

▶ 답안기입란

04 다음은 OSI 7계층과 각 계층에서 사용되는 PDU이다. 〈빈칸〉에 적절한 용어를 쓰시오.("계층–PDU"의 형식으로 입력하시오. 예: 물리–비트)

OSI 7–Layer	PDU
물리	비트
[ㄱ]	[ㄱ]
[ㄴ]	[ㄴ]
전송	세그먼트/메시지
세션	데이터
표현	
응용	

▶ 답안기입란

ㄱ :
ㄴ :

05 아래 Python 코드를 수행한 결과를 쓰시오.

```
a = [23, 63, 36, 25, 33]
print(a.pop())
print(a.pop(0))
print(a.pop(1))
```

▶ 답안기입란

06 아래 SQL문장은 '인천' 및 '서울'지역에서 5,000만원 이상의 매출을 올린 매장의 점장명을 중복없이 출력한다. 〈빈칸〉에 적절한 키워드를 쓰시오.

〈SQL〉

```
SELECT [  ㄱ  ] 점장명 FROM 매출현황
    WHERE 지역 [  ㄴ  ](‘인천’, ‘서울’) [  ㄷ  ] 매출>=50000000
```

▶ 답안기입란

ㄱ :
ㄴ :
ㄷ :

07 아래 SQL문은 계좌의 잔고가 3000만원 이상인 고객의 등급을 'GOLD'로 변경한다. 〈빈칸〉에 적절한 키워드를 쓰시오.

〈SQL〉

```
[  ㄱ  ] 고객정보 [  ㄴ  ] 등급 = 'GOLD' [  ㄷ  ] 잔고 >=30000000;
```

▶ 답안기입란

ㄱ :
ㄴ :
ㄷ :

08 아래 Java 코드의 수행 결과를 쓰시오.

```
public class Main{
    public static void main(String[] args){
        int[] ar = {10, 20, 30, 40, 50};
        int a = 0;
        for(int n : ar){
            a += n;
        }
        System.out.println(a);
    }
}
```

▶ **답안기입란**

09 아래 〈보기〉에서, 화이트 박스 테스트 기법을 3가지 찾아 쓰시오.(대소문자 구별 안함)

〈보기〉

Equivalence Partitioning Testing, Condition Testing, Boundary Value Analysis, Cause – Effect Graphing Testing, Loop Testing, Comparison Testing, Data Flow Testing, Error Guessing

▶ **답안기입란**

10 회선 교환 방식 중, 축적 교환 방식에 해당하는 것을 〈보기〉에서 찾아 쓰시오.

〈보기〉

공간 분할, TDM 버스 교환, 메시지 교환, 가상 회선 패킷 교환, 데이터그램 패킷 교환, 시간 다중화, 시간 슬롯 상호 교환

▶ **답안기입란**

11 주로 컴퓨터의 메인보드에 내장되는 펌웨어로, 시스템이 부팅될 때 가장 먼저 구동되는 시스템을 무엇이라 하는지 쓰시오.

▶ **답안기입란**

12 아래는 〈조건〉을 만족하는 상태에서 오리와 돼지의 수를 구하는 Java 코드이다. 〈빈칸〉에 해당하는 코드를 쓰시오.

〈조건〉

1. 오리는 다리가 2개, 돼지는 다리가 4개이다.
2. 모든 동물의 수는 10마리이다.
3. 모든 동물의 다리 개수의 총합은 28개이다.

```
public class Main{
    public static void main(String[] args){
        int totalAnimals = 10;
        int totalLegs = 28;

        int duckLegs = 2;
        int pigLegs = 4;

        int ducks = 0;
        int pigs = 0;

        for (int i = 0; i <= totalAnimals; i++) {
            int Duck = i;
            int Pig = [  ㄱ  ];

            if ((Duck * duckLegs + Pig * pigLegs) == totalLegs) {
                ducks = Duck;
                pigs = Pig;
                [  ㄴ  ];
            }
        }
        System.out.println("오리의 수: " + ducks);
        System.out.println("돼지의 수: " + pigs);
    }
}
```

▶ **답안기입란**

ㄱ :
ㄴ :

13 아래 C 코드의 수행 결과를 쓰시오. (입력은 korea로 하였다고 가정한다.)

```
#include <string.h>
int main() {
    char str[100];
    gets(str);

    int length = strlen(str);

    for(int i = length - 1; i >= 0; i--)
        putchar(str[i]);

    return 0;
}
```

▶ 답안기입란

14 아래의 설명을 읽고, 〈빈칸〉에 적절한 용어를 쓰시오.

[ㄱ] : 시스템에서 실행할 프로세스의 순서를 결정하는 운영체제의 핵심 모듈로, 프로세스의 우선순위, 공정성, 효율성 등을 고려하여 다양한 알고리즘을 통해 최적의 실행 순서를 결정한다.
[ㄴ] : 프로세스가 준비 상태에서 실행 상태로 전환될 때, 실제로 CPU를 프로세스에 할당하는 작업을 담당한다.

▶ 답안기입란

ㄱ :
ㄴ :

15 아래의 설명을 읽고, 〈빈칸〉에 적절한 용어를 쓰시오.

[ㄱ] : 데이터베이스의 테이블을 의미하며, 엔티티(레코드)를 나타내는 행(Row)과 엔티티의 속성을 나타내는 열(Column)로 구성되어 있다.
[ㄴ] : 데이터베이스 내 데이터를 조작(조회, 삽입, 삭제, 수정)하기 위해 사용되는 언어이다.
[ㄷ] : 데이터베이스 정규화 단계 중 하나로, 기본 키가 아닌 모든 속성이 기본 키에 대해 이행적 함수 종속성을 가지지 않도록 하는 것이다.

▶ 답안기입란

ㄱ :
ㄴ :
ㄷ :

16 정규화를 통해 제거해야 하는 이상 현상 3가지는 무엇인지 쓰시오.

▶ 답안기입란

17 '학과정보' 테이블에서 '학생수'가 30명 이하인 '학과'를 조회하는 SQL문장을 작성하시오.

▶ 답안기입란

18 아래의 데이터 전송 제어 절차를 올바르게 나열하시오.

ㄱ. 회선 절단
ㄴ. 데이터링크 설정
ㄷ. 회선 접속
ㄹ. 정보 전송
ㅁ. 데이터링크 해제

▶ 답안기입란

19 V-모델에 의한 소프트웨어 개발 절차를 〈보기〉에서 찾아 순서대로 쓰시오.

〈보기〉

모듈 설계, 유닛 테스트, 인수 테스트, 아키텍처 설계, 시스템 테스트, 요구사항 분석, 통합 테스트, 시스템 설계, 구현

▶ **답안기입란**

개발 단계 : 테스트 단계 :

20 HDLC 프레임의 구성요소 중, 사용자 데이터 전송 정보와 흐름 제어 기능, 보조 연결 제어 기능을 제공하는 것은 무엇인지 쓰시오.

〈HDLC〉

FLAG	ADDRESS	CONTROL	INFORMATION	FCS	...

▶ **답안기입란**

SECTION

04 최신 기출문제 04회 (2023년 제3회)

01 아래 Java 코드를 수행하면 Parent가 출력된다. [빈칸]에 적절한 코드를 쓰시오.

```
class Parent{
    void show(){
        System.out.println("Parent");
    }
}class Child extends Parent{
    void show(){
        System.out.println("Child");
    }
}public class Main {
    public static void main(String[] args) {
        Parent a = [  빈칸  ]();
        a.show();
    }
}
```

▶ 답안기입란

02 아래 C 코드를 수행한 뒤 출력되는 값을 쓰시오.

```
#include <stdio.h>
int main(){
    int i, j, k = 0;
    int arr[100][5];
    for (i = 0; i < 100; i++){
        if (i % 2 == 0) {
            for(j=0; j<5; j++){
                k++;
                arr[i][j] = k;
            }
        }else{
            for(j=4; j>=0; j--){
                k++;
                arr[i][j] = k;
            }
        }
    }
    printf("%d", arr[47][0]);
    return 0;
}
```

▶ **답안기입란**

03 아래에서 설명하는 무결성의 종류를 쓰시오.

특정 열에 중복 값 또는 Null에 대한 제한을 두어 개체 식별자의 역할을 할 수 있게 하는 특성이다.
각 개체의 식별은 개체 무결성이 적용된 열에 의해 판단한다.

▶ **답안기입란**

04 제4정규형을 만족하기 위해 제거해야 하는 종속성은 무엇인지 쓰시오.

▶ 답안기입란

05 아래 C 코드의 수행 결과를 쓰시오.

```
#include <stdio.h>
int fa(int n){
    if(n==0) return 0;
    if(n%2==1)
        return -n + fa(n-1);
    return n + fa(n-1);
}
int main(){
    printf("%d", fa(10));
    return 0;
}
```

▶ 답안기입란

06 아래는 프로그램의 실행 여부에 따라 테스트 유형을 나눈 것이다. [빈칸]에 들어갈 알맞은 용어를 쓰시오.

- 프로그램의 실행 여부에 따라 정적 테스트와 동적 테스트가 있다.
- 정적 테스트 : 프로그램 실행 없이 소스 코드의 구조 분석(인스펙션, 동료 검토, 워크스루 등)
- 동적 테스트 : 프로그램의 실행 화면을 보면서 테스트 수행(화이트박스, 블랙박스)

(ㄱ)(은)는 프로그램의 내부 로직(경로 구조, 루프 등)을 중심으로 테스트를 진행한다.
(ㄴ)(은)는 프로그램의 기능(요구사항 만족 여부, 결과 값)을 중심으로 테스트를 진행한다.

▶ 답안기입란

ㄱ :
ㄴ :

07 아래 C 코드는 버블 정렬을 구현한 것이다. [빈칸]에 적절한 코드를 쓰시오.

```
void BubbleSort(int arr[], int size){
    int i, j, temp;
    for (i=0; i<size-1; i++)
        for (j=0; j< [  빈칸  ] ; j++)
            if (arr[j] > arr[j+1]){
                temp = arr[j];
                arr[j] = arr[j+1];
                arr[j + 1] = temp;
            }
}
```

▶ 답안기입란

08 다음에 제시된 Java 프로그램의 실행 결과, 〈출력 결과〉와 같이 결과를 출력한다. [빈칸]에 적절한 코드를 쓰시오.

〈출력 결과〉

```
1 4 7 10 13
2 5 8 11 14
3 6 9 12 15
```

```
public class Main{
    public static void main(String[ ] args) {
        int[ ][ ] arry = new int[(  ㄱ  )][(  ㄴ  )];
        for(int i=0; i<3; i++){
            for(int j=0; j<5; j++){
                arry[i][j] = j * 3 + (i + 1);
                System.out.print(arry[i][j] + " ");
            }
            System.out.println( );
        }
    }
}
```

▶ **답안기입란**

ㄱ :
ㄴ :

09 아래에서 설명하는 릴레이션 구성 요소는 무엇인지 〈보기〉에서 찾아 쓰시오.

- 개체를 구성하는 고유의 특성으로 의미 있는 데이터의 가장 작은 논리적 단위이다.
- 파일 시스템에서 필드를 의미하며 테이블의 열(Column)에 해당한다.

〈보기〉

Entity, Attribute, Domain, Tuple, Relation Schema

▶ **답안기입란**

10 SQL 문법에서 중복을 제거하여 조회하기 위해 사용하는 키워드는 무엇인지 쓰시오.

▶ **답안기입란**

11 TCP의 통신 수립 단계인 3-way 핸드셰이킹에서 사용하는 전송 제어 문자(flag)를 쓰시오.

▶ **답안기입란**

12 아래 C언어 코드를 수행한 결과를 쓰시오.

```
#include <stdio.h>
void main(){
    char *p = "KOREA";
    printf("%s\n", p);
    printf("%s\n", p+3);
    printf("%c\n", *p);
    printf("%c\n", *(p+3));
    printf("%c\n", *p+2);
}
```

▶ **답안기입란**

13 역채널을 이용하는 오류 제어 방식 중 하나로, 오류가 발생할 경우 자동으로 송신측에 데이터의 재전송을 요청하는 것은 무엇인지 영문 약어로 쓰시오.

▶ **답안기입란**

14 아래 Python 코드를 수행한 결과를 쓰시오.

```
asia = {'한국', '중국', '일본'}
asia.add('베트남')
asia.add('중국')
asia.remove('일본')
asia.update(['홍콩', '한국', '태국'])
print(asia)
```

▶ **답안기입란**

15 아래 Java 코드를 수행한 결과를 쓰시오.

```
class A {
    int a;
    public A(int n) {
        a = n;
    }
    public void print( ) {
        System.out.println("a="+a);
    }
}
class B extends A {
    public B(int n) {
        super(n);
        super.print( );
    }
}
public class Main {
    public static void main(String[ ] args) {
        B obj = new B(10);
    }
}
```

▶ **답안기입란**

16 아래 IPv6에 대한 설명 중, [빈칸]에 적절한 용어 및 수치를 쓰시오.

> 16비트씩 8부분으로 구성되는 (ㄱ)비트 주소 체계이다.
> 각 자리는 0부터 FFFF(65535)까지의 16진수로 표현하며 콜론(:)으로 구분한다.
> 연속되는 앞자리의 (ㄴ)(은)는 생략할 수 있다.
> • 유니캐스트 : 1:1 방식으로 특정 수신자에게만 데이터를 전송하는 방식
> • (ㄷ)캐스트 : N:M 방식으로 특정 그룹 수신자들에게 데이터를 동시 전송하는 방식
> • 애니캐스트 : 수신 가능한 가장 가까운 수신자에게 데이터를 전송하는 방식

▶ 답안기입란

ㄱ :
ㄴ :
ㄷ :

17 HTTP가 사용하는 포트 번호를 쓰시오.

▶ 답안기입란

18 전자 우편의 낮은 보안성을 보완하기 위해 메시지 기밀성, 무결성, 사용자 인증, 부인 방지 등의 기능을 제공하는 보안 프로토콜은 무엇인지 영문 약어로 쓰시오.

▶ 답안기입란

19 Java 문법에서, 클래스 변수를 선언하기 위해 변수 식별자 앞에 입력하는 키워드는 무엇인지 쓰시오.

▶ **답안기입란**

20 〈학번〉, 〈성명〉 열이 존재하는 어떤 릴레이션에서 〈연락처〉, 〈거주지〉 열을 추가하고 "노여진", "박승현", "김미르", "강한결", "박영진" 학생의 데이터를 추가하였을 때의 차수와 기수를 쓰시오. (릴레이션은 비어 있었다고 가정한다.)

▶ **답안기입란**

SECTION

05 최신 기출문제 05회 (2023년 제2회)

01 아래에서 설명하는 용어를 영문 약어로 쓰시오.

> OSI 기본 참조 모델의 데이터 연결 계층의 대표적인 프로토콜이며, X.25 기반의 패킷 교환망이나 ISDN의 D채널을 통한 신호 방식에서도 사용된다.
> 전송 효율과 신뢰성이 높아 다양한 데이터링크 형태에 적용되며 모든 데이터 통신 방식을 지원하는 동기식 전송 방식이다.
> 에러제어를 위해서 CRC 방식을 채택하며 메시지가 유실되었을 시 ARQ를 통해 재전송을 함으로써 데이터가 올바르게 전송되었음을 보장한다.

▶ **답안기입란**

02 아래 SQL문에서, Age 열에 대한 제약 조건을 지정하려 한다. [빈칸]에 적절한 코드를 쓰시오. (단, Age 열의 제약 조건은 20 이상인 데이터만 입력되도록 설정한다.)

```
CREATE TABLE Persons (
    ID int NOT NULL,
    LastName varchar(255) NOT NULL,
    FirstName varchar(255),
    Age int,
    [  빈칸  ]
);
```

▶ **답안기입란**

03 아래 정규화 단계와 단계별 설명을 올바른 것끼리 연결하시오.

1NF(제1정규형) •	• 이행적 함수 종속 제거
2NF(제2정규형) •	• 부분 함수 종속 제거
3NF(제3정규형) •	• 후보키를 통하지 않는 조인 종속 제거
BCNF(보이스 코드 정규형) •	• 다치 종속 제거
4NF(제4정규형) •	• 도메인이 원자값만 가지도록 분해
5NF(제5정규형) •	• 결정자가 후보키가 아닌 종속 제거

04 어떤 시점에서, 프로세스의 실행 시간 및 대기 시간이 아래와 같을 때, HRN 스케줄링에 의해 가장 먼저 실행되는 프로세스는 무엇인지 쓰시오.

프로세스	실행 시간	대기 시간
A	20	10
B	8	15
C	10	8

▶ **답안기입란**

05 아래 파이썬 코드에서 사용된 Data Type을 〈보기〉에서 모두 찾아 쓰시오. (순서 상관 없음)

```
a = 20.5
b = ["apple", "banana", "cherry"]
c = {"name" : "John", "age" : 36}
```

〈보기〉

str, int, float, list, dict, range, tuple, set, complex

▶ **답안기입란**

06 아래 Java 코드는 선택 정렬 알고리즘을 구현한 것이다. [빈칸]에 적절한 코드를 쓰시오.

```
class Selection_Sort{
    public static void selection_sort(int[] a, int size){
        for(int i = 0; i < size - 1; i++) {
            int m = i;
            for(int j = i + 1; j < size; j++)
                if(a[j] < a[m]) m = j;
            swap([  빈칸  ]);
        }
    }
    private static void swap(int[] a, int i, int j){
        int temp = a[i];
        a[i] = a[j];
        a[j] = temp;
    }
}
```

▶ **답안기입란**

07 Java에서 메모리 관리를 수행하는 것으로, 더 이상 사용되지 않는 객체를 메모리에서 자동으로 제거하는 모듈은 무엇인지 쓰시오.

▶ **답안기입란**

08 아래 파이썬 코드는 1부터 100까지의 정수 중 3의 배수의 합을 구하여 출력한다. [빈칸]에 적절한 코드를 쓰시오.

```
s = 0
for i in range([  빈칸  ]):
    s += i
print(s)
```

▶ **답안기입란**

09 다음 중, 데이터 정의어에 해당하는 SQL 명령어를 〈보기〉에서 모두 찾아 쓰시오. (단, 순서는 상관 없음)

〈보기〉

INSERT, DROP, GRANT, TRUNCATE, SELECT, DELETE, COMMIT, CHECKPOINT, ALTER, ROLLBACK, UPDATE, REVOKE

▶ **답안기입란**

10 아래 C 코드의 수행 결과를 쓰시오.

```
#include <stdio.h>
int main() {
    int arr[4][4];
    int n = 1;
    int row_start = 0;
    int row_end = 3;
    int col_start = 0;
    int col_end = 3;
    while (row_start <= row_end && col_start <= col_end) {
        for (int i = col_start; i <= col_end; i++)
            arr[row_start][i] = n++;
        row_start++;
        for (int i = row_start; i <= row_end; i++)
            arr[i][col_end] = n++;
        col_end--;
        for (int i = col_end; i >= col_start; i--)
            arr[row_end][i] = n++;
        row_end--;
        for (int i = row_end; i >= row_start; i--)
            arr[i][col_start] = n++;
        col_start++;
    }
    for (int i = 0; i < 4; i++) {
        for (int j = 0; j < 4; j++) {
            printf("%3d", arr[i][j]);
        }
        printf("\n");
    }
    return 0;
}
```

▶ **답안기입란**

11 V–모델에 근거한 테스트 단계를 나열하시오.

▶ **답안기입란**

12 아래 설명에 해당하는 ARQ 방식은 무엇인지 쓰시오.

송신측이 전송한 프레임에 대하여 수신측으로부터 응답신호(ACK, NAK)를 받을 때까지 기다리는 방식이다.
ACK(긍정 응답)가 오지 않은 경우 프레임이 손실되거나 중복 등이 일어난 것으로 판단한다.
1개의 파이프 라인(응답신호를 받기 전에 보낼 수 있는 프레임 개수)만 사용한다.

▶ **답안기입란**

13 아래에서 설명하는 트랜잭션의 특징을 〈보기〉에서 찾아쓰시오.

트랜잭션 실행 도중 다른 트랜잭션의 영향을 받지 않아야 한다는 특성

〈보기〉

Atomicity, Consistency, Isolation, Durability

▶ **답안기입란**

14 아래 C 코드를 수행하여 출력되는 결과를 쓰시오.

```
#include <stdio.h>
int main() {
    int a=50, b=7, c=0;
    while(a>=b){
        a-=b;
        c++;
    }
    printf("%d %d", c, a);
    return 0;
}
```

▶ **답안기입란**

15 〈학생〉 테이블에서 〈학점〉이 3.5 이상인 학생들의 〈학과명〉과 〈담당교수〉를 중복 없이 조회하는 SQL문을 작성하시오.

▶ **답안기입란**

16 동일 통신 계층 간에 교환되는 전체 데이터를 PDU(Protocol Data Unit)라고 한다. 통신 계층별 PDU에 해당하는 데이터 단위를 [빈칸]에 맞춰 쓰시오.

링크 계층 : (ㄱ)
네트워크 계층 : (ㄴ)
전송 계층 : (ㄷ)

▶ **답안기입란**

ㄱ :
ㄴ :
ㄷ :

17 아래 C 코드의 수행 결과를 쓰시오.

```
#include <stdio.h>
int main() {
    char a[5] = "abcde";
    int s=0, i;
    for(i=0; i<5; i++){
        s+=a[i]-'a';
    }
    printf("%d", s);
    return 0;
}
```

▶ **답안기입란**

18 아래에 나열된 테스트 기법 중, 화이트박스 테스트 기법에 해당하는 요소의 개수를 쓰시오.

Condition, Equivalence Partitioning, Data Flow, Basic Path, Cause-Effect Graphing, Boundary Value Analysis, Loop, Comparison, Error Guessing

▶ **답안기입란**

19 OSI-7 계층 중, 네트워크 상의 단말기 간 신뢰성 있는 데이터 송수신을 제공할 수 있도록 지원하는 계층은 무엇인지 쓰시오.

▶ **답안기입란**

20 아래 C 코드를 수행한 결과를 쓰시오.

```
#include <stdio.h>
int main() {
    char a[7] = "diamond";
    char t;
    int i;
    for(i=0; i<7; i++){
        t = a[(i+3)%7];
        a[(i+3)%7] = a[i];
        a[i] = t;
    }
    printf("%s", a);
    return 0;
}
```

▶ **답안기입란**

SECTION 06

최신 기출문제 06회 (2023년 제1회)

01 다음은 어떤 프로그램의 구조를 나타낸다. Fan-in의 수가 2 이상인 모듈을 모두 쓰시오. (단, 제어의 방향은 위에서 아래로 흐른다고 가정한다.)

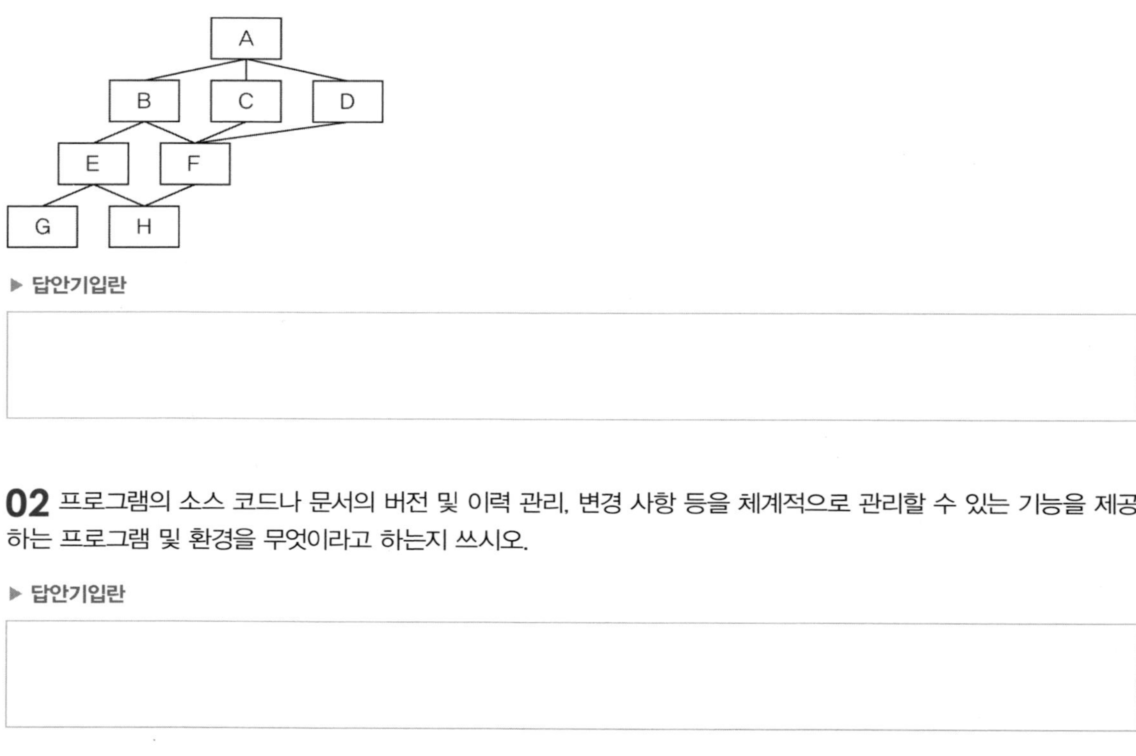

▶ **답안기입란**

02 프로그램의 소스 코드나 문서의 버전 및 이력 관리, 변경 사항 등을 체계적으로 관리할 수 있는 기능을 제공하는 프로그램 및 환경을 무엇이라고 하는지 쓰시오.

▶ **답안기입란**

03 한정적인 공인 IP 주소 절약을 위해 사설 IP 주소를 공인 IP 주소로 바꿔주는 주소 변환기는 무엇인지 영문 약어로 쓰시오.

▶ **답안기입란**

04 아래 파이썬 코드는 퀵 정렬 알고리즘을 구현한 것이다. [빈칸]에 알맞은 코드를 쓰시오.

```
array = [5, 7, 9, 0, 3, 1, 6, 2, 4, 8]
def quick_sort(arr):
    if len(arr) <= 1:
        return arr
    pivot = arr[len(arr) // 2]
    lesser_arr, equal_arr, greater_arr = [], [], []
    for num in arr:
        if (  ㄱ  ):
            lesser_arr.append(num)
        elif (  ㄴ  ):
            greater_arr.append(num)
        else:
            equal_arr.append(num)
    return quick_sort(lesser_arr) + equal_arr + quick_sort(greater_arr)

print(quick_sort(array))
```

▶ **답안기입란**

ㄱ :
ㄴ :

05 아래 C 코드를 수행한 결과를 쓰시오.

```
#include <stdio.h>

void fa(int n, int *arr, int *idx){
    if(n==0) return;
    arr[*idx] = n%2;
    *idx += 1;
    fa(n/2, arr, idx);
}

int main() {
    int n=14;
    int arr[32];
    int idx = 0;

    fa(n, arr, &idx);
    for(int i=idx-1; i>=0; i--)
        printf("%d", arr[i]);
    return 0;
}
```

▶ **답안기입란**

06 데이터베이스에서 트랜잭션 관련 연산을 수행하는 SQL 명령어를 〈보기〉에서 모두 찾아 쓰시오.

〈보기〉

CREATE, COMMIT, ALTER, DROP, ROLLBACK, INSERT, UPDATE, SELECT

▶ **답안기입란**

07 다음 중 관계 대수와 관련 있는 연산자를 〈보기〉에서 모두 찾아 쓰시오.

〈보기〉

∨, π, ∧, σ, ∀, ∃, ¬

▶ **답안기입란**

08 인터넷 프로토콜(IP)의 불완전한 신뢰성을 보완하기 위해 안정적으로 데이터를 송신하는 방법을 제공하는 것으로, 주소 지정, 다중화, 연결 유지, 패키징, 전송, 품질 관련 서비스, 흐름 제어 등 신뢰성 높은 데이터 전송을 위해 다양한 기능을 제공하는 프로토콜은 무엇인지 영문 약어로 쓰시오.

▶ **답안기입란**

09 IPv4의 헤더 구조 중, Destination Address에 해당하는 요소의 크기는 몇 bit인지 쓰시오.

▶ **답안기입란**

10 IP 주소 172.16.0.0/16이 지정되었고 100개의 호스트가 있는 서브넷을 생성해야 한다고 했을 때, 생성된 1번 서브넷의 브로드캐스트 주소는 무엇인지 쓰시오. (단, ip-subnet zero를 적용한다.)

▶ **답안기입란**

11 아래 교착 상태가 발생하기 위한 필요 충분 조건에 대한 설명 중, [빈칸]에 적절한 용어를 쓰시오.

> 상호 배제(Mutual exclusion) : 한 리소스는 한 번에 한 프로세스만이 사용 가능
> (ㄱ) : 프로세스가 하나 이상의 리소스를 점유하고 있으면서 다른 프로세스가 가지고 있는 리소스를 기다리는 상태
> (ㄴ) : 프로세스가 리소스를 자발적으로 반환할 때까지 기다리는 상태
> 환형 대기(Circular wait) : 각 프로세스가 순차적으로 다음 프로세스가 요구하는 자원을 가진 상태

▶ **답안기입란**

ㄱ :
ㄴ :

12 프로세스들의 실행 시간과 도착 시간이 아래 표와 같을 때, SJF 스케줄링 알고리즘을 적용했을 때의 각 프로세스의 대기 시간을 구하시오.

프로세스	실행 시간	도착 시간	대기 시간
A	24	0	(ㄱ)
B	17	10	(ㄴ)
C	8	14	(ㄷ)

▶ **답안기입란**

ㄱ :
ㄴ :
ㄷ :

13 아래의 제어 흐름도를 분기(결정) 커버리지로 테스트하고자 할 때, 도출되는 테스트 케이스(경로)를 모두 쓰시오.

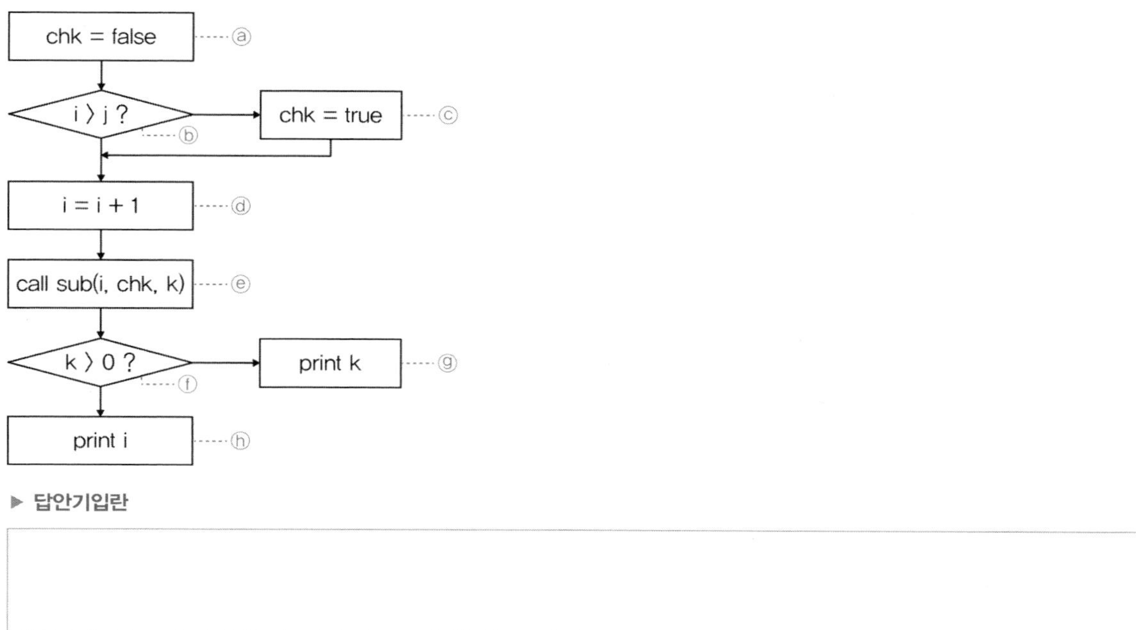

▶ 답안기입란

14 〈PLAYER〉 테이블에서 〈팀명〉은 내림차순으로 정렬하고, 〈팀명〉이 같을 경우 〈연봉〉을 오름차순으로 정렬하여 〈선수명〉, 〈팀명〉, 〈연봉〉을 조회하는 SQL 코드를 쓰시오.

▶ 답안기입란

15 아래 파이썬 코드를 수행한 결과를 정확히 쓰시오.

```
ar = [10, 20, 30, 40]
for i, v in enumerate(ar):
    print(i+v, end="-")
```

▶ 답안기입란

16 아래 이미지는 일반적인 DBMS의 구조이다. 빈칸에 적절한 용어를 쓰시오.

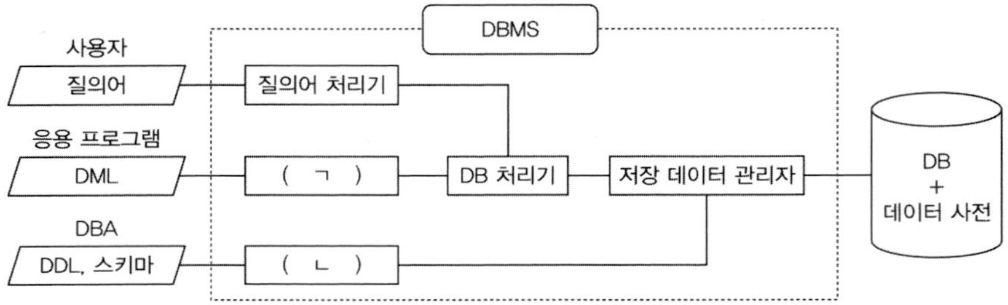

▶ **답안기입란**

ㄱ :
ㄴ :

17 아래 C 코드를 수행한 결과를 쓰시오.

```
#include <stdio.h>

int main() {
    int a=4, b=2, c=1;
    printf("%d", a|b&1|c);
    return 0;
}
```

▶ **답안기입란**

18 아래에서 설명하는 운영체제 운용 기법은 무엇인지 〈보기〉에서 찾아 쓰시오.

> 여러 명의 사용자가 사용하는 시스템에서 컴퓨터가 사용자들의 프로그램을 번갈아 가며 처리해 줌으로써 각 사용자에게 독립된 컴퓨터를 사용하는 느낌을 주는 것이며, 라운드 로빈(Round Robin) 방식이라고도 한다.
> 하나의 CPU는 같은 시점에서 여러 개의 작업을 동시에 수행할 수 없기 때문에, CPU의 전체 사용 시간을 작은 작업 시간량(Time Slice)로 나누어서 그 시간량 동안만 번갈아 가면서 CPU를 할당하여 각 작업을 처리한다.

〈보기〉

> Batch Processing, Multi Programming, Time Sharing, Multi−Processing,
> RealTime Processing, Multi Mode Processing, Distributed Processing

▶ **답안기입란**

19 아래 SQL문에서, 밑줄 친 부분이 의미하는 바를 약술하시오. (문장의 끝맺음 없이, 필요한 문구가 포함되면 정답으로 인정한다.)

```
SELECT COUNT(*) FROM CUSTOMER
GROUP BY ID HAVING COUNT(*) > 3
```

▶ **답안기입란**

20 E−R 다이어그램에서, 다중값(복합) 속성을 의미하는 기호를 그리시오.

▶ **답안기입란**

SECTION 07

최신 기출문제 07회 (2022년 제3회)

01 아래 Java 코드가 정상 수행되도록 [빈칸]에 알맞은 코드를 쓰시오.

```
class Person {
    private String name;
    private int age;

    public Person(String name, int age) {
        this.name = name;
        this.age = age;
    }

    public Person(String name) {
        [  빈칸  ](name, 0);
    }

    public Person(int age) {
        [  빈칸  ]("Unknown", age);
    }

    public Person() {
        [  빈칸  ]("Unknown", 0);
    }
}

public class Main
{
    public static void main(String[] args) {
        Person person = new Person("Jane Doe");
    }
}
```

▶ 답안기입란

02 수학 담당 선생님이 '모든 과목들의 점수가 기록되어 있는 테이블'에서, 자신이 담당하는 수학 점수만 확인하고자 할 때의 적절한 관계 대수 연산은 무엇인지 쓰시오. (연산명 or 기호)

▶ **답안기입란**

03 디자인 패턴 중, 객체 생성에 많은 인수가 필요한 복잡한 객체를 단계적으로 생성하는 패턴은 무엇인지 쓰시오.

▶ **답안기입란**

04 아래 Java 코드를 수행한 결과를 쓰시오.

```
class Animal {
    public void makeSound() {
        System.out.println("Some animal sound");
    }
}

class Dog extends Animal {
    public void makeSound() {
        super.makeSound();
        System.out.println("Bark");
    }
}

public class Main {
    public static void main(String[] args) {
        Animal dog = new Dog();
        dog.makeSound();
    }
}
```

▶ **답안기입란**

05 IP 주소 192.168.1.0/24가 지정되었고 4개의 서브넷을 생성해야 한다고 했을 때, 생성된 3번 서브넷의 사용 가능한 2번째 주소는 무엇인지 쓰시오. (단, ip-subnet zero를 적용한다.)

▶ **답안기입란**

06 0부터 100까지 점수를 입력하여 70 이상이면 합격을 출력하는 프로그램을 테스트하고자 한다. 아래와 같은 테스트 데이터가 주어졌을 때, 가장 적절한 테스트 기법은 무엇인지 쓰시오.

0, 69, 70, 100, −1, 102, 71, 1, 99

▶ **답안기입란**

07 아래의 테이블 〈생성 SQL〉을 통해 생성한 student 테이블에 데이터를 추가하는 〈삽입 SQL〉문의 빈칸에 적절한 코드를 쓰시오.

〈생성 SQL〉

```
CREATE TABLE student (
    student_id VARCHAR(5),
    name VARCHAR(10),
    gender CHAR(2),
    club VARCHAR(10),
    grade FLOAT
);
```

〈삽입 SQL〉

```
INSERT (  ㄱ  ) student(student_id, name, gender, club, grade)
       (  ㄴ  )('20230101', '홍길동', '남', '탁구', 4.0);
```

▶ **답안기입란**

ㄱ :
ㄴ :

08 키의 종류 중, 유일성을 만족하지 않아도 되는 것은 무엇인지 쓰시오.

▶ **답안기입란**

09 아래 Python 코드를 수행한 결과를 쓰시오.

```
list1 = [2, 8, 4, 3]
list2 = list(map(lambda x: x - 2, list1))
print(list2)
```

▶ **답안기입란**

10 OSI 7 Layer 전 계층의 프로토콜과 패킷 내부의 콘텐츠를 파악하여 침입 시도, 해킹 등을 탐지하고 트래픽을 조정하기 위한 패킷 분석 기술은 무엇인지 영문 약어로 쓰시오.

▶ **답안기입란**

11 분산형 형상 관리 도구 중 하나로, 대형 프로젝트에 효과적이며 중앙 서버에 의존하지 않는 완전한 형태의 저장소를 가지는 것은 무엇인지 쓰시오.

▶ **답안기입란**

12 트랜잭션의 특징에 대한 설명 중, 빈칸에 적절한 용어를 찾아 쓰시오.

(ㄱ) : 트랜잭션이 전체적으로 실행되거나 전혀 실행되지 않는 속성
(ㄴ) : 여러 트랜잭션이 서로 간섭하지 않고 동시에 실행할 수 있는 속성

〈보기〉

Atomicity, Consistency, Isolation, Durability

▶ **답안기입란**

ㄱ :
ㄴ :

13 아래 C 코드의 수행 결과를 쓰시오.

```
#include <stdio.h>

int main() {
    int array1[5] = {17, 23, 32, 41, 53};
    int array2[5] = {2, 4, 6, 8, 10};
    int array3[5];

    for (int i = 0; i < 5; i++) {
        if (array1[i] % 2 == 0) {
            array3[i] = array1[i] * array2[i];
        } else {
            array3[i] = array1[i] + array2[i];
        }
    }

    printf("Array 3[3]: %d", array3[3]);
    return 0;
}
```

▶ **답안기입란**

14 아래 C 코드는 grade의 값에 따라 다른 결과를 출력한다. 소수점을 반올림하여 결과가 출력될 수 있도록 하기 위한 빈칸에 알맞은 코드를 쓰시오. (예 : 3.7과 4.2를 반올림하면 4이므로 A가 출력되고, 4.5를 반올림하면 5이므로 A+가 출력된다.)

```c
#include <stdio.h>
int main() {
    double grade = 3.7;
    int a = [  빈칸  ];
    switch(a){
        case 5:
            printf("A+");
            break;
        case 4:
            printf("A");
            break;
        case 3:
            printf("B");
            break;
        case 2:
            printf("C");
            break;
    }
    return 0;
}
```

▶ **답안기입란**

15 접근 통제 매커니즘에 대한 용어 중, 접근 주체를 기준으로 접근 가능한 대상 및 기능에 대한 목록을 의미하는 것은 무엇인지 쓰시오.

▶ **답안기입란**

16 프로세스 스케줄링 방식 중, 작업이 도착한 순서대로 처리하는 방식의 영문 약어와 특징을 한 문장으로 간략히 서술하시오.

▶ **답안기입란**

17 다음 중, E-R 다이어그램에 대한 설명으로 틀린 것을 모두 고르시오.

ㄱ. 기본 구성 요소는 개체, 관계, 속성이 있다.
ㄴ. 논리 데이터 모델을 표현한 것으로 목표 시스템 환경을 고려해야 한다.
ㄷ. 완성도 있는 ERD는 업무 수행 방식의 변경에 영향을 받지 않는다.
ㄹ. ERD의 개체들은 개념 데이터 모델링 과정에서 분할 또는 통합될 수 있다.

▶ **답안기입란**

18 books 테이블에서, 언어가 English가 아닌 레코드를 조회하기 위해 빈칸에 적절한 코드를 쓰시오.

〈SQL〉

```
SELECT * FROM books WHERE [   빈칸   ]('English');
```

▶ **답안기입란**

19 아래 Java 코드가 정상 수행되기 위한 코드를 빈칸에 쓰시오.

```
class ArrayUtil {
    public [   빈칸   ] void initArray(int[] arr) {
        for (int i = 0; i < arr.length; i++) {
            arr[i] = i;
        }
    }
}

public class Main {
    public static void main(String[] args) {
        int[] arr = new int[5];
        ArrayUtil.initArray(arr);
        System.out.println(arr[2]);
    }
}
```

▶ **답안기입란**

20 아래 Java 코드를 수행한 결과를 쓰시오.

```
public class Main {
    public static void main(String[] args) {
        int a = -1;
        for (int i = 1; i <= 50; i++)
            if (i % 4 == 0 && i % 7 == 0)
                if (i > a) a = i;
        System.out.println(a);
    }
}
```

▶ **답안기입란**

SECTION

08 최신 기출문제 08회 (2022년 제2회)

01 원하는 정보가 무엇인지에 대해 정의하는 비절차적 언어로 수학의 술어 해석에 기반하며, 관계형 데이터베이스를 처리하는 기능과 능력면에서 관계 대수와 동일한 역할을 기대할 수 있는 것은 무엇인지 쓰시오.

▶ **답안기입란**

02 암호화 알고리즘 중, 대칭키 알고리즘에 해당하는 것을 〈보기〉에서 모두 찾아 쓰시오.

〈보기〉

RSA, HASH, DSA, WEP, DH, ElGamal, DES

▶ **답안기입란**

03 건축학과 학생들이 가입한 동아리와 같은 동아리에 가입되어 있는 영문학과 학생들의 이름, 학년, 성별을 조회하기 위한 SQL 코드에서 빈칸에 알맞은 코드를 쓰시오.

〈SQL〉

```
SELECT 이름, 학년, 성별 FROM 영문학과
    WHERE 동아리 [    빈칸    ](SELECT 동아리 FROM 건축학과);
```

▶ **답안기입란**

04 〈학생〉 테이블에 아래 〈SQL〉을 수행할 경우 출력되는 결과값을 쓰시오. (컬럼명은 제외)

〈학생〉

학번	이름	과목	교수
3857	신치원	워드	김남규
9685	하그루	컴활	손은채
2502	이믿음	컴활	한세환
6285	정민정	컴활	황소리
6663	강미르	파이썬	정바람
4005	성한길	자바	성재신
8732	송햇살	C언어	유남순
3893	추지수	정보처리	제갈동빈

〈SQL〉

```
SELECT COUNT(학번) FROM 학생
    WHERE 과목 = '컴활' OR 과목 IN('파이썬', '컴활');
```

▶ **답안기입란**

05 웹 서버와 사용자 사이에 웹 문서를 전송하기 위해 사용되는 프로토콜에 SSL 계층을 포함하여 보안이 강화되었고 443번 포트를 사용하는 프로토콜은 무엇인지 영문 약어로 쓰시오.

▶ **답안기입란**

06 하위 클래스의 변경 사항이 상위 클래스에 영향을 미치지 않도록 구성해야 한다는 객체지향 설계 원칙은 무엇인지 〈보기〉에서 찾아 쓰시오.

〈보기〉

Interface Segregation, Liskov Substitution, Dependency Inversion, Open–Closed, Single Responsibility

▶ **답안기입란**

07 아래 Java 코드에 적용된 객체지향 기술은 무엇인지 쓰시오. (캡슐화는 제외)

```
class Person {
    private String name;
    private int age;

    public Person(String name, int age) {
        this.name = name;
        this.age = age;
    }

    public Person(String name) {
        this.name = name;
        this.age = 0;
    }

    public Person(int age) {
        this.name = "Unknown";
        this.age = age;
    }

    public Person() {
        this.name = "Unknown";
        this.age = 0;
    }
}

public class Main
{
    public static void main(String[] args) {
        Person person = new Person("Jane Doe");
    }
}
```

▶ **답안기입란**

08 아래 C 코드를 수행하여 출력되는 결과 중 6번째 값은 무엇인지 쓰시오.

```
#include <stdio.h>
int main() {
    int a=1, b=1, num;
    printf("%d %d ", a, b);
    for(int i=0; i<8; i++) {
        num = a + b;
        a = b;
        b = num;
        printf("%d ", num);
    }
}
```

▶ **답안기입란**

09 IP 주소 195.47.52.0/24가 지정되었고 부서별 32개의 사용 가능한 IP 주소(호스트)가 필요하다고 했을 때, 총 몇 개의 서브넷으로 분할될 수 있는지 쓰시오. (단, ip-subnet zero를 적용한다.)

▶ **답안기입란**

10 애플리케이션 테스트 기법 중, 개발이 완료된 소프트웨어에 대해 사용자 요구사항 충족 여부를 사용자가 직접 테스트하는 것은 무엇인지 쓰시오.

▶ **답안기입란**

11 목적 기반 테스트에 대한 설명을 읽고, 빈칸에 적절한 기법을 쓰시오.

(ㄱ) : 실패를 유도하여 정상 복귀가 가능한지 테스트
(ㄴ) : 응답시간, 처리량, 반응속도 등의 테스트
(ㄷ) : 변경된 코드에 대한 새로운 결함 여부 테스트

▶ **답안기입란**

ㄱ :
ㄴ :
ㄷ :

12 관계 해석 논리 기호 중, 전칭 정량자에 해당하는 것은 무엇인지 쓰시오.

▶ **답안기입란**

13 아래 Python 코드의 수행 결과를 쓰시오.

```
s = ["culvert", "actuate", "where"]
a = s[0][:3] + s[1][2:4] + s[2][3:]
print(f"%s is the way we live" % a)
```

▶ **답안기입란**

14 아래에서 설명하는 라우팅 프로토콜은 무엇인지 영문 약어로 쓰시오.

- 순차적으로 빠르게 패킷을 전달하는 신뢰성 있는 프로토콜이다.
- VLSM을 지원하여 IP 주소의 낭비를 막을 수 있다.
- 보조 IP 주소를 이용할 수 있고, 최대 홉 카운트가 224개이다.

▶ 답안기입란

15 아래 C 코드를 수행한 결과를 쓰시오.

```
#include <stdio.h>

int st_len(char *s){
    int cnt=0;
    while(*s != '\0'){
        if(*s<='d')cnt++;
        s++;
    }
    return cnt;
}

int main(){
    char str[] = "standard";
    int c = st_len(str);
    printf("%d", c);
    return 0;
}
```

▶ 답안기입란

16 아래 C 코드는 배열의 최소값, 최대값을 찾아 출력한다. 올바른 결과가 출력되기 위해 빈칸에 알맞은 코드는 무엇인지 쓰시오.

```
#include <stdio.h>

void findMinMax(const int* arr, int size, int* max, int* min) {
    *max = *min = arr[0];
    for (int i = 1; i < size; i++) {
        if (   ㄱ   ) = arr[i];
        if (   ㄴ   ) = arr[i];
    }
}

int main() {
    int arr[] = { 5, 3, 8, 1, 9, 2, 7 };
    int size = sizeof(arr) / sizeof(arr[0]);
    int max, min;

    findMinMax(arr, size, &max, &min);

    printf("배열의 최댓값: %d\n", max);
    printf("배열의 최솟값: %d\n", min);

    return 0;
}
```

▶ **답안기입란**

ㄱ :
ㄴ :

17 아래 Java 코드가 정상 수행되도록 코드를 수정하시오.

```
class Animal {
    protected String species;
    protected int age;

    public Animal(String species, int age) {
        this.species = species;
        this.age = age;
    }

    public void eat() {
        System.out.println("The " + species + " is eating.");
    }
}

class Dog{
    private String name;

    public Dog(String name, int age) {
        super("Dog", age);
        this.name = name;
    }

    public void bark() {
        System.out.println(name + " is barking.");
    }
}

public class Main {
    public static void main(String[] args) {
        Dog myDog = new Dog("Buddy", 2);
        myDog.eat();
    }
}
```

▶ **답안기입란**

오류 :
정정 :

18 데이터 종속성에서, 종속성 규명의 기준이 되는 속성을 무엇이라 하는지 쓰시오.

▶ **답안기입란**

19 TCP/IP 계층 중, 응용 계층에 해당되는 서비스에서 사용되는 프로토콜으로 수신측 이메일 서버에서 사용자의 컴퓨터로 다운로드하는 역할을 수행하는 프로토콜은 무엇인지 쓰시오.

▶ **답안기입란**

20 스파게티 코드, 외계인 코드 등의 Bad Code와 반대되는 개념으로, 가독성이 높고 단순하며 의존성이 낮은 코드를 무엇이라 하는지 쓰시오.

▶ **답안기입란**

SECTION

09 최신 기출문제 09회 (2022년 제1회)

01 파일 전송 프로토콜(FTP)이 사용하는 포트의 번호는 무엇인지 쓰시오.

▶ 답안기입란

02 자료 구조 중, push와 pop 명령을 이용하여 가장 먼저 입력된 데이터가 가장 나중에 출력되는 후입선출(LIFO) 구조를 가진 자료 구조를 영문으로 쓰시오.

▶ 답안기입란

03 문자로 구성된 Domain Name을 숫자로 구성된 IP Adress로 변환해주는 시스템을 영문 약어로 쓰시오.

▶ 답안기입란

04 아래에서 설명하는 것은 무엇인지 영문 약어로 쓰시오.

- 실제 데이터웨어하우스를 구축하지 않고서도 구축한 것과 같은 효과를 내는 가상 시스템이다.
- 적은 비용으로 빠른 시간 안에 다차원 데이터 분석이 가능하고, 데이터 추출 및 로딩 과정을 거치지 않아 구축 기간 및 노력을 크게 줄일 수 있다.
- 핵심 업무와 관련된 온라인 트랜잭션 처리(OLTP) 작업이 많을 경우에는 운영체계 시스템의 성능이 떨어지거나 신뢰성 및 안정성에 문제가 발생할 수도 있다.

▶ 답안기입란

05 다중값 속성을 제거하여 속성이 원자값을 가지도록 정규화하는 정규형은 무엇인지 쓰시오.

▶ 답안기입란

06 아래 설명에 해당하는 용어를 〈보기〉에서 찾아 쓰시오.

- 관계형 데이터베이스에서 한 테이블의 속성 중 다른 테이블의 행을 식별할 수 있다.
- 관계형 데이터베이스에서 한 테이블의 속성 집합이 다른 테이블의 기본키가 되는 것이다.
- 테이블의 관계에서 참조 무결성을 보장하기 위해 사용된다.

〈보기〉

슈퍼키, 외래키, 기본키, 후보키, 대체키

▶ 답안기입란

07 OSI 7 Layer 중, 물리 계층을 통해 노드 간 송수신되는 정보의 오류와 흐름을 관리하여 정보 전달의 안전성을 높이는 계층은 무엇인지 쓰시오.

▶ 답안기입란

08 아래 테스트 기법에 대한 설명 중, 빈칸에 해당하는 용어를 쓰시오.

- (ㄱ) 테스트는 프로그램의 내부 로직(경로 구조, 루프 등)을 중심으로 테스트를 진행한다.
- (ㄴ) 테스트는 프로그램의 기능(요구사항 만족 여부, 결과값)을 중심으로 테스트를 진행한다.

▶ 답안기입란

ㄱ :
ㄴ :

09 아래 설명에 해당하는 용어를 영문 약어로 쓰시오.

- 일반적인 네트워크 방화벽과는 달리 웹 애플리케이션 보안에 특화되어 개발된 솔루션이다.
- SQL Injection, Cross-Site Scripting(XSS) 등과 같은 웹 공격을 탐지하고 차단하는 것이 기본 역할이다.
- 이 외에도 정보 유출 방지 솔루션, 부정 로그인 방지 솔루션, 웹 사이트 위변조 방지 솔루션 등으로 활용이 가능하다.

▶ 답안기입란

10 아래 사용자 인터페이스에 대한 설명 중, 빈칸에 해당하는 용어를 〈보기〉에서 찾아 쓰시오.

- (ㄱ) UI는 키보드를 통해 명령을 직접 입력하는 형태이다.
- (ㄴ) UI는 명령의 수행을 위해 해당 메뉴 및 그래픽 요소를 마우스로 조작하는 형태이다.
- (ㄷ) UI는 웹 브라우저를 통해 웹 페이지를 조작하는 형태이다.

〈보기〉

명령어(명령줄), 키보드, 음성, 그래픽, 웹(웹 기반), 멀티미디어, 생체신호

▶ 답안기입란

ㄱ :
ㄴ :
ㄷ :

11 아래 소프트웨어 테스트 절차를 올바르게 정렬하여 보기 번호로 나열하시오.

① : 테스트 분석
② : 테스트 계획
③ : 테스트 케이스(시나리오) 작성
④ : 테스트 결과 보고서 작성
⑤ : 테스트 수행

▶ 답안기입란

(　　) – (　　) – (　　) – (　　) – (　　)

12 영업팀은 20대 3명, 30대 6명, 40대 11명으로 구성되어 있다. 영업팀 테이블에 아래의 〈SQL〉 문장을 적용했을 때, 결과로 나올 수 있는 튜플의 최소 개수와 최대 개수의 합을 쓰시오.

〈SQL〉

```
SELECT 이름 FROM 영업팀 WHERE 나이 BETWEEN 35 AND 49
```

▶ **답안기입란**

13 아래는 같은 과목 시험을 5명 이상 응시한 학생들의 과목별 중간고사 점수의 평균을 구하는 〈SQL〉 문장이다. 빈칸에 해당하는 키워드를 쓰시오.

〈SQL〉

```
SELECT 과목, (   ㄱ   )(중간고사) AS 중간고사평균 FROM 학생
    GRUOP BY 과목 HAVING (   ㄴ   )(*) >= 5;
```

▶ **답안기입란**

ㄱ :
ㄴ :

14 아래 Python 코드의 실행 결과를 쓰시오.

```
a = 10
b = "YoungJin"
print(type(a))
print(type(b))
```

▶ **답안기입란**

15 아래 C 코드의 실행 결과를 쓰시오.

```
int main(){
    int a=10, b=12;
    a ^= b;
    b ^= a;
    a ^= b;
    printf("%d %d", a, b);
    return 0;
}
```

▶ **답안기입란**

16 아래 C 코드의 실행 결과를 쓰시오.

```
int main(){
    int i, num=10, count=0;
    for(i=2; i<=num/2; i++){
        if(i%2 == 0)
            count++;
    }
    printf("%d", count);
    return 0;
}
```

▶ **답안기입란**

17 아래 C 코드의 실행 결과를 쓰시오.

```
int main(){
    int i, num=3, r=0;
    for(i=1; i<10; i=i+2){
        r += num*i;
    }
    printf("%d", r);
    return 0;
}
```

▶ 답안기입란

18 아래 C 코드의 실행 결과를 쓰시오.

```
int main(){
    int i, num=30, even=0, odd=0;
    for(i=1; i<=num; i++){
        if(i%2==0)
            even++;
        else
            odd++;
    }
    printf("%d %d", even, odd);
    return 0;
}
```

▶ 답안기입란

19 아래 Java 코드의 실행 결과를 쓰시오.

```
public class Main{
    public static void main(String[] args){
        int x=1, a=0, b=0;
        a = (x >= 0) ? x : -x;
        if(x >= 0)
            b = x;
        else
            b = -x;
        System.out.println(a+" "+b);
    }
}
```

▶ 답안기입란

20 아래 Java 코드의 실행 결과를 쓰시오.

```
public class Main{
    public static void main(String[] args){
        int a=0, sum=0;
        while(true){
            if(sum>100) break;
            sum += ++a;
        }
        System.out.print(a+sum);
    }
}
```

▶ 답안기입란

PART

08

실전 모의고사

SECTION 01

실전 모의고사 01회

01 총 6개의 튜플을 갖는 EMPLOYEE 테이블에서 DEPT_ID 필드의 값은 "D1"이 2개, "D2"가 3개, "D3"가 1개로 구성되어 있다. 다음 SQL문의 실행 결과 튜플 수를 쓰시오.

```
SELECT DISTINCT DEPT_ID FROM EMPLOYEE;
```

▶ **답안기입란**

02 클라우드 컴퓨팅 기술 중, 블록체인의 기본 인프라를 추상화하여 블록체인 응용 기술을 제공하는 서비스는 무엇인지 〈보기〉에서 찾아 쓰시오.

〈보기〉

SaaS, PaaS, BaaS, IaaS

▶ **답안기입란**

03 명령어 수행의 기계 사이클 중 아래 빈칸에 해당하는 용어를 〈보기〉에서 찾아 쓰시오.

(   ) Instruction : 명령어를 분석하여 작업 수행에 필요한 장치에 제어신호를 보낸다.

〈보기〉

Fetch, Decode, Operand, Execute, Interrupt

▶ **답안기입란**

04 다음의 성적 테이블에서 학생별 점수 평균을 구하기 위한 SQL문을 작성하시오.

〈성적〉

성명	과목	점수
홍길동	국어	80
홍길동	영어	68
홍길동	수학	97
강감찬	국어	58
강감찬	영어	97
강감찬	수학	65

▶ **답안기입란**

05 아래 성적 테이블에서 과목별 점수의 평균을 구하기 위한 SQL문을 작성하시오.

〈성적〉

성명	과목	점수
홍길동	국어	80
홍길동	영어	68
홍길동	수학	97
강감찬	국어	58
강감찬	영어	97
강감찬	수학	65

▶ **답안기입란**

06 아래 C언어로 작성된 프로그램의 실행 결과를 쓰시오.

```
int main( ) {
    int data[5] = {10, 6, 7, 9, 3};
    int temp;
    for (int i = 0; i < 4; i++) {
        for (int j = i + 1; j < 5; j++) {
            if (data[i] > data[j]) {
                temp = data[i];
                data[i] = data[j];
                data[j] = temp;
            }
        }
    }
    for(int i = 0; i < 5; i++) {
        printf("%d ", data[i]);
    }
}
```

▶ **답안기입란**

07 아래의 빈칸에 해당하는 용어를 쓰시오.

- 프로세스의 처리 시간보다 페이지 교체에 소요되는 시간이 더 많아지는 현상이다. 프로세스 수행 과정 중 자주 페이지 부재가 발생함으로써 나타나는 현상으로 전체 시스템의 성능이 저하된다.
- 다중 프로그래밍의 정도가 더욱 커지면 (　　)(이)가 나타나면서 CPU의 이용률은 급격히 감소하게 된다.
- (　　) 현상을 방지하는 방법은 아래와 같다.
  - 다중 프로그래밍의 정도를 적정 수준으로 유지
  - 페이지 부재 빈도를 조절하여 사용
  - 워킹 셋을 유지
  - 부족한 자원을 증설하고, 일부 프로세스를 중단
  - CPU 성능에 대한 자료의 지속적 관리 및 분석으로 임계치를 예상하여 운영

▶ **답안기입란**

08 아래의 코드에 어떤 오류가 발생했는지 쓰시오.

ABCD를 ABCF로 기록한 경우

▶ 답안기입란

09 아래 C언어로 작성된 프로그램의 결과로 '4'가 출력되기 위해서는 ㄱ~ㅁ 중 어느 곳에 어떤 코드를 입력해야 하는지 쓰시오.

```
int main( ) {
    int a=3, k=1;
    switch(a) {
    case 3:
        k++;
        (   ㄱ   );
    case 6:
        k+=3;
        (   ㄴ   );
    case 9:
        k--;
        (   ㄷ   );
    case 10:
        k*=2;
        (   ㄹ   );
    default:
        k=0;
        (   ㅁ   );
    }
    printf("%d", k);
}
```

▶ 답안기입란

위치 :
코드 :

10 아래 C언어로 작성된 프로그램의 실행 결과를 쓰시오.

```
int main( ) {
    int a=2, d=6, total=a, n=2;
    for(int i=0; i<5; i++) {
        total+=a+(n-1)*d;
        n++;
    }
    printf("%d", total);
}
```

▶ 답안기입란

11 통신 프로토콜의 기본 구성 요소 3가지를 쓰시오.

▶ 답안기입란

12 스키마의 논리적 구조 중, 아래 빈칸에 해당하는 용어를 쓰시오.

- (ㄱ) 스키마 : 프로그래머나 사용자의 입장에서 본 데이터베이스의 모습을 나타낸 것이다.
- (ㄴ) 스키마 : 모든 응용 프로그램과 사용자들이 필요로 하는 데이터베이스 전체를 정의한 것이다.
- (ㄷ) 스키마 : 물리적인 저장 장치의 입장에서 본 데이터베이스의 모습을 나타낸 것이다.

▶ 답안기입란

ㄱ :
ㄴ :
ㄷ :

13 초심자(Novice)와 숙련자(Export)를 사용성 테스트에 참여시킨 후 대상 제품의 태스크 수행시간을 비교하여 문제점을 객관적으로 제시하는 사용성 테스트 기법은 무엇인지 영문 약어로 쓰시오.

▶ 답안기입란

14 사용자가 데이터 및 명령을 입력한 시점부터 트랜잭션 처리 후 결과의 출력이 완료할 때까지 걸리는 시간을 나타내는 성능 측정 지표는 무엇인지 쓰시오.

▶ 답안기입란

15 테스트의 원칙 중, 특정 위치에서 많은 결함이 발생된다는 법칙을 무엇이라 하는지 쓰시오.

▶ 답안기입란

16 메뉴나 아이콘 등의 그래픽 요소를 통해 시스템과 상호작용하는 사용자 인터페이스는 무엇인지 영문 약어로 쓰시오.

▶ 답안기입란

17 다이어그램의 종류 중, 구조적 다이어그램이 아닌 것은 무엇인지 골라 번호를 쓰시오.

① 클래스(Class) 다이어그램
② 시퀀스(Sequence) 다이어그램
③ 컴포넌트(Component) 다이어그램
④ 배치(Deployment) 다이어그램
⑤ 복합체(Composite) 구조 다이어그램
⑥ 패키지(Package) 다이어그램

▶ **답안기입란**

18 아래 JAVA언어로 작성된 프로그램의 실행 결과를 쓰시오.

```
class Person {
    void study( ) {
      System.out.println("인생공부");
    }
}
class Student extends Person {
    void study( ) {
      System.out.println("학교공부");
    }
}
public class Main {
    public static void main(String[ ] args) {
        Student a = new Student( );
        Person b = new Student( );
        Person c = new Person( );
        a.study( );
        b.study( );
        c.study( );
    }
}
```

▶ **답안기입란**

19 아래 Python언어로 작성된 프로그램의 실행 결과를 쓰시오.

```
list_a = [273, 32, 100, "korea", 50, [10, True, 30]]
print(list_a[3][3])
```

▶ **답안기입란**

20 테스트 시나리오에 대해 약술하시오.

▶ **답안기입란**

SECTION 02

실전 모의고사 02회

01 프로세스의 상태 전이 과정 중, 실행 상태의 프로세스가 입출력에 의한 작업을 위해 대기 상태로 변하는 과정을 무엇이라 하는지 영문으로 쓰시오.

▶ 답안기입란

02 아래 운영체제의 고려사항에 대한 설명 중 가장 거리가 먼 것을 골라 기호를 쓰시오.

ㄱ. 소프트웨어가 요구사항에 따라 운영되는 능력
ㄴ. 대규모, 대용량 데이터에 대한 처리 능력
ㄷ. 소프트웨어의 용량과 무선 인터페이스 적용 여부
ㄹ. 시스템에 설치 가능한 주변 기기의 정보
ㅁ. 라이선스 비용 및 유지관리 비용

▶ 답안기입란

03 동일한 테스트 케이스를 반복 실행하면 더 이상 새로운 결함을 발견할 수 없으므로 주기적으로 테스트 케이스를 개선하여 테스트를 진행해야 한다는 테스트의 원칙은 무엇인지 쓰시오.

▶ 답안기입란

04 아래 성적 테이블에서 성명에 '길'이 포함되는 학생의 성명과 점수를 출력하는 SQL문을 작성하시오.

〈성적〉

성명	과목	점수
홍길동	국어	80
홍길동	영어	68
홍길동	수학	97
강감찬	국어	58
강감찬	영어	97
강감찬	수학	65

▶ **답안기입란**

05 OSI 7 계층의 상위 계층 3가지를 쓰시오.

▶ **답안기입란**

06 학적 테이블에서 전화번호가 Null값이 아닌 학생명을 모두 검색하기 위한 SQL문을 작성하시오.

▶ **답안기입란**

07 데이터베이스 시스템의 종류 중, 아래에서 설명하는 용어를 영문 약어로 쓰시오.

- 데이터를 종속적인 상하 관계로 계층(Tree)화하여 관리하는 형태의 데이터베이스 구조이다.
- 데이터 접근 속도가 빠르지만, 데이터 구조 변화에 유연하게 대응하기 어렵다.
- 속성들의 관계를 묶어 레코드로 표현하고, 레코드들의 관계를 링크로 표현한다.
- 모든 링크 관계는 1:다 관계이며, 다:다 관계를 직접 표현할 수 없다.

▶ 답안기입란

08 테스트 오라클의 종류에 대한 설명이다. 빈칸에 들어갈 용어를 쓰시오.

① 참(True) 오라클 : 모든 테스트 케이스의 입력값에 대해 기대 결과를 제공하는 오라클로, 발생되는 모든 오류를 검출할 수 있다.
② (　　) 오라클 : 특정한 몇몇 테스트 케이스의 입력값들에 대해서만 기대 결과를 제공하는 오라클이다.
③ 추정(Heuristic) 오라클 : 특정 테스트 케이스의 입력값에 대한 기대 결과를 제공하고, 나머지 입력값들에 대해서는 추정으로 처리하는 오라클이다.
④ 일관성 검사(Consistent) 오라클 : 애플리케이션의 변경이 있을 때, 테스트 케이스의 수행 전과 후의 결과 값이 동일한지를 확인하는 오라클이다.

▶ 답안기입란

09 아래는 C언어로 작성된 점수를 입력받아 등급을 출력하는 프로그램이다. 프로그램이 정상 작동하도록 빈칸에 알맞은 코드를 쓰시오.

```
int main( ) {
    int score = 85;
    switch(  빈칸  ) {
    case 9:
        printf("A+"); break;
    case 8:
        printf("B+"); break;
    case 7:
        printf("C+"); break;
    case 6:
        printf("D+"); break;
    default:
        printf("F"); break;
    }
}
```

▶ 답안기입란

10 아래는 C언어로 작성된 윤년을 계산하는 프로그램이다. 프로그램이 정상 작동하도록 빈칸에 알맞은 코드를 쓰시오. (윤년은 4의 배수이면서 100의 배수가 아닌 년도와 400의 배수인 년도이다.)

```
int main( ) {
    int year;
    printf("년도를 입력하세요 : ");
    scanf("%d",&year);
    if(((  ㄱ  ) && (  ㄴ  )) || (year % 400 == 0))
        printf("%d년은 윤년입니다.\n",year);
    else
        printf("%d년은 윤년이 아닙니다.\n",year);
}
```

▶ 답안기입란

ㄱ :

ㄴ :

11 아래 C언어로 작성된 프로그램의 실행 결과를 쓰시오.

```
int main( ) {
    int score[5] = {70, 80, 75, 60, 90};
    int up80=0, m=0;
    for(int i=0; i<5; i++) {
        if(score[i]>80) up80++;
        if(m<score[i])
            m = score[i];
    }
    printf("%d, %d", up80, m);
}
```

▶ **답안기입란**

12 로직이 이해하기 어렵고 복잡하게 작성된 코드를 무엇이라 하는지 쓰시오.

▶ **답안기입란**

13 행위(Behavioral) 다이어그램 중, 객체들이 주고받는 메시지뿐 아니라 연관 관계까지 표현할 수 있는 다이어그램은 무엇인지 쓰시오.

▶ **답안기입란**

14 UI를 설계 시 고려사항 중, 기능 구조를 단순화하여 쉽게 조작하고 누구나 명확히 이해할 수 있도록 폰트, 색상, 용어 선택에 일관성이 있도록 하는 개념을 무엇이라고 하는지 쓰시오.

▶ **답안기입란**

15 아래 Python언어로 작성된 프로그램의 실행 결과를 쓰시오.

```
list_a = [273, 32, 100, "korea", 50, [10, True, 30]]
print(list_a[5][:2])
```

▶ **답안기입란**

16 아래 JAVA언어로 작성된 프로그램의 실행 결과를 쓰시오.

```
class Person {
    void study( ) {
        System.out.println("인생공부");
    }
}
class Student extends Person {
    void study(String sub) {
        System.out.print(sub + "공부/");
    }
}
public class Main {
    public static void main(String[ ] args) {
        Student a = new Student( );
        a.study("수학");
        a.study( );
    }
}
```

▶ **답안기입란**

17 다음 설명에 해당하는 용어를 쓰시오.

- CPU 내에서 발생 및 사용되는 데이터를 일시적으로 저장하는 저장장치이다.
- 가격대비 용량이 가장 작고 기억장치 중 속도가 가장 빠르다.
- 플립플롭(Flip–Flop)과 래치(Latch)로 구성된다.

▶ **답안기입란**

18 정규화 과정 중 제5정규형에 대해 간략히 서술하시오.

▶ **답안기입란**

19 다음이 설명하는 트래픽 제어 관련 용어를 쓰시오.

- 노드 간에 패킷을 기억할 수 있는 버퍼나 디스크의 용량이 넘쳐 패킷을 전송할 수 없는 상태이다.
- 흐름 제어가 실패하면 체증이 유발되고 패킷의 흐름이 정지되는 상태이다.

▶ **답안기입란**

20 아래 디자인 패턴에 대한 설명 중 빈칸에 알맞은 용어를 쓰시오.

- 이 분야의 사인방(GoF, Gang of Four)으로 불리는 에리히 감마(Erich Gamma), 리처드 헬름(Richard Helm), 랄프 존슨(Ralph Johnson), 존 블리시데스(John Vlissides)가 공동 집필한 책에서 제안한 디자인 패턴이다.
- 23가지의 디자인 패턴을 정리하고 각각의 디자인 패턴을 5가지의 (ㄱ) 패턴, 7가지의 (ㄴ) 패턴, 11가지의 (ㄷ) 패턴으로 구분한다.

▶ **답안기입란**

ㄱ :
ㄴ :
ㄷ :

SECTION

03 실전 모의고사 03회

01 아래 내용이 설명하는 용어를 쓰시오.

- 프로세스 내에서의 작업 단위로서, 시스템의 여러 자원을 할당받아 실행하는 프로그램 단위이다.
- 동일 프로세스 환경에서 서로 독립적인 다중 수행이 가능하다.
- 하드웨어, 운영체제의 성능과 응용 프로그램의 처리율을 향상시킬 수 있다.
- 응용 프로그램의 응답 시간을 단축시킬 수 있다.
- 실행 환경을 공유시켜 기억장소의 낭비가 줄어든다.

▶ **답안기입란**

02 정규화에 대해 약술하시오.

▶ **답안기입란**

03 IPv4의 주소 부족 문제 해결 방안 중 하나로, 기존의 IPv4의 클래스 체계를 무시하고 네트워크 주소와 호스트 주소를 임의로 구분하여 사용하는 방식에 대한 용어를 쓰시오.

▶ **답안기입란**

04 다음이 설명하는 용어를 쓰시오.

- 기업의 소프트웨어 인프라인 정보 시스템을 공유와 재사용이 가능한 서비스 단위나 컴포넌트 중심으로 구축하는 정보기술 아키텍처이다.
- 정보를 누구나 이용 가능한 서비스로 간주하고 연동과 통합을 전제로 아키텍처를 구축해 나간다.

▶ **답안기입란**

05 아래 〈보기〉에 나타나 있는 디자인 패턴 중 나머지와 다른 하나를 골라 쓰시오.

〈보기〉

Abstract Factory, Prototype, Adapter, Singleton, Builder

▶ **답안기입란**

06 테스트 케이스에 대해 약술하시오.

▶ **답안기입란**

07 아래 C언어로 작성된 프로그램의 실행 결과를 쓰시오.

```
int main( ) {
    int score[5] = {17, 15, 24, 18, 27};
    int cnt=0;
    for(int i=0; i<5; i++) {
        if(score[i]%2 + score[i]%3 == 0) cnt++;
    }
    printf("%d", cnt);
}
```

▶ 답안기입란

08 다음은 관계형 데이터베이스 관리 시스템에 대한 설명이다. 빈칸에 알맞은 용어를 쓰시오.

- (   ) 형태의 데이터 모델로, 가장 보편화된 데이터베이스 관리 시스템이다.
- (   )(을)를 이용하여 데이터 상호 간의 관계를 표현한다.
- 변화하는 업무나 데이터 구조에 대한 유연성이 좋아 유지 관리가 용이하다.
- 종합적이고 단순한 데이터 구조이며 가장 뛰어난 논리적 구조를 지원한다.

▶ 답안기입란

09 TCP/IP의 전송 계층에 해당하는 프로토콜 2가지를 쓰시오.

▶ 답안기입란

10 운영체제와 해당 운영체제에서 실행되는 응용 프로그램 사이에서 운영체제가 제공하는 서비스 이외에 추가적인 서비스를 제공하는 소프트웨어가 무엇인지 쓰시오.

▶ 답안기입란

11 CPU의 제어장치와 연산장치에 대해 약술하시오.

▶ 답안기입란

제어장치 :
연산장치 :

12 아래 C언어로 작성된 프로그램은 입력한 두 수 사이의 자연수 합계를 출력하고 있다. 빈칸에 알맞은 코드를 쓰시오. (두 수를 포함하여 합계를 내고, 음수 및 중복 수는 입력하지 않는다.)

```
int main( ) {
    int a, b, max, min, sum=0;
    scanf("%d %d", &a, &b);
    if(a>b) {
        max=b; min=a;
    } else {
        max=a; min=b;
    }
    for(int n=(  ㄱ  ); n<=(  ㄴ  ); n++)
        sum += n;
    printf("%d", sum);
}
```

▶ 답안기입란

ㄱ :
ㄴ :

13 아래 C언어로 작성된 프로그램은 2단부터 5단까지의 구구단을 출력한다. 빈칸에 알맞은 코드를 쓰시오.

```
int main( ) {
    for (int i = 2; i <= (  ㄱ  ); i++) {
        for (int j = 1; j <= (  ㄴ  ); j++) {
            printf("%d × %d = %d\n", i, j, i*j);
        }
        printf("\n");
    }
    return 0;
}
```

▶ **답안기입란**

14 아래 JAVA언어로 작성된 프로그램은 에러가 발생한다. 그 이유를 간략히 쓰시오.

```
class Student {
    void study( ) {
        System.out.println("공부");
    }
}
class Friend extends Student {
    void play( ) {
        System.out.println("놀자");
    }
}
public class Main {
    public static void main(String[ ] args) {
        Student a = new Student( );
        a.play( );
    }
}
```

▶ **답안기입란**

15 프로그램을 실행하지 않고 코딩 표준, 코딩 스타일, 코드 복잡도 및 기타 결함 등을 발견하기 위해 사용되는 테스트 자동화 도구는 무엇인지 쓰시오.

▶ **답안기입란**

16 소프트웨어 품질 목표 항목 중, 사용자의 기능 변경의 필요성을 만족하기 위하여 소프트웨어를 진화시키는 것이 가능한 정도를 무엇이라 하는지 쓰시오.

▶ **답안기입란**

17 웹 페이지 요소 중, 하나의 버튼으로 두 상태를 번갈아가며 선택할 수 있는 요소는 무엇인지 쓰시오.

▶ **답안기입란**

18 아래 Python언어로 작성된 프로그램의 실행 결과를 쓰시오.

```
list_a = [273, 32, 100, "korea", 50, [10, True, 30]]
print(list_a[3][::-1])
```

▶ **답안기입란**

19 사용성 테스트 기법의 종류 중, 각 속성들의 중요도에 따른 선호도를 예측하여 사용자의 니즈에 대응할 수 있는 평가 방법은 무엇인지 쓰시오.

▶ 답안기입란

20 다음이 의미하는 용어를 쓰시오.

- C언어를 기반으로 제작되었으며, 이식성이 우수하다.
- 하나 이상의 작업을 병행 처리할 수 있고, 둘 이상의 사용자가 동시에 시스템을 사용할 수 있다.
- 표준이 정해져 있고 제품의 공급 업체(Vendor)가 많으며 라이선스 비용이 저렴하다.
- 계층적 파일 시스템과 풍부한 네트워킹 기능이 존재한다.
- 쉘 명령어 프로그램과 사용자 위주의 시스템 명령어가 제공된다.

▶ 답안기입란

SECTION

04 실전 모의고사 04회

01 OSI 7 계층 중, 아래 설명이 의미하는 계층을 〈보기〉에서 찾아 쓰시오.

- 네트워크 종단 시스템(단말기) 간의 일관성 있고 투명한 데이터 전송이 제공될 수 있도록 지원하기 위한 계층이다.
- 신뢰성 있고 효율적인 데이터를 전송하기 위해 오류 검출과 복구, 흐름 제어를 수행한다.
- 송신, 수신 프로세스 간을 연결하며 전송 단위는 Segment이다.
- 대표적 프로토콜 : TCP, UDP

〈보기〉

Physical, Transport, Network, Session, Presentation

▶ 답안기입란

02 아래에서 설명하는 UI 프로토타입의 종류를 쓰시오.

- 손으로 직접 스케치, 그림 등을 이용하여 작성하는 방법이다.
- 적은 자원으로 개발해야 하는 경우에 사용한다.
- 장점 : 비용 저렴, 회의 중 작성 가능, 즉시 변경, 고객의 기대감 감소
- 단점 : 실제 테스트 부적절, 상호 관계 표시 어려움, 공유 어려움

▶ 답안기입란

03 아래 설명에 해당하는 정규형을 쓰시오.

- 이행적 함수 종속(Transitive Dependency)을 제거한 릴레이션 스키마이다.
- 결정자이자 종속자에 해당하는 속성을 기준으로 릴레이션을 분할한다.

▶ 답안기입란

04 하나의 계층에 복잡하게 존재하는 클래스들을 기능 클래스와 구현 클래스로 분리하고, 두 클래스를 연결하는 디자인 패턴을 무엇이라 하는지 쓰시오.

▶ 답안기입란

05 아래에서 설명하는 관계형 데이터베이스 관련 용어를 쓰시오.

- 하나의 속성에 입력될 수 있는 값들의 집합이다.
- 더 이상 분해될 수 없는 형태로 입력된다.

▶ 답안기입란

06 아래에서 설명하는 빌드 자동화 도구는 무엇인지 쓰시오.

- java 기반의 오픈 소스 자동화 도구이다.
- 가장 많이 사용되는 빌드 자동화 도구이다.
- 서블릿 컨테이너에서 실행되는 웹 서버 기반 도구이다.
- Git과 같은 형상 관리 도구와 연동이 가능하다.

▶ 답안기입란

07 판매실적 테이블에 대해 서울 지역의 지점명과 판매액을 출력하고자 한다. 판매액을 기준으로 내림차순을 하여 출력하기 위한 SQL문을 작성하시오.

〈판매실적〉

도시	지점명	판매액
서울	강남지점	330
서울	강북지점	168
광주	광주지점	197
서울	강서지점	158
서울	강동지점	197
대전	대전지점	165

▶ **답안기입란**

08 미들웨어 중, 응용 프로그램의 프로시저를 사용해 원격 프로시저를 로컬 프로시저처럼 호출하는 방식의 미들웨어를 무엇이라 하는지 영문 약어로 쓰시오.

▶ **답안기입란**

09 쿼리 최적화는 정형화된 규칙이 아닌 경험에 의한 최적화 규칙이 우선된다. 아래 빈칸에 해당하는 연산을 쓰시오.

- (ㄱ) 연산은 일찍 수행한다.
- (ㄴ) 연산은 가급적 일찍 수행한다.
- (ㄷ) 연산은 가급적 마지막에 수행한다.

▶ **답안기입란**

ㄱ :
ㄴ :
ㄷ :

10 특정 테이블을 삭제해야 할 때, 해당 테이블을 참조하는 테이블이 있다면 삭제를 취소하는 옵션을 쓰시오.

▶ **답안기입란**

11 아래 C언어로 작성된 프로그램에서 3과 5의 공배수를 구하기 위해 빈칸에 알맞은 코드를 쓰시오. (두 빈칸의 코드 순서는 신경쓰지 마시오.)

```
int main( ) {
    int score[5] = {17, 15, 24, 18, 27};
    int cnt=0;
    for(int i=0; i<5; i++) {
        if((  ㄱ  ) && (  ㄴ  )) cnt++;
    }
    printf("%d", cnt);
}
```

▶ **답안기입란**

ㄱ :
ㄴ :

12 아래 C언어로 작성된 프로그램의 실행 결과를 쓰시오.

```
int main( )
{
    char a, b;
    char *pa=&a, *pb=&b;
    int res = sizeof(a)+sizeof(b)==sizeof(pa)+sizeof(pb);
    printf("%d",res);
    return 0;
}
```

▶ **답안기입란**

13 아래 JAVA언어로 작성된 프로그램의 실행 결과를 쓰시오.

```
class Book {
    String title;
    String author;
    Book(String title) {
        this(title, "작자 미상");
    }
    Book(String title, String author) {
        this.title = title;
        this.author = author;
    }
}
public class Main {
    public static void main(String[ ] args) {
        Book a = new Book("별 헤는 밤", "윤동주");
        Book b = new Book("공무도하가");
        System.out.println(a.title + " : " + a.author);
        System.out.println(b.title + " : " + b.author);
    }
}
```

▶ **답안기입란**

14 테스트 하네스의 구성 요소 중, 상위 모듈의 테스트를 위한 기능만 가지고 있는 시험용 하위 모듈은 무엇인지 쓰시오.

▶ **답안기입란**

15 프로세스의 주요 상태 중, 프로세스의 대기 상태가 종료되어 다시 CPU의 할당을 기다리는 시점을 나타내는 상태를 영문으로 쓰시오.

▶ 답안기입란

16 실행 기반 테스트 중, 동적 테스트의 대표적인 기법 2가지를 쓰시오.

▶ 답안기입란

17 아래는 C언어로 작성된 입력받은 두 수를 나눠 몫과 나머지를 구하는 프로그램이다. 빈칸에 알맞은 코드를 쓰시오. (단, 두 값 중 앞의 값이 크고 음수를 입력하지 않는다.)

```
int main( ) {
    int a, b;
    scanf("%d %d", &a, &b);
    printf("%d 나누기 %d의 몫은 %d입니다.\n", a, b, (  ㄱ  ));
    printf("%d 나누기 %d의 나머지는 %d입니다.", a, b, (  ㄴ  ));
}
```

▶ 답안기입란

ㄱ :
ㄴ :

18 다음 빈칸에 해당하는 용어를 쓰시오.

- 주변 장치 간에 정보 교환을 위해 연결된 통신 회선을 의미한다.
- CPU 내부 요소 사이의 정보를 전송하는 내부 (　　)(와)과 CPU와 주변 장치 사이의 정보를 전송하는 외부 (　　)(이)가 있다.

▶ 답안기입란

19 아래에서 설명하는 사용성 테스트 기법은 무엇인지 쓰시오.

- 제품이나 서비스와 연관된 것을 사용해보고 태스크(Task)별 학습성, 효율성, 기억 용이성, 오류, 만족도 등에 대해 평가한다.
- 제품이나 서비스를 개발하는 단계에 맞춰 진행하며 평가 결과를 바탕으로 성능을 개선한다.
- 평가 완료 후 결과물 : 학습성, 효율성, 기억 용이성, 오류, 만족도에 대한 평가

▶ 답안기입란

20 아래 Python언어로 작성된 프로그램의 실행 결과를 쓰시오.

```
a = {"철수": 40, "영희": 50}
a['길동'] = 70
a['철수'] = 60
print(a['철수']+a["영희"])
```

▶ 답안기입란

SECTION

05 실전 모의고사 05회

01 다음은 유닉스의 기본 구성에 대한 설명이다. 빈칸에 알맞은 용어를 쓰시오.

- 커널(Kernel) : 유닉스의 핵심 요소로, 핵심 시스템을 관리하고 서비스를 제공한다.
- (　　) : 사용자 명령의 입력을 받아 시스템 기능을 수행하는 명령 해석기이다.
- 유틸리티(Utility) : 문서 편집, 데이터베이스 관리, 언어 번역, 네트워크 기능 등을 제공한다.

▶ **답안기입란**

02 학생 테이블에 대한 조회 권한을 부여하는 SQL문을 작성하시오. (조회 권한을 부여하는 대상은 'U1'이며, 권한을 부여받은 대상은 다른 대상에게 같은 권한을 부여할 수 있다.)

▶ **답안기입란**

03 순수 관계 연산자 중, 하나의 릴레이션에서 조건에 맞는 튜플을 분리하는 Select 연산의 기호를 쓰시오.

▶ **답안기입란**

04 아래의 SQL 문장에서 틀린 부분을 찾아 올바르게 고쳐 쓰시오. (문장 전체가 아닌 틀린 부분만 명확히 판단이 되면 정답으로 인정)

```
SELECT player_name, height FROM player
WHERE team_id = 'Korea' AND height BETWEEN 170 OR 180;
```

▶ **답안기입란**

05 연산자의 5가지 기능을 쓰시오.

▶ **답안기입란**

06 OSI 7 계층 중, 응용 계층에 해당하는 프로토콜을 3가지 쓰시오.

▶ **답안기입란**

07 프로세스 스케줄링 방식 중, 비선점형 방식에 해당하는 것을 〈보기〉에서 골라 기호를 쓰시오.

〈보기〉

㉠ FIFO ㉡ SJF ㉢ RR ㉣ HRN ㉤ SRT ㉥ MFQ

▶ **답안기입란**

08 아래 C언어로 작성된 프로그램의 실행 결과를 쓰시오.

```
int main( ) {
    int data[5] = {10, 6, 7, 9, 3};
    int temp;
    for (int i = 0; i < 4; i++) {
        for (int j = i + 1; j < 5; j++) {
            if (data[i] < data[j]) {
                temp = data[i];
                data[i] = data[j];
                data[j] = temp;
            }
        }
    }
    for(int i = 0; i < 5; i++) {
        printf("%d ", data[i]);
    }
}
```

▶ **답안기입란**

09 아래에서 설명하는 관계형 데이터베이스 관련 용어를 쓰시오.

- 개체 정보의 특성을 나타내며 파일 시스템에서 필드에 해당된다.
- 데이터베이스를 구성하는 가장 작은 단위이다.

▶ **답안기입란**

10 검토 회의 전에 미리 준비된 자료를 배포하여 사전 검토를 진행하고, 검토 회의를 빠르게 진행하여 오류를 조기에 발견하는 테스트 기법은 무엇인지 쓰시오.

▶ **답안기입란**

11 디지털 UI 프로토타입의 장점과 단점을 약술하시오.

▶ **답안기입란**

장점 :
단점 :

12 아래는 C언어로 작성된 두 수를 입력받아서 차이값을 출력하는 프로그램이다. 입력되는 수에서 어떤 수가 클지 모르는 상황에서 차이값이 음수가 나오지 않도록 빈칸에 알맞은 코드를 쓰시오. (단, 두 수는 같은 값을 입력하지 않는다.)

```
int main( ) {
    int a, b;
    scanf("%d %d", &a, &b);
    if(  빈칸  )
        printf("%d, %d의 차이값은 %d입니다.", a, b, a-b);
    else
        printf("%d, %d의 차이값은 %d입니다.", a, b, b-a);
}
```

▶ **답안기입란**

13 결함(Defect)의 원인이 되는 요소를 쓰시오.

▶ **답안기입란**

14 아래 C언어로 작성된 프로그램의 실행 결과를 쓰시오.

```
int main( ) {
    int a=10, b=15;
    printf("%d", ++a/5 << b/2-1*2);
}
```

▶ **답안기입란**

15 사용자의 요구에 따라 변화하는 동적인 콘텐츠를 처리하기 위해 사용되는 미들웨어를 영문 풀네임으로 쓰시오.

▶ **답안기입란**

16 아래 JAVA언어로 구현된 클래스는 내부 변수의 직접적인 접근을 막고 특정 메소드를 통해 값을 할당받아 출력해주고 있다. 이와 관련된 객체지향 프로그래밍 기술을 영어로 쓰시오.

```
class Student{
   private String name;
   private int age;

   public void setName (String name) { this.name = name; }
   public void setAge (int age) { this.name = name; }
   public String getName( ) { return name; }
   public int getAge( ) { return age; }
}
```

▶ **답안기입란**

17 아래 Python언어로 작성된 프로그램의 실행 결과를 쓰시오.

```
a = ['A', 'b', 'C']
a.pop(0)
a.append('B')
a.insert(0, 'G')
a.remove('B')
print(a)
```

▶ **답안기입란**

18 사용성 테스트에 대해 약술하시오.

▶ **답안기입란**

19 문제의 처리를 담당하는 여러 개의 처리 기능을 두고 순서대로 처리해 나가는 디자인 패턴은 무엇인지 영문으로 쓰시오.

▶ **답안기입란**

20 다음이 의미하는 용어를 쓰시오.

- 네트워크 장비를 관리 감시하기 위한 목적으로 UDP상에 정의된 응용 계층 표준 프로토콜이다.
- 네트워크 관리자가 네트워크 성능을 관리하고 네트워크 문제점을 찾는다.

▶ **답안기입란**

SECTION

06 실전 모의고사 06회

01 데이터 제어어(DCL)에 대해 간략히 설명하시오.

▶ 답안기입란

02 아래 두 테이블에 대한 곱집합(카티션 프로덕트)의 차수를 쓰시오.

R

회원번호	이름	과목
1	홍길동	영어
2	김경희	국어
3	안재홍	수학

×

S

성별	지역
남	서울
여	인천

▶ 답안기입란

03 아래 C언어로 작성된 프로그램의 실행 결과를 쓰시오.

```
int main( ) {
    int a = (21 / 4) * 3;
    int b = (a * a) / a;
    printf("%d%d", a, b);
}
```

▶ 답안기입란

04 아래에서 설명하는 관계형 데이터베이스 용어를 쓰시오.

• 하나 이상의 속성들의 집합으로 이루어진 표(Table)이다.
• 대표적인 특징으로 '속성의 유일성, 무순서, 원자성'과 '튜플의 유일성, 무순서' 등이 있다.

▶ 답안기입란

05 아래 C언어로 작성된 프로그램의 실행 결과를 쓰시오.

```
int main( ) {
    int sw=-1, n=2;
    printf("1");
    for(int i=1; i<5; i++) {
        if(sw==1)
            printf("+");
        printf("%d", n++*sw);
        sw *= -1;
    }
}
```

▶ 답안기입란

06 아래에서 설명하는 용어를 쓰시오.

• 연산자 또는 연산 규칙을 사용하여 기술하는 절차식 언어이다.
• 주어진 관계로부터 원하는 데이터와 그 데이터를 유도하는 연산자이다.
• 릴레이션을 조작하여 특정 릴레이션을 만들어낸다.
• 일반 집합 연산과 순수 관계 연산자로 구분된다.

▶ 답안기입란

07 사용성 테스트 환경 구축 절차를 올바르게 나열하시오.

ㄱ. 테스트 참여자 확보
ㄴ. 테스트 목표 설정
ㄷ. 테스트 항목 정의
ㄹ. 테스트 인원 구성
ㅁ. 테스트 룸 설정
ㅂ. 테스트 환경 설정

▶ **답안기입란**

08 시간 기반 테스트의 설명을 보고 빈칸에 알맞은 용어를 쓰시오.

- (ㄱ) 테스트는 개발자의 입장에서 진행되며, 소프트웨어의 완성도를 테스트한다.
- (ㄴ) 테스트는 사용자의 입장에서 진행되며, 요구사항 구현도를 테스트한다.

▶ **답안기입란**

ㄱ :
ㄴ :

09 요구사항 도출 기법 중, 사용자의 요구사항을 기능 단위로 표현하는 기법을 쓰시오.

▶ **답안기입란**

10 결함으로 인해 소프트웨어 및 서비스가 기대 결과를 나타내지 못하는 것을 나타내는 용어를 쓰시오.

▶ **답안기입란**

11 아래는 C언어로 작성된 학점을 입력받아 등급을 출력하는 프로그램이다. 프로그램이 정상 작동하도록 빈칸에 알맞은 코드를 쓰시오.

```
int main( ) {
    double score=3.7;
    int i = (  빈칸  );
    switch(i) {
    case 4:
        printf("A+"); break;
    case 3:
        printf("B+"); break;
    case 2:
        printf("C+"); break;
    case 1:
        printf("D+"); break;
    default:
        printf("F"); break;
    }
}
```

▶ **답안기입란**

12 코드 리팩토링(Refactoring)에 대해 약술하시오.

▶ 답안기입란

13 명령어 형식 중, 아래의 설명에 해당하는 용어를 쓰시오.

- Op-Code만 있고 Operand는 없는 명령어 형식으로, 주로 STACK 구조에서 사용된다.
- 스택에 자료를 입력하는 push와 스택에서 자료를 출력하는 pop 명령을 사용한다.

▶ 답안기입란

14 아래 JAVA언어로 구현된 캡슐화가 적용된 클래스이다. 클래스가 정상 작동되도록 빈칸에 알맞은 코드를 쓰시오.

```
class Book {
  private String name;
  private String author;

  public void setName(String name) { (  ㄱ  ) }
  public void setAuthor(String author) { (  ㄴ  ) }
  public String getName( ) { return name; }
  public String getAuthor( ) { return author; }
}
```

▶ 답안기입란

ㄱ :
ㄴ :

15 아래 Python언어로 작성된 프로그램의 실행 결과를 쓰시오.

```
s = "Hello Python"
print(s[6:10], s[-2:])
```

▶ **답안기입란**

16 아래 인터넷 프로토콜에 대한 설명에 해당하는 용어를 쓰시오.

- 인터넷 연결을 위한 여러 프로토콜을 통칭하는 것이다.
- 주요 서비스로는 HTTP, SMTP, FTP, Telnet, SSH 등이 있다.

▶ **답안기입란**

17 교착상태가 발생하는 필요충분조건 4가지를 쓰시오.

▶ **답안기입란**

18 프로그램의 효율적인 관리를 위해 프로그램을 기능 단위로 분해한 것을 무엇이라 하는지 쓰시오.

▶ **답안기입란**

19 아래 설명에 해당하는 용어를 영문 약어로 쓰시오.

- 시스템, 콘텐츠, 서비스 등을 보다 편리하고 안전하게 사용할 수 있도록 연구하는 학문이다.
- 어떻게 하면 좋은 제품을 만들 수 있는지 연구한다.
- 시스템을 사용하는 데 있어 최적의 사용자 경험을 만드는 것이 최종 목표이다.

▶ **답안기입란**

20 병행 제어 기법 중 로킹(Locking)에서 로크의 단위가 큰 경우에 해당하는 특징을 모두 고르시오.

ㄱ. 로크의 개수가 적어져 병행 제어 기법이 단순해진다.
ㄴ. 로크의 개수가 많아져 병행 제어 기법이 복잡해진다.
ㄷ. 병행성(공유도) 수준이 낮아지고 오버헤드가 감소한다.
ㄹ. 병행성(공유도) 수준이 높아지고 오버헤드가 증가한다.

▶ **답안기입란**

SECTION

07 실전 모의고사 07회

01 IP의 헤더 구조에서, 요구되는 서비스의 품질을 설정하는 TOS(Type Of Service)가 있다. 보안 품질을 최대화 하기 위해서는 어떤 값을 지정해야 하는지 아래 〈보기〉에서 찾아쓰시오.

〈보기〉

0, 1, 2, 4, 8, 15

▶ **답안기입란**

02 등록된 결함을 검토하여 적절한 후속 작업(할당, 보류, 해제)을 진행할 수 있도록 선택하는 결함 상태를 무엇이라 하는지 쓰시오.

▶ **답안기입란**

03 정규화의 단계 중, 부분 함수 종속을 제어하는 단계는 무엇인지 쓰시오.

▶ **답안기입란**

04 다음이 의미하는 용어를 쓰시오.

- 코드의 기능 자체는 바뀌지 않은 상태에서 구조를 개선하는 것이다.
- 완성된 코드의 구조를 좀 더 안정되게 설계하는 기술이다.
- 소프트웨어의 디자인을 개선하여 가독성을 높인다.

▶ 답안기입란

05 아래에서 설명하는 관계형 데이터베이스 용어를 영문으로 쓰시오.

- (ㄱ) : 릴레이션에서 정의된 속성의 개수이다.
- (ㄴ) : 릴레이션에서 생성된 튜플의 개수이다.

▶ 답안기입란

ㄱ :
ㄴ :

06 데이터 정의어(DDL)에 대해 간략히 설명하시오.

▶ 답안기입란

07 학생 테이블의 학과 속성값을 오름차순 정렬하여 중복을 허용하지 않도록, '학생_인덱스'라는 이름으로 인덱스를 정의하는 SQL문을 작성하시오.

▶ 답안기입란

08 아래에서 설명하는 유스케이스 다이어그램의 관계는 무엇인지 쓰시오.

- 공통적으로 쓰이는 기능을 따로 떼어내어 새로운 유스케이스를 생성한 경우에 연결되는 관계이다.
- 원래의 유스케이스에서 새로운 유스케이스 방향으로 점선 화살표를 그리고 ≪include≫를 표시한다.

▶ 답안기입란

09 아래 C언어로 작성된 프로그램에서 빈칸에 알맞은 코드를 적으시오.

```
int main( ) {
    int data[5] = {10, 6, 7, 9, 3};
    int temp;
    for (int i = 0; i < 4; i++) {
        for (int j = i + 1; j < 5; j++) {
            if (data[i] > data[j]) {
                temp = data[i];
                (  빈칸  );
                data[j] = temp;
            }
        }
    }
    for(int i = 0; i < 5; i++) {
        printf("%d ", data[i]);
    }
}
```

▶ 답안기입란

10 시스템에 과도한 정보량이나 빈도 등을 부과하여 과부화 시에도 소프트웨어가 정상적으로 실행되는지를 확인하는 목적 기반 테스트는 무엇인지 쓰시오.

▶ **답안기입란**

11 다음 그림에서 B 모듈의 제어도는 몇인지 쓰시오.

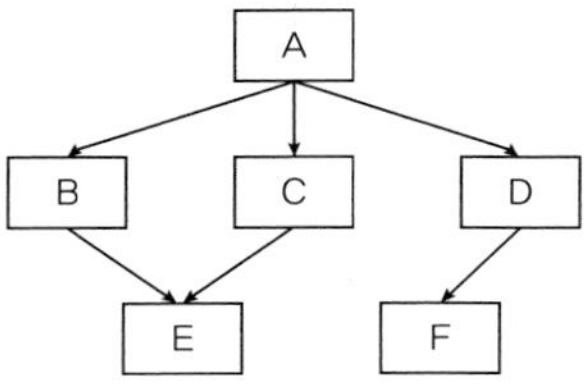

A → B, A → C, A → D
B → E, C → E, D → F

▶ **답안기입란**

12 아래는 C언어로 작성된 두 수를 입력받아서 차이값을 출력하는 프로그램이다. 입력되는 수에서 어떤 수가 클지 모르는 상황에서 차이값이 음수가 나오지 않도록 빈칸에 알맞은 코드를 쓰시오. (단, 두 수는 같은 값을 입력하지 않는다.)

```
int main( ) {
    int a, b, max, min;
    scanf("%d %d", &a, &b);
    if(  빈칸  ) {
        max=b; min=a;
    } else {
        max=a; min=b;
    }
    printf("%d, %d의 차이값은 %d입니다.", max, min, max-min);
}
```

▶ **답안기입란**

13 컴퓨터 프로그램 등의 최신 기술을 개발하여 실제 상황에서 운용하기 전에 소규모로 시험 작동을 해보는 것으로, 시스템에서 발생할 수 있는 여러 가지 변인들을 사전에 파악하여 이후 진행될 사용성 테스트 계획서 수립에 반영하기 위한 활동을 무엇이라 하는지 쓰시오.

▶ **답안기입란**

14 아래 C언어로 작성된 프로그램의 실행 결과를 쓰시오.

```
int main( ) {
    int a=10, b=5;
    printf("%d, ", a / b * 2);
    printf("%d, ", ++a * 3);
    printf("%d, ", a>b && a != 5);
}
```

▶ **답안기입란**

15 아래 JAVA언어로 작성된 프로그램의 실행 결과를 쓰시오.

```
public class Main {
    public static int[ ] makeArray(int n) {
        int[ ] t = new int[n];
        for(int i = 0; i < n; i++) {
            t[i] = (i*7)%10;
        }
        return t;
    }
    public static void main(String[ ] atgs) {
        int[ ] a = makeArray(4);
        for(int i = 0; i < a.length; i++)
            System.out.print(a[i] + " ");
    }
}
```

▶ **답안기입란**

16 아래 Python언어로 작성된 프로그램에서 self의 의미를 간략히 서술하시오.

```
class ClassicCar:
    color = "빨간색"
    def test(self):
        color = "파란색"
        print("color = ", color)
        print("self.color = ", self.color)
father = ClassicCar( )
father.test( )
```

▶ **답안기입란**

17 전자우편 서비스는 온라인으로 편지를 주고받을 수 있는 서비스이다. 전자우편 서비스에서 사용하는 프로토콜 중 메일 전송을 담당하는 프로토콜을 쓰시오.

▶ 답안기입란

18 아래 설명 중 빈칸에 들어갈 용어를 쓰시오.

- (   )(은)는 사용자가 시스템을 이용하면서 느끼게 되는 총체적인 경험을 의미한다.
- 기술을 효용성 측면이 아닌 사용자의 삶의 질을 향상시키는 방향으로 보는 새로운 개념이다.
- UI가 사용성과 접근성 등을 중시한다면, (   )(은)는 UI를 통해 사용자가 느끼게 될 만족감이나 감정을 중시한다.

▶ 답안기입란

19 교착상태의 해결 방안 중, 아래의 설명에 해당하는 방안을 쓰시오.

- 안정적 상태를 유지할 수 있는 프로세스의 요청만 받아들이는 방식이다.
- 대표적으로 은행원 알고리즘(Banker's Algorithm)이 있다.

▶ 답안기입란

20 주소 지정 방식 중, 아래의 설명에 해당하는 용어를 쓰시오.

- Operand에 실제 데이터의 위치값을 저장하는 방식이다.
- 메모리 참조 횟수가 1이다.
- 간단하지만 메모리 확장 및 변경에 어려움이 있다.

▶ 답안기입란

SECTION

08 실전 모의고사 08회

01 운영체제의 목표 중, 아래 빈칸에 들어갈 용어를 쓰시오.

- (ㄱ) : 일정 시간 내에 시스템이 처리하는 작업의 양을 의미한다.
- 반환 시간(Turnaround) : 시스템에 작업을 의뢰한 시간부터 처리가 완료될 때까지 걸린 시간을 의미한다.
- (ㄴ) : 시스템을 사용할 필요가 있을 때 즉시 사용 가능한 정도를 의미한다.
- 신뢰도(Reliability) : 시스템이 주어진 문제를 정확하게 해결하는지를 나타내는 척도이다.

▶ **답안기입란**

ㄱ :
ㄴ :

02 데이터 조작어(DML)에 대해 간략히 설명하시오.

▶ **답안기입란**

03 수강생 테이블의 학번, 성명, 과목 필드에 각각 '1234', '길동', '정보처리'의 값을 삽입하는 SQL 문장을 작성하시오.

▶ **답안기입란**

04 아래 C언어로 작성된 프로그램의 실행 결과를 쓰시오.

```
int main( ) {
    int a=2, r=3, total=a, n=2;
    for(int i=0; i<3; i++) {
        a*=r;
        total+=a;
    }
    printf("%d", total);
}
```

▶ **답안기입란**

05 아래 C언어로 작성된 프로그램의 실행 결과를 쓰시오.

```
int main( )
{
    char a, b;
    char *pa=&a, *pb=&b;
    int res = sizeof(a)+sizeof(b)==sizeof(*pa)+sizeof(*pb);
    printf("%d",res);
    return 0;
}
```

▶ **답안기입란**

06 아래 C언어로 작성된 프로그램은 배열 a의 요소 전체를 출력한다. 배열명(a)을 사용하지 않고 정상 작동되도록 빈칸을 채우시오.

```
int main( ) {
    int a[5]= {1, 2, 3, 4, 5};
    int *p=a;
    for(int i=0; i<5; i++)
        printf("%d ",(  빈칸  ));
    return 0;
}
```

▶ **답안기입란**

07 아래 후보키(key)에 대한 설명 중, 빈칸에 알맞은 용어를 쓰시오. (순서 상관 없음)

- 릴레이션에 있는 모든 튜플에 대해 (ㄱ)(와)과 (ㄴ)(을)를 모두 만족시키는 속성이다.
- 학생 테이블이 있다면 주민번호, 학번, 연락처 속성이 후보키이다.

▶ **답안기입란**

ㄱ :
ㄴ :

08 JAVA언어 대표 기술인 오버로딩에 대해 간략히 서술하시오.

▶ **답안기입란**

09 아래의 함수 종속식에 해당하는 함수 종속은 무엇인지 쓰시오.

A → B, B → C, A → C

▶ **답안기입란**

10 Python언어에서 코드 각각의 지역을 구분할 때 중괄호 대신 사용하는 것을 쓰시오.

▶ **답안기입란**

11 테스트 하네스의 구성 요소 중, 상황에 따라 미리 정해진 행위를 수행하는 객체를 뜻하는 용어를 쓰시오.

▶ **답안기입란**

12 아래에서 설명하는 유스케이스 다이어그램의 관계는 무엇인지 쓰시오.

- 특정한 조건이 만족되는 경우에만 실행되는 유스케이스를 표현한 관계이다.
- 선택적 유스케이스에서 원래의 유스케이스 방향으로 점선 화살표를 그리고 〈〈extend〉〉를 표시한다.

▶ **답안기입란**

13 이웃하는 단말기를 P2P 방식으로 연결하는 형태로, 특정 방향의 단말기가 고장나도 다른 방향으로 전송이 가능하지만 전송 데이터의 기밀 보호가 어렵고 전송 지연이 발생할 가능성이 높은 네트워크 토폴로지는 무엇인지 〈보기〉에서 찾아 쓰시오.

〈보기〉

Bus, Star, Ring, Tree, Mesh

▶ **답안기입란**

14 소프트웨어 아키텍처 패턴 중, 아래 설명에 해당하는 패턴이 무엇인지 쓰시오.

- 데이터 스트림을 생성하고 처리하는 시스템에서 사용된다.
- 서브 시스템이 입력 데이터를 받아 처리한 결과를 파이프를 통해 다음 서브 시스템으로 넘겨주는 과정을 반복한다.
- 버퍼링 또는 동기화 목적으로 사용된다.

▶ **답안기입란**

15 교착상태의 해결 방안 4가지를 쓰시오.

▶ **답안기입란**

16 정규화 과정 중 비정규형에 대해 간략히 서술하시오.

▶ 답안기입란

17 아래에서 설명하는 테스트 기법을 쓰시오.

- 모든 소스 코드의 논리적인 경로를 테스트 케이스로 설계하는 방법이다.
- 코드의 제어 구조 설계 절차에 초점을 맞춰 테스트 케이스를 설계하며, 주로 테스트 과정 초기에 적용된다.
- 소스 코드의 모든 문장을 한 번 이상 테스트 수행하여 선택, 반복 등의 분기점을 테스트한다.

▶ 답안기입란

18 블랙박스 테스트(Black Box Test)의 정의를 약술하시오.

▶ 답안기입란

19 전자우편에서 사용하지 않는 프로토콜을 아래 〈보기〉에서 찾아 쓰시오.

〈보기〉

SMTP, POP3, HTTP, IMAP, MIME

▶ 답안기입란

20 아래 내용이 설명하는 인터뷰 종류는 무엇인지 쓰시오.

- 타겟층으로 예상되는 소비자를 6~12명 정도 선정하여 한 장소에서 면접자의 진행 아래 조사 목적과 관련된 토론을 함으로써 자료를 수집하는 조사법이다.
- 특정 주제와 관련된 대상자들의 감정, 태도, 생각 등을 파악할 수 있다.
- 인터뷰 결과 사용자의 동기, 태도, 의견에 대한 심층적인 정보 등을 알 수 있다.

▶ 답안기입란

SECTION

09 실전 모의고사 09회

01 소프트웨어 재공학의 과정을 올바르게 나열하시오.

ㄱ. 분석(Analysis)
ㄴ. 역공학(Reverse Engineering)
ㄷ. 이식(Migration)
ㄹ. 재구성(Restructuring)

▶ **답안기입란**

02 두 릴레이션 A, B에 대해 B 릴레이션의 모든 조건을 만족하는 튜플들을 릴레이션 A에서 분리해내어 프로젝션하는 관계대수 연산기호를 쓰시오.

▶ **답안기입란**

03 MVC 패턴의 3가지 구성 요소를 쓰시오.

▶ **답안기입란**

04 학생 테이블에서 3학년 학생의 학번과 성명, 연락처 속성을 이용하여 학번, 이름, 전화번호 속성으로 구성된 '3학년연락처' 뷰를 생성하시오.

▶ **답안기입란**

05 아래 C언어로 작성된 프로그램은 2~100 사이의 소수(prime number)를 판별하여 출력한다. 빈칸에 알맞은 코드를 쓰시오.

```
int main( )
{
    int num, i;
    for (num = 2; num <= 100; num++) {
        for (i = 2; i < num; i++) {
            if (num % i == 0) break;
        }
        if (  빈칸  ) printf("%d ", num);
    }
    printf("\n");
    return 0;
}
```

▶ **답안기입란**

06 아래 C언어로 작성된 프로그램의 실행 결과를 쓰시오.

```
int main( ) {
    int ar[2][3]= {1, 2, 3, 4, 5, 6};
    printf("%d", ar[1][1]);
    return 0;
}
```

▶ **답안기입란**

07 아래 C언어로 작성된 프로그램의 실행 결과를 쓰시오.

```
int main( ) {
    int ar[4][2]= {1, 2, 3, 4, 5, 6, 7, 8};
    int *p = ar;
    printf("%d", *(p+7));
    return 0;
}
```

▶ **답안기입란**

08 아래 내용이 설명하는 용어를 쓰시오.

- IT 서비스관리시스템(IT-SMS)의 요구사항을 명확히 정의한 국제표준이다.
- 고객에게 제공하는 IT 서비스관리(ITSM)의 수준을 객관적으로 평가할 수 있다.
- 고객 요구사항을 신속하게 대응하고 만족하기 위한 서비스 중심의 프로세스를 제공한다.
- IT 조직 기능에 부합되는 견고하고 통합된 프로세스 프레임워크를 제공한다.

▶ **답안기입란**

09 제4정규형에서 제거 가능한 종속의 종류는 무엇인지 쓰시오.

▶ **답안기입란**

10 JAVA언어의 대표적인 기술인 오버라이딩에 대해 간략히 서술하시오.

▶ **답안기입란**

11 키(key)의 종류 중, 기본키로 지정된 키를 제외한 후보키를 뜻하는 용어를 쓰시오.

▶ **답안기입란**

12 유닉스의 기본 구성 요소 중, 핵심 시스템을 관리하고 서비스를 제공하는 핵심요소는 무엇인지 쓰시오.

▶ **답안기입란**

13 아래 내용이 설명하는 용어를 영문으로 쓰시오.

- 업무를 수행하는 데 필요한 관련성 있는 데이터의 체계적인 집합이다.
- 데이터 중복성과 종속성 문제를 해결하고 데이터 무결성을 보장한다.
- 사용자 간 데이터 공유가 가능하고 다양한 인터페이스를 제공한다.
- 권한이 없는 사용자의 접근 통제가 가능하며 백업, 복원 기능을 제공한다.

▶ **답안기입란**

14 Python에서 클래스의 생성자 메소드를 구현할 때 사용하는 식별자를 쓰시오.

▶ 답안기입란

15 인터넷에서 파일을 주고받을 수 있도록 하는 프로토콜이 무엇인지 영문 풀네임으로 쓰시오.

▶ 답안기입란

16 정규화의 목적을 간략히 쓰시오.

▶ 답안기입란

17 다음이 의미하는 용어를 쓰시오.

- 코딩이 완료된 직후 소프트웨어 설계의 최소 단위인 모듈이나 컴포넌트에 초점을 맞춰 테스트하는 것이다.
- 모듈의 기능 수행 여부를 판정하고 내부에 존재하는 논리적인 오류를 검출한다.
- 사용자의 요구사항을 기반으로 한 기능성 테스트를 최우선으로 수행한다.

▶ 답안기입란

18 입력 조건에 유효한 값과 무효한 값을 균등하게 하여 테스트 케이스를 설계하는 블랙박스 테스트 기법의 종류를 쓰시오.

▶ **답안기입란**

19 구조적 분석 도구 중, 아래 설명에 해당하는 용어를 영문 약어로 쓰시오.

- 자료와 정보가 시스템의 구성 요소들 사이를 어떻게 흐르는지 그림으로 표현한 양식이다.
- 자료의 흐름을 명확히 파악할 수 있다.
- 작업 소요시간은 알 수 없다.

▶ **답안기입란**

20 프로그램 개발에 관련된 모든 절차를 하나의 프로그램 안에서 처리하는 환경을 의미하며 코드 에디터, 컴파일러, 디버깅 도구 등을 하나로 묶어 대화식으로 수행되는 인터페이스 환경을 무엇이라 하는지 영문 약어로 쓰시오.

▶ **답안기입란**

SECTION

10 실전 모의고사 10회

01 프로젝트번호(PNO) 1, 2, 3에서 일하는 사원의 주민등록번호(JUNO)를 검색하는 SQL문을 작성하시오. (단, 사원 테이블(WORKS)은 프로젝트번호(PNO), 주민등록번호(JUNO) 필드로 구성된다.)

▶ **답안기입란**

02 테스트 오라클의 특징 3가지를 쓰시오.

▶ **답안기입란**

03 원격지에 있는 컴퓨터에 권한을 가진 사용자가 접속하여 프로그램을 실행하거나 시스템 관리 작업을 할 수 있는 서비스인 telnet이 사용하는 포트 번호를 쓰시오.

▶ **답안기입란**

04 아래에서 설명하는 소프트웨어 재공학 용어를 쓰시오.

- 소프트웨어를 분석하여 소프트웨어 개발 과정과 데이터 처리 과정에 대한 정보를 재발견하거나 다시 만들어 내는 작업이다.
- 프로그램으로부터 데이터, 아키텍처, 데이터 프로세스에 대한 분석 및 설계 정보를 추출한다.
- 외계인 코드를 분석하여 구성 요소와 그 관계를 파악하여 설계도를 추출한다.

▶ **답안기입란**

05 소프트웨어 아키텍처 패턴 중, 서버와 클라이언트의 역할이 유동적으로 바뀔 수 있어서 서로에게 서비스를 요청하고 또 서비스할 수 있는 패턴은 무엇인지 쓰시오.

▶ **답안기입란**

06 코드의 기능 자체는 바뀌지 않은 상태에서 구조를 개선하여 좀 더 안정된 코드 구조를 가지도록 하는 작업을 무엇이라 하는지 쓰시오.

▶ **답안기입란**

07 아래 학생 테이블을 대상으로 하는 SQL문의 결과를 쓰시오. (필드명을 제외한 예상 출력 데이터만 기록)

〈학생〉

NO	NAME	KOR	ENG	MATH
1111	한진만	100	100	100
2222	고소현	100	NULL	100
3333	홍길동	NULL	0	100

〈SQL〉

```
SELECT SUM(MATH) FROM 학생 WHERE NAME < > '홍길동' ;
```

▶ **답안기입란**

08 트랜잭션의 원자성(Atomicity)에 대해 약술하시오.

▶ **답안기입란**

09 아래 C언어로 작성된 프로그램의 실행 결과를 쓰시오.

```
int main( ) {
    int a=1, b=1, num;
    for(int i=0; i<6; i++) {
        num = a + b;
        a = b;
        b = num;
    }
    printf("%d", num);
}
```

▶ **답안기입란**

10 구조적 분석 도구 중, 아래 설명에 해당하는 용어를 영문 약어로 쓰시오.

- 시스템과 관련된 모든 자료의 이름과 속성을 표기하고 조직화한 도구이다.
- 모든 자료는 규칙에 맞게 정리하여 명세한다.

▶ **답안기입란**

11 아래 C언어로 작성된 프로그램은 2~100 사이의 소수(prime number)를 판별하여 출력한다. 빈칸에 알맞은 코드를 쓰시오.

```
int main( )
{
    int num, i;
    for (num = 2; num <= 100; num++) {
        for (i = 2; i <= num/2; i++) {
            if (  빈칸  ) break;
        }
        if (i > num/2) printf("%d ", num);
    }
    printf("\n");
    return 0;
}
```

▶ **답안기입란**

12 아래 C언어로 작성된 프로그램의 실행 결과를 쓰시오.

```
int main( ) {
    int ar[4][2]= {1, 2, 3, 4};
    printf("%d", ar[3][1]);
    return 0;
}
```

▶ **답안기입란**

13 데이터베이스의 무결성 제약사항 중, 기본키로 지정된 속성은 중복값과 Null값이 있어서는 안 된다는 성질에 해당하는 제약사항은 무엇인지 쓰시오.

▶ **답안기입란**

14 아래 JAVA언어로 작성된 프로그램이 정상 작동되도록 빈칸에 적절한 코드를 쓰시오.

```
class Person {
    String name;
    public Person(String name) {
        this.name = name;
    }
}
class Student extends Person {
    String dept;
    public Student(String name) {
        (  빈칸  );
    }
}
public class Main {
    public static void main(String[ ] args) {
        Student s = new Student("GilDong");
        System.out.print(s.name);
    }
}
```

▶ **답안기입란**

15 데이터베이스 시스템의 정의 중, 검색의 효율성을 위해 불필요한 데이터를 제거하고 중복이 최소화된 데이터들의 집합을 의미하는 용어를 쓰시오.

▶ **답안기입란**

16 리눅스 명령어 중, 파일의 권한 속성을 변경하는 명령어를 아래 〈보기〉에서 찾아 쓰시오.

〈보기〉

cat, fork, chmod, mount, who

▶ **답안기입란**

17 ISO/IEC 20000 모델의 구성도에서 빈칸에 들어갈 알맞은 단어를 쓰시오.

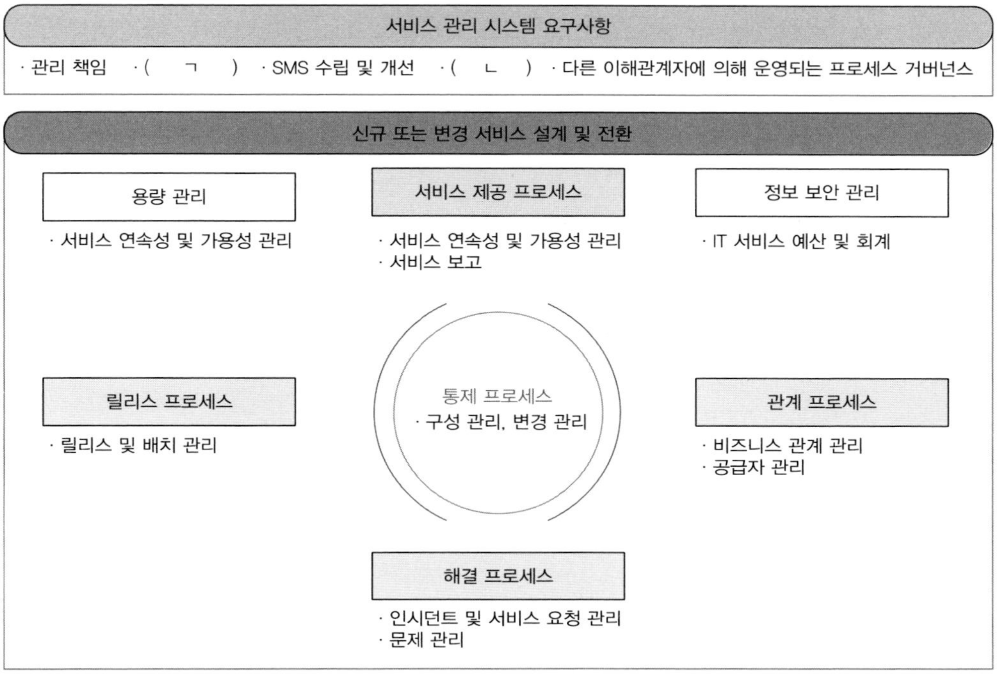

서비스 관리 시스템 요구사항

· 관리 책임 · (ㄱ) · SMS 수립 및 개선 · (ㄴ) · 다른 이해관계자에 의해 운영되는 프로세스 거버넌스

신규 또는 변경 서비스 설계 및 전환

용량 관리
· 서비스 연속성 및 가용성 관리

서비스 제공 프로세스
· 서비스 연속성 및 가용성 관리
· 서비스 보고

정보 보안 관리
· IT 서비스 예산 및 회계

릴리스 프로세스
· 릴리스 및 배치 관리

통제 프로세스
· 구성 관리, 변경 관리

관계 프로세스
· 비즈니스 관계 관리
· 공급자 관리

해결 프로세스
· 인시던트 및 서비스 요청 관리
· 문제 관리

▶ **답안기입란**

ㄱ :
ㄴ :

18 경계값 분석(Boundary Value Analysis)에 대해 약술하시오.

▶ 답안기입란

19 아래 Python언어로 작성된 프로그램은 사용자 입력값이 60에서 80 사이일 때 "정상 범위입니다."를 출력한다. 프로그램이 정상 작동하도록 빈칸에 알맞은 코드를 쓰시오. (단, and 및 or, range, in을 사용하면 오답 처리됨)

```
val = int(input( ))
if (  빈칸  ):
    print("정상 범위입니다.")
```

▶ 답안기입란

20 다음이 의미하는 용어를 쓰시오.

- 노드 간의 신뢰성 있는 데이터 전송을 보장하기 위한 계층이다.
- 전송 데이터에 대한 CRC 오류/흐름제어가 필요하다.
- 물리주소인 MAC 주소가 이 계층에 해당한다.
- 물리적인 연결이 이뤄지는 계층이며, 전송 단위는 Frame이다.

▶ 답안기입란

최신 기출문제
정답 & 해설

01	FTP
02	패킷(Packet)
03	ROLLBACK
04	USING
05	①, ③ 또는 ①, ②
06	50 40 30 20 10
07	30
08	30
09	ㄱ : TCP ㄴ : UDP
10	데이터링크 계층(Data Link Layer)
11	Docker
12	50
13	25 20 30
14	COUNT
15	70
16	라우터
17	UNIQUE
18	false false true
19	25
20	50

04번 해설 USING 절은 두 테이블에서 같은 이름을 가진 속성을 조인 조건으로 사용할 때 간단히 표현할 수 있다. ON을 사용하려면 (AI.학번=DB.학번)으로 입력해야 한다.

05번 해설

- 조건식 : a〉5, b〈6
- 결정문 : (a〉5 && b〈6)
- 결정문의 결과가 참/거짓을 모두 나타낼 수 있게끔 테스트 케이스를 설계해야 한다.

06번 해설

- fn 함수는 두 인수의 원본 데이터를 교환(스왑)해준다.
- i는 0부터 증가(++)하고, k는 4부터 감소(--)하므로, 이 둘이 만나는 순간(i〈k) while문은 종료된다.
- ar+i : 배열 ar의 i번째 요소 위치(주소)
- ar+k : 배열 ar의 k번째 요소 위치(주소)
- fn(ar+i, ar+k) : 배열 ar의 i, k번째 요소를 서로 스왑한다.

07번 해설

union x는 공용체이므로 포인터 변수 a와 b가 같은 공간을 공유한다. 즉, a와 b는 항상 같은 값이 반영되므로 어떤 포인터에 접근하더라도 나중에 할당된 p2의 데이터에 접근하게 된다.

08번 해설

각 구조체의 n은 다음 구조체의 위치를 할당받은 상태이다.

- p1.n : p1의 n값 = 다음 구조체의 위치(p2의 위치)
- p1.n->n : p2를 찾아가서 그 안의 n값 = 다음 구조체의 위치(p3의 위치)
- p1.n->n->data : p3를 찾아가서 그 안의 data값

12번 해설

- x,y = i,k : i는 x에, k는 y에 할당
- a[::2] : 처음부터 끝까지 2단계로 슬라이싱(짝수 위치 요소: 10,30)
- a[1::2] : 1번째 요소부터 끝까지 2단계로 슬라이싱(홀수 위치 요소: 20,40)
- sum() : 인수로 받은 요소들(a[1:3])의 합계를 구하는 함수

13번 해설

- t = type(a) : 인수의 타입 할당
- t == type(100) : t가 정수 타입인지 비교
- t == type("300") : t가 문자열 타입인지 비교

15번 해설

20대가 전부 25세 이상이고, 30대가 전부 35세 이하인 경우에 해당한다.

18번 해설

- a==b : a와 b가 같은 객체인지 확인.
- a==e : a와 e가 같은 객체인지 확인. 문자열은 같지만, 서로 다른 객체이다.
- a.equals(c) : a와 c의 내부 문자들이 같은지 확인

19번 해설

- x.a : A클래스의 인스턴스 변수 a값 = 10
- y.get() : B클래스의 get메소드의 반환값 = b*5 = 15

20번 해설

- 클래스 A와 B는 상속의 관계에 있으므로 하위 클래스에서 상위 클래스의 모든 멤버에 접근 가능하다. 즉, 클래스 B에서 인스턴스 변수 a에 접근할 수 있다.
- 두 클래스 모두 mth()가 존재하므로 오버라이딩이 적용된다. 따라서, 클래스 B에 있는 mth()가 호출된다.

01 단일, 검출, 짝수, 홀수

02 ㄱ : 유니 캐스트
ㄴ : 멀티 캐스트
ㄷ : 애니 캐스트

03 SNMP

04 제2정규형

05 2

06 12

07 ㄱ : AND
ㄴ : ASC
ㄷ : NOT IN

08 Test Driver

09 개체 무결성

10 ㄱ : 210
ㄴ : 3
ㄷ : 1

11 tracert

12 B Class

13 a*i

14 red, green, green, blue

15 7 13

16 1025

17 1 3 6 7 9

18 ㄱ : 동등 분할(Equivalence Partitioning)
ㄴ : 경계값 분석(Boundary Value Analysis)
ㄷ : 원인–결과 그래프(Cause–Effect Graphing)

19 ㄱ : 분기 커버리지(Branch Coverage)
ㄴ : 조건 커버리지(Condition Coverage)

20 ㄱ : INSERT INTO
ㄴ : VALUES

04번 해설

- 1NF(제1정규형) : 도메인이 원자값만 가지도록 분해
- 2NF(제2정규형) : 부분 함수 종속 제거
- 3NF(제3정규형) : 이행적 함수 종속 제거
- BCNF(보이스 코드 정규형) : 결정자가 후보키가 아닌 종속 제거
- 4NF(제4정규형) : 다치 종속 제거
- 5NF(제5정규형) : 후보키를 통하지 않는 조인 종속 제거

05번 해설

- for i in a:
  리스트 a의 전체 요소를 순회하며 반복한다.
- if i==-1: continue
  i값이 -1이면 누적하지 않고 건너뛴다. 즉, 리스트에서 1의 개수를 구하는 코드이다.

06번 해설

- | : 각 비트를 합연산
- & : 각 비트를 곱연산
- a|b = 5|7 = 0101|0111 = 0111 = 7
- a&b = 5&7 = 0101&0111 = 0101 = 5

10번 해설

- ㄱ : 전체 데이터 개수
- ㄴ : 학과의 개수
- ㄷ : 학과 A를 중복 없이 출력한 개수

12번 해설

B 클래스는 일반 사용자 대상 중규모 네트워크 환경에 쓰인다.

- 주소 범위 : 128.0.0.0 ~ 191.255.255.255

14번 해설

- 〈thead bgcolor="red"〉
  테이블의 윗부분 행(〈thead〉~〈/thead〉)의 배경색을 빨강으로 설정
- 〈tfoot bgcolor="blue"〉
  테이블의 아랫부분 행(〈tfoot〉~〈/tfoot〉)의 배경색을 파랑으로 설정
- 〈tbody bgcolor="green"〉
  테이블의 안쪽 행(〈tbody〉~〈/tbody〉)의 배경색을 초록으로 설정

15번 해설

- struct Point p1 = {3, 6};
  구조체 p1 생성 후 x에 3, y에 6 할당
- struct Point p2 = {4, 7};
  구조체 p2 생성 후 x에 4, y에 7 할당

16번 해설

- System.out.print(a+b);
  5+5=10 출력, 줄바꿈 없음
- return a*b;
  A(5, 5)를 호출한 곳으로 5*5=25 반환
- System.out.println(A(5, 5));
  반환된 25 출력, 이전 출력에서 줄바꿈이 없었으므로 "10" 뒤로 이어서 출력

17번 해설 *(배열명+변수) = 배열명[변수]이므로, 변환을 하면 아래와 같다.

```
int main() {
    int arr[] = {6, 3, 1, 7, 9};
    int n = sizeof(arr) / sizeof(arr[0]);
    int i, j, minIdx, temp;
    for(i = 0; i < n-1; i++){
        minIdx = i;
        for(j = i+1; j < n; j++)
            // 최소값 인덱스가 크면 인덱스 값을 변경 = 오름차순
            if(arr[j] < arr[minIdx])
                minIdx = j;
        // 정렬을 위한 스왑 공식
        temp = arr[minIdx];
        arr[minIdx] = arr[i];
        arr[i] = temp;
    }
    for(i = 0; i < n; i++)
        printf("%d ", arr[i]);
    printf("\n");
    return 0;
}
```

- 정렬 코드는 대소 비교를 통합 스왑 코드가 필수요소이다. 정렬의 단계를 묻는 문제가 아니므로, 정렬 방식만 파악되면 결과만 정확히 답란에 기입하면 된다.

01 ㄱ : FEC, 순방향 오류제어
ㄴ : BEC, 역방향 오류제어

02 4

03 5

04 ㄱ : 데이터 링크–프레임
ㄴ : 네트워크–패킷

05 33
23
36

06 ㄱ : DISTINCT
ㄴ : IN
ㄷ : AND

07 UPDATE
SET
WHERE

08 150

09 Condition Testing, Loop Testing, Data Flow Testing

10 메시지 교환, 가상 회선 패킷 교환, 데이터그램 패킷 교환

11 BIOS

12 ㄱ : totalAnimals – Duck(또는 i)
ㄴ : break

13 aerok

14 ㄱ : 스케줄러
ㄴ : 디스패치

15 ㄱ : 릴레이션
ㄴ : DML
ㄷ : 3NF

16 삽입 이상, 갱신 이상, 삭제 이상

17 SELECT 학과 FROM 학과정보 WHERE 학생수 <= 30;

18 ㄷ–ㄴ–ㄹ–ㅁ–ㄱ

19 개발 단계 : 요구사항 분석–시스템 설계–아키텍처 설계–모듈 설계–구현
테스트 단계 : 유닛 테스트–통합 테스트–시스템 테스트–인수 테스트

20 CONTROL

02번 해설

				do{ }while			
a	b	c	i	c=a%b	b++	i++	c!=0
999	330		0	9	331	1	TRUE
999	331	9	1	6	332	2	TRUE
999	332	6	2	3	333	3	TRUE
999	333	3	3	0	334	4	FALSE

03번 해설

- sizeof(a);
  문자 배열의 개수(10)
- for(i=0; i<c; i++)
  배열 요소 순회
- a[i]>='A' && a[i]<='Z'
  배열 요소가 영문대문자 인지 체크

05번 해설

추출된 요소는 삭제된다.

- pop( ) : 마지막 요소 추출
- pop(0) : 0번째 요소 추출
- pop(1) : 1번째 요소 추출

08번 해설

- for(int n : ar)
  배열 ar의 각 요소를 순서대로 n에 할당하며 반복문 진행

12번 해설

두 동물의 수의 합이 정해져 있으므로 오리의 수는 점점 늘리고, 늘어난 오리의 수만큼 돼지의 수는 점점 줄여가며 총 다리의 개수를 계산한다. 다리의 개수가 일치하면 더 이상 계산해볼 필요가 없으므로 break를 이용해 반복문을 빠져나온다.

13번 해설

- gets(str);
  문자열(korea)을 입력받아 str에 저장
- strlen(str);
  str의 문자 개수(길이) 반환
- for(int i = length − 1; i >= 0; i−−)
  문자 길이는 종료문자를 포함하므로 한 칸 안쪽(−1)에서 시작하여 0번째 위치까지 역순(i−−)으로 반복문 진행

20번 해설

CONTROL 파트에 포함되는 프레임

- Information : 사용자 데이터 전송
- Supervisory : 흐름 제어 기능 제공
- Unnumbered : 보조 연결 제어 기능 제공

01 new Parent

02 240

03 개체 무결성(Entity Integrity)

04 다치 종속

05 5

06 ㄱ : 화이트박스
ㄴ : 블랙박스

07 size−1−i

08 ㄱ : 3
ㄴ : 5

09 Attribute

10 distinct

11 SYN, ACK

12 KOREA
EA
K
E
M

13 ARQ

14 {'홍콩', '한국', '중국', '베트남', '태국'}

15 a=10

16 ㄱ : 128
ㄴ : 0
ㄷ : 멀티

17 80

18 S/MIME

19 static

20 4, 5

01번 해설 Child 인스턴스를 생성할 경우엔 오버라이딩에 의해 "Child"가 출력된다.

02번 해설 이 코드는 100행 5열의 배열에 1부터 1씩 증가하여 순차적으로 할당하는 코드이다. 인덱스가 짝수인 경우 오른쪽으로 진행되며, 인덱스가 홀수인 경우 왼쪽으로 진행된다.

0 : 1 2 3 4 5
1 : 10 9 8 7 6
2 : 11 12 13 14 15
3 : 20 19 18 17 16
…

패턴을 보면 홀수 인덱스마다 10씩 증가하는 것을 알 수 있으므로, 1~47까지 총 24번 10씩 증가한다.

05번 해설

```
#include <stdio.h>
int fa(int n){
    // 매개변수가 0이면 종료
    if(n==0) return 0;
    if(n%2==1) // 매개변수가 홀수면 n 빼기
        return -n + fa(n-1);
    return n + fa(n-1); // 매개변수가 짝수면 n 더하기
}
int main(){
    printf("%d", fa(10)); // 10-9+8-7+6-5+4-3+2-1 = 5
    return 0;
}
```

07번 해설 (오름차순의 경우) 버블 정렬은 인접한 두 요소의 값을 비교하여 교환하는 방식으로, 정렬 사이클을 반복할수록 우측 끝부터 정렬이 되는 방식이다. 따라서 시작 위치는 고정(0)되고, 종료 위치가 반복하는 만큼(i) 줄어든다.

08번 해설

```
public class Main{
    public static void main(String[ ] args) {
        int[ ][ ] arry = new int[3][5];
        // 3만큼 바깥쪽 for문이 반복되고
        for(int i=0; i<3; i++){
            // 5만큼 안쪽 for문이 반복된다.
            for(int j=0; j<5; j++){
                arry[i][j] = j * 3 + (i + 1);
                System.out.print(arry[i][j] + " ");
            }
            System.out.println( );
        }
    }
}
```

12번 해설

```
#include <stdio.h>
void main( ) {
    //p에는 KOREA의 첫 데이터 위치(K)가 저장됨
    char *p = "KOREA";
    //첫 요소부터 문자열(%s) 출력
    printf("%s\n", p);
    //첫 요소에서 3번 건너뛴 요소부터 문자열(%s) 출력
    printf("%s\n", p+3);
    //첫 단어 한 글자(%c) 출력
    printf("%c\n", *p);
    //첫 요소에서 3번 건너뛴 요소부터 한 글자(%c) 출력
    printf("%c\n", *(p+3));
    //첫 단어의 다음 다음 문자(+2) 한 글자(%c) 출력
    printf("%c\n", *p+2);
}
```

14번 해설

```
# 집합 자료형은 중복값을 무시
asia = {'한국', '중국', '일본'}
#① 한국, 중국, 일본, 베트남
asia.add('베트남')
#② 한국, 중국, 일본, 베트남(중국은 중복이므로 무시)
asia.add('중국')
#③ 한국, 중국, 베트남
asia.remove('일본')
#④ 한국, 중국, 베트남, 홍콩, 태국
# 리스트 요소를 각각 add(한국은 중복이므로 무시)
asia.update(['홍콩', '한국', '태국'])
#⑤ 집합 자료형은 순서가 없으므로 요소들의 순서는 달라도 된다.
print(asia)
```

15번 해설

```
class A{
    int a;
    //④ 상위 클래스의 변수 a에 10 할당
    public A(int n) {
        a = n;
    }
    //⑥ 변수 a값 출력
    public void print( ) {
        System.out.println("a="+a);
    }
}
class B extends A{
    //② 객체 생성 시 생성자 호출(public은 생략 가능)
    public B(int n) {
        //③ 상위 클래스 생성자 호출
        super(n);
        //⑤ 상위 클래스 print 메소드 호출
        super.print( );
    }
}
public class Main {
    public static void main(String[ ] args) {
        //① B 클래스의 인스턴스 생성
        B obj = new B(10);
    }
}
```

20번 해설

- 차수 : 열의 개수
- 기수 : 행의 개수

01 HDLC 프레임

02 CHECK (Age>=18)

03

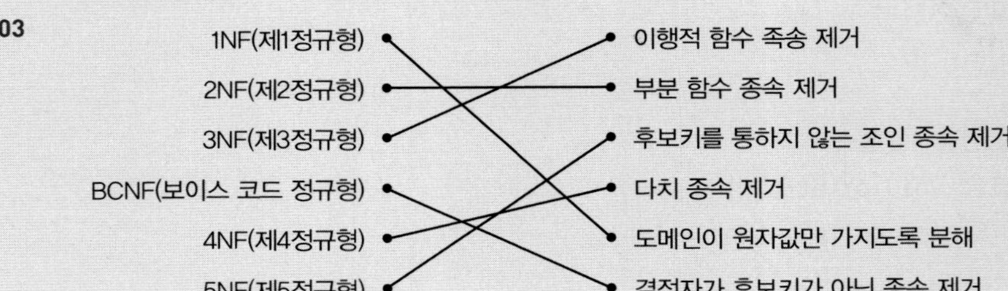

04 B

05 int, float, str, list, dict

06 a, m, i 또는 a, i, m

07 Garbage Collector

08 3, 100, 3

09 DROP, TRUNCATE, ALTER

10

```
 1   2   3   4
12  13  14   5
11  16  15   6
10   9   8   7
```

11 단위 테스트 – 통합 테스트 – 시스템 테스트 – 인수 테스트

12 Stop and Wait ARQ

13 Isolation

14 7 1

15 SELECT DISTINCT 학과명, 담당교수 FROM 학생 WHERE 학점 >= 3.5;

16 ㄱ : 프레임
ㄴ : 패킷 또는 데이터그램
ㄷ : 세그먼트

17 10

18 4

19 전송 계층(Transport Layer)

20 iaddmon

04번 해설 우선순위 공식의 결과가 가장 큰 값부터 수행된다.
(대기 시간 + 실행 시간) / 실행 시간

05번 해설

- int : 36
- float : 20.5
- str : "apple", "banana", "cherry", "name", "John", "age"
- list : ["apple", "banana", "cherry"]
- dict : {"name" : "John", "age" : 36}

06번 해설 선택 정렬은 첫 요소부터 시작하여 나머지 요소들 중 가장 작은 값과 바뀌가며 정렬하는 방식이다. 문제의 코드는 swap 메소드를 통해 첫 요소와 작은 요소를 바꾸고 있으므로 배열과 첫 요소의 위치, 작은 요소의 위치 값을 인수로 전달하면 된다. 인수 전달 시, 2~3번째 인수는 서로 교환하는 것이기 때문에 전달 순서가 서로 바뀌어도 같은 연산이 수행된다.

10번 해설

```
#include <stdio.h>
int main() {
    int arr[4][4];
    int n = 1;
    int row_start = 0;
    int row_end = 3;
    int col_start = 0;
    int col_end = 3;
    // 배열의 크기를 벗어나지 않는 동안 반복
    while (row_start <= row_end && col_start <= col_end) {
        // 왼쪽에서 시작하여 오른쪽으로 진행
        for (int i = col_start; i <= col_end; i++)
            arr[row_start][i] = n++;
        row_start++; // 아래로 이동
        // 위쪽에서 시작하여 아래쪽으로 진행
        for (int i = row_start; i <= row_end; i++)
            arr[i][col_end] = n++;
        col_end--; // 왼쪽으로 이동
        // 오른쪽에서 시작하여 왼쪽으로 진행
        for (int i = col_end; i >= col_start; i--)
            arr[row_end][i] = n++;
        row_end--; // 위쪽으로 이동
        // 아래에서 시작하여 위쪽으로 진행
        for (int i = row_end; i >= row_start; i--)
            arr[i][col_start] = n++;
        col_start++; // 오른쪽으로 이동
    }
```

```
    for (int i = 0; i < 4; i++) {
        for (int j = 0; j < 4; j++) {
            printf("%3d", arr[i][j]);
        }
        printf("\n");
    }
    return 0;
}
```

14번 해설 a를 b로 나누는 과정을 표현한 것으로 몫과 나머지를 출력하는 코드이다.

```
#include <stdio.h>
int main() {
    int a=50, b=7, c=0;
    while(a>=b){      // a가 b보다 작아지면 종료
        a-=b;         // a에서 b를 빼는 것을 반복
        c++;          // 몇 번 뺐는지 체크(몫)
    }
    printf("%d %d", c, a);
    return 0;
}
```

17번 해설 'a'−'a' = 0
'b'−'a' = 1
'c'−'a' = 2
'd'−'a' = 3
'e'−'a' = 4

20번 해설 a[(i+3)%7] : 해당 위치(i)에서 3칸 오른쪽 요소. 배열 개수(7)를 넘어갈 경우 다시 첫 요소부터 순환하는 수식

01 F, H

02 형상 관리 도구

03 NAT

04 ㄱ : num < pivot
ㄴ : num > pivot

05 1110

06 COMMIT, ROLLBACK

07 π, σ

08 TCP

09 32

10 172.16.0.127

11 ㄱ : 점유와 대기(Hold and Wait)
ㄴ : 비선점(No Preemption)

12 ㄱ : 0
ㄴ : 22
ㄷ : 10

13 a–b–d–e–f–h
a–b–c–d–e–f–g

14 SELECT 선수명, 팀명, 연봉 FROM PLAYER ORDER BY 팀명 DESC, 연봉 ASC;

15 10–21–32–43–

16 ㄱ : DML 컴파일러
ㄴ : DDL 컴파일러

17 5

18 Time Sharing

19 ID별 데이터(Row)가 3개 초과인 데이터

20

(정확히 2줄이 보여야 정답으로 인정)

01번 해설 Fan-in은 해당 모듈로 들어오는 라인의 수를 파악하면 된다. 이미지에 화살표가 나타나 있지 않지만, 일반적으로 제어의 방향은 위에서 아래로 흐르므로 아래쪽 방향으로 화살표가 이어져 있다고 판단하고 문제를 풀면 된다.

04번 해설 퀵 정렬은 임의의 기준 값(pivot)을 기준으로 작은 값을 왼쪽, 큰 값을 오른쪽으로 분류하는 정렬 방식이다. 따라서 lesser_arr에는 pivot보다 작은 값이 추가되고, greater_arr에는 pivot보다 큰 값이 추가될 수 있도록 조건식을 지정해야 한다.

05번 해설

```
#include <stdio.h>

void fa(int n, int *arr, int *idx){
    // n이 0이 되면 종료
    if(n==0) return;
    // n을 2로 나눈 값의 나머지를 배열에 차례로 할당
    arr[*idx] = n%2;
    *idx += 1;
    // n을 2로 나눈 값의 몫을 재귀 호출
    fa(n/2, arr, idx);
}

int main() {
    int n=14;
    int arr[32];
    int idx = 0;

    fa(n, arr, &idx);
    // 배열 요소를 역순으로 출력
    for(int i=idx-1; i>=0; i--)
        printf("%d", arr[i]);
    return 0;
}
```

06번 해설

- COMMIT : 트랜잭션 결과 반영(확정)
- ROLLBACK : 트랜잭션 작업 취소
- CHECKPOINT : 트랜잭션 복귀 지점 설정

07번 해설 나머지는 관계 해석 연산자이다.

09번 해설 헤더 구조를 묻는 문제지만 주소 체계를 공부했다면 IPv4의 주소 형식이 32bit인 것을 파악하기 어렵지 않다. bit 단위가 아닌 다른 단위로 답을 적으면 오답 처리된다.

10번 해설

- 32bit의 IP 주소 중, 좌측의 16bit는 네트워크 주소, 우측의 16bit는 호스트 주소를 의미한다. 지금 문제는 서브넷의 개수가 아닌 호스트의 개수가 서브넷팅의 기준이므로, 호스트의 개수를 기준으로 계산한다.
- 서브넷팅은 2의 제곱수 단위로만 분할이 가능하다. 100보다 크고 가장 근접한 2의 제곱수는 2^7인 128이므로 서브넷 마다 7bit가 필요하다. 따라서, 16bit의 호스트 주소 중 7bit를 제외한 9bit는 서브넷을 식별하는 데 사용할 수 있다.
- 주어진 IP 주소인 172.16.0.0을 포함하여 총 7bit(2^7=128)가지만큼씩의 IP 주소 범위가 각 서브넷의 범위이다. 문제에서는 브로드캐스트 주소를 원하고 있으므로 첫 번째 서브넷 범위의 마지막 주소가 답이 된다.

12번 해설

SJF는 비선점형 스케줄링으로 실행 도중에 중단이 불가능하다. 가장 먼저 A가 도착하므로 대기 없이(0) 24초를 수행한다. A가 끝나기 전에 B, C가 모두 도착하므로 둘 중 실행 시간이 짧은 C를 먼저 수행한다. C는 14초 늦게 도착했으므로 24−14=10초의 대기 시간을 가진다. B는 A와 C를 모두 수행(24+8=32)한 뒤 수행되며, 10초 늦게 도착했으므로 32−10=22초의 대기 시간을 가진다.

13번 해설

분기 커버리지는 결정문(마름모 도형)의 진출 경로를 한 번씩 거쳐야 하는 커버리지이다. 따라서 b−d, b−c, f−g, f−h를 모두 포함하는 케이스를 제시하면 정답으로 인정된다.

15번 해설

enumerate(ar) 는 ar의 각 요소의 앞에 인덱스를 더해 한 쌍의 튜플로 만든다.
[(0, 10), (1, 20), (2, 30), (3, 40)]
end="−"는 출력 끝에 줄 바꿈 대신 하이픈을 추가해준다.

17번 해설

같은 우선순위를 가지는 연산의 경우 단항, 곱 연산이 우선된다.
b&1 = 2&1 = 0010&0001 = 0
a|0|c = 4|0|1 = 0100|0000|0001 = 5

19번 해설

ID를 그룹화 한다는 것과 그룹별 조건을 의미하는 문구가 포함되어야 정답으로 인정한다.

01 this

02 PROJECT, π

03 Builder

04 Some animal sound
Bark

05 192.168.1.130

06 경계값 분석(Boundary Value Analysis)

07 ㄱ : INTO
ㄴ : VALUES

08 외래키(Foreign Key)

09 [0, 6, 2, 1]

10 DPI(Deep Packet Inspection)

11 Git

12 ㄱ : Atomicity
ㄴ : Isolation

13 Array 3[3]: 49

14 grade + 0.5

15 CL(Capability List)

16 FIFO(First In First Out)
알고리즘이 가장 간단하지만, 평균 반환 시간이 길다.

17 ㄴ, ㄹ

18 NOT IN

19 static

20 28

01번 해설 빈칸의 오른쪽 코드의 형태를 보면, 메소드 호출의 형태라는 것을 알 수 있다. 인스턴스 변수에 직접 할당하는 코드를, 자신의 생성자를 다시 호출하여 값을 할당하는 구조로 변경한 것이다. this는 자기자신을 의미하며, this( )는 자신의 생성자 메소드를 호출하는 것이다.

02번 해설 릴레이션에서 지정된 속성만을 추출하는 연산이다.

04번 해설 하위 객체는 상위 클래스(Animal) 타입으로 업캐스팅 된 상태에서도 하위 클래스에 오버라이딩 된 메소드가 존재한다면 자신의 클래스에 속한 메소드를 수행한다. 그러나 하위 메소드에서 직접 상위(super) 메소드를 호출하게 되면 상위 메소드가 수행된다. 따라서 Some animal sound이 먼저 출력되고 Bark가 출력된다.

05번 해설

- 4는 2^2이므로 4개의 서브넷을 생성하기 위해선 2bit가 필요하다. 이 2bit를 기존의 서브넷 마스크 24bit에 더하여 새로운 서브넷 마스크 26bit를 생성한다.
- 따라서, 32bit의 IP 주소 중, 좌측의 26bit는 네트워크 주소, 우측의 6bit는 호스트 주소를 의미하게 된다. 주어진 IP 주소인 192.168.1.0를 포함하여 총 6bit(2^6=64) 만큼씩의 IP 주소 범위가 각 서브넷의 범위이다. 서브넷을 표현할 때는 서브넷 마스크도 10진수 형태로 함께 표현한다.
- 서브넷의 처음과 마지막 주소는 각각 네트워크 주소와 브로드캐스트 주소로 사용되어지므로 실제로 사용할 수 있는 호스트는 6bit 범위에서 2를 뺀 62개이다.

```
서브넷 1 : 192.168.1.0/26 ~ 192.168.1.63/26
사용 범위 : 192.168.1.1/26 ~ 192.168.1.62/26
서브넷 2 : 192.168.1.64/26 ~ 192.168.1.127/26
사용 범위 : 192.168.1.65/26 ~ 192.168.1.126/26
서브넷 3 : 192.168.1.128/26 ~ 192.168.1.191/26
사용 범위 : 192.168.1.129/26 ~ 192.168.1.190/26
```

06번 해설 경계값 분석(Boundary Value Analysis)이란, 오류가 나거나 프로그램의 수행 결과가 달라지는 경계에 있는 값들을 위주로 테스트하는 것이다.

08번 해설 외래키는 기본키를 참조하지만, 외래키 자체는 키의 속성(유일성)을 만족하지 않을 수도 있다.

09번 해설

- lambda x: x – 2 : 넘겨받은 인수를 x에 저장한 뒤, 2를 빼서 반환하는 람다 함수이다.
- list(map(lambda x: x– 2, list1)) : 람다 함수에 list1 요소를 하나하나 전달하여 결과를 리스트 형태로 저장한다.
- print(list2) : 리스트가 출력될 때는 대괄호로 감싸서 출력한다.

13번 해설 서로 다른 배열 요소들의 연산에서, 같은 인덱스(i)를 사용한다는 것은 같은 위치의 값을 연산하겠다는 뜻이다. 따라서, array3[i] = array1[i] * array2[i]는 같은 위치에 있는 두 배열의 요소들의 곱을 같은 위치의 array3에 할당하겠다는 뜻이다. if문을 통해, array1 요소의 값이 짝수면 곱, 홀수면 합을 계산한다. Array 3[3]은 41이므로 같은 위치에 있는 8을 더하여 결과는 49가 된다.

14번 해설 실수 데이터를 정수로 반올림하기 위해서는 0.5를 더하고, 정수형으로 형 변환을 해주면 된다. 위의 식에서는 연산된 결과를 정수형 변수에 할당하고 있으므로, 별도의 형 변환 연산자를 붙일 필요가 없다.

18번 해설 언어가 English가 아닌 레코드를 검색하기 위한 방법은 language◇'English' 연산자를 사용하거나, NOT IN('English')를 사용하면 된다. 제시된 SQL문에서 조건절에 괄호가 있으므로 NOT IN을 사용하는 것이 맞다.

19번 해설 인스턴스를 생성하지 않고 다른 클래스의 메소드를 호출하기 위해서는 해당 메소드가 정적 메소드여야 한다.

20번 해설 1부터 50까지의 정수 중, 가장 큰 4와 7의 공배수를 구하는 코드이다.

01 관계 해석(Relational Calculus)

02 WEP, DES

03 IN

04 4

05 HTTPS

06 Dependency Inversion

07 생성자 오버로딩

08 8

09 4

10 인수 테스트

11 ㄱ : 회복(Recovery)
ㄴ : 성능(Performance)
ㄷ : 회귀(Regression)

12 ∀

13 culture is the way we live

14 EIGRP

15 4

16 ㄱ : arr[i] 〉 *max
ㄴ : arr[i] 〈 *min

17 오류 : class Dog
정정 : class Dog extends Animal

18 결정자

19 POP3

20 Clean Code

03번 해설

- 서브 쿼리의 예상 수행 결과가 여러 행일 경우 다중 행 비교 연산자를 사용한다.
- 건축학과 학생들의 동아리 정보를 조회한 결과와 하나라도 일치하면 같은 동아리이므로 조회 대상에 포함시킨다.

04번 해설

```
WHERE 과목 = '컴활' OR 과목 IN('파이썬', '컴활');
```

- 과목이 '컴활'이거나, 과목이 '파이썬'과 '컴활' 중 하나인 것을 찾는다.
- '컴활'이 두 조건식에 모두 맞지만 2번 카운트되지 않는다는 점에 주의해야 한다.

07번 해설 생성자 오버로딩은 클래스의 매개 변수가 다른 여러 생성자를 가질 수 있도록 하는 Java의 기능이다. 클래스에 여러 생성자가 있는 경우 각 생성자는 서로 다른 수 또는 유형의 매개 변수를 가질 수 있으므로 객체가 서로 다른 초기 상태로 생성될 수 있다.

08번 해설

- 위 코드의 출력 결과는 1 1 2 3 5 8 13 21 34 55이다. 전체 출력값 중 6번째를 묻고 있으므로 반복문 이전에 출력되는 값을 무시하면 잘못된 답을 낼 수 있으니 주의해야 한다.
- num = a + b; a = b; b = num;은 자주 나오는 피보나치 수열 공식으로 앞의 두 수를 더하여 새로운 수열을 생성한다.

09번 해설

- 서브넷은 32bit에서, 주어진 주소의 서브넷 마스크(24bit)를 제외한 영역(8bit)을 이용하여 구성된다. 각 서브넷마다 네트워크 주소와 브로드캐스트 주소가 추가되어야 하므로 32개의 호스트가 필요하다면, 34개의 주소가 필요하다.
- 하지만, 서브넷은 2의 제곱수 단위로만 분할 가능하므로 32(2^5) 다음은 64(2^6), 즉 64개의 IP 주소를 가지는 6bit 단위의 서브넷으로 구성되어야 한다. 결국, 우리가 사용 가능한 8bit에서 호스트 구성에 필요한 6bit를 빼고 남은 2bit가 서브넷 구성에 사용되므로 2bit=2^2=4이다.

13번 해설 인덱싱과 슬라이싱에 사용되는 위치값은 0부터 시작한다.

15번 해설 st_len 함수의 while문은 문자 위치마다 'd'를 포함한 이전 순서의 문자(a, b, c, d)인 경우 cnt 값을 증가시키며, 문자열의 종료문자('\0')를 발견하면 반복을 종료한다. 따라서, standard에서 a, b, c, d 중 하나의 문자가 몇 개 포함되어 있는지가 답이 된다.

16번 해설 최대값을 판단할 때는 최대값으로 지정된 값보다 비교값이 큰 경우, 최대값 변수에 비교값을 할당한다. 반대로, 최소값을 판단할 때는 최소값으로 지정된 값보다 비교값이 작은 경우, 최소값 변수에 비교값을 할당한다. findMinMax 함수 지역에서 main 함수 지역의 max, min 변수에 접근하기 위해서는 포인터 변수와 포인터 연산이 필요하다. 이때 함수 호출의 인수에서는 &을, 매개변수에서는 *을 사용한다는 점에 주의해야 한다.

17번 해설 Dog 클래스의 인스턴스에서 eat( )을 호출하는 것뿐 아니라 super( )를 호출하기 위해서는 Animal 클래스를 상속받아야 하므로 클래스 선언부에 상속을 위한 키워드를 삽입해야 한다.

01 21

02 Stack

03 DNS

04 VDW

05 제1정규형, 1NF

06 외래키

07 데이터링크 계층(Data Link Layer)

08 ㄱ : 화이트박스
ㄴ : 블랙박스

09 WAF

10 ㄱ : 명령어(명령줄)
ㄴ : 그래픽
ㄷ : 웹(웹 기반)

11 ②-①-③-⑤-④

12 28

13 ㄱ : AVG
ㄴ : COUNT

14 〈class 'int'〉
〈class 'str'〉

15 12 10

16 2

17 75

18 15 15

19 1 1

20 119

03번 해설 DNS : Domain Name Service, 문자열로 구성된 도메인 네임을 숫자로 된 IP주소로 변환해 주는 서비스로 도메인 네임은 고유해야 하며 공백 없이 문자 및 숫자를 이용해 구성된다.

04번 해설 VDW : Virtual Data Warehouse(가상 데이터 웨어하우스)

09번 해설 WAF : Web Application Firewall(웹 애플리케이션 방화벽)

12번 해설

- 최소 : 30대 전부 35세 미만인 경우, 40대 인원(11)만 해당=11명
- 최대 : 30대 전부 35세 이상인 경우, 40대 인원(11)+30대 인원(6)=17명

15번 해설

```
int main(){
    int a=10, b=12;
    a ^= b;  #10(1010)과 12(1100)를 XOR 연산 = 6(0110)
    b ^= a;  #12(1100)와 6(0110)을 XOR 연산 = 10(1010)
    a ^= b;  #6(0110)과 10(1010)을 XOR 연산 = 12(1100)
    printf("%d %d", a, b);
    return 0;
}
```

16번 해설

num/2 : 5
i=2; i<=num/2; i++ : 2,3,4,5
i%2 == 0 : i값이 짝수인 경우

17번 해설

i=1; i<10; i=i+2 : 1,3,5,7,9
r += num*i : 1*3+3*3+5*3+7*3+9*3

18번 해설

i=1; i<=num; i++ : 1,2,3, ... 28,29,30
if(i%2==0) even++ : i가 짝수인 경우 even 증가
else odd++ : 아닌 경우(홀수인 경우) odd 증가

19번 해설

해당 코드의 삼항 연산자와 if문은 같은 의미를 가지고 있으므로 a와 b는 같은 결과가 나와야 한다.

20번 해설

if(sum>100) break : sum이 100을 넘어가면 종료
sum += ++a : a를 1증가한 뒤 sum에 누적

a	sum	a	sum	a	sum
1	1	6	21	11	66
2	3	7	28	12	78
3	6	8	36	13	91
4	10	9	45	<u>14</u>	<u>105</u>
5	15	10	55		

실전 모의고사
정답 & 해설

01 3

02 BaaS

03 Decode

04 SELECT 성명, AVG(점수) FROM 성적 GROUP BY 성명;

05 SELECT 과목, AVG(점수) FROM 성적 GROUP BY 과목;

06 3 6 7 9 10

07 스래싱(thrashing)

08 필사 오류, Transcription error

09 위치 : ㄷ
코드 : break

10 102

11 구문, 의미, 시간

12 ㄱ : 외부
ㄴ : 개념
ㄷ : 내부

13 NEM

14 반환 시간, Turnaround Time

15 낚시의 법칙

16 GUI

17 ②

18 학교공부
학교공부
인생공부

19 e

20 여러 개의 테스트 케이스들을 순서대로 진행할 수 있도록 묶은 집합이다.

06번 해설

```
int main( ) {
    int data[5] = {10, 6, 7, 9, 3};
    int temp;
    #① 2중 반복에 대소 비교를 통한 스왑코드 → 정렬
    for (int i = 0; i < 4; i++) {
        #② j의 시작값이 i보다 크므로 i가 왼쪽값, j가 오른쪽값
        for (int j = i + 1; j < 5; j++) {
            #③ 왼쪽값이 클 때 스왑 → 오름차순
            if (data[i] > data[j]) {
                #④ 스왑코드는 반드시 암기
                temp = data[i];
                data[i] = data[j];
                data[j] = temp;
            }
        }
    }
    for(int i = 0; i < 5; i++) {
        printf("%d ", data[i]);
    }
}
```

10번 해설

초기값	i=0	i<5	total+=a+(n−1)*d	n++	i++
a=2 d=6 n=2 total=2	0	true	2+8	3	1
	1	true	2+8+14	4	2
	2	true	2+8+14+20	5	3
	3	true	2+8+14+20+26	6	4
	4	true	2+8+14+20+26+32	7	5
	5	false			

04번 해설 NEM 기법 : Novice Export retio Method

16번 해설 GUI : Graphic User Interface(그래픽 사용자 인터페이스)

18번 해설

```
class Person {
    #⑤-1 업캐스팅되었어도 메소드가 오버라이딩되어 있다면 하위 클래스 메소드 호출
    void study( ){
      System.out.println("인생공부");
    }
}
class Student extends Person {
    #⑤-2 오버라리딩된 메소드 호출
    void study( ){
      System.out.println("학교공부");
    }
}
public class Main {
    public static void main(String[ ] args) {
        #① Student 인스턴스 생성하여 Student 타입 변수에 할당
        Student a = new Student( );
        #② Student 인스턴스 생성하여 Person 타입 변수에 할당(업캐스팅)
        Person b = new Student( );
        #③ Person 인스턴스 생성하여 Person 타입 변수에 할당
        Person c = new Person( );
        a.study( ); #④ 변수가 Student 타입이므로 Student 클래스의 study 호출
        b.study( ); #⑤ 변수가 Person 타입이므로 Person 클래스의 study 호출
        c.study( ); #⑥ 변수가 Person 타입이므로 Person 클래스의 study 호출
    }
}
```

19번 해설

<table>
<tr><td rowspan="2">list_a</td><td>[0]</td><td>[1]</td><td>[2]</td><td>[3]</td><td>[4]</td><td>[5]</td></tr>
<tr><td>273</td><td>32</td><td>100</td><td><table><tr><td>[0]</td><td>[1]</td><td>[2]</td><td>[3]</td><td>[4]</td></tr><tr><td>k</td><td>o</td><td>r</td><td>e</td><td>a</td></tr></table></td><td>50</td><td><table><tr><td>[0]</td><td>[1]</td><td>[2]</td></tr><tr><td>10</td><td>True</td><td>30</td></tr></table></td></tr>
</table>

01 Block

02 ㄷ

03 살충제 패러독스, Pesticide Paradox

04 SELECT 성명, 점수 FROM 성적 WHERE 성명 LIKE '%길%';

05 응용 계층, 표현 계층, 세션 계층

06 SELECT 학생명 FROM 학적 WHERE 전화번호 IS NOT NULL;

07 HDBMS

08 샘플링, Sampling

09 score/10

10 ㄱ : year % 4 == 0
ㄴ : year % 100 != 0

11 1, 90

12 스파게티 코드

13 커뮤니케이션(Communication) 다이어그램

14 표준화

15 [10, True]

16 수학공부/인생공부

17 레지스터, Register

18 후보키를 통하지 않는 조인 종속을 제거한 상태

19 교착상태, Deadlock

20 ㄱ : 생성
ㄴ : 구조
ㄷ : 행위

04번 해설

- 길로 시작 : 길%
- 길로 끝남 : %길
- 길을 포함 : %길%

07번 해설

HDBMS (Hierarchical DBMS)	• 데이터를 계층화(상하 관계)하여 관리하는 형태의 데이터베이스 시스템이다. • 접근 속도가 빠르지만, 상하 종속적이라 데이터 구조 변화에 유연한 대응이 어렵다. • 모든 레코드의 관계는 1:N 관계이며, N:M 관계의 표현이 어렵다.
NDBMS (Network DBMS)	• 데이터를 네트워크 형태로 관리하는 형태의 데이터베이스 시스템이다. • HDBMS의 상하 종속관계 해결이 가능하지만 구성이 복잡하고 데이터 종속성은 해결하지 못한다. • 모든 레코드의 관계는 1:1부터 N:M까지 모두 표현할 수 있다.
RDBMS (Relational DBMS)	• 데이터를 테이블 구조로 모델링하여 관리하는 형태의 대표적인 데이터베이스 시스템이다. • 업무 변화에 적응력이 높아 유지보수, 생산성이 향상된다. • 레코드가 아닌 테이블(릴레이션)을 기준으로 상호 간의 관계를 설정한다. • 단순하면서도 뛰어난 논리적 구조를 지원하지만, 시스템의 부하가 커질 수 있다.

09번 해설

- 정수 나누기 정수의 결과는 정수이다.
- 90~99를 10으로 나누면 9.0~9.9(실수)가 아닌 9(정수)이다.

10번 해설 A % B == 0 : A는 B의 배수, B는 A의 약수

11번 해설

```
int main( ) {
    int score[5] = {70, 80, 75, 60, 90};
    #① 개수 카운팅과 최대값 변수는 최저값으로 초기화한다.
    int up80=0, m=0;
    for(int i=0; i<5; i++) {
        if(score[i]>80) up80++;
        #② 최대값 계산 공식(반드시 암기할 것)
        if(m<score[i])
            m = score[i];
    }
    printf("%d, %d", up80, m);
}
```

15번 해설 [:2] : 첫 요소부터 2번째 요소 전까지 슬라이싱

list_a	[0]	[1]	[2]	[3]	[4]	[5]
	273	32	100	[0] k, [1] o, [2] r, [3] e, [4] a	50	[0] 10, [1] True, [2] 30

16번 해설

```
class Person {
    void study( ){
      System.out.println("인생공부");
    }
}
class Student extends Person {
    #① study메소드는 상속을 통해 오버로딩되어 있다.
    void study(String sub){
      System.out.print(sub + "공부/");
    }
}
public class Main {
    public static void main(String[ ] args) {
        Student a = new Student( );
        #② 문자열을 인수로 받는 Student클래스의 study 메소드 호출
        a.study("수학");
        #③ 매개변수가 없는 Person 클래스의 study 메소드 호출
        a.study( );
    }
}
```

01 스레드, Thread

02 하나의 릴레이션에 하나의 의미만 존재할 수 있도록 릴레이션을 분해하는 과정이다.

03 CIDR, Classless Inter-Domain Routing

04 서비스 지향 아키텍처, SOA, Service Oriented Architecture

05 Adapter

06 사용자 요구사항 준수 여부를 체크하는 입력값, 실행 조건, 기대 결과 등이 기록된 문서

07 2

08 테이블

09 TCP, UDP

10 미들웨어, MiddleWare

11
- 제어장치 : 컴퓨터 하드웨어를 제어하는 장치
- 연산장치 : 산술 및 논리 연산을 수행하는 장치

12
ㄱ : max
ㄴ : min

13
ㄱ : 5
ㄴ : 9

14 상위 클래스의 인스턴스는 하위 클래스의 메소드를 호출할 수 없다.

15 정적 분석(Static Analysis) 도구

16 유지보수 용이성, Maintainability

17 토글, Toggle

18 aerok

19 선호도(Preference) 평가

20 유닉스, Unix

07번 해설 score[i]가 2와 3의 공배수라면 2와 3으로 나눴을 때 나머지는 0이다.

12번 해설

```
int main( ) {
    int a, b, max, min, sum=0;
    scanf("%d %d", &a, &b);
    if(a>b) {
        #① max가 작은 값, min이 큰 값이다.
        max=b; min=a;
    } else {
        #② 변수명의 함정에 빠지면 안 된다.
        max=a; min=b;
    }
    #③ for문은 작은 값(max)에서 큰 값(min)으로 진행된다.
    for(int n=max; n<=min; n++)
        sum += n;
    printf("%d", sum);
}
```

13번 해설 바깥쪽 반복문이 행의 변화(위아래)를 담당하고, 안쪽 반복문이 열의 변화(좌우)를 담당한다.

i \ j	1	2	3	4	5	6	7	8
2								
3								
4								
5								

18번 해설 [::-1] : 요소를 역순으로 탐색

01 Transport

02 페이퍼 프로토타입, Paper Prototype

03 제3정규형

04 Bridge

05 도메인, Domain

06 Jenkins

07 SELECT 지점명, 판매액 FROM 판매실적 WHERE 도시="서울" ORDER BY 판매액 DESC;

08 RPC

09 ㄱ : 추출, project
ㄴ : 선택, select
ㄷ : 조인, join

10 RESTRICT

11 ㄱ : score[i]%3 == 0
ㄴ : score[i]%5 == 0

12 0

13 별 헤는 밤 : 윤동주
공무도하가 : 작자 미상

14 테스트 스텁, Test Stub

15 Ready

16 블랙박스, 화이트박스

17 ㄱ : a/b
ㄴ : a%b

18 버스, Bus

19 성능(Performance) 평가

20 110

08번 해설 RPC : Remote Procedure Call(리모트 프로시저 콜), 별도의 원격 제어를 위한 코딩 없이 다른 주소 공간에서 함수나 프로시저를 실행할 수 있게 하는 프로세스 간 통신 기술이다.

11번 해설

- score[i]%3 == 0 : score[i]가 3의 배수인지 판단
- score[i]%5 == 0 : score[i]가 5의 배수인지 판단

12번 해설 sizeof 연산자는 변수 타입에 따라 결과가 달라지지만 포인터 변수는 4바이트로 고정이기 때문에 문자형 변수 사이즈(1)와 포인터 변수 사이즈(4)는 같지 않다.

13번 해설

```
class Book {
    String title;
    String author;
    #②-1 인수로 넘겨받은 title과 "작자 미상"을 #①-1의 생성자로 전달
    Book(String title) {
        this(title, "작자 미상");
    }
    #①-1 인수로 넘겨받은 title과 author를 할당
    Book(String title, String author) {
        this.title = title;
        this.author = author;
    }
}
public class Main {
    public static void main(String[ ] args) {
        #① 문자열 인수를 2개 넘기면서 인스턴스 생성
        Book a = new Book("별 헤는 밤", "윤동주");
        #② 문자열 인수를 1개 넘기면서 인스턴스 생성
        Book b = new Book("공무도하가");
        System.out.println(a.title + " : " + a.author);
        System.out.println(b.title + " : " + b.author);
    }
}
```

20번 해설

```
a = {"철수": 40, "영희": 50}
#① 키가 없는 경우 새로 추가
a['길동'] = 70
#② '철수'와 "철수"는 같은 데이터
#  키가 존재하는 경우 데이터 수정
a['철수'] = 60
print(a['철수']+a["영희"])
```

01 쉘, Shell

02 GRANT SELECT ON STUDENT TO U1 WITH GRANT OPTION;

03 σ

04 BETWEEN 170 OR 180 → BETWEEN 170 AND 180

05 전달(Transfer), 함수 연산(Function), 제어(Control), 입력(Input), 출력(Output)

06 FTP, DHCP, HTTP, SMTP, DNS, SNMP 등

07 ㄱ, ㄴ, ㄹ

08 10 9 7 6 3

09 속성, Attribute

10 워크스루, Walk Through

11 장점 : 최종 제품과 비슷한 환경으로 테스트 가능하다. 수정과 재사용이 용이하다.
단점 : 응용 프로그램의 사용법 숙지가 필요하다.

12 a>b

13 오류(error)

14 64

15 Web Application Server

16 Encapsulation

17 ['G', 'b', 'C']

18 제품 또는 서비스의 본질과 사용자 간 상호작용의 품질을 검증하는 것이다.

19 Chain of Responsibility

20 SNMP, Simple Network Management Protocol

02번 해설 STUDENT 테이블의 검색 권한(GRANT SELECT ON STUDENT)을 U1에게 부여(TO U1)하고, U1은 부여받은 권한을 다른 사용자에게 부여(WITH GRANT OPTION)할 수 있음

08번 해설

```
int main( ) {
    int data[5] = {10, 6, 7, 9, 3};
    int temp;
    #① 2중 반복에 대소 비교를 통한 스왑코드 → 정렬
    for (int i = 0; i < 4; i++) {
        #② j의 시작값이 i보다 크므로 i가 왼쪽값, j가 오른쪽값
        for (int j = i + 1; j < 5; j++) {
            #③ 왼쪽값이 작을 때 스왑 → 내림차순
            if (data[i] < data[j]) {
                #④ 스왑 공식(정렬 방향과 상관없이 일정)
                temp = data[i];
                data[i] = data[j];
                data[j] = temp;
            }
        }
    }
    for(int i = 0; i < 5; i++) {
        printf("%d ", data[i]);
    }
}
```

12번 해설

```
int main( ) {
    int a, b;
    scanf("%d %d", &a, &b);
    #① a-b의 결과로 양수가 나오려면 a가 커야 한다.
    if(a>b)
        printf("%d, %d의 차이값은 %d입니다.", a, b, a-b);
    else
        printf("%d, %d의 차이값은 %d입니다.", a, b, b-a);
}
```

14번 해설

```
++a/5 << b/2-1*2
```

① b/2 = 7

② 1*2 = 2

③ ①−② = 5

④ ++a = 11

⑤ ④/5 = 2

⑥ ⑤〈〈③ = 64

17번 해설

```
a = ['A', 'b', 'C']
#① 0번째 요소 삭제 → ['b', 'C']
a.pop(0)
#② 마지막 위치에 'B' 추가 → ['b', 'C', 'B']
a.append('B')
#③ 0번째 위치에 'G' 추가 → ['G', 'b', 'C', 'B']
a.insert(0, 'G')
#④ 'B' 삭제 (대소문자 구분) → ['G', 'b', 'C']
a.remove('B')
print(a)
```

01 데이터의 보안, 무결성, 트랜잭션 병행제어 등을 위해 쓰인다.

02 5

03 1515

04 릴레이션, Relation

05 1-2+3-4+5

06 관계 대수

07 ㄴ-ㄷ-ㄱ-ㅁ-ㅂ-ㄹ

08 ㄱ : 검증(Verification)
ㄴ : 확인(Validation)

09 유스케이스, Use case

10 장애, Failure

11 score

12 코드의 기능 자체는 바뀌지 않은 상태에서 구조를 개선하는 것이다.

13 0 – 주소 명령어

14 ㄱ : this.name = name;
ㄴ : this.author = author;

15 Pyth on

16 TCP/IP

17 상호 배제, 점유와 대기, 비선점, 환형 대기

18 모듈, Module

19 HCI

20 ㄱ, ㄷ

03번 해설

```
int main( ) {
    #① 21(정수) / 4(정수) → 5(정수)
    #  5 * 3 → 15
    int a = (21 / 4) * 3;
    #② (15*15)/15 → 15
    int b = (a * a) / a;
    #③ 정수 2개를 붙여서 표현하는 것에 주의
    printf("%d%d", a, b);
}
```

05번 해설

```
int main( ) {
    int sw=-1, n=2;
    #① 부호가 없는 1을 먼저 출력
    printf("1");
    for(int i=1; i<5; i++) {
        #② -2가 먼저 출력되도록 sw(-1)을 ①과 비교
        if(sw==1)
            #⑤ 양수는 부호가 없기 때문에 강제 출력
            printf("+");
        #③ 출력될 수(n)에 부호(sw)를 적용하여 출력 → n 증가
        printf("%d", n++*sw);
        #④ -1을 곱하여 양수, 음수가 반복되도록 지정
        sw *= -1;
    }
}
```

11번 해설

```
int main( ) {
    double score=3.7;
    #① 실수(3.7)를 정수 공간(i)에 할당하면 소수점 데이터가 소실(삭제)
    #  3.0~3.9까지의 값(실수)은 3(정수)으로 자동 변환
    int i = score;
    switch(i) {
```

```
    case 4:
        printf("A+"); break;
    case 3:
        printf("B+"); break;
    case 2:
        printf("C+"); break;
    case 1:
        printf("D+"); break;
    default:
        printf("F"); break;
    }
}
```

14번 해설

```
class Book {
  #① private 지정된 멤버는 클래스 내부에서만 접근 가능
  private String name;
  private String author;

  #② 매개변수(name)를 통해 넘겨받은 값을 클래스(this)의 name으로 할당
  public void setName(String name) { this.name = name; }
  #③ 매개변수(author)를 통해 넘겨받은 값을 클래스(this)의 author로 할당
  public void setAuthor(String author) { this.author = author; }
  public String getName( ) { return name; }
  public String getAuthor( ) { return author; }
}
```

15번 해설

```
s = "Hello Python"
#① 마지막 인덱스(10) 전까지만 슬라이싱
#  마지막 인덱스 생략 시에는 끝까지 슬라이싱
print(s[6:10], s[-2:])
```

인덱스	0	1	2	3	4	5	6	7	8	9	10	11
문자열	H	e	l	l	o		P	y	t	h	o	n
역인덱스	−12	−11	−10	−9	−8	−7	−6	−5	−4	−3	−2	−1

19번 해설 HCI : Human Computer Interface, 인간과 시스템의 상호작용이 보다 편리하고 안전하게 이루어지도록 연구하는 학문으로, 사용자가 시스템을 이용함에 있어 최적의 경험을 할 수 있도록 하는 것이 최종 목표이다.

01 15

02 결함 검토, Reviewed

03 제2정규형, 제2정규화, 2NF

04 리팩토링, Refactoring

05 ㄱ : Degree
ㄴ : Cardinality

06 DB(Schema), Table, View, Index 등을 정의(생성, 갱신, 삭제)할 때 쓰인다.

07 CREATE UNIQUE INDEX 학생_인덱스 ON 학생(학과 ASC);

08 포함 관계

09 data[i] = data[j]

10 강도(Stress) 테스트

11 1

12 a<b

13 파일럿 사용성 테스트

14 4, 33, 1

15 0 7 4 1

16 클래스 자신을 지칭하는 데 사용되며, 메소드 내부에서 self를 통해 클래스의 변수나 다른 메소드에 접근할 수 있다.

17 SMTP

18 UX

19 회피, Avoidance

20 직접(Direct) 주소 지정 방식

09번 해설

- 정렬 프로그램에는 스왑 공식이 반드시 나온다.
- C = A
  A = B
  B = C이므로
- A는 data[i], B는 data[j]이다.

12번 해설

```
int main( ) {
    int a, b, max, min;
    scanf("%d %d", &a, &b);
    #① 대소 비교를 통해 큰 값이 max에 저장
    if( a<b ) {
        max=b; min=a;
    } else {
        max=a; min=b;
    }
    printf("%d, %d의 차이값은 %d입니다.", max, min, max-min);
}
```

14번 해설

```
int main( ) {
    int a=10, b=5;
    #① 우선순위가 같은 경우 우측 방향 연산
    printf("%d, ", a / b * 2);
    #② 단항 연산이 이항 연산보다 우선
    printf("%d, ", ++a * 3);
    #③ 비교연산 후에 논리연산(&&) 진행
    printf("%d, ", a>b && a != 5);
}
```

15번 해설

```
public class Main {
    public static int[ ] makeArray(int n) {
        #② 4칸의 정수 배열 생성 후 반복문으로 순회
        int[ ] t = new int[n];
        for(int i = 0; i < n; i++) {
            #③ 반복용 변수(i)에 7을 곱한값 중 1의 자리(%10) 할당
            # t[0] = (0*7)%10 → 0
            # t[1] = (1*7)%10 → 7
            # t[2] = (2*7)%10 → 14
            # t[3] = (3*7)%10 → 21
            t[i] = (i*7)%10;
        }
        return t;
    }
    public static void main(String[ ] atgs) {
        #① 인수 4를 이용하여 makeArray 메소드 호출
        int[ ] a = makeArray(4);
        for(int i = 0; i < a.length; i++)
            System.out.print(a[i] + " ");
    }
}
```

01 ㄱ : 처리 능력(Throughput)
ㄴ : 사용 가능도(Availability)

02 테이블의 데이터를 조회하고 조작(삽입, 갱신, 삭제)할 때 쓰인다.

03 INSERT INTO 학생(학번, 성명, 과목) VALUES('1234', '길동', '정보처리');

04 80

05 1

06 *(p+i)

07 ㄱ : 유일성
ㄴ : 최소성

08 자바의 한 클래스 내에 이미 사용하려는 이름과 같은 이름을 가진 메소드가 있더라도 매개변수의 개수 또는 타입이 다르면 같은 이름을 사용해서 메소드를 정의할 수 있다.

09 이행적 함수 종속

10 들여쓰기

11 Mok Object

12 확장 관계

13 Ring

14 파이프–필터 패턴, Pipe–filter Pattern

15 예방, 회피, 발견, 회복

16 정규화가 전혀 진행되지 않은 상태

17 화이트박스(White Box) 테스트

18 블랙박스는 요구사항 명세서를 기반으로 구현된 기능을 테스트 케이스로 설계하는 방법으로, 소프트웨어 인터페이스에서 실행되며 기능 테스트라고도 한다.

19 HTTP

20 맥락적 인터뷰

04번 해설

```
int main( ) {
    int a=2, r=3, total=a, n=2;
    for(int i=0; i<3; i++) {
        #① 같은 값(r)을 누승(*=)하여 누적(+=) → 등비수열
        a*=r;
        #② total의 초기값(2)을 고려하여 패턴 파악
        #  2 + 2*3 + (2*3)*3 + ((2*3)*3)*3
        total+=a;
    }
    printf("%d", total);
}
```

05번 해설

```
int main( )
{
    char a, b;
    #① *pa는 a와 같은 데이터 공간 핸들
    #② *pb는 b와 같은 데이터 공간 핸들
    char *pa=&a, *pb=&b;
    #③ 서로 같은 공간의 크기(sizeof)를 비교하므로 true(1)
    int res = sizeof(a)+sizeof(b)==sizeof(*pa)+sizeof(*pb);
    printf("%d",res);
    return 0;
}
```

06번 해설

```
int main( ) {
    int a[5]= {1, 2, 3, 4, 5};
    #① 배열명은 주소상수이므로 &를 붙일 필요가 없음
    #  *p는 a와 같은 데이터 공간 핸들
    int *p=a;
    for(int i=0; i<5; i++)
        #② a[i]는 *(a+i)와 같고, *p는 a와 같으므로 *(p+i)도 같은 공간을 핸들
        printf("%d ",*(p+i));
    return 0;
}
```

01 ㄱ－ㄹ－ㄴ－ㄷ

02 ÷

03 Model, View, Controller

04 CREATE VIEW 3학년연락처(학번, 이름, 전화번호) AS SELECT 학번, 성명, 연락처 FROM 학생 WHERE 학년= 3;

05 i == num

06 5

07 8

08 ISO/IEC 20000

09 다치 종속

10 부모 클래스로부터 상속받은 메소드를 자식 클래스에서 재정의하는 것이다.

11 대체키, Alternate Key

12 커널, Kernel

13 Database

14 __init__

15 File Transfer Protocol

16 데이터의 중복 및 종속성으로 인한 이상(Anomaly) 현상의 제거

17 단위 테스트, Unit Test

18 동치(동등) 분할 검사, Equivalence Partitioning Testing

19 DFD

20 IDE

05번 해설

```
int main( )
{
    int num, i;
    for (num = 2; num <= 100; num++) {
        #① 소수판별을 위해 1과 자기자신(num)을 제외한 수 중에서
        for (i = 2; i < num; i++) {
            #② 약수가 존재하는지 확인 → 반복종료
            if (num % i == 0) break;
        }
        #③ break(약수)를 만나지 않았을 경우 i가 num과 같아진다.
        #  따라서, i와 num이 같다면 약수가 없다 → 소수 발견 → 출력
        if (i == num) printf("%d ", num);
    }
    printf("\n");
    return 0;
}
```

06번 해설

	..[0]	..[1]	..[2]
ar[0]	1	2	3
ar[1]	4	5	6

```
int main( ) {
    #① 차원 구분 없이 초기화 될 경우 순서대로 (왼쪽위에서 오른쪽 아래로) 할당
    int ar[2][3]= {1, 2, 3, 4, 5, 6};
    printf("%d", ar[1][1]);
    return 0;
}
```

07번 해설

	..[0]	..[1]
ar[0]	*(p+0) → 1	*(p+1) → 2
ar[1]	*(p+2) → 3	*(p+3) → 4
ar[2]	*(p+4) → 5	*(p+5) → 6
ar[3]	*(p+6) → 7	*(p+7) → 8

```
int main( ) {
    int ar[4][2]= {1, 2, 3, 4, 5, 6, 7, 8};
    int *p = ar;
    #① 배열 데이터는 연속적으로 나열되어 있으므로 포인터 연산을 통해 순차접근 가능
    printf("%d", *(p+7));
    return 0;
}
```

15번 해설 FTP : File Transfer Protocol, 인터넷 환경에서 파일을 업로드/다운로드 할 수 있도록 하는 프로토콜로 익명으로 이용 가능하며 파일 타입에 따라 전송 모드를 다르게 설정한다.

19번 해설 DFD : Data Flow Diagram, 기능에 의한 데이터의 흐름을 도형으로 표현한 도표로 제어의 흐름이 아닌 데이터의 흐름에 중심을 두고 있으며 작업 소요시간은 파악 불가능하다. 프로세스, 자료 흐름, 자료 저장소, 단말로 구성된다.

20번 해설 IDE : Integrated Development Environment(통합 개발 환경), 프로그램 개발에 가장 많이 사용되는 도구로서 코드의 작성 및 편집, 디버깅 등과 같은 다양한 기능이 있다.

01 SELECT JUNO FROM WORKS WHERE PNO IN (1, 2, 3);

02 제한된 검증, 수학적 기법, 자동화 기능

03 23

04 역공학, Reverse Engineering

05 피어 투 피어 패턴, Peer-to-peer Pattern

06 리팩토링, Refactoring

07 200

08 트랜잭션의 연산은 모두 실행되거나 모두 실행되지 않아야 한다.

09 21

10 DD

11 num % i == 0

12 0

13 개체 무결성

14 super(name)

15 통합 데이터, Integrated Data

16 chmod

17 ㄱ : 문서화 관리
ㄴ : 자원 관리

18 입력 조건의 경계에서 오류가 발생할 확률이 높다는 점을 이용하여 입력 조건의 경계값을 테스트 케이스로 설계하는 테스트 기법이다.

19 60 <= val <= 80

20 데이터링크 계층, Data Link Layer

07번 해설 이름이 홍길동이 아닌 튜플들의 MATH 점수의 합계를 구한다.

10번 해설 DD : Data Dictionary(자료 사전), 자료 흐름도에 사용된 데이터의 이름과 속성을 표기한 자료(메타 데이터)로 모든 데이터를 규칙에 맞게 정리한다.

11번 해설

```
int main( )
{
    int num, i;
    for (num = 2; num <= 100; num++) {
        #① 소수 판별을 위한 약수 판단 범위는
        #  2부터 자신(num)까지
        #  2부터 자신의 절반(num/2)까지
        #  2부터 자신의 제곱근(int(srqt(num)))까지 중 하나를 사용
        for (i = 2; i <= num/2; i++) {\
            #② 어떤 범위를 써도 약수를 판단하는 조건식은 변하지 않는다.
            if (num % i == 0) break;
        }
        if (i > num/2) printf("%d ", num);
    }
    printf("\n");
    return 0;
}
```

12번 해설 2차원 배열의 초기화 역시 남은 공간을 0으로 채운다.

	..[0]	..[1]
ar[0]	1	2
ar[1]	3	4
ar[2]	0	0
ar[3]	0	0

14번 해설 〈super(name)〉

```
class Person {
    String name;
    #③ 매개변수(name)를 통해 넘겨받은 GilDong을
    #  클래스(this)의 name으로 할당
    public Person(String name) {
        this.name = name;
    }
}
class Student extends Person {
    String dept;
    #② 매개변수(name)를 통해 넘겨받은 GilDong을 할당할 곳(name)이
    #  상위 클래스에 있으므로 상위 클래스(super) 생성자로 전달
    public Student(String name) {
        super(name);
    }
}
public class Main {
    public static void main(String[ ] args) {
        #① GilDong을 인수로 Student 인수 생성
        Student s = new Student("GilDong");
        System.out.print(s.name);
    }
}
```

19번 해설 파이썬은 변수에 대해 범위 비교가 가능하다.